U0128683

個人的聲音

抒情審美意識與中國現代作家

張 堂 錡 著

文史哲學集成
文史哲出版社印行

國家圖書館出版品預行編目資料

個人的聲音：抒情審美意識與中國現代作家
　　/張堂錡著. -- 初版 --臺北市：文史哲，
民 100.03
　　頁；　　公分（文史哲學集成；601）
參考書目：頁
ISBN 978-957-549-958-7（平裝）

1. 中國當代文學 2. 文學評論 3. 作家 4. 傳記

820.908　　　　　　　　　　　100004717

文 史 哲 學 集 成　601

個 人 的 聲 音
抒情審美意識與中國現代作家

著　　　者：張　　　　　堂　　　　　錡
出 版 者：文　史　哲　出　版　社
　　　　　http://www.lapen.com.tw
　　　　　e-mail：lapen@ms74.hinet.net
登記證字號：行政院新聞局版臺業字五三三七號
發 行 人：彭　　　　　正　　　　　雄
發 行 所：文　史　哲　出　版　社
印 刷 者：文　史　哲　出　版　社
　　　　　臺北市羅斯福路一段七十二巷四號
　　　　　郵政劃撥帳號：一六一八〇一七五
　　　　　電話 886-2-23511028・傳真 886-2-23965656

實價新臺幣六〇〇元

中 華 民 國 一 百 年 （2011） 三 月 初 版

著財權所有・侵權者必究
ISBN 978-957-549-958-7　　　00601

一個作家不以人民的代言人或正義的化身說的話，

那聲音不能不微弱，

然而，

恰恰是這種個人的聲音倒更為真實。

這裡，我想要說的是，

文學也只能是個人的聲音，

而且，從來如此。

—— 高行健〈文學的理由〉

個 人 的 聲 音

抒情審美意識與中國現代作家

目　　次

小引：時代主潮的突圍與對抗

　　必須承認，「純文學」這個概念的內涵無法清晰界定。所謂「純粹」，可能只是一種文學理想的描繪，藝術烏托邦的追求，它相對於文學外圍「不純」的歷史複雜語境，企圖以更加關注語言和形式自身的意義，關注創作主體內心世界的感性自由，強調「怎麼寫」比「寫什麼」更重要等一系列命題，來確定文學的本質是什麼，也就是「真正」的文學是什麼。然而，這樣的嘗試與努力，終究只能是可能的接近。在 20 世紀前半葉[1]中國歷史社會雜、混、亂、破的特定情境中，「純文學」只能是「朦朧的想像」，甚至於，

1　按照學術界的通常慣例，20 世紀中國文學涵蓋了所謂「近代」、「現代」、「當代」三個時段。「近代」是指鴉片戰爭或甲午戰爭至文學革命（1917 年）；「現代」是指胡適發表〈文學改良芻議〉、掀起文學革命序幕的 1917 年到 1949 年止；「當代」則是指 1949 年至今。本書以「現代」爲論述中心時距，在闡發或論證時，有時爲了強化或說明觀點，則權宜地延伸至近代與當代。

有學者更直言:「其實,人們毋寧坦白地承認,『純文學』僅僅是一個空洞的理念。」[2]「純」以「不純」爲對立面,但同時「純」也以「不純」爲基礎,它們是二律悖反的存在。「純文學」的提出,往往在特定的歷史條件之下,代表一種對抗主流的意味,爭奪話語權的策略,也就是說,它不可能「純」到完全置身社會、歷史之外,一如信誓旦旦地高舉「沒有主義」的大旗,其本質仍然是一種「主義」。

同樣的,「唯美文學」的概念也只能在一系列術語的交叉網路中游移,完美的定義並不存在。純粹的美,將美的價值張揚到至高無上,作爲一種國際性的文學思潮,法國是它的發源地和中心,在對不同民族、不同階段的擴散輸出中,它的變體如頹廢主義、(早期)象徵主義、「爲藝術而藝術」運動和「世紀末」文學等,組構成一個緊密相關而又不斷發展的文學系統。這個文學系統強調這樣的藝術宗旨:美高於一切,高於生活,應該超脫或游離人生;藝術的價值是至高無上的,它無須任何外在的存在目的,它的意義只在其自身形式的完美之中。這樣以美爲靈魂唯一追求的滿足,是所有文學家的夢想,一如愛倫・坡〈詩的原理〉中所揭示的,因爲「對美的靜觀、冥想」,而產生「那個最純潔、最昇華、而又最強烈的快樂。」[3]然而,置身於中國現代特殊的歷史語境中,學者普遍的論斷是「在我國現代文學史上並未出現過一個唯美主

---

2 南帆:〈空洞的理念 ──「純文學」之辯〉,《上海文學》2001 年第 6 期,頁 68-69。

3 引自趙澧、徐京安主編:《外國文學流派研究資料叢書・唯美主義》(北京:中國人民大學出版社,1988 年),頁 67。

義流派和純一的唯美派作家」[4]，唯美主義文學由於現代中國內憂外患的社會歷史情境與載道教化的民族文化心理積澱等因素，始終只是一個遙遠的絕想，一個染上神秘色彩的概念命題，誘惑著並困擾著許多作家的心靈。

　　看來，純粹的美只能存在於抽象的彼岸，純美意識的萌發與追求，都是在試圖接近於那個難及的彼岸。尤其是 20 世紀中國，不論政治或文學，「憂患是它永久的主題，悲涼是它基本的情調」[5]，「純粹」且「唯一」的美的文學，並沒有滋長、茁壯的土壤，它多半時候被賦予某種形而上的性質，神秘而遙遠，其他時候則可能是一種語言遊戲的迷宮，悄悄營造的個人思想碎片的私密符碼，也有可能代表一種對主流意識型態被聖化的反撲，不屈的突圍，絕望的對抗。本書採用「抒情審美」一詞，無意糾纏於各種主義的概念論辯中，它不意味對「純文學」的神秘追求，也不是沉迷於「唯美文學」的象牙塔，它比較接近於最後一種，是突圍與對抗，對時代主潮、意識中心、政治先行、階級決定、市場洪流的保持距離或堅不妥協。而只要還原於現代中國的歷史語境中，就會明白這樣的保持距離或堅不妥協是多麼艱難，多麼可貴。

　　抒情審美意識，存在於作家、作品和文學思潮三個面向。作

---

4 這個斷言見前揭書第 3 頁，徐京安所寫的〈序〉。解志熙《美的偏至：中國現代唯美－頹廢主義文學思潮研究》（上海文藝出版社，1997 年）一書第 7 頁也引了這個斷言，並補充以下說法：「這種判斷確已成其學術界的定論」。即使是較為仔細地清理過日本唯美派文學在中國流傳情況的學者陳泓，也明確斷言：「中國現代文學中不存在唯美主義文學流派，不論小說，還是詩歌、戲劇。」見孟慶樞主編：《日本近代文藝思潮與中國現代文學》（長春：時代文藝出版社，1992 年），頁 92。

5 謝冕：〈輝煌而悲壯的歷程〉，《百年中國文學總系・總序一》（濟南：山東教育出版社，1998 年），頁 3。

家的心態是疏離政治接近藝術，創作不以功利為導向，更不以宣
傳為能事，始終保持藝術獨立的個性，具有作家人格的主體性；
其作品注重人性的發掘和審美現代性的構造，重視文學藝術的自
身價值，強調文體的獨特性，具有文學審美品格的主體性；作為
一種文學史上非主流存在的思潮，它總是處於邊緣地位，無法撼
動（也無意撼動）主流路線的強大操縱。作品的完成與思潮的形
成，主要還是取決於作家主體對藝術、歷史選擇的能動性，也就
是，作家的意識決定作品的風格、思潮的走向。因此，本書將以
創作主體「作家」為主要的書寫對象，探掘現代文學作家抒情審
美意識的形成與表現。如上所述，20 世紀前期的特殊歷史條件使
文學的主潮引導出許多清晰的面貌，但在這些面貌中，抒情審美
經常是被遺忘的邊緣存在，扮演著被擠壓、排斥或是同情、陪襯
的角色。這與其說是文學的不幸，不如說是時代的不幸。當作家有
意地保持清醒的抒情審美意識，並以之從事文學的創作、活動或是
立場的宣示，他們不是不明白，這經常僅僅只能是一種心態，掙扎
的心態，或是一種姿態，挑戰的姿態。這心態與姿態，除了爭取到
一些文學的自由，它在現實功利方面將一無所獲。高行健說得好：

> 我作為一個流亡作家，唯有在文學和藝術的創作中才得以
> 自救。這並不是說，我就主張所謂純文學，那種全然脫離
> 社會的象牙塔。恰恰相反，我把文學創作作為個人的生存對
> 社會的一種挑戰，哪怕這種挑戰其實微不足道，畢竟是一
> 個姿態。文學一旦脫離現實的功利，才贏得充分的自由。[6]

6　高行健：〈沒有主義〉，《沒有主義》（台北：聯經出版公司，2001 年），頁 4-5。

　　回眸 20 世紀前半葉的中國文學發展，曾經出現過這樣的姿態，也有一些作家不曾失去這種心態，然而他們都走過了一段曲折艱辛的歷程。本書以「抒情審美」為切入點，正是希望透過與時代主潮文學的交匯、碰撞、對立與激盪，描摹出他們跋涉的姿態，痛苦的心態。明知純美的彼岸世界難以企及，明知堅持藝術審美追求的孤獨與寂寞，明知保持作家獨立人格與個性所必須付出的沉重代價，明知強調文學文體的純粹與超越政治現實將會招致誤解與孤立，但這些相對少數的作家，還是以其實際作為與創作實績，清楚地傳達出這種心態與姿態。

　　從 20 世紀初期的王國維、魯迅，到四〇年代的錢鍾書、張愛玲，從湖畔詩人到九葉詩人，從新月派到新感覺派，這些作家們自覺地走著一條和時代主旋律不盡同調的道路。當然，作家心態是複雜多元、敏銳多感的，有的曾經某個階段戮力於斯，有的後來不再堅持，有的竟至轉向，有的則愈發清晰地繼續發聲。隨著時代動盪的日趨緊張，文壇風向的瞬息多變，民族危機的空前嚴重，政治環境的險惡濁劣，面對作家心態的種種變化，我覺得，同情理解的態度是必須的，畢竟，時代的選擇如此沉重，又如此艱難。

　　唯一聊以自慰的是，當轟轟烈烈的、政治的、革命的文學時代逐漸遠去，滔滔雄辯的、啟蒙的文學任務不再凌駕一切，將文學視為工具的、宣傳的、武器的戰鬥救亡意識也可以拋開之際，至少，翻開中國現代文學史，我們還擁有這一批飽含審美現代性、流露個人主觀抒情意識、散發詩意光釆的文學佳作，供我們不斷咀嚼，再三回味，也還有這一些藝術天份洋溢、眼光深邃獨到、心靈自由寧靜的文學身影，讓我們追隨，讓我們仰望。

導論　純美的凝望：中國現代作家精神探索的一個面向

一、前　言

　　觀察 20 世紀前半葉文學的發展，我們不難發現，在時代的社會、政治、經濟、文化等諸多條件制約、影響下，明顯產生了不同階段的不同文學總體面貌，這些面貌的形成往往決定於那個時代的主導思潮。這些主導思潮，不是那個時代各種具體思潮的代表，而是決定文學發展方向、呈現方式的最主要力量。這些文學主潮，不一定是文學發展最好的選擇，但卻是時代要求下不得不的選擇，它的突出正如其他文學思潮的被擠壓、邊緣化一樣有著歷史發展的合理性。文學思潮之有主流形成，必有其相呼應之文學思想匯聚，但不能忽略的是，主潮之下也必然有相對峙、牽制、參照、甚至悖反的其他文學思想存在。如果一個時代的文學只允

許一種主流聲音或面貌，那對文學的健全發展是一種扼殺；如果一種權力話語可以主宰或統一輿論，那對作家的創作心靈是一種殘害。我們同意，所有思潮的產生都有其價值，一如梁啓超在《清代學術概論》中所言：「凡『思』非皆能成『潮』，能成『潮』者，則其『思』必有相當之價值，而又適合於其時代之要求者也。」[1]但我們不能同意，決定文學思潮之順流或者逆流，主流或者非主流的因素，主要（在某些時期甚至是完全）來自於政治的操弄、霸權的爭奪、功利的考量，而不是來自於文學自身的需求、發展的規律與藝術的探索。然而，我們不得不遺憾地發現到，從清末梁啓超、黃遵憲的文學改良開始，到 1949 年文學的分流爲止，其間半個世紀的文學發展，決定文學主導思潮的原因都不是源自於文學。

這不能不說是中國現代文學的不幸。正因這不幸的命運，中國現代文學表現出異於其他時期的獨特面貌，現代作家承受著也表現著屬於這個異常變動時代下曲折、豐富、艱難的精神跋涉，國家不幸詩家幸，從某個角度來說，現代文學又可以說是幸運的。現代作家們在面臨時代風雲的詭譎變幻中，或自覺不自覺地與文學主潮合拍同流，意興風發；或自覺不自覺地與文學主潮疏離隔離，退居邊緣。主潮或邊緣，集體或個人，作家們經常面對的是進退兩難的尷尬痛苦，或是隨波逐流的無奈憂鬱，上下求索的迷惘與嚮往。作家意識深處總有著經世致用與自由獨立兩種不同選擇的糾結矛盾，這構成了作家心靈世界的深刻性與歧異性。本書

1　梁啓超：《清代學術概論》（台北：中華書局，1963 年），頁 1。

想著力揭示的正是 20 世紀前半葉現代作家精神探索的面向之一，那就是在啓蒙、革命、救亡主潮之外對抒情審美意識的堅持與追求。這種對文學審美性如信仰般的凝望，在我看來，對於我們研究中國現代文學的思潮發展，乃至現代作家的創作心態與審美思維，都具有相當重要的啓發意義。

二、作家意識與時代任務的複雜構成

從近代以來，啓蒙和救亡就一直是中華民族面臨的兩大時代主題，也是影響和制約這段時期作家主體心態最直接的思想取向和精神動力。啓蒙和救亡，雖然在動機、手段、本質上有其歧異性，但根本目標同樣都是要體現「現代性」（modernity），實現「現代化」（modernization）。「現代性」不僅是時間概念，也是一種以人的主體自由爲核心的政治、社會、經濟、文化、法律、教育等各種層面的理性原則與精神，正如李歐梵在其論文〈中國現代文學中的現代主義〉所指出的，是指一種「進化與進步的觀念，實證主義對歷史前進運動的信心，以爲科技可以造福人類的信仰，以及廣義的人文主義架構中的自由與民主的理想。」[2]至於「現代化」也不僅是指近代資本主義興起後的特定國際關係格局下，經濟上落後的國家透過技術革命實現工業化，以趕上世界先進水平的歷史進程，而更是指一種心理狀態、價值觀和生活方式的改變過程。[3]也就是說，只有思想上的現代化，才有真正意義上的「人」

---

2 李歐梵：〈中國現代文學中的現代主義〉，《中西文學的徊想》（香港：三聯書店，1986 年），頁 24。
3 羅榮渠：《現代化新論》（北京大學出版社，1993 年），頁 9-15。

的覺悟，而實現「人的發現」、「人的覺醒」、「人的哲學」，正是一種現代性的追求。只有思想上的現代化，才使其他諸如政治、經濟、軍事等的現代化成為可能。回眸 20 世紀的中國歷史，其實是一部追求獨立、自主、強盛的現代化民族國家的奮鬥史，其中心推動力就是現代性，20 世紀中國歷史可以說是一部現代性的追尋史，而從時代發展的考察來看，這種對現代性的追求，主要具體表現於啟蒙與救亡這兩大時代主題之中。

啟蒙與救亡的命題是由李澤厚在 1986 年〈啟蒙與救亡的雙重變奏〉一文中提出來的，他從思想、文化、政治等多元視角描繪中國近現代歷史發展的線索時強調，科學民主的啟蒙主題與愛國圖存的救亡主題在相互促進、碰撞、糾纏中，有時同步發展，有時彼此扦格，構成了一種複雜的關係。在我看來，正是這種複雜關係，使中國對現代性的追求走上了一條曲折、艱難且不無遺憾的道路。說「不無遺憾」，是因為只要進一步分析，又可以看到隱隱存在其中的簡單對應型態，那就是，除了「五四」時期曾出現過啟蒙意識與救亡意識合流的短暫局面外，從 20 世紀初到四〇年代末期，時代的主旋律一直都是救亡，救亡不只壓倒了啟蒙，更是壓倒一切。救亡意識不僅主導了歷史進程與時代氛圍，也主宰了作家文人的文化思維與生命抉擇。當啟蒙退位、純美缺位，當作家不得不扮演「角色」並以犧牲「本色」為代價，不得不以突顯「個體中的群體」部分為念，捨棄張揚「群體中的個體」人格追求時，怎麼說都是一件遺憾的事。

世紀初的梁啟超提出「新民說」，其理論思路是：新民為了救國，而文學是新民的利器。換言之，文學是實踐救國理念的工具。

梁啓超、譚嗣同、黃遵憲等晚清維新知識分子在面對國民性改造的思想努力上，救亡意識始終是他們思考、討論問題的核心觀念。戊戌變法、推翻滿清、二次革命、軍閥混戰等一系列的政治事件與危機，歷史並沒有給這些文人太多選擇。五四新文化運動以啓蒙爲特徵，但別忘了同時發生的五四學生愛國運動，外交挫敗帶來的民族危亡心理，使得救亡迅速成爲時代召喚的主題意識。1928年革命文學口號的喧天價響，三〇年代滾滾滔天的紅色文學洪流，伴隨著國共鬥爭、日寇入侵、全民抗戰、顛沛流離的現實壓迫，救亡意識幾乎佔據了大部分作家的思想、心靈。

　　在半世紀的文學發展歷程中，我們清楚地看到文學的角色是如何從「爲新民」、「爲人生」，一步步走向「爲革命」、「爲人民」（爲農民），這些不同階段的不同口號或文藝主潮，說穿了都只是「救亡」主題曲的變奏與和絃，「救亡」可說是大時代的「一家獨唱」，是知識分子思想的中心意識，以下的圖示既是現代作家意識的主流呈現，也是時代任務衍變的大勢軌跡：

　　時代的中心任務，作家的主流意識，使得絕大部分的創作主體及其或抒情、或言志、或載道的載體 —— 文學，無可避免地與現實政治必須保持一個「不離」的位置、「呼應」的姿態，文學之所以具有或新民、或啓蒙、或革命的等等價值，其深層原因恐怕

還在於它和時代主題、社會任務、國家意識型態相適應有關。路易斯・阿爾都塞（Louis Althusser，1918-1990）的意識型態理論可以爲文學（作家）與政治糾纏不清（揮之不去）的關係提供視角與啓示，他提到，文化或意識型態都隱含著權力，由它們生發的各種文化構成了一種權力話語，這種權力話語往往或隱或顯地對身處其中的主體形成一種規範、壓抑，並往往內化爲主體的意識。[4]這種外在集體意識對個人的內化形塑，陳思和稱之爲「共名」，以與多種主題並存、個人獨立性得到張揚的「無名」相對立，他對這兩種狀態作過如下描述：

> 當時代含有重大而統一的主題時，知識分子思考問題和探索問題的材料都來自時代的主題，個人的獨立性被掩蓋在時代主題下。我們不妨把這樣的狀態稱作爲共名，在這樣狀態下的文化工作和文學創作都成了共名的派生。
> 當時代進入比較穩定、開放、多元的社會時期，人們的精神生活日益豐富，那種重大而統一的時代主題往往就攏不住民族的精神走向，於是價值多元、共生共存的狀態就會出現。文化工作和文學創造都反映了時代的一部分主題，卻不能達到一種共名狀態，我們把這樣的狀態稱作「無名」。無名不是沒有主題，而是有多種主題並存。[5]

我對陳思和以共名和無名來概括描述 20 世紀文學與時代精神走向的提法，大體是贊同的，但不同意他所謂「五四」到二〇

---

4 見南帆主編：《文學理論》（杭州：浙江文藝出版社，2002 年），頁 181-182。另可參見【法】阿爾都塞：《列寧與哲學》（杜章智譯，台北：遠流出版公司，1990 年），頁 181。
5 陳思和：《寫在子夜》（上海人民出版社，1996 年），頁 11。

年代的文學創作是「共名」狀態，三〇年代是「無名」狀態，抗戰是「共名」狀態的階段敘述框架，或許細膩一些（也更符合文學史發展真實）的說法應該是共名與無名狀態始終二律悖反地共存共生，而共名狀態因時代的特殊性始終居於主流，但在共名底下，每個階段都有無名狀態的個別存在，例如抗戰時期仍有沈從文、梁實秋、張愛玲的個人化寫作，與時代共名之間保持了清醒的距離。

只不過，保持這種清醒的距離何其艱難！現代意義的「人」和「文」的主體性的覺醒和建立，從「五四」前後啟蒙大潮下開始萌芽以來，始終與「國家」、「集體」、「革命」、「人民」等時代命題糾纏不清。時代任務是沉重的，其力量又是強大無比的，作家的獨立、自由意識經常為其吞沒而喪失個人發言的權利，但也正因為如此，能從「國家」、「集體」等籠統概念中抽離出來，尋回「個人」話語權力，敢於以「我」來拒絕「我們」的表述方式，也就顯得難能而可貴了。

當然，我無意以個人的獨語來否定時代的大合唱，也不主張作家都從十字街頭回到自己的烏托邦，畢竟時代大潮的形成有其歷史的必然性與偶發性，不以個人意志為轉移，這裡想強調的是，作家意識與時代任務之間，應該容許「大同」中有「小異」，在與時代同流合拍之外，應該有作家追求自由、超越、獨立、純美的心靈空間。因為啟蒙也好，救亡也好，現代中國文學已經不由自主地承擔了許多非文學的沉重負荷，正如謝冕在回顧百年中國文學發展歷程時所說的：「近代以來接連不斷的內憂外患，使中國有良知的詩人、作家都願以此為自己創作的基點。不論是救亡還是

啓蒙，文學在中國作家的心目中從來都是『有用』，文學有它沉重的負載。原本要讓人輕鬆和休息的文學，因爲這責無旁貸和義無反顧的超常的負擔而變得沉重起來。中國百年文學，或者說，中國百年文學的主流，便是這種既拒絕遊戲又放逐抒情的文學。」這種文學的負重感，逐漸演變成文學的直接功利性，甚而成爲服務於政治目的的工具，導致意識型態非此即彼的區分與排他，「中國文學就這樣在文學與非文學、純文學與泛文學、文學的教化作用與更廣泛的審美愉悅之間處境尷尬，更由此引發了無窮無盡的紛爭。」[6]如此一來，文學的主體性消失了，文學自身的問題常常得靠政治、權力、意志來決定和詮釋，由此而造成文藝界一場又一場的悲劇，已經屢見不鮮。這是中國文人的不幸，也是中國文學的不幸。

本著這樣的立場與觀點，以下，我將先概要勾勒 20 世紀前半葉文學主潮的更迭推演，再進一步分析置身啓蒙、救亡大潮下被忽略的抒情審美意識，以及對審美意識自覺追求的作家們如何展開其精神生存方式的艱難選擇與突圍。

三、現代文學發展的主潮更迭：新民、啓蒙、革命與救亡

中國近代以來因危亡圖存時勢所形成的文學，一直是被視爲可以療治社會的「藥方」在思索著和表現著，知識分子秉其「匡時濟民」的深重情結，也一直不停地爲國家民族的痼疾「開藥方」、「下猛劑」，如前所述，「救亡」是文學成爲「藥方」的病因，隨

---

6 謝冕：〈總序：輝煌而悲壯的歷程〉,《百年中國文學總系》（濟南：山東教育出版社，1998 年），頁 3。

著「病情」的變化，不同階段有不同訴求，這些主要訴求在時代的需要下遂成為主潮。以下，假如我們可以暫時拋開文學（文化）思潮間糾纏不清的複雜關係，如歷時性與共時性的無法一刀劃分，思潮彼此間的對峙性與互滲性的不易簡單釐清，共名無名間的悖反共存等，而從時代文學主導思潮的角度來觀照的話，那麼我們可以將 20 世紀初期到 1949 年的文學發展脈絡，用一種線性思維、竹節式的分期來概括：世紀初期是文學維新的新民主潮，五四時期（或二〇年代）是文學革命的啟蒙主潮，三〇年代是無產階級革命文學的政治主潮，四〇年代則是戰爭文學的救亡主潮。這樣的說法當然不能完全涵蓋文學史發展的歧異現象與歷史細節，也可能犯了二元對立、非此即彼的片面論斷偏誤，但從較宏觀的視野來觀察，這樣的分期至少能重點描述出這五十年來文學主潮演進的大致面貌[7]，同時作為本文敘述的策略運用，也可以省去許多枝節的討論與繁冗辨證。

（一）世紀初期：文學維新的新民主潮

當梁啟超在〈新民說〉中大聲疾呼「新民為今日中國第一急務」時，中國社會正進行著第一次普遍而深刻的社會啟蒙及文學改良運動。從戊戌到辛亥前後，思想和文學主潮都以「新民」為中心。康有為主張維新，譚嗣同主張「衝決網羅」，嚴復在〈原強〉中強調「鼓民力」、「開民智」、「新民德」，認為「此三者，自強之

7　如張俊才、李揚著《20 世紀中國文學主潮》即以啟蒙、革命、救亡來劃分，錢理群、溫儒敏、吳福輝著《中國現代文學 30 年》也採類似看法，其他各種現代文學史、思潮史書籍在不同名稱描述下大致也有相近的思路與觀察。

本也」，再加上梁啓超在〈新民說〉中指出：「欲其國之安富尊榮，則新民之道不可不講」，「苟有新民，何患無新制度？無新政府？無新國家？」從這些維新思潮代表人物的言論中，我們可以看出，「新民」是維新思潮的主要內容。從本質上來看，「新民」是一場融入「救亡意識」的「啓蒙」思潮。文學，就在這樣的思想舞台上被推上了前線，成爲改造國民精神、推動社會改革、甚至是挽救民族危亡的利器。

　　無疑的，梁啓超是鼓動「新民」文學主潮的領袖人物。他於 1902 年創辦的《新小說》雜誌上發表〈論小說與群治之關係〉時就明確說出「欲新民，必自新小說始」，矯枉過正地將小說（文學）與強國、救亡、政治改良任務結合在一起。透過他暢快淋漓、才氣縱橫的健筆鼓吹，詩界革命、小說界革命、文界革命、戲曲改良等一系列文學改良運動蓬勃展開，新派詩、新小說、新文體也一時風行。「新民」思潮的本身既是啓蒙與救亡的合理產物，它帶有強烈的功利性、目的性，乃至於政治性、宣傳性，也就勢所必然了。有論者就指出，梁啓超的文學觀或可用「文學即新民」一語概括，其重視文學的社會與政治功能的主張，促使文學與時代、現實和人生緊密聯繫，「引導作家以強烈的社會責任感和崇高的『新民』意識揭舉社會和人生的種種『問題』以推動政治的變革，從而使創作出現了劃時代的革新與進步，並因此成爲『五四』現代文學的先導。」[8]五四時期成爲熱門話題的自由、平等、國民性、白話文學、俗語文學等口號，早在世紀初期以新民意識爲核心的

---

8 參見張俊才、李揚：《20 世紀中國文學主潮》（石家庄：河北教育出版社，2002 年），頁 24。

思想／文學主潮中就已被提出和討論，只不過「五四」知識分子
對啓蒙主義精神的思考與發揚更深刻更徹底，是「新民」意識更
高層次的歷史推展。從這個角度來說，梁啓超等人的文學功能論
在催生五四新文學／新文化誕生上有其不可抹滅的作用。

　　儘管我同意李歐梵在其重要論文〈追求現代性（1895-1927）〉
的觀點，認爲「嚴格說來，不能把嚴復和梁啓超看成是文學界人
士。在他們看來，文學 —— 特別是小說 —— 是爲一種遠大的目標
服務的：那就是爲中國民眾啓蒙。」[9]他認爲梁啓超雖曾涉筆於小
說創作，但《新中國未來記》並未完成。在我看來，如果不從文
學創作的角度，而著眼於文學活動、宣傳，開一時風氣的影響與
貢獻來說，將梁啓超排除於「文學界」（這本身就是個模糊、寬泛
的名詞）之外則是不合理的。李歐梵在這篇論文中也承認：「梁啓
超在使小說成爲一種重要的媒介手段上頗有功勞」。雖然梁啓超不
是一個成功的小說家，但他提出的「新民」這一著名概念卻在當
時十分流行，他對散文、詩歌的語言、形式上的「解放」也有其
進步意義，在主張廣泛輸入西方文學的思想意境、形式語句，加
以消化吸收，造出本國的新文學上，也可說是啓動了中國文學走
向世界、走向現代的進程。作爲近代文學革新主潮的發起者和鼓
吹者，「五四」文學主潮的先驅者，他成功扮演了過渡時代的英雄
角色。

---

9 引自李歐梵：《現代性的追求：李歐梵文化評論精選集》（台北：麥田出版公
　司，1996 年），頁 235-236。

（二）「五四」時期：文學革命的啟蒙主潮

以 1919 年「五四運動」為中心的前後幾年，約從 1915 年陳
獨秀創辦《新青年》到 1921 年文學研究會、創造社成立，一般將
這段時期稱為「五四時期」，而五四時期是救亡與啟蒙主題並行不
悖、相互合流的階段。由《新青年》發起的「新文化運動」，是以
啟蒙為目標，以批判舊傳統為特色，以道德革新和文學革命為內
容的思想啟蒙運動，也就是說，一開始，陳獨秀、胡適、魯迅、
劉半農等這些鼓吹新文化的知識分子們所關注的焦點主要不在政
治，而在文化，但「問題的複雜性卻在，儘管新文化運動的自我
意識並非政治，而是文化。它的目的是國民性的改造，是舊傳統
的摧毀。它把社會進步的基礎放在意識型態的思想改造上，放在
民主啟蒙上。但從一開頭，其中便明確包含著或暗中潛埋著政治
的因素和要素」，「啟蒙的目標，文化的改造，傳統的扔棄，它仍
是為了國家、民族，仍是為了改變中國的政局和社會的面貌。仍
然既沒有脫離中國士大夫『以天下為己任』的固有傳統，也沒有
脫離中國近代的反抗外侮，追求富強的救亡主線。」[10]正是這種
拋不開的救亡意識，使思想啟蒙性的新文化運動和政治救亡的反
帝愛國運動在「五四運動」迅即合而為一。

一般來說，啟蒙與救亡往往是相互為用、二位一體的，因為
要救亡就不可能不要求人的覺悟，只有人的真正意義上的覺醒才
能從根本上解決救亡的時代課題，啟蒙文化本來就包含了救亡的

---

10 李澤厚：〈啟蒙與救亡的雙重變奏〉，《中國現代思想史論》（台北：三民書局，
2002 年），頁 7-8。

意義。但是，考察 20 世紀中國社會政治思潮和文化思潮的發展事
實，不難發現：五四時期是僅有一次具有如此徹底、全面的啟蒙
姿態的時期。民主與科學、德先生與賽先生、改造國民性、人的
覺悟、人的發現、人的文學、自我表現等口號喧天價響，人道主
義、個人主義、個性主義的一時流行，都說明了五四時期鮮明的
啟蒙主義色彩。人們通常將五四新文化運動比作歐洲的文藝復興
運動，因為兩者都屬於啟蒙運動，呼喚著人的意識的覺醒。不論
是「隨感錄」體的雜文創作，文學研究會標榜的「為人生而藝術」，
創造社追求的「自我表現」，或是冰心「愛的哲學」，魯迅逼視靈
魂、抨擊禮教吃人的小說，郭沫若《女神》的個性噴發，還是郁
達夫的感傷情調，丁玲的女性自覺與吶喊，甚至 1921 年前後出現
的「問題小說」熱潮，都沒有脫離啟蒙主義的範疇。作家們強調
將文學作為改造社會人心的工具，對婚姻愛情、個性解放的題材
描寫大都服膺於清醒的理性批判精神，並在藝術表現上充分展露
個性，自由發揮，洋溢著強烈的主觀情緒和抒情色彩。文學的革
新、文化的改造與思想的覺醒、情感的解放，都圍繞在以追求「現
代性」的啟蒙中心任務下成為二〇年代的主要潮流。

（三）三〇年代：無產階級革命文學的政治主潮

五四時期啟蒙與救亡合流的局面並沒有持續多久，二〇年代
中期以後，隨著時局的危急存亡與現實的劇烈鬥爭，包括 1925
年的「五卅」慘案、1926 年的「三一八」慘案、1927 年的清黨，
以及北伐戰爭、內戰、對日抗戰等，使歷史的主旋律由啟蒙向救
亡轉移，抵抗外族侵略，國家獨立富強的救亡主題很快就壓倒了

思想啓蒙的主題,個性解放、思想革命被社會解放、政治革命取代,而現代文學的主潮也開始從文化批判轉向社會與政治批判。五四時期對「文學是什麼」的本質問題的討論已基本結束,這個階段引起關注的是「文學爲什麼」、「文學能什麼」的功能性質的思考。不同政治力量、黨派、立場的對峙與抗衡,對文學往哪裡走有著尖銳對立的主張,左翼文學與京派、海派、自由主義、人文主義、民族主義文學等的論爭,成了「紅色三〇年代」文壇上激烈鬥爭的戲碼。1928 年起,由後期創造社與太陽社倡導的「革命文學」逐漸在救亡的時代氛圍下成爲文學意識的中心,1930 年成立的「中國左翼作家聯盟」,雖然對革命文學有所批判,但以無產階級文學爲核心的理論綱領沒有改變。普羅文學、革命文學、無產階級文學口號的流行,說明了「爲人生」的啓蒙意識已向「爲革命」的救亡意識、政治意識傾斜。

我們不妨看看當時「革命文學」倡導者的一些主張 —— 郭沫若說:「你們要把文藝的主潮認定!……你們要曉得我們所要求的文學是表同情於無產階級的社會主義的寫實主義的文學……」[11];瞿秋白說:「文藝永遠是,到處是政治的『留聲機』。問題在於做哪一階級的『留聲機』,並且做得巧妙不巧妙。」[12];李初梨說:「一切的文學,都是宣傳,普遍地,而且不可避免地是宣傳」,「文學,與其說它是自我的表現,毋寧說它是生活意志的要求。文學,與其說它是社會生活的表現,毋寧說它是反映階級的實踐。」

---

11 郭沫若:〈革命與文學〉,《創造月刊》第 1 卷第 3 期,1926 年 5 月 16 日。
12 瞿秋白(易嘉):〈文藝的自由和文藝家的不自由〉,《現代》第 1 卷第 6 號,1932 年 10 月。

[13]；錢杏邨說：「普羅文學不是普羅的消閒藝術，是一種鬥爭的藝術，是一種鬥爭的武器！它是有它的政治的使命！創作的內容是必然的要適應於政治的宣傳的口號和鼓動口號的！」[14]從這些主張可以看出，文學的個性已經被集體性取代，文學革命也一變為功利性、宣傳性、戰鬥性、工具性的革命文學，政治鬥爭的必要性遠大於文化批判的啓蒙性，「五四」時期開啓的相對思想自由的空間緊縮了，文學主潮隨著整個社會的變革、局勢的動盪而變得空前的政治化、黨派化、意識型態化。

　　一些清醒的文化人如魯迅、茅盾等人，都對革命文學的偏差發展提出了警告與批評，指出其標語化、口號化、教條化的缺失，認爲雖然掛著「革命文學」招牌，卻只有革命而沒有文學。新月派的主要理論家梁實秋以永恆的、普遍的、人性的文學反對無產階級的階級的文學，和左翼文壇展開了激烈的論戰；自稱「自由人」的胡秋原和自稱代表「第三種人」的蘇汶，針對左翼文學的趨向極端也有直接的批判。此外，還有京派的朱光潛、沈從文，提倡「性靈」的林語堂等人，都有堅持文學立場的發言，但回應他們的卻是從左右對立的政治觀點與階級立場出發的謾罵語尖銳攻擊。其實，這些對革命文學的批評有許多是一針見血的，但政治決定了時代的文學、思想主潮，則是不爭的事實。三〇年代的政治、文學氛圍就是如此複雜，馬克思主義、社會主義、革命文學理論的傳播與運用，在一定程度上決定了此後文壇的面貌。

---

13 李初梨：〈怎樣地建設革命文學〉，《文化批判》第 2 號，1928 年 2 月。
14 錢杏邨：〈幻滅動搖的時代推動論〉，《海風週報》第 14、15 期合刊，1929年 4 月。

（四）四〇年代：戰爭文學的救亡主潮

　　從三〇年代中期開始，中國社會內部階級對立的尖銳，逐漸因為日本軍國主義侵略的民族危機日趨嚴峻，而有了新的轉變。為了因應全民抗戰的時代來臨，文學主潮也有了相應的調整，無產階級革命文學主潮的正當性與必要性，迅即被更廣泛深入的救亡主潮所取代。八年的對日抗戰加上四年的國共內戰，戰爭文化以無所不在的方式影響著作家的創作心態、思維傾向以及文本的敘說、書寫內涵的面貌。「五四」以來所關注的啓蒙主題，在國難當頭、炮火連天的時刻，暫時退出了中心位置，內部的階級革命也必須讓位給一致對外的抗戰大業。在整個民族血火歌哭的時代，文學與民族命運緊緊綑綁在一起，同仇敵愾的戰爭救亡心理成為壓倒一切的主題，輔助戰爭的功利主義成為文學的第一價值。

　　曾經是「藝術至上主義者」的蘇汶，此時不得不喊出：「純文藝暫時讓位吧！」[15]；老舍也說：「文藝，在這時候，必為抗戰與勝利的呼聲。……當社會需要知識與激勵，而文藝力避功利，是怠職。抗戰文藝的注重宣傳與教育，是為盡職。」[16]三〇年代高舉「無產階級革命文學」大旗的左聯解散了，取而代之的是張揚「抗日民族統一戰線」的「中華全國文藝界抗敵協會」（簡稱「文協」），它的口號是「文章下鄉，文章入伍」，它的發起旨趣是「我們應該把分散的各個戰友的力量，團結起來，像前線戰士用他們

---

15 杜衡（即蘇汶）：〈純文藝暫時讓位吧〉，《宇宙風》第 68 期，1938 年 5 月 16 日。
16 老舍：〈三年來的文藝運動〉，《大公報》1940 年 7 月 7 日。

的槍一樣，用我們的筆，來發動群眾，捍衛祖國，粉碎寇敵，爭
取勝利。民族的命運，也將是文藝的命運。」[17]文學，在這特定
的戰爭時空裡，是一種呼籲、戰鬥、宣傳的工具，是要激勵人心、
鼓舞士氣，一言以蔽之，是要救亡。

　　在救亡的主潮下，文藝的大眾化、民族化理論的提出，其實
是順勢發展的必然要求。毛澤東於 1942 年的發言〈在延安文藝座
談會上的講話〉（簡稱〈講話〉），從政治策略的角度談文藝「為群
眾」及「如何為群眾」的根本問題，其中就涉及了「工農兵方向」
的確定，以及實現自身民族化、民間化的原則。為了更直接發揮
文學的武器功能（「團結人民、教育人民、打擊敵人、消滅敵人」），
他強調「文藝服從於政治」，「我們的文學藝術都是為人民大眾的，
首先是為工農兵的，為工農兵而創作，為工農兵所利用的。」文
藝批評則是「以政治標準放在第一位，以藝術標準放在第二位」
[18]，作為在特定的以政治為中心的歷史條件下的文藝觀，毛澤東
的文藝思想從此牢牢確立了在革命文藝發展史上的權威話語地
位，成了此後中共文藝政策和理論的「聖經」。趙樹理的小說如〈小
二黑結婚〉、《李有才板話》、《李家莊的變遷》等因符合〈講話〉
的政策方向而受到推崇，其他如丁玲的《太陽照在桑乾河上》、周
立波的《暴風驟雨》等，政治化的特質也十分明顯。

　　講救亡也好，講政治也好，文學只能是工具、武器；從「為
人生」到「為革命」，再到「為人民」，文學所負載的使命越來越

17　〈中華全國文藝界抗敵協會發起旨趣〉，《文藝月刊‧戰時特刊》新 1 卷第 9
　　期，1938 年 4 月 1 日。
18　以上所引毛澤東的言論均出自〈在延安文藝座談會上的講話〉，見《毛澤東
　　選集》（北京：人民出版社，1953 年）第 3 卷，頁 849-880。

沉重，而它離文學自身的審美藝術也越來越遠。這是時代使然，民族的命運使然，特定的文化時空造就了特定的文學主潮。啓蒙讓位，革命轉移，救亡壓倒了一切。這是歷史的必然，也是文學的不幸。謝冕對百年中國文學悲劇發展的軌跡有一針見血的概括，他認爲主要表現在以下三方面：尊群體而斥個性，重功利而輕審美，揚理念而抑性情。[19]文學有許多目的，但就是不在文學自身。追求文學自身的審美性、純粹性、獨立性，在群體爲重、功利爲主、理念爲先的時代主潮衝擊下，愈來愈顯得微不足道了。

四、主潮更迭下的邊緣存在：抒情審美

文學之有主潮，一如江河大川之有主河道。但主河道之外必有支流、細流，也一如文學主潮外必有「非主流」的存在。這些「非主流」的邊緣性，使它不能成爲時代的中心，但若沒有這些「非主流」，時代的豐富性必將大爲失色。現代文學三十年的發展史，觸目所及是啓蒙、革命、戰鬥、救亡、批判、社會意識、階級、政治、民族、反帝、反封建等宏大敘述話語，作家們似乎不在家中提筆寫戰鬥之檄文，便須上街頭發傳單宣揚革命，甚至於提槍上戰場與敵人進行救亡圖存的殊死戰。當然，這樣的身影是可貴的，他們的犧牲也是可敬的，但是，對文學本質的存在而言，這樣的意識型態不一定是可喜的。我們總不禁要問：在啓蒙、政治、救亡的三重變奏之外，可不可以有其他的選擇？在政治上，非黑即白、非左即右的截然對立之外，難道不能容許灰色地帶的

---

19 謝冕：〈總序：輝煌而悲壯的歷程〉，《百年中國文學總系》，頁6。

中立嗎？和政治漩渦保持一定的距離是不可饒恕之惡嗎？回到文學本身，現代文學作家們難道不能拋開意識型態、各種主義，追求一種「沒有主義」[20]的自由嗎？在啓蒙、革命、救亡的功利性考量之外，應該容許一種不以啓蒙、革命、救亡爲出發點，而以追求文學自身審美藝術價值爲重心的文學創作，這種「沒有主義」的「抒情審美意識」追求，在我看來，它的價值意義不在啓蒙意識、救亡意識之下。

　　所謂「抒情審美意識」，是指明顯以純文學的藝術價值與表現爲其審美追求的創作意識。它具有一定的非功利、非現實、非道德化、非政治化傾向，力求避免文學的墮落，捍衛文學的純潔性。在作家的主體意識中，盡力超脫於政治漩渦與商業色彩之外，設法保持超然獨立的文化人格、自由的文學心態，以及與文化人格相貫通的生命人格。在創作方法上，它不因啓蒙、救亡意識的強調現實主義，而一概地反對現實主義精神，但反對獨尊現實主義，反對現實主義中簡單模仿現實的片面傾向，因此，從某個角度來說，它也是對現實主義的豐富和深化。「抒情審美意識」不是全然脫離社會的象牙塔，成爲「唯美主義」的膜拜者，也不可能完全脫離具體的時代背景，只是想在意識型態分崩離析的時代，保持個人精神的獨立，企圖脫離現實的功利，贏得文學創作充分的自由。在血與淚的時代，我們應當容忍愛與美的存在；在「風沙撲面，狼虎成群」（魯迅語）的時代，應當容許作家有不作民族文化

20「沒有主義」一詞引用自高行健：《沒有主義》（台北：聯經出版公司，2001年）一書，在自序中，他強調「沒有主義」可說是一種理智，不盲目迷信，不跟隨某一權威、某一潮流，或受某種意識型態精神上的禁錮。

代表、人民大眾代言人、階級戰士及青年導師的自由。讓文學回歸本體、回歸自我、回歸審美，讓作家走出文以載道的框架、走出政治時尚的宣傳鬥爭、走出各種旗號、主義、黨派的不當束縛，這是我所理解並主張的「抒情審美意識」。

　　與「抒情審美意識」相近的有「純美意識」一詞，首見於陳思和〈啓蒙與純美 —— 中國新文學的兩種文學觀念〉一文[21]，他以「純美意識」來指稱強調文學本體意義的「文學的啓蒙」，而與運用文學爲手段去啓蒙思想的「啓蒙的文學」並列爲五四新文化運動的兩種文學觀念。他進一步分析這種文學觀念「首先在形式上、其次在內涵上啓發了讀者對美的敏感和認識，進而改變和提高民族的審美素質」，「這是文學自身的任務，與當時思想文化上的啓蒙不是一回事，但又是那個時代的啓蒙的一個不可或缺的任務。」至於純美意識的意義，「是在反對新文學被視作政治思想改良的工具而體現出來，這並不意味著它將排除文學的一切思想內容、只強調純而又純的形式美」，要衡量純美意識的標準在於「文學作品能否以它最恰切的語言完美地傳達出作者所要表達的思想情感，而不是思想內容或思想情感本身。這與啓蒙意識的標準是不一樣的。」[22]他認爲直到三〇年代中期爲止，新文學可以說是由啓蒙（包含了救亡）意識和純美意識相對峙所構成的。不管時代文學主潮的選擇爲何，單從文學的角度來說，純美與啓蒙的標準不一致，但重要性是一樣的。

　　與「抒情審美意識」接近的說法還有胡有清的「純藝術思潮」

21　此文收於陳思和：《筆走龍蛇》（台北：業強出版社，1991 年）一書。
22　陳思和：《筆走龍蛇》，頁 23、30。

與高行健的「冷的文學」。胡有清發表了幾篇論文討論中國現代文學中存在著一種與啓蒙、革命、救亡的文學主潮相左的純藝術理論思潮，他認爲 20 世紀前半葉的文學發展中「還有另一種非功利化非政治化的純藝術理論思潮作爲支脈存在。這一思潮在文學的地位、功能、性質和文體特點等方面，同『文以載道』等傳統文學觀念和以左翼文學爲代表的主流文學思想形成了鮮明的對照。具體說來，其理論上的主要特點表現爲：堅持和維護文學作爲藝術的獨立地位，強調文學以審美爲基本內容的獨特功能而否定或限定其社會功利性，突出文學純粹的人性因素而否定或限定其多種社會性質，重視文學和其他文字撰述的區別而致力於其純正文體的建設。」[23]胡有清從思潮理論的視角指出這股非功利化的支脈思潮，與本文所指涉的「抒情審美意識」在涵義上是一致的；至於高行健的「冷的文學」，在其〈我主張一種冷的文學〉文中有清楚地表述，他說：「文學原本同政治無關，只是純然個人的事情，一番觀察，一種對經驗的回顧，一些臆想和種種感受，某種心態的表達，兼以對思考的滿足。其所以轟動，不幸全在於政治的需要，或受攻擊，或被捧場，不由自主弄成了一種工具、一件武器、一個靶子，以至於竟喪失了文學的本性。」[24]對恢復了本性的文學，高行健稱之爲「冷的文學」，來區別那種文以載道、抨擊時政、干預社會的文學。高氏以自身的文學實踐經驗加上對文學發展的

---

23 胡有清：〈夾縫中生存的現代文論支脈〉，《江蘇社會科學》1998 年第 3 期。胡氏有關純藝術思潮的文章尚有〈中國現代文學中的純藝術思潮〉、〈略論中國現代純藝術思潮與傳統文化〉、〈中國現代的純藝術文論與其西方淵源〉等篇。

24 高行健：〈我主張一種冷的文學〉，《沒有主義》，頁 15-16。

冷靜觀察，提出了自成一家的文學觀，認為文學應該是一種純粹的精神活動，他主張文學應該徹底孤獨與自由，作家應該安於邊緣的靜觀與內省。以上這些看法，可以作為「抒情審美意識」的理性補充與生動註解。

　　抒情審美的文學觀念在清末已經出現，王國維被視為此一觀念的代表人物。如上一節所述，以梁啓超為代表的「新民」文學觀念，雖含有改良人生的啓蒙主義動機，但更明顯的是服務於維新大業的政治功利心態，也就是融入了救亡意識的啓蒙思潮。作為政治家與宣傳家，梁啓超具有儒家的入世精神，重視的是文學的社會政治功能，以文學為新民的利器，救國的首務。梁氏之說，雖然誇大了文學的啓蒙、社會功能，使文學有淪為政治宣傳工具的不良傾向，但他的文學觀念和後來五四新文學社團文學研究會「為人生」思潮卻是一脈相承的。至於王國維的文學思想則深受康德純粹美、藝術無功利論概念的影響，標舉超功利的文學觀和美學觀，認為「美之性質，一言以蔽之曰：可愛玩而不可利用者也。」[25]，「一切學問皆能以利祿勸，獨哲學與文學不然。」[26]，在〈論近年之學術界〉一文中，他對「不重文學自身之價值，而惟視為政治教育之手段」的現象深感不滿，並抨擊一味強調文學政治功能的人是「本不知學問為何物，而但有政治之目的」[27]，他的文學觀很清楚地傳達出堅持美之獨立價值的立場，因此他注重的是文學內部的「境界說」，以及著眼個人生命體驗的「悲劇

25　王國維：〈古雅之在美學上之位置〉，《王國維文學美學論著集》（周錫山編校，太原：北岳文藝出版社，1987 年），頁 37。

26　王國維：〈文學小言〉，《王國維文學美學論著集》，頁 24。

27　王國維：〈論近年之學術界〉，《王國維文學美學論著集》，頁 107。

論」。王國維文學思想的獨特性與重要性一如陳思和所論：「王國維首先提出了『純粹之美學』的概念，他力陳中國美學之所以不發達，就是由於文學的政治功利主義導致了藝術審美價值的獨立地位的喪失。……這可以說是中國第一代資產階級知識分子從審美意義上維護了初步覺醒的個性獨立，『純美意識』也由此而來。」[28]王國維的非功利文學觀絕然否定了文學干預社會現實的功能，不免是一個缺憾，但抒情審美意識的張揚，確實更接進文學的本質，並在後來五四時期創造社「爲藝術」的主張中看到相同的論調，其與梁啓超的啓蒙、救亡功利說，形成對峙之勢，也基本奠定了 20 世紀中國現代文藝思潮兩種文學觀念對峙互補的格局。

　　然而，這兩種文學觀念的發展很快就呈現失衡的態勢，梁啓超啓蒙、新民、改良社會與人生的文學思想，由於「適應了世紀初中國社會改革的需求，因而梁啓超能夠登高一呼，應者雲集，成爲世紀初的文化巨人。王國維接受的應是西方的當代『新潮』文化，但他卻暫時不適合世紀初中國的社會改革的需求，因而儘管王國維觀念超前，卻只能在學術這塊寂寞的園地上一展才華，並領受先知者的孤獨。」[29]王國維的寂寞與孤獨，恰恰象徵了文學審美意識在中國那個特定時空裡不得不然的命運。時代的需要決定了文學的必要。反清、反帝、反軍閥、反日寇，救亡主題總是一步步壓擠啓蒙主題，而救亡與啓蒙又經常合併、互補，壓倒審美。王國維對非功利文學、美學觀念的執著探索，以及在非主流位置上受到的冷淡與輕忽，也正是此後中國現代作家在抒情審

28　陳思和：《筆走龍蛇》，頁 25-26。
29　張俊才、李揚：《20 世紀中國文學主潮》，頁 33。

美路上艱難跋涉的一個縮影。

五、凝望純美 —— 中國現代作家艱難曲折的精神探索

　　救亡、啓蒙、審美等思潮，雖有相互擠壓的失衡，但同時也
是共存併行的。即使在啓蒙文學、革命文學、救亡文學成爲時代
文學主調的大潮下，我們依然可以看到冰心小詩中甜美的愛，周
作人美文的淡雅古樸，湖畔詩社愛情詩中的大膽率真，新月派對
詩歌格律的追求，李金髮對象徵語言的經營，也可以看到朱自清
筆下情真意切的〈背影〉、〈給亡婦〉，徐志摩浪漫的〈想飛〉與〈雪
花的快樂〉，這些作品流露的是濃厚的審美意識，而非救亡；當「革
命」成爲最時髦先進的代名詞時，沈從文貢獻出了優美田園牧歌
式的小說《邊城》，現代主義風格的新感覺派登場，戴望舒、卞之
琳等現代派詩人創作不懈，何其芳精緻的美文《畫夢錄》問世；
當戰爭硝煙四起之際，林語堂沒忘記一貫鼓吹的性靈與幽默，梁
實秋在四川雅舍寫著膾炙人口的小品，張愛玲、蘇青、施濟美以
女性特有的細膩講述了一個個蒼涼瑣細的故事，而無名氏《北極
風情畫》、《塔裡的女人》是暢銷的浪漫愛情小說，鹿橋也用愛與
美的情調風格完成校園青春小說《未央歌》……。這些作品不都
是以抒情審美意識爲主的表現嗎？沒有意識型態的枷鎖，只有對
文學純粹的追求，就如何其芳所言：「我追求著純粹的柔和，純粹
的美麗」[30]，沈從文所說：「我不輕視左傾，卻也不鄙視右翼，我
只信仰『真實』。……文學實有其獨創性與獨立價值。……不問左

---

[30] 何其芳：〈我與散文〉，《畫夢錄・還鄉雜記》（石家庄：河北教育出版社，1994
　　年），頁 86。

右，解決這問題還是作品。」[31]可以說，他們追求與體現的正是
「沒有主義」的自由。

　　作家的心態是複雜豐富的，知識分子的心靈世界有時也是多
面而矛盾的，如前所述，他不可能脫離客觀生存環境（社會、文
化、自然等），也不可能無視於時代風雲的變幻，這正是作為有思
想、有情感的精神個體不可救贖的哀歌；同樣的道理，以筆代劍、
馳騁於各式戰線上的作家們，也不可能沒有夢境的追尋、難以排
遣的抑鬱。救亡與純美，在許多作家身上不必然是二元對立的絕
緣體，甚至於，同一作家在不同階段可能做出完全相反的選擇。
承認作家心態的歧異性，是研究中國現代作家應有的清醒認知。
對純美的凝望，往往是作家主體精神探索的一個面向而已，但這
個面向的存在，即使不在文學史的中心視野裡，它仍是不可忽視
的存在。

　　以魯迅為例，他在〈小品文的危機〉裡談到小品文如果要生
存，「也只仗著掙扎和戰鬥」，「生存的小品文，必須是匕首，是投
槍，能和讀者一同殺出一條生存的血路的東西」，他雖然承認小品
文能給人「愉快和休息」，但「它給人的愉快和休息是休養，是勞
作和戰鬥之前的準備」，因為，面對社會矛盾尖銳的三〇年代，「誰
還有這許多閒工夫，來賞玩琥珀扇墜，翡翠戒指呢。他們即使要
悅目，所要的也是聳立於風沙中的大建築，要堅固而偉大，不必
怎樣精；即使要滿意，所要的也是匕首和投槍，要鋒利而切實，

31　沈從文：《記丁玲》，收入《沈從文別集》（長沙：岳麓書社，1992　年），頁
　　268。

用不著什麼雅。」[32]一生戰鬥形象鮮明的魯迅，因失望於民眾的麻木愚昧與現實的黑暗，而以啓蒙之姿，救亡之憂，寫出了暴露落後國民性、揭穿知識分子虛僞性、抨擊封建傳統壓迫性的小說，以及十多部批判性的雜文。然而，我們也看到了魯迅追憶童年、重提舊事的《朝花夕拾》和自言自語、傾瀉內心巨大孤獨的《野草》，這些具有抒情審美風格的散文及散文詩，表現的是直逼內在、靈魂自審的純美意識，與啓蒙無涉，也非關救亡。這些美文在魯迅作品中只是少數，但卻是熠熠發光的少數，從中可以看到這位「文化巨人」苦悶、焦慮、溫暖、童真的一面，如果忽略了這個面向，那麼看到的將不是真實而完整的魯迅。

如果連魯迅這種戰士、鬥士、勇者型的文人都不免對純美投以深情的凝望，那麼一般文人、尤其是以追求文學藝術價值爲職志的文人，對抒情審美意識的張揚也就理有固然了。二〇年代的周作人，曾經是十字街頭的闖將，但最後成了書齋中抄書聽雨的「苦茶庵主人」，「喝不求解渴的酒，吃不求飽的點心」[33]熱中於寫一些生活美學的「趣味之文」，他曾在一篇短文中概括自己人生觀和藝術觀的改變：「以前我所愛好的藝術與生活之某種相，現在我大抵仍是愛好，不過目的稍有轉移，以前我似乎多喜歡那裡邊所隱現的主義，現在所愛好的乃是在那藝術與生活自身罷了。」[34]在周作人身上，抒情審美意識顯然主宰著他的生活態度與藝術氣

---

32 魯迅：〈小品文的危機〉，《南腔北調集》，收於《魯迅全集》（北京：人民文學出版社，1981 年）第 4 卷，頁 575-577。

33 周作人：〈北京的茶食〉，《周作人自編文集・雨天的書》（石家庄：河北教育出版社，2002 年），頁 52。

34 周作人：《藝術與生活・自序》，《周作人自編文集》，頁 2。

質，然而，他越是走向審美、走向個人本位主義，他受到的責難與批判如「落伍」、「沉淪」、「倒退」等則越激烈，即使周作人的人生選擇確實有可議之處，但時代容不下一個只想在「自己的園地」裡「閉戶讀書」的知識分子，卻也是不爭的事實。

1930 年由周作人創辦的《駱駝草》週刊，在〈發刊詞〉中說道：「不談國事。既然立志做『秀才』，談幹什麼呢？此刻現在，或者這個『不』也不蒙允許的，那也就沒有法兒了。」在文藝方面，他的態度是「笑罵由你笑罵，好文章我自為之，不好亦知其醜，如斯而已，如斯而已。」清楚表明了追求文藝、疏離政治的立場。和周作人同為《語絲》雜誌同仁、五四時期曾經並肩作戰過的林語堂，也有著和周作人相似的思想轉變歷程。在《語絲》時代，林語堂為文批判軍閥，火力猛烈，但到了三〇年代，時代鬥爭益趨嚴峻的環境下，他卻提倡幽默、閒適、性靈，以《論語》、《人間世》、《宇宙風》等刊物為陣地，鼓吹其「以自我為中心，以閒適為格調」（《人間世發刊詞》）的幽默小品、性靈文學，專門刊登一些平和沖淡的純粹散文小品。放棄五四時期的啟蒙激情，營求小品文的審美風格，這樣的林語堂，不可避免的也招致了「遁世」、「清談」、「與時代脫節」、「小擺設」的譏諷。

翻開現代文學史，與周作人、林語堂有著類似命運的作家還有不少。1938 年底，梁實秋接編重慶《中央日報》的《平明》副刊，在〈編者的話〉中他說道：「現在抗戰高於一切，所以有人一下筆就忘不了抗戰。我的意見稍微不同。於抗戰有關的材料，我們最為歡迎，但是於抗戰無關的材料，只要真實流暢，也是好的，不必勉強把抗戰截搭上去。至於空洞的『抗戰八股』，那是對誰都

沒有益處的。」[35]這樣一段理性平和的邀稿說明,卻被當時「唯左是尊」的意識型態給曲解、簡化成提倡「與抗戰無關論」,而對梁實秋展開不留情的批判,說他宣傳「反動資產階級的文藝思想」,導致以後一段長時間的文學史書寫裡,他成了反面、被否定的人物;一貫強調文學獨立性的沈從文,不過是認為文學應從「商場」和「官場」解放出來,作家不要一味熱中於「因緣時會一變而為統治者或指導者,部長或參議員」,而應該「只重在盡職,盡一個中國國民身當國家存亡憂患之際所能盡的本分」[36],這個主張本身有何錯誤呢?但它卻被簡化成「反對作家從政論」,沈從文因此又受到了「不合時宜」的攻擊,陷入孤立寂寞的處境;上海淪陷時期崛起的張愛玲,曾經坦率地自陳:「一般所說『時代的紀念碑』那樣的作品,我是寫不出來的,也不打算嘗試,因為現在似乎還沒有這樣集中的客觀題材。我甚至只是寫些男女間的小事情,我的作品裡沒有戰爭,也沒有革命。」[37]對她來說,文學就是文學,是生命體驗的藝術呈現,人生況味的冷眼旁觀,然而如此一來,缺乏時代熱情、新鴛鴦蝴蝶,甚至「海上文妖」的各式帽子都扣在她的頭上了,柯靈一語道破地說出了張愛玲的「困境」:「中國新文學運動從來就和政治浪潮配合在一起,因果難分。五四時代的文學革命 ── 反帝反封建;三〇年代的革命文學 ── 階級鬥爭;抗戰時期 ── 同仇敵愾,抗日救亡,理所當然是主流。……我扳著指頭算來算去,偌大的文壇,哪個階段都安放不

---

35 梁實秋:〈編者的話〉,重慶《中央日報‧平明副刊》,1938 年 12 月 1 日。
36 沈從文:〈一般或特殊〉,《今日評論》第 1 卷第 4 期,1939 年 1 月 22 日。
37 張愛玲:〈自己的文章〉,《流言》(上海:中國科學公司初版,1944 年),此處引自台北:皇冠出版社 1981 年出版之《流言》,頁 22。

下一個張愛玲。」[38]張愛玲的邊緣化困境，何嘗不是現代文學中抒情審美意識的困境呢？

　　凝望純美，竟沉重如斯；堅持個性，竟孤立如斯。甚且，有的連一席之地都被剝奪，面對現代文學作家走過的這段精神負重、失衡、偏頗的艱辛歷程，怎不令人感嘆？這些作家面臨的，常常不是單純的文學話題，而是政治時代話題。血雨腥風，刀光劍影，烽火連天，民族危亡，想要靜處亂世靜觀人生，談何容易？想要袖手旁觀，無動於衷，於心何忍？平心而論，文學為了啟蒙、革命、救亡而戰鬥、掙扎，本身是莊嚴可敬的，即使在藝術上有些粗糙，手法上有些稚嫩，但其精神是無可指責的。只不過，我們想強調的是，這些湧動民族血性、負載政治使命的文學，不必也不應妨礙我們兼容愛與美式的文字，時代急風勁雨的狂飆之外，審美心靈的微風細雨，不也同樣滋潤人心，撫慰生命嗎？

　　從王國維「純粹之美學」開始，徐志摩「愛、自由、美」的信仰，湖畔詩社「盡情地唱呵」的放歌，創造社「為藝術而藝術」的主張，穆木天等人打出的「純詩」旗號，周作人「為文章的（而）文章」的觀點，冰心、沈從文、林語堂、梁實秋等人對人性的呼喚，對純正文學藝術趣味抱持虔誠態度的京派作家，用現代文體寫現代都市男女的「新感覺派」，玩味庸常人生的張愛玲，鼓吹「靜穆美」的朱光潛，戴望舒、《漢園集》三詩人對詩歌現代性的追求，馮至、穆旦等人對詩歌精神家園的堅守，麗尼、陸蠡、何其芳等人對文體藝術獨立的創造性表現等等，這些作家的抒情審美意

38　柯靈：〈遙寄張愛玲〉，原發表於《讀書》雜誌 1985 年第 4 期，引自《柯靈文集》（上海：文匯出版社，2001 年）第 1 卷，頁 361。

識，以及與之相關的文學實踐，構築了一個現代文學史上以非功利、非政治為主要特點的審美思潮。凝望純美，是這些作家對精神生存方式的一種選擇，對藝術獨立審美價值的一種皈依，但在強調「大我」而非「大寫的我」的特定歷史情境中，抒情審美也注定只能落入非主流的邊緣性位置。

六、結　語

　　周作人曾說：「我覺得文學好像是一個香爐，它的兩邊還有一對蠟燭台，左派和右派。……文學無用，而這左右兩位是有用有能力的。」[39]這句話中有對專講「經世致用」文學的譏刺，也有對審美意識的自解。在「鐵與血」為有效性話語的時代，自由中立的心態，消解社會現實內容的文學當然是會招人詬病的，但我們也不得不承認，周作人在文學的園地裡，獨立文化人格的形象是鮮明的，他一系列的美文，有力證明了不遵從革命、救亡文學美學規範的作家，一樣能創造出具有經典品位的作品。周作人說的「無用」，更長遠地說，可能是一種「大用」。

　　文學史是主潮的發展史，但又不只是主潮的發展史。人生、時代、歷史往往是多聲部的複雜交響樂，企圖用單一尺度衡量一切，既不合乎人性的真實，也不合乎文學史的真實。令人遺憾的是，不少現代文學作家曾經在時代主潮的扭曲變形下，命運多舛，失去創作甚至人身的自由。時至今日，我們已能正確認知：啟蒙、革命、救亡與審美之間的關係是對立又互補、矛盾又統一的，如

---

39 周作人：《草木蟲魚·小引》，《周作人自編文集·看雲集》，頁14。

何正確面對和評價人生與藝術、講功利和非功利、載道與言志、寫什麼和怎麼寫等深刻的命題，是文學史賦予研究者的艱難課題。從這個角度看，現代文學史家唐弢的呼籲格外啓人深思：「把各種主張認真進行研究，看看文藝方面有哪些不同的思潮互相爭執，互相消長，那麼寫起文學史來就充實得多，就不會是簡單的『中國現代進步文學史』或『中國現代革命文學史』了。」[40]

　　或許，當純美的凝望不再是時代集體意識下「不合時宜」的罪惡時，文學的自由、健全發展才會成爲一種可能。

---

40 唐弢：〈藝術風格與文學流派〉，《西方影響與民族風格》（北京：人民文學出版社，1989 年），頁 149。

第一章　獨立之價值，純粹的美術： 王國維 —— 蔡元培

一、生命多艱的純粹學者

　　作爲中國現代美學的開端者及奠基者，王國維在 20 世紀初期所闡發的關於美學理論的諸多變革觀點，以及以此新視角所建構的文學理論體系，對美學體系走向現代意義上的獨立型態以及文學批評理論的深化，都產生了重要的影響和啓示。他的審美意識在文學及美學的大力倡導中充分顯現，雖然在高度強調文學的政治目的和社會價值的歷史階段，這樣的思考與聲音顯得空谷足音；雖然他的美學思想只是 20 世紀初期到辛亥革命前後這段時間的產物，但其超功利的文學審美觀，卻對後來有其不可抹滅的恆久價值與影響。他對純粹美術（指文學、藝術或文藝，蔡元培、魯迅等人在當時也使用此一詞彙）、哲學的追求，代表著 20 世

初期文學理論觀念上的一次突破，現代審美意識的一次覺醒。他
的文學觀、哲學觀、美學觀和人生觀的形成，既有對西方哲學思
想與方法的吸收借鑑，又有中國傳統文化的融合匯通，加上個人
對生命現實、人生感受的沉思體驗，因而能在文學、美學領域的
研究上有革命性的突破，同時又向我們揭示了在維新狂潮下一代
學人複雜矛盾的精神世界與艱難執著的人生藝術選擇。

　　在不可免的矛盾與執著中，王國維注定成為一位悲劇人物，
正如葉嘉瑩在其重要著作《王國維及其文學批評》一書中稱他為
「一個新舊文化激辯中的悲劇人物」。他的悲劇不僅在於四歲喪
母，父親長年在外經商佐幕，使他童年孤獨寡歡；不僅在於「體
素羸弱，性復憂鬱」[1]；不僅在於中年喪妻，老年喪子，又與摯友
羅振玉失和，心生老境淒涼之感；更不僅在於最後投頤和園昆明
湖自盡，以五十之年求得「義無再辱」之死。他的悲劇，還在於
天才多感下，受叔本華哲學影響所纏繞不去的悲觀心理，在於與
時代主流（包括政治與文學）疏離、隔離甚至悖離所帶來的寂寞
與痛苦。當維新派與革命派的功利主義文學大行其道時，他提出
非功利的文學主張，超前性的見解使他不獲時人青睞甚至誤解；
當民主共和成為政治追求的主流價值時，他拖著象徵清室的辮
子，應廢帝溥儀之召，授五品「南書房行走」，出任帝師，政治上
的落後性使他成為封建遺老而備受批判。無怪乎有學者對他作了
這樣的評價：「在學業上是所向披靡的雄獅，可是在政治上他卻又

---

1 王國維：〈自序〉，《王國維文學美學論著集》（周錫山編校。山西：北岳文藝
　出版社，1987 年），頁 242。本章以下引用王國維言論皆出自本書，不再加註
　說明，僅註明篇名以供查檢。

是迷入歧途的羔羊。」[2]

　　即使在「學業」上，他也歷經了幾次痛苦的轉折。爲解人生之問題，他研究哲學從康德入手，因窒礙不可解而中間放棄康德，改讀叔本華，醉心於《意志及表象之世界》，嗣後又對叔本華的學生尼采產生信仰，最後又從叔本華重返康德，歷經四次研究方覺窒礙稍減，但仍「覺其窒礙之處大抵其說之不可持處而已」（〈自序〉），企圖從哲學中尋求人生解脫之道而不可得，悲觀之情懷終生縈繞不去；在哲學與文學的選擇中，他也曾苦惱地徘徊猶豫：「余之性質，欲爲哲學家則感情苦多，而知力苦寡；欲爲詩人，則又苦感情寡而理性多。詩歌乎？哲學乎？他日以何者終吾身，所不敢知，抑在二者之間乎？」（〈自序二〉）最後，他終於由哲學轉向文學，又由文學轉向史學、考古學、敦煌學、校勘學，這樣的轉折說明了他精神跋涉的沉重與苦悶，他說：

> 余疲於哲學有日矣。哲學上之說，大都可愛者不可信，而可信者不可愛。余知其理，而余又愛其謬誤。偉大之形而上學，高嚴之倫理學，與純粹之美學，此吾人所酷嗜也。然求其可信者，則寧在知識論上之實證論，倫理學上之快樂論，與美學上之經驗論。知其可信而不能愛，覺其可愛而不能信，此近二三年中最大之煩悶……（〈自序二〉）

　　「人生過處惟存悔，知識增時只益疑」，學術道路的曲折孤單，加上生命歷程的坎坷多艱，政治立場的保守滯後，使得孤獨、悲觀、痛苦、寂寞似乎已成爲這位近代學人一生形影不離的形容

2　周錫山：《王國維文學美學論著集・前言》，頁5。

詞。殉清說（吳宓）、懼怕革命說（胡適）、厭世解脫說（浦江清）、文化衰落義盡說（陳寅恪）、羅振玉逼債說、悲觀主義說等等都是後人之說，我們可以肯定的是，他以死終結了自己多憂苦也多精彩的一生，他以死捍衛了一個生命個體不可侵犯的尊嚴，他以死忠於自己一生可信可愛的文化追求，他也以死保存了一個純粹學者僅有的自由與獨立人格。

撇開政治立場的爭議不論，王國維在學術的道路上孜矻以求，苦思純粹哲學藝術的真理，其努力的精神、堅持的態度，以及所留下的可貴成果，堪稱近代少有的純粹學者。「純粹」是相對的概念，主要是指在 19 世紀末熱鬧登場的文學革命中，他並沒有扮演梁啓超那樣振臂一呼、呼風喚雨的角色，熱心宣傳鼓動，強調文學與救國現實的密切性，也不像嚴復那樣充分自覺地為救亡圖存而引進西方的學術思想，或者像夏增佑等人那樣大聲疾呼小說戲曲改良的重要性與實用性，他更看重的是學術的本質，或者說，他更願擔當的角色是學者，一個潛心研究西方哲學以試圖療救中國傳統文化思想的學者，一個試圖引進西方美學理論框架應用於中國文學作品以建立新批評範式的學者，一個企圖以純美的追求來解放人們禁錮心靈、還原個體與文學自由獨立價值的學者。在〈文學與教育〉中，他就這樣認為：

> 生百政治家，不如生一大文學家。何則？政治家與國民以物質上之利益，而文學家與以精神上之利益。夫精神之於物質，二者孰重？且物質上之利益，一時的也；精神上之利益，永久的也。前人政治上所經營者，後人得一旦而壞之，至古今之大著述，苟其著述一日存，則其遺澤且及於千百世

而未沫。……彼等誠與國民以精神上之慰藉，而國民之所恃以為生命者，若政治家之遺澤，決不能如此廣且遠也。

在學術與政治之間，他毫無遲疑地選擇了前者。不可否認的，作為一位純粹的文人學者，他的角色與歷史發展和社會現實存在著相當的距離，相對於轟轟烈烈的革命藍圖、改良呼聲，他的純粹學術的文學美學研究只能偏于一隅，在寂靜的園地裡默默耕耘，但也正因為這種與現實的距離，使他能夠獲得更客觀、穩實的學理研究成果，因為選擇了本色當行的學者角色，使他的影響能超越當時，留給後人具開創意義的珍貴啟示。

二、文學審美的超功利性與獨立價值

王國維的文學觀是建立在他的美學觀上的。他的美學觀則是以康德、叔本華、尼采的審美理論作為理解美和文學特性的基礎。在他們學說的影響下，天才說、古雅說、遊戲說、苦痛說、境界說等觀點成了王國維美學理論和文藝理論的主要特色，這其中尤以「美術之特質」應具有超功利、遊戲性質的「無利害性」最為他所強調，他說：「余謂一切學問皆能以利祿勸，獨哲學與文學不然。……若哲學家而以政治及社會之興味為興味，而不顧真理之如何，則又決非真正之哲學。……文學亦然；餔綴的文學，絕非真正之文學也。」（〈文學小言〉）又說：「美之性質，一言以蔽之曰：可愛玩而不可利用者是也。雖物之美者，有時亦足供吾人之利用，但人之視為美時，決不計其可利用之點。其性質如是，故其價值亦存於美之自身，而不存乎其外。」（〈古雅之在美學上之位置〉），明確地肯定文學的審美性，排斥文學的實用功利性。在

〈紅樓夢評論〉中他也表達了這個看法:「吾人知識與實踐之二方面,無往而不與生活之欲相關聯。茲有一物焉,使吾人超然於利害之外而忘物與我之關係,此時也,吾人之心無希望,無恐懼,非復欲之我,而但知之我也⋯⋯然物之能使吾人超然於利害之外者,必其物之於吾人無利害關係而後可。易言以明之,必其物非實物而後可。然則非美術何足以當之乎?」可以說,超功利主義美學觀是王國維美學的核心思維,這種力圖保持學科及學者純潔性、學術性的審美意識,是王國維美學現代性的鮮明特徵。

王國維主張文學藝術無實用功利性的審美論,事實上也是康德美學主張的重要命題之一。在康德《判斷力批判》中,「審美無利害性」是被視為審美的首要決定因素,是鑑賞判斷的第一個契機。康德從質、量、目的、樣式四個方面分析了美的本質,其中「質」的方面對美的規範就是超功利、無利害的純粹美。「康德認為:審美是一種愉快,但這種愉快有著特殊的規定。主體的生理快感或感官滿足和對善的愉快都懷有利益的觀念,都涉及對象的實際存在和實用價值,因而是不自由的;只有審美愉快僅僅出於對對象之純粹表象的興趣,是完全憑藉無利害的觀念,不涉及對象的實際存在和實用價值,從而也是自由的。可見,『無利害性』主要是對主體某種意識指向的質的規定,它是指一種特殊的知覺方式,並在這種意識作用下形成主體與客體表象之間純粹的觀賞關係,這就是審美的重要特徵之一。」[3]作為一種純粹的審美哲學,

---

3 康德之說見《判斷力批判》上卷（宗白華譯,北京:商務印書館,1964 年）,
　此處所引的概要敘述出自杜衞:《走出審美城》（北京:東方出版社,1999 年）,
　頁 3。

康德以此爲基點，清楚劃分審美和藝術在人類生活中的自律性位置，規範現代美學的方向，區分審美與非審美、藝術與非藝術的尺度，而在文學藝術領域，這個命題也成爲文學藝術與現實、政治、功利性、道德等一系列對立的最基本界線，是文學藝術獨立的重要理論基石。至於叔本華，他把審美視爲一種不涉及欲望、意志的「靜觀」，在靜觀狀態下，主體是認識的純粹主體，對象是純粹的表象世界，叔本華將這種使對象從現實世界的關係中「孤立」出來的知覺方式描述爲「一種對欲求沒有任何關係的認識」，並稱之爲「美感的觀察方式」[4]，也就是說，叔本華也認爲「無利害性」是審美得以產生的最根本條件。

王國維對文學藝術、美學哲學的純美意識基本上是在康德、叔本華等西方美學理論的認識上轉化形成的。超功利美學觀、文學觀的提出，意味著主張美學、文學具有自身的獨立價值。王國維多次在文章中申述此一觀點，例如在〈論哲學家與美術家之天職〉一文中痛陳：「嗚呼！美術之無獨立之價值也久矣。此無怪歷代詩人，多托於忠君愛國勸善懲惡之意，以自解免，而純粹美術上之著述，往往受世之迫害而無人爲之昭雪者也。此亦我國哲學美術不發達之一原因也。」他清楚指出，哲學與美術是「天下有最神聖、最尊貴而無與於當世之用者」，如果學者「自忘其神聖之位置，而求以合當世之用」，那麼哲學與美術的價值都將不存，因此他大聲疾呼：「若夫忘哲學美術之神聖，而以爲道德政治之手段者，正使其著作無價值者也。願今後之哲學美術家，毋忘其天職，

---

4 叔本華：《作爲意志和表象的世界》（北京：商務印書館，1982 年），頁 263、273。

而失其獨立之位置，則幸矣！」要讓文學有獨立之位置，首先就必須擺脫政治道德的附庸地位，才能有獨立發展的空間，因此他反對用政治家的眼光來觀察事物，認爲「政治家之眼，域於一人一事；詩人之眼，則通古今而觀之。詞人觀物，需用詩人之眼，不可用政治家之眼。故感事、懷古等作，當與壽詞同爲詞家所禁也。」(《人間詞話未刊稿‧39》)，以此審美標準，如杜甫〈三吏〉、〈三別〉，白居易〈新樂府〉之類有鮮明政治傾向的作品，在他眼中是等而下之的。也就是說，文學要追求的是自身獨立、純粹、完足、直觀、無欲忘我的美，他因此強烈主張：「文學者，遊戲的事業也」，如果「個人汲汲於爭存者，決無文學家之資格也。」(〈文學小言〉)；也主張：「一切之美，皆形式之美也。」(〈古雅之在美學上之位置〉)，其反對文學爲現實服務，認爲純文學應有獨立價值的態度，使他對梁啓超等維新派及南社等革命派的功利主義文學都大表反對，在〈論近年之學術界〉中就說道：「觀近數年之文學，亦不重文學自己之價值，而唯視爲政治教育之手段，與哲學無異。如此者，其褻瀆哲學與文學之神聖之罪，固不可逭，欲求其學說之有價值，安可得也！」

「學術之發達，存於其獨立而已。」王國維堅持，只有將學術視爲目的而非手段，學術才能真正發達。文學的超功利性與文學的獨立價值是二合一的，這對維新派與革命派文學不重視文學自身美學個性特徵的缺失確實是一語中的，擊中要害，且不論他的意見與時代現實是否格格不入，從文藝的本質來看，王氏之說更具有恆久的意義，從某個角度來說，他一針見血地道出了我國傳統文論、美學觀的缺陷。更難能可貴的是，他在引進、闡述這

樣的理論體系的同時，他也以實際的文學批評操作試圖印證或強化他上述的文藝觀、美學觀，並因此給我們留下了精采且富極個性的文學理論範本，啓發後人至今。

三、從紅樓到人間：文學審美意識的批評實踐

　　自覺而有系統地用西方理論爲架構來審視我國傳統文藝，王國維是第一人，而其具體成果以〈紅樓夢評論〉和《人間詞話》最受稱道，從中顯現出他以審美意識爲基礎的文學批評理論觀點，從而形成其卓立特行的純粹文藝美學，並在文化及文學觀念上表現出獨特的個性和超前性。

　　〈紅樓夢評論〉是王國維在 1904 年夏天完成的一篇具有劃時代意義的文學批評論文。過去對《紅樓夢》的研究多採隨感錄式、評點式、索隱式的方法，真正能以文學的觀點給予評論者始自王國維。他引叔本華的悲觀主義哲學和康德美學理論來分析，突破既往，爲《紅樓夢》研究史豎立了一座里程碑，「是一篇無論在形式上、思想上、方法上、眼界角度上都徹頭徹尾與中國傳統文學批評不同的論文，它是中國文學批評走向世界的一個最大膽的嘗試。」[5]說「走向世界」，是因爲王國維以世界文學的角度來論析這部「宇宙之大著述」，認爲《紅樓夢》所探討的是全人類亙古以來所共同面對的人生本質問題，而不僅僅是一部中國小說而已。

　　在〈紅樓夢評論〉中，王國維認爲，生活的本質是「欲」，有欲望而不得滿足，人生因此痛苦，即使如願以償也會感到倦厭，

5　朱忠元、劉朝霞：〈王國維美學思想略論〉，《洛陽師範學院學報》2002 年第 6
　　期，頁 76。

倦厭也是一種痛苦,「故人生者,如鐘錶之擺,實往復於痛苦與倦厭之間者也」,欲望、生活、痛苦「三者一而已矣」。這種苦痛的、悲觀的看法明顯來自叔本華,而與中國傳統精神迥異:「此書之精神,大背於吾國人之性質」,「吾國人之精神,世間的也,樂天的也,故代表其精神之戲曲小說,無往而不著此樂天之色彩:始於悲者終於歡,始於離者終於合,始於困者終於亨。」這就使得王國維分析《紅樓夢》的觀點與傳統文論有強烈的反差。既然人生充滿痛苦,有什麼可以解脫這種痛苦呢?王國維指出:「非美術何足以當之乎?」因為美術(即文藝)可以「使吾人超然於利害之外,而忘物與我之關係。」從這個觀點出發,他發現了《紅樓夢》此一「絕大著作」,因為它昭示了人們看破人生痛苦的本質,拒絕「生活之欲」而走「解脫」之道。這解脫之道,王國維指出是「存於出世,而不存於自殺」,因此,他認為《紅樓夢》裡的人物,真正稱得上解脫的只有寶玉、惜春、紫鵑三人,其他自盡的如「金釧之墜井也,司棋之觸牆也,尤三姐、潘又安之自刎也,非解脫也,求償其欲而不得者也。」在戰勝生活之欲、得到真正解脫的人之中,又分兩種:「一存於觀他人之苦痛,一存於覺自己之苦痛。」「觀者」之解脫要百倍困難於「覺者」之解脫,因為由看到別人的經歷痛苦而解脫,像惜春、紫鵑,這是「非常之人」,有「非常之知力」,能「洞觀宇宙人生之本質」,「知生活與痛苦之不能相離,由是求絕其生活之欲,而得解脫之道。」至於寶玉則是從自己遍嘗痛苦而解脫,是「通常之人」,「其解脫由於苦痛之閱歷,而不由於苦痛之知識」。王國維稱「觀者」之解脫是超自然的、神秘的、宗教的、和平的,而「覺者」之解脫是自然的、人類的、美術的、

悲淒的、壯美的，也是文學的、詩歌的、小說的，因此他下結論說：「此《紅樓夢》之主人公，所以非惜春、紫鵑，而為賈寶玉者也。」而《紅樓夢》一書則是「以生活為爐，苦痛為炭，而鑄其解脫之鼎」。他從審美角度來論解脫，確實是別具隻眼。

對於《紅樓夢》的美學價值，王國維也獨闢蹊徑，以叔本華的悲劇理論和康德的美學理論進行深入的剖析。按照叔本華的觀點，悲劇有三種：第一種是由極惡之人用極惡之手段造成的悲劇；第二種是盲目的命運所致；第三種是「由於劇中之人物之位置及關係而不得不然者」，普通人因環境所迫，明知其害卻不得不如此所造成的悲劇，這種悲劇「其感人賢於前二者遠甚」。基於這種看法，他認為寶黛之愛情悲劇並非「有蛇蠍之人物，非常之變故，行於其間」所造成，「不過通常之道德，通常之人情，通常之境遇為之而已」，因此《紅樓夢》堪稱「悲劇中之悲劇」。

王國維也從「美」的角度來分析《紅樓夢》。他將美分為兩種：一為優美，一為壯美（宏壯），這個理解來自康德與叔本華。優美與壯美在西方美學稱為美與崇高，康德與叔本華對此均有深入論述，王國維在他們學說的基礎上，結合中國傳統文化，形成自己的看法。他認為優美與壯美都是美，雖有種種區別，但「其可愛玩而不可利用也同」，「其快樂存於使人忘物我之關係」也相同。至於二者的區別主要是：

> 苟一物焉，與吾人無利害之關係，而吾人之觀之也，不觀其關係，而但觀其物；或吾人之心中，無絲毫生活之欲存，而其觀物也，不視為與我有關係之物，而但視為外物，則今之所觀者，非昔之所觀者也。此時吾心寧靜之狀態，名

　　之曰優美之情，而謂此物曰優美。若此物大不利於吾人，
　　而吾人生活之意志為之破裂，因之意志遁去，而知力得為
　　獨立之作用，以深觀其物，吾人謂此物曰壯美，而謂其感
　　情曰壯美之情。

　　換言之，優美是靜態美，壯美是動態美；處優美的境界，心
理狀態是寧靜和諧的，處壯美的境界，心理狀態是分裂對立的；
優美的美感是愉悅，壯美的美感是痛苦中或痛苦後有快感。王國
維以此衡量《紅樓夢》，指出其既有優美，又有壯美，「壯美之部
分，較多於優美之部分」，如第 96 回寶玉與黛玉最後之相見就是
全書中最壯美之一例，所以《紅樓夢》可以減輕吾人生活上之痛
苦，這是它在美學上的價值之一。談苦痛，談解脫，談悲劇，談
優美與壯美，從這些不同於傳統文論的新穎角度，王國維充分肯
定了《紅樓夢》是可以和《浮士德》並駕齊驅的偉大作品。

　　當然，也必須承認，〈紅樓夢評論〉中有些見解不一定正確，
例如強調解脫之道就是出世為僧；完全以唯心主義哲學切入，忽
略了這部作品現實主義的一面等等，都有待商榷。但這並無礙於
它在我國文學批評史上所佔有的重要地位與開創性的意義。

　　從〈紅樓夢評論〉到《人間詞話》，王國維的生命歷程有了明
顯的轉折，這種轉折既是學術上的，也是個人生命氣質上的。《王
國維評傳》的作者蕭艾就指出：「〈紅樓夢評論〉對王國維的一生
具有重大意義，因為這是他多年用功學習哲學，以叔本華哲學思
想作指導所寫的一篇專著；同時也是他開始感覺到叔本華哲學自
身存在著矛盾，最後促使他與哲學分手，從而轉到文學方面的一

座分水嶺。」[6]《人間詞話》是用傳統「詞話」形式所寫成的文學
批評專書，但透過新的文學觀念、術語、思維和方法，使這部以
詞為主要批評對象的著作，有了文學理論的普遍意義與嶄新內
涵。對王國維的文學批評理論鑽研甚深的葉嘉瑩就曾指出，具理
論體系的〈紅樓夢評論〉是「完全假借西方之哲學理論來從事中
國之文學批評的一種嘗試之作，其中固不免有許多牽強疏失之
處」，而《人間詞話》「則是他脫棄了西方理論之拘限以後的作品，
他所致力的乃是運用自己的思想見解，嘗試將某些西方思想中之
重要概念融匯到中國舊有的傳統批評中來。」所以《人間詞話》
雖然從表面上看起來和傳統詩話詞話無太大不同，但事實上已經
「為這種陳腐的體式注入新觀念的血液」。[7]

　　王國維在《人間詞話》中標舉「境界說」，這個源自佛經的概
念，成為他衡量作品的標準，也是他文論思想的核心，他企圖以
此掌握文學藝術創作的審美特徵和本質屬性，並使其文學審美意
識在這 64 則或談境界的基本理論，或具體分析歷代作家作品的境
界高低中有了生動的呈現。在王國維的理論中，「境界」與「意境」
是相近的概念，有時也簡稱為「境」[8]。拈出此說，王國維顯然頗

6　蕭艾：《王國維評傳》（台北：駱駝出版社，1987 年），頁 60。
7　葉嘉瑩：《王國維及其文學批評》（台北：源流出版社，1982 年），頁 212。
8　關於「境界」一詞的涵義，由於王國維自己並未立一明確定義，因此後人有
　許多不同的猜測與解釋，加上他在許多地方也用「意境」一詞，因此有些學
　者如劉任萍、蕭遙天等以「意」與「境」二字來解說「境界」一詞，指其兼
　有情意與景物；有些學者如李長之則以「作品中的世界」來解說「境界」；
　有些學者如陳詠則以「鮮明的藝術形象」來詮釋；葉嘉瑩則從感覺經驗之特
　質來解說，著重於「感受」，認為「境界」應該是說凡作者能把自己所感知
　的「境界」，在作品中作鮮明真切的表現，使讀者也能得到同樣鮮明真切的
　感受者，即為「有境界」的作品。以上各家說法都有其立論的依據，很難說

爲得意，其第 9 則說：「滄浪所謂『興趣』，阮亭所謂『神韻』，猶不過道其面目，不若鄙人拈出『境界』二字爲探其本也。」《人間詞話未刊稿》第 14 則又說：「言氣質，言神韻，不如言境界。有境界，本也；氣質、神韻，末也；有境界而二者隨之矣。」可見王國維有意將傳統批評的其他範疇如興趣、氣質、神韻、風骨、格調等，納爲「境界」之下的次概念，將「境界」視爲具有體系性的批評理論框架的主軸。

《人間詞話》開宗明義就說：「詞以境界爲最上。有境界，則自成高格，自有名句。五代、北宋之詞所以獨絕者在此。」在《人間詞乙稿・序》中也說：「文學之工不工，亦視其意境之有無與其深淺而已。」至於「境界」（意境）的內涵，王國維也多所著墨：

> 文學之事，其內足以攄己而外足以感人者，意與境二者而已，上焉者意與境渾，其次或以境深，或以意深，苟缺其一，不足以言文學。（《人間詞乙稿・序》）
>
> 境非獨謂景物也，喜怒哀樂亦人心中之一境界。故能寫真景物、真感情者，謂之有境界。否則謂之無境界。（第 6 則）
>
> 「紅杏枝頭春意鬧」，著一「鬧」字而境界全出。「雲破月來花弄影」，著一「弄」字而境界全出矣。（第 7 則）
>
> 大家之作，其言情也必沁人心脾，其寫景也必豁人耳目，其詞脫口而出，無矯揉妝束之態。以其所見者真，所知者深也。詩詞皆然。持此以衡古今之作者，可無大誤矣。（第 56 則）

孰是孰非，本文採取寬泛的解釋，視「境界」與「意境」爲相近之詞，同指透過作者感受與作品表現所呈現出來真切鮮明、情景交融的藝術形象。

由此可見，所謂「境界」是指創作者的主觀之「意」與作品表現的外在之「境」，二者渾然一體，情景交融所產生的真切鮮明的理想審美效果與藝術形象。而要做到情景交融、情理統一，其「本」不離一「真」字。真情真景，真意真味，真心真見，這就使得王國維的「境界說」比平常所言的「情景交融」更為精妙深刻。

以境界說為核心，王國維提出了一系列富有啓發性和指導性的論點，從中體現出他所追求的文學審美理想，也揭示出他在創作和批評上的理論標準。例如談到境界的不同類型，他有以下幾個不同角度的分析，可看出他在審美批評標準的創見與發揚。其一是「造境」與「寫境」：「有造境，有寫境，此理想與寫實二派之所由分。然二者頗難分別，因大詩人所造之境必合乎自然，所寫之境亦必鄰於理想故也。」（第 2 則）這一對境界類型的提出，觸及了浪漫派與寫實派因不同的創作手法而造成的兩種不同的藝術境界，「造境」是創作者依其主觀「理想」虛構而成，「寫境」是創作者按照客觀「自然」寫實而成，更重要的是，二者是互相聯繫滲透的，能將理想與現實統一交融者才是真正的「大詩人」；其二是「有我之境」與「無我之境」。「有我之境」是「以我觀物，故物皆著我之色彩」，並且是「由動之靜時得之」，給人的美感是「宏壯」；「無我之境」是「以物觀物，故不知何者為我，何者為物」，並且是「惟於靜中得之」，給人的美感是「優美」。他舉「淚眼問花花不語，亂紅飛過鞦韆去」、「可堪孤館閉春寒，杜鵑聲裡斜陽暮」為例說明「有我之境」，舉「採菊東籬下，悠然見南山」、「寒波澹澹起，白鳥悠悠下」為例說明「無我之境」，因為「無我

之境」的物我交融，比「有我之境」更能使人達到忘卻利害的精神境界，也較符合他一貫主張的超功利文學觀，因此他強調說：「古人爲詞，寫有我之境者爲多，然未始不能寫無我之境，此在豪傑之士能自樹立耳。」（第 3 則）亦即要寫「無我之境」需要更精湛的藝術修爲與更高尚的人格素養，其境界更在「有我之境」上。

其三，王國維還從審美鑑賞的角度提出「隔」與「不隔」的概念，強調寫景寫情都應該追求鮮明真切的「不隔」，捨棄虛浮矯飾、生硬造作、霧裡看花的「隔」，而不隔方爲有境界。在第 41 則中他舉例「生年不滿百，常懷千歲憂。晝短苦夜長，何不秉燭遊？」「服食求神仙，多爲藥所誤；不如飲美酒，被服紈與素。」認爲「寫情如此，方爲不隔」；又舉「採菊東籬下，悠然見南山。山氣日夕佳，飛鳥相與還。」「天似穹廬，籠蓋四野。天蒼蒼，野茫茫，風吹草低見牛羊。」認爲「寫景如此，方爲不隔」。姜白石的寫景之作如「二十四橋仍在，波心蕩，冷月無聲。」「數峰清苦，商略黃昏雨。」「高樹晚蟬，說西風消息。」等名句，在他看來，「雖格韻高絕，然如霧裡看花，終隔一層。」（第 39 則）尋繹王國維的「不隔」，主要是對自然景物的意象化表現應能在語言上做到自然、真切，在內涵上能究指事物的本真，藝術上能達到物我兩忘的意境。「隔」與「不隔」之論，使王國維的「境界說」內涵更爲充實而全面。除此之外，《人間詞話》第 8 則還提到，境界有大小之分，但不因此而分優劣，如「細雨魚兒出，微風燕子斜」，其境界並不遜於「落日照大旗，馬鳴風蕭蕭」；《人間詞話附錄》第 16 則也提到兩種境界：「詩人之境界」與「常人之境界」。在他看來，「詩人之境界」只有詩人能「感之」並「寫之」，例如「悲

歡離合、羈旅行役之感，常人皆能感之，而惟詩人能寫之」，因此若能達到這境界，則作品將會「入於人者至深，而行於世也尤廣」。以上許多不同視角的描述與闡發，使「境界」一詞充實而多元的意涵得到了深刻精要的詮釋，也讓後人理解了王國維文學與美學的基本態度與審美觀點。

　　王國維的「境界說」，雖然採用了傳統的「詞話」形式和「境界」術語，而且在理論批評形式上的革新也畢竟有限，許多概念仍嫌含糊模稜，缺乏系統的理性、邏輯分析，因而無法真正建立起嚴密的現代文學批評理論體系，就如葉嘉瑩所說，這是因為他受到「自己所生之時代以及他自己之思想意識的局限」，加上「他所採取的詞話之體式，也原來就不適宜於做精密和廣泛的探討說明」[9]，但他試圖跳脫傳統詩話的窠臼，這個嘗試本身是可貴的，而他對中西美學融合的啟示性努力，也對中西文藝思想交流邁出了可喜的一步。從〈紅樓夢評論〉到《人間詞話》，我們看到文學批評從過去的風格論、技巧論、趣味論、神韻論，轉而發展到本質論，不論是深探生命體驗的悲劇論，還是重視文學內核的境界說，他以西方現代美學思想來論述我國傳統文學，這樣的嘗試是別開生面的。尤其值得一提的是，在文化啟蒙大潮下，舉世滔滔熱中於文學功利研究的語境中，他卻能沉潛於純美意識的開掘，對文學的審美現象進行深入的本質研究，僅此一點，王國維的價值就已經可以不朽，《20 世紀中國文學主潮》中對此有一段不算過譽的評價：

---

9 葉嘉瑩：《王國維及其文學批評》，頁 342。

　　　　王國維標舉非功利的美學觀和文學觀，其哲學背景從主導
　　　層面看並非傳統的老莊哲學，而是西方的純粹美學（康德）
　　　和人生哲學（從叔本華到尼采），這在世紀初以西方啟蒙文
　　　化為主色調的「西學東漸」大潮中，是一種非同凡響的絕
　　　唱。這不僅反映出王國維對世界學術發展動向敏銳的感知
　　　和追蹤世界學術前沿的進取精神，而且在世紀之初就形成
　　　了與以梁啟超為代表的重功利的文學思想的對峙之勢（這
　　　種對峙在當時顯然並不平衡，也不可能平衡），從而奠定了
　　　20 世紀中國現代文學重功利與超功利兩大文學體系對峙
　　　互補的基本格局，並為 20 世紀中國現代文藝思想的發展種
　　　下了更屬於未來的種子。[10]

　　在政治喧囂的時代大合唱之外，王國維以其審美意識對文學
美學的追求，奏出了另一種清新不隨俗的樂章。他對文學與美學
的細緻研究，無疑的也使 20 世紀初期稍嫌浮躁的文學理論批評，
有了一些深沉的厚度與安靜的色澤。他處於中西近代與現代的交
匯點，既有對中國古典美學的繼承與總結，又能開創現代文藝思
想的新局，從某個角度講，他的文學觀念對後來文學的發展要比
梁啟超等人的文學觀念更符合文學的審美規律與藝術本體特質，
他是中國傳統文論的最後一座里程碑，同時又是現代文學革命的
先驅者，他複雜矛盾的生命人格及堅持審美意識的學術品格，即
使是今天也仍有一定的啟發意義。

---

10 張俊才、李揚：《20 世紀中國文學主潮》（石家庄：河北教育出版社，2002
　年），頁 40。

四、從王國維到蔡元培：美育理論的提出與開拓

　　顯然的，王國維的生命型態和人生追求，和梁啓超的功利美學與人文理想有著截然不同的面向。然而，我們不能因爲他主張超功利的美學觀，就簡單化地將他理解成一個漠視現實、超然世外的唯美主義者。事實上，他對《紅樓夢》悲劇的評論仍然是來自於現實人生痛苦的關注，在〈屈子文學之精神〉中也提過：「詩歌者，描寫人生者也。此定義未免太狹，今更廣之曰『描寫自然及人生』。」「詩之爲道，既以描寫人生爲事，而人生者，非孤立之生活，而在家族、國家及社會中之生活也。」可見他是主張文學應介入人生而非逃避人生的。王國維強調文學的獨立自主性，認爲創作者應有獨立的人格、自由的精神，這本身就是對傳統文以載道的政治道德教化作用的深沉批判，這種態度在當時無疑是具有一定的現代性的。有學者就指出：「如果說古典美學更多地與倫理學相聯繫，更多地考慮『善』與「不善」的問題，那麼，現代美學則更多地與科學相聯繫，更多地考察『真』與『不真』的問題，藝術家在文藝創作中偏重於『真』與『不真』的價值評判，強調現代美學的各項要求，本身就是對封建意識的衝擊。重視文藝創作中的科學精神，重視文藝作品展示人的權利本位，這是中國現代美學反封建的特徵」，而「王國維的美學現代性便具備這一特徵」，「王國維美學強烈的反傳統性、反封建性應該被我們充分地認識到。」[11]從這個角度來思考，王國維美學思想仍有其不可

---

11 杜寒風：〈王國維美學與 20 世紀中國美學〉，《雲南大學人文社會科學學報》2000 年第 1 期，頁 57。

避免的「現實性」，他會重視以審美教育來拯救人類心靈，進而對
美育功能的肯定和對美育思想的提倡也就不足爲奇了。

　　王國維在〈紅樓夢評論〉中曾明確表示，惜春、紫鵑的解脫
是宗教的，賈寶玉的解脫是美術的，而他所推崇的是美術的解脫，
亦即審美的解脫，而非宗教的解脫，這一點，顯然與蔡元培「以
美育代宗教」說是一致的。這不是偶然的現象。20 世紀初期很多
知識分子在向西方學習，試圖改造文化、革新社會的時候，不選
擇宗教而選擇美育，說明了美育思想更切合中國文化傳統，他們
認爲正因爲審美的無利害性，反而可以使人擺脫實用功利的考
量，放下一己私利，養成高尚的情操。對西方美學的學理而言，
這樣的理解是一種「誤讀」，但這種因「誤讀」而向功能的「轉化」
卻給當時中國思想啓蒙產生了積極的影響，包括王國維在內，很
多人都對美育寄予厚望，「王國維的〈孔子的美育主義〉、〈論教育
之宗旨〉，魯迅的〈擬播布美術意見書〉，蔡元培的〈對於教育方
針的意見〉、〈以美育代宗教說〉、〈文化運動不要忘了美育〉等等，
都是 20 世紀中國美育理論的重要文獻，以如此重要的國學家、思
想家、教育家、文學家卻對美育如此強調推崇，在中外歷史上都
是空前絕後的。」[12]

　　如果說，梁啓超思想的「現實功利性」過多地集中於政治層
面的改造，蔡元培思想的「現實功利性」則主要集中於教育（特
別是美育）層面的啓蒙，在這一點上，王國維較接近的是後者。
王國維在〈論教育之宗旨〉中就認爲，美的教育價值是「使人忘

12　杜衛：《走出審美城》，頁 28。

一己之利害，而入高尚純潔之域」，也就是在強調美的獨立性之外，並沒有忽視審美的教化功能。當然，王國維不像蔡元培喊出「美育救國」的口號，但對美育能培養無利害的精神，超越人我之界的作用是看法一致的，在美學觀念上，兩人都同受康德美學的影響甚深，在 20 世紀初期現代美學倡導上也都是重要的代表人物。

　　蔡元培早在 1905 年留學德國時就對美學進行過專門研究，「美育」一詞也是他在民國元年根據德文 Asthetische　Erziehung 所譯。出任民國政府首任教育總長時，首開先例將美感教育列入教育宗旨，此後幾十年，他始終積極提倡美育，不遺餘力，可以說，「蔡元培」已和「美育」成了不可分割的一體形象。他的〈以美育代宗教說〉、〈美育〉、〈美育實施的方法〉等文章已成美育理論的經典；在北大期間首先創立音樂、繪畫、書法等各種研究會，並開設美學和美術史課程，且親自講授美學課；後來又分別創設國立音樂學院和藝術專科學校於上海和杭州，從理論到實踐，他有力地推動了我國美育的發展。雖然他的美學思想主要不在探討文學層面，但他流露的審美意識和對美的認知與提倡，仍在一定程度上對文學理論的發展有所影響，同時也提供了不同於維新派和革命派側重於政治變革的另一種選擇，正是這種選擇有了文學／文化史上的意義。

　　蔡元培所一貫強調的是「純粹的美感」和「純粹之美育」。在 1912 年〈對於教育方針之意見〉中，他就清楚指出，教育分為「隸屬於政治」和「超軼乎政治」兩種，專制時代是隸屬於政治，而共和時代則是超軼乎政治。世界也分為兩種，一是「現象世界」，「以造成現世幸福為鵠的」，如政治；一為「實體世界」，「以擺脫

現世幸福為作用」，如宗教，因此，「教育者，則立於現象世界，而有事於實體世界者也。」[13]至於如何從現象世界達到實體世界，蔡元培認為「不可不用美感之教育」。所謂「美感」，是「合美麗與尊嚴而言之，介乎現象世界與實體世界之間，而為之津梁。」這個看法，他明言「此為康德所創造，而嗣後哲學家未有反對之者也。」他在 1916 年特別寫了一篇〈康德美學述〉，介紹其學說，在這點上，他和王國維有同樣的學術淵源。著名的〈以美育代宗教說〉中有一大段談「都麗之美」和「崇閎之美」（即優美與壯美），也提到「屈子之離憂」，分析《紅樓夢》的悲劇觀等，和王國維所論幾乎雷同，應是受到王國維學說的啟發。

　　對於美感的基本特徵，蔡元培認為有兩點：普遍性和超絕性（即超脫性）。在普遍性方面，他說：「純粹之美育，所以陶養吾人之感情，使有高尚純潔之習慣，而使人我之見，利己損人之思念，以漸消沮者也。蓋以美為普遍性，決無人我差別之見能參入其中。」對於美的價值人人都可以領略，他舉例說：「北京左近之西山，我遊之，人亦遊之，我無損於人，人亦無損於我也。……我與人均不得而私之。……埃及之金字塔，希臘之神祠，羅馬之劇場，瞻望賞嘆者若干人，且歷若干年而價值如故」，即使是對美的批評，「雖間亦因人而異，然不曰是於我為美，而曰是為美」（〈以美育代宗教說〉），可見美是有著公認的、普遍的標準。在超絕性方面，他認為美是超絕現實的，美的事物和人之間不會有利害關

13　蔡元培有關美學、美育的言論可參見《蔡元培文集》卷 4《美育》（台北：錦繡出版公司，1995 年），本書所引蔡元培相關言論均出自此書，故以下僅列篇名，而不註明頁數。

係，例如「馬、牛，人之所利用者；而戴嵩所畫之牛，韓幹所畫之馬，決無對之而作服乘之想者。獅、虎，人之所畏也；而盧溝橋之石獅，神虎橋之石虎，決無對之而生搏噬之恐者。」正因為美具有普遍性和超絕性，因此只有「捨宗教而易以純粹之美育」，才可以「破人我之見，去利害得失之計較……陶養性靈，使之日進於高尚」（同前）。

蔡元培的美育思想，從理論上是屬於美學，但在實踐上是屬於教育，和王國維相比，他更專注於實踐層面的思索與發揚，而王國維主要在美學理論上作本質層面的探討與闡述。關於美育的本質，蔡元培有兩處直接做了解釋，一是 1930 年為《教育大辭書》所撰寫的〈美育〉條目：「美育者，應用美學之理論於教育，以陶養感情為目的者也。」二是 1931 年左右寫的〈美育與人生〉中說：「人人都有感情，而並非都有偉大而高尚的行為，這由於感情推動力的薄弱。要轉弱而為強，轉薄而為厚，有待於陶養。陶養的工具，為美的對象，陶養的作用，叫作美育。」強調美的「目的」和「作用」，其現實功利性不言可喻。在〈美育〉中針對這一點有進一步的分析，他說：「教育之目的，在使人人有適當之行為，即以德育為中心是也。」要做到行為適當，須有兩方面的準備：「一方面，計較利害，考察因果，以冷靜之頭腦判定之；凡保身衛國之德，屬於此類，賴智育之助者也。又一方面，不顧禍福，不計生死，以熱烈之感情奔赴之；凡與人同樂、捨己為群之德，屬於此類，賴美育之助者也。所以美育者，與智育相輔而行，以圖德育之完成者也。」蔡元培強調德育的宗旨，顯然是受到傳統儒家思想的影響，以美育來完成德育，這是蔡元培美學思想中極具特

色的主張，他在〈對於學生的希望〉、〈創辦國立藝術大學之提案〉
等其他文章中也不斷強調這一點，認爲「美育之目的，在陶冶活
潑敏銳之性靈，養成高尚純潔之人格」，可以看出，他的美育觀是
「育」大於「美」的。

事實上，蔡元培「以美育代宗教說」的提出，是在當時特定
的歷史氛圍中有意識地以「柔性戰鬥」的姿態所產生的響亮口號，
恐怕不能僅在人格感化、性靈陶冶方面簡單對待或片面理解。1912
年袁世凱擔任臨時大總統後，爲帝制復辟而鼓吹尊孔讀經運動，
一時間，「定孔教爲國教」、「恢復祭孔典禮」之類的主張甚囂塵上，
孔教會、孔社、尊孔會等組織紛紛成立，隱然形成一股「借尊孔
之名，行復辟之實」的聲勢不小的逆流，蔡元培主張「捨宗教而
易以純粹之美育」，正是針對性地反對這股封建復古的逆流，試圖
用民主自由和科學精神反抗專制和愚昧，具有一定的現實戰鬥
性。蔡元培〈以美育代宗教說〉分析宗教是因人的精神作用而構
成，而人的精神作用分爲知識、意志、情感三種，起初這三者都
附麗於宗教，但隨著科學發達、社會文化進步，宗教逐漸喪失其
知識作用和意志作用，「於是宗教所最有密切關係者，唯有情感作
用，即所謂美感。」但發展至今，「美育之附麗於宗教者，常受宗
教之累，失其陶養之作用，而轉以激刺感情」，因爲不論何種宗教，
都有「擴張己教攻擊異教之條件」，爲了克服宗教「激刺感情之
弊」，真正實現陶養感情之目的，他主張宗教與美育分離，而且因
爲二者的性質截然不同：「美育是自由的，而宗教是強制的；美育
是進步的，而宗教是保守的；美育是普及的，而宗教是有界的」
（〈以美育代宗教說〉），無法併行共融，唯有以美育代宗教才是正

途。他甚至在 1919 年 12 月特地寫了一篇〈文化運動不要忘了美育〉，諄諄告誡「致力文化運動諸君，不要忘了美育」。

說到底，蔡元培的美育思想還是爲了「救國」。抗戰開始後，他曾利用演講闡述美術對抗戰的重要性；1940 年在香港病重彌留之際，仍在呼籲「美育救國」等主張。有論者就指出：「蔡元培認爲，藝術鑑賞以及整個審美活動，固然要給人以娛樂、消遣、享受，但這不是美育的根本目的，他一再強調的是教育，是提高道德情操，培養創造性，以便爲救國革命，爲建設事業而獻身。」[14]把美育的社會功能和時代需求緊密結合，重視其實踐性，不脫離現實，不忽視國情，以培養造就「健全人格的共和國民」爲教育宗旨，這是蔡元培在 20 世紀初期新舊嬗變的特殊時代所倡導的美育思想的底蘊，也是他的美育思想能在當時產生一定影響的原因。當然，美感教育不能立竿見影，也不可能速成，它是濟世救民的百年大計，講求的是「潛移默化」，因此，他的奔走呼籲，儘管取得一些成效，但最終仍無法盡如所願。這不是美育理論的不可行，而是時代根本不允許美育理想從容有序的推行，這不是思想本身的缺陷，而是時代的悲哀。

蔡元培一生以宏揚美育爲己任，他早期提出的「教育救國」理想，也在他一生的努力實踐中得到彰顯與肯定，和王國維在思想和政治上的巨大反差，並導致矛盾痛苦，終以自沉求得解脫相比，蔡元培思想的一體性與實踐的一貫性相對比較突出。在功利美學與超功利美學的對立互補上，蔡元培的思想與實踐提供了一

---

14 宮承波：〈蔡元培美育思想的基本內容〉，《山東大學學報》2000 年第 1 期，頁 51。

個相對中立的選擇。

五、美的功利性與純粹性：梁啓超、王國維的選擇與命運

我們還可以談談另一位轉型時期的代表梁啓超，這位和王國維相比屬於另一個極端的例子。梁啓超早期對美學問題的思考主要體現在文學問題上，他以一系列的文學論文如〈譯印政治小說序〉（1898）、〈論小說與群治之關係〉（1902）、《飲冰室詩話》（1902-1907）、《夏威夷遊記》（1903）、〈告小說家〉（1915）等，表達他對文學革新的重要思考，強調文學「力」和「移人」的作用。1920年以後，他從早期將美學（文學）與政治直接相聯的思考模式轉爲與文化思想相聯，寫下了一批與美學相關的重要論文，如《歐遊心影錄》（1920）、〈中國韻文裡頭所表現的情感〉（1922）、〈情聖杜甫〉（1922）、〈美術與生活〉（1922）、〈學問之趣味〉（1922）、《陶淵明》（1923）、〈中國之美文及其歷史〉（1924）、〈爲什麼要注重敍事文學〉（1927）等，強調美與生活的聯繫，審美教育等問題，倡導「趣味」和「情感」，具有建構美學體系的自覺傾向。不管前後期，梁啓超個人學術個性的基本特徵是不變的，「前期，梁啓超美學思想的重心在於關注藝術與政治的關係，直接倡導文學革命。後期，梁啓超更多地關注美與人生的關係，研究美與人的心靈、個性、情感等精神型態之間的聯繫，弘揚審美教育的功能。但不管是前期還是後期，梁啓超以審美介入現實，追求求是與致用的統一的學術宗旨始終未變。……他把審美視爲啓蒙的重要途徑與人格塑造的重要工具的基本思想具有內在的一

致性。」[15]

　　梁啓超美學思想的功利觀，和他的政治觀、人生觀是統一的，其中有其不得不然卻又是自覺必然的選擇。他在〈外交歟內政歟〉（1921）一文中提到：「我生平是靠興味做生活泉源。我的學問興味、政治興味都甚濃，兩樣比較，學問興味更爲濃些。我常常夢想能夠在稍微清明點子的政治之下，容我專作學者生涯。但又常常感覺，我若不管政治，便是我逃避責任。」[16]作爲中國近代愛國知識分子，這樣的真誠表白是具有一定的代表性的。和蔡元培一樣，「愛國」是他思想中最核心的要素，他曾自我剖析道：「我自己常說：『不惜以今日之我去反對昨日之我』，政治上如此，學問上也是如此。但我是有中心思想和一貫主張的，決不是望風使舵，隨風而靡的投機者。……我的中心思想是什麼呢？就是愛國。我的一貫主張是什麼呢？就是救國。」[17]愛國救國的人文情懷與啓蒙精神，使他欲以美來「新民」的理想終生不變，政治活動也好，學術研究也好，都是他關注現實人生的一種方式，這種鮮明獨特的學術品格，和王國維潛心於美的本質、美的起源、美的種類、美的鑑賞等重要問題的思辯與鎔鑄，試圖建構中國現代美學的學科體系的追求，確實是迥異的學術意向與人生型態。不同的選擇決定了他們不同的歷史命運，從文學社會學的角度來看，王

---

15 金雅：〈體系性‧變異性‧功利性 ── 梁啓超美學思想研究中的三個問題〉，《杭州師範學院學報》2003 年第 4 期，頁 24。

16 參見梁啓超：《飲冰室文集》第 13 冊（台北：台灣中華書局，1960 年），頁 59。

17 引自夏曉虹：《追憶梁啓超》（北京：中國廣播電視出版社，1997 年），頁 147-148。

國維所抨擊的文學功利化傾向，恰恰推動了歷史的前進，而他所堅持的非功利主張，卻與那個時代格格不入。梁、王二人雖同為中國近代學術由古典向現代轉型的開拓者與奠基者之一，但兩人所受到的關注程度卻大大不同。在特定歷史條件下，梁啓超介入現實的姿態有其歷史的合理性，他的主張會風行一時，引領主潮，乃是因為匯入了啓蒙救亡的歷史主題之中，而成為當時的主流價值。王國維純美意識的超功利主張，在那個救亡強國成為民族首務的危急年代，一開始就注定了他的超前性與孤獨性。只有經過時間的汰洗推衍，它所存在的合理價值才能被人們正確認識、理解和肯定。

當代美學理論家李澤厚曾為文比較梁啓超與王國維兩人的成就與影響，結論是：「社會影響上，梁遠甚王；學術成就上，梁不及王。在整個歷史地位上，梁當然在王之上。但如果說梁啓超的啓蒙影響雖廣泛，畢竟只在一時，那麼王國維的學術成果，卻雖專門而影響更為長久。」[18]也許可以這樣說，王國維的美學思考是其追求學術純粹性、獨立性理論建構的有機組成部分，以文學的純美價值為目標的審美本質論，而梁啓超的美學思考則是他啓蒙新民思想建構的有機組成部分，以文學的功利價值為目標的審美實踐論。一本質，一實踐，其實都一樣重要，只是歷史選擇了實踐的功能，王國維因此成為孤獨的先行者。

「天末彤雲黯四垂，失行孤雁逆風飛。江湖寥落爾安歸？」（〈浣溪沙〉）；「人間孤憤最難平，消得幾回潮落又潮生。」（〈虞

18　李澤厚：〈梁啓超王國維簡論〉，《中國近代思想史論》（北京：人民文學出版社，1979 年），頁 437。

美人〉）；「人生只似風前絮，歡也零星，悲也零星，都作連江點點萍。」（〈采桑子〉）從王國維的詞作中，我們不難看到一個充滿悲觀色彩的痛苦靈魂的孤絕形象，一個先覺的現代知識分子，其個體生命的苦衷試圖要在純文學的追求中尋得一席安身之地、避難之所，然而他最後的解脫之道，卻是以「自沉」這種對人生最徹底的絕望與抗議方式。1927 年 6 月 2 日，他投身頤和園的昆明湖自盡，和他早年在〈紅樓夢評論〉中所說過的：「解脫之道，存於出世，而不存於自殺」，顯然背道而馳。他的生命沒有得到真正的解脫，他對文學超功利的純粹性、對文學獨立價值的不遺餘力的強調，在當時以及其後相當長的一段時間，也沒有得到真正的重視。「獨有倚欄人，斷腸君不聞」（〈菩薩蠻〉），王國維生命的孤獨與悲哀，從某個角度來說，也是純美文學的孤獨與悲哀。

第二章　召喚力之美、惡之聲的孤獨者：魯迅

一、孤獨而巨大的文化圖騰

　　魯迅，一個文化巨人的名字，這個名字是涵蓋了思想家、文學家、革命家與活動家的綜合體，同時它也是戰士、鬥士、勇士、先驅者、導師、偉人的代名詞，長期以來，「魯迅」這個文化圖騰，是被後人以一種仰望、追隨、讚嘆、學習的心理與姿態不斷凝塑而成的歷史存在。他的巨大身影，主要來自他對舊世界封建傳統搏鬥過程中的堅毅、無畏與決絕的精神，他對醜惡、落後、虛偽、黑暗民族性、國民性的批判深度與力度，他在多種文體實驗上所顯現的過人才華，以及他在思想上所能達到當時的高度與超前性、豐富性，這使他在整個 20 世紀成了不可替代的指標人物，不論在文學、思想、文化甚至政治上，我們都能輕易地看到他的作

品、言論在當時、後來所產生不可低估的影響。[1]

　　除了以上的原因，魯迅之所以對時人、後人具有無與倫比的吸引力，之所以始終閃爍著魅人的光輝，很大的因素來自於他這個人，他獨特的心靈世界與豐富的精神場域，特別是他一貫向絕望虛無對抗的孤獨者形象，他敢於自我審視、自我掙扎的冷峻性格，以及在他生命本質中存在對立衝突的矛盾性與深刻性，這種趨近於極端的心理與性格特徵和他外在總是皺眉嘆氣、凝視民族苦難的形象生動地混融在一起，共構出一幅散發悲涼、孤憤、深沉、寂寞卻又銳敏、頑強、剛烈、有力的魯迅畫像。他是清醒而痛苦的先覺者，是在心靈煉獄中熔鑄而成的詩魂。魯迅的這種悲涼意識、孤獨意識，正如李澤厚所分析，「這當然與他早期接受尼采哲學作為人生觀有關。貶視庸俗，抨擊傳統，勇猛入世，呼喚超人，不但是魯迅一生不斷揭露和痛斥國民性麻木的思想武器，而且也是他的孤獨和悲涼的生活依據。……這種孤獨悲涼感由於與他整個人生荒謬的形上感受中的孤獨、悲涼糾纏融合在一起，才更使它具有了那強有力的深刻度和生命力的。魯迅也因此而成

1　《亞洲周刊》於 1999 年舉辦的「20 世紀中文小說一百強」活動，魯迅以《吶喊》獲得第一名，被稱為「百年小說冠軍」，該刊編輯章海陵在〈魯迅為何是世紀冠軍〉一文中寫道：「有哪一個作家會像魯迅這樣死後幾十年，仍讓他的人民痛徹心脾地反省和無地自容地羞愧？」對於魯迅是否真的偉大的質疑，他也指出：「中國大陸經歷過文革的一代人出於複雜的逆反心理，曾對毛澤東和黨機器吹捧的『魯迅神話』產生厭倦和懷疑，但經過『六四』事件後十年的痛苦思索，人們最終還是確定魯迅在中國現代文學史上獨一無二的崇高地位，承認他不僅是天才的文學家，更是偉大的思想家，因為他的文學精神恰恰是批毛和暴露教條的利器。」這個說法並不新鮮，只是再次印證了魯迅作為 20 世紀中國作家象徵人物的事實，而這個事實已是歷來多數學者的共識。此文見《亞洲周刊》第 13 卷第 24 期（1999 年 6 月 14 日-20 日），頁 35。

爲中國近現代真正最先獲有現代意識的思想家和文學家。」[2]

　　魯迅終其一生獨有的孤獨與悲涼，以及這種孤獨與悲涼所具有的現代意識與哲理風味，和王國維有著極大的相似性，郭沫若大概是最早看出這一點的人，他曾經把王國維和魯迅加以比較，認爲這兩人在履歷、思想歷程、治學態度上都「相似到實在可以令人驚異的地步」，只不過「魯迅隨著時代的進展而進展，並且領導了時代的前進；而王國維卻中止在了一個階段上，竟成爲了時代的犧牲。」[3]撇開兩人後來的不同發展不論，至少在青年魯迅的階段，他曾經宣揚過王國維式的超功利的美學觀念，對文學審美的獨立性也曾經充分肯定過，在反對傳統「文以載道」觀、要求文學藝術回歸到人的本位的主張上，兩人都體現了 20 世紀初期現代文學審美意識上的自覺。

二、從主美向主用傾斜的文學功能觀

　　魯迅當然無意醉心於做一個美學家，但他卻在從事文藝活動的幾十年中以不同的形式逐漸形成自己的美學觀點，並因此而與王國維超功利的美學觀分道揚鑣。魯迅以文學爲啓蒙手段、戰鬥工具的一貫主張早已成爲他最鮮明的理論特色，這從他 1922 年寫《吶喊・自序》時強調：「我們的第一要著，是在改變他們的精神，而善於改變精神的是，我那時以爲當然要推文藝，於是想提倡文

---

2 見李澤厚：〈胡適　陳獨秀　魯迅〉，《中國現代思想史論》（台北：風雲時代出版公司，1990 年），頁 131-132。

3 郭沫若：〈魯迅與王國維〉，《歷史人物》（北京：中國人民大學出版社，2005年），頁 226、228。

藝運動了。」[4]，到 1935 年逝世前一年寫〈葉紫作《豐收》序〉時仍振力呼籲：「作品在摧殘中也更加堅實」，作家的任務是對壓迫者回覆：「文學是戰鬥的！」（第 6 卷第 220 頁）可以充分看出他視文學為啓蒙、救亡武器的審美功利論的堅定態度。然而，魯迅的價值並不完全在此，而在於他既是偉大的啓蒙者，又超越了啓蒙；既是偉大的救亡者，又超越了救亡。在救亡、啓蒙之外，他從來也沒有忽略過（即使曾經不那麼強調）文學的審美價值，這從他寫於 1907 年的長文〈摩羅詩力說〉中提到：「由純文學上言之，則以一切美術之本質，皆在使觀聽之人，為之興感怡悅。文章為美術之一，質當亦然，與個人暨邦國之存，無所繫屬，實利離盡，究理弗存。」（第 1 卷第 71 頁），到 1928 年寫〈文藝與革命〉對革命文學只掛「革命」招牌卻忽略「文學」貨色的偏差提出糾正說：「我以為當先求內容的充實和技巧的上達，不必忙於掛招牌。……革命之所以於口號，標語，佈告，電報，教科書……之外，要用文藝者，就因為它是文藝。」（第 4 卷第 84 頁）在熱情推動文學的實用功利性之餘不忘強調文學的審美性，這正是魯迅高明於當時一批左翼文學家之處，也正是魯迅不同於當時一批自由主義作家之處。在主美與主用的立場上，雖然他明顯地向主用傾斜，但他企圖使美用合一的努力是他的美學理念中非常突出的一環，忽略了這一點，對魯迅文學思想的深刻性與對立性將無法正確掌握。

　　對藝術「美「與「用」的辨證思考，形成青年魯迅獨異的美

---

4 見《魯迅全集》（北京：人民文學出版社，1981 年版）第 1 卷，頁 417。以下出自《魯迅全集》者，僅標明卷數和頁碼，不另加註。

學觀。和王國維一樣，他主張文學藝術是美，是無實用功利性的，這是來自康德的西方現代美學觀，但他又很重視文學藝術在精神教化上的作用，明顯受到蔡元培超功利的「以美育代宗教說」思想的影響。試圖溝通「美」與「用」的「為人生的藝術」，達到「美用合一」，或許可以用來描述他這段時期的美學觀。在 1913 年寫的〈擬播布美術意見書〉中他說：「言美術之目的者，為說至繁，而要以與人享樂為梟極，惟於利用有無，有所牴牾。主美者以為美術目的，即在美術，其於他事，更無關係。誠言目的，此其正解。然主用者則以為美術必有利於世，儻其不爾，即不足存。顧實則美術誠諦，固在發揚真美，以娛人情，比其見利致用，乃不期之成果。沾沾於用，甚嫌執持。」（第 8 卷第 47 頁）又說：「美術之中，涉於實用者，厥惟建築。他如雕刻，繪畫，文章，音樂，皆與實用無所繫屬者也。」（第 8 卷第 46 頁）可以看出，早年的魯迅對文學藝術的「美」與「用」曾有過認真的思考，甚至一度是比較傾向於「主美」的。但他並沒有忽略對於「用」的提倡，他在〈摩羅詩力說〉中提出「不用之用」的獨特觀點：「文章不用之用，其在斯乎？……涵養人之神思，即文章之職與用也。」（第 1 卷第 71 頁）這「不用之用」，其目的仍是為了「用」。他推崇 19 世紀西方拜倫、雪萊等浪漫主義詩人的創作，目的還是為了「立意在反抗，指歸在動作」（第 1 卷第 66 頁），一如他在〈文化偏至論〉中所說：「誠若為今立計，所當稽求既往，相度方來，掊物質則張靈明，任個人而排眾議。人既發揚踔厲矣，則邦國亦以興起。」（第 1 卷第 46 頁），「首在立人，人立而後凡事舉；若其道術，乃必尊個性而張精神。」（第 1 卷第 57 頁）即使他對立人、個性十

分重視，但他的目的是爲了邦國之計，這一點是他一生思想中不變的基礎。也就是說，在短暫沉迷於「主美」的浪漫意識後，他很快就自覺地從尼采、康德式的美學中抽離出來，揮別王國維、蔡元培美學的影響，從倡導浪漫主義的狂飆突進精神，轉而介紹現實主義的批判精神，以大膽揭露社會的病苦黑暗爲畢生之職志。

五四時期新文化運動反封建的思想革命使魯迅從一主美者，一變爲美用合一者，再變爲主用者，此後並不斷在文章中表達出對文學的社會功能的追求。《野草·題辭》說：「我自愛我的野草，但我憎惡這以野草作裝飾的地面。」（第 2 卷第 159 頁）；對於雜文，他在《且介亭雜文·序言》中說：「作者的任務，是在對於有害的事物，立刻給以反響或抗爭，是感應的神經，是攻守的手足。」（第 6 卷第 3 頁）；1933 年寫的〈我怎麼做起小說來〉尤其是代表性的一篇自白，他說：

> 說到「爲什麼」作小說罷，我仍抱著十多年前的「啟蒙主義」，以爲必須是「爲人生」，而且要改良這人生。我深惡先前的稱小說爲「閒書」，而且將「爲藝術的藝術」，看作不過是「消閒」的新式的別號。所以我的取材，多採自病態社會的不幸的人們中，意思是在揭出病苦，引起療救的注意。（第 4 卷第 512 頁）

可以說，「五四」以後的魯迅已經逐漸轉成一個鮮明的功利主義美學論者，不論寫散文詩、雜文或是小說，他不再強調過去超功利、超實用、超政治的觀點，而是順應了時代發展的潮流，從尼采轉到馬克思，在這一點上，他和王國維當然是走在了兩條截然不同的道路上。

三、力之美的熱烈召喚

　　有論者指出:「和同樣要建立非功利性的文學觀念的周氏兄弟
相比較,王國維的非功利性確實要『純』得更徹底,而周氏兄弟
是如何也不肯放棄啓蒙的大功利的。」[5]這話並沒有錯,但並不完
整,因爲在致力於啓蒙的大功利同時,周氏兄弟也是如何都不肯
放棄文學的審美意識。以他們兩人合作翻譯出版於 1909 年的《域
外小說集》爲例,其中所顯現的除了人道主義精神與民族關懷外,
側重於主觀表現的抒情化手法,刻意淡化情節,講究詩意的敘事
模式,也是這部小說選集重要的審美特徵。但是,它超前的文學
趣味與審美傾向,顯然無法得到當時讀者的認同與接納,「幾乎沒
有對晚清文學創作與閱讀產生影響,因而它的審美價值未能實
現」,但它的潛在影響卻在十年以後發揮了重大的作用,「周氏兄
弟對中國現代文學的影響,未能通過讀者對《域外小說集》的閱
讀實現,卻以『潛文本』的方式蓄積並整理了他們的新文學理念;
《域外小說集》由於夭折而未能實現的審美追求,作爲『潛文本』,
延續到了五四時期,在周作人的白話翻譯、論文和魯迅的小說創
作中得以實現。」[6]以魯迅《吶喊》、《徬徨》中鮮明的主觀色彩與
詩化抒情手法來說,其實是他自《域外小說集》以來一直探索的
現代小說敘事模式,透過一篇篇寫意抒情的小說,不僅形成自己
獨特的風格,「創造出了充滿中國藝術寫意精神、語言洗鍊的現代

5　見張新穎:《20 世紀上半期中國文學的現代意識》(北京:三聯書店,2001
　年),頁 63。
6　見楊聯芬:《晚清至五四:中國文學現代性的發生》(北京大學出版社,2003
　年),頁 144。

抒情小說」，也「開啟了中國現代小說詩化敘事的審美先河」[7]。換言之，對文學藝術強烈的審美意識與開拓，使得魯迅及其作品蘊含了更深沉豐富的象徵意味，而有了自己的美學風格。

魯迅對抒情審美意識的自覺追求，即使在後來由於「風沙撲面、狼虎成群」[8]的社會現實，而必須向啟蒙、救亡意識傾斜，但他從不認為因此必須以犧牲文學的藝術性為代價，恰恰相反，他始終清醒地認識到藝術審美性的重要，只不過，他所追求呼喚的美是一種與傳統的美學觀迥異的、全新的、具現代性的藝術世界，其具體表現是透過文學中的對立、衝突、矛盾、反差，追求宏偉崇高的「力」的美學效果，而與傳統美學的「和諧」、「靜穆」、「中庸」決裂，並且熱情召喚非比尋常、如惡魔般破壞一切障礙、衝撞一切羅網、掀開一切真相，令人怵目驚心的「惡」的藝術顯現，而與傳統文學中的「柔弱」、「寧靜」、「平和」相對抗。魯迅所傾心的美學觀顯然是有著鮮明的現代意味。不管對立或衝突，矛盾或醜惡，其中所顯現出來的強大、深刻而持久的美感力量，顯然是魯迅所嚮往的美學境界，這種境界更直接的說是有著戰鬥的力量、批判的精神、懷疑的色彩和直面一切真相的勇氣。魯迅這種具現代性的美學觀，在五四作家中並非特例，郭沫若氣勢雄渾的詩歌也有類似的美學力量，但他肯定是最突出且最具代表性的。

對「力之美」的崇拜與追求，甚至於可以說是魯迅美學觀的核心，他以此自我期許於文藝的創作理想，也以此作為評價文藝

---

7 前揭書，頁 151、156。
8 魯迅：〈小品文的危機〉，《魯迅全集》（北京：人民文學出版社，1981 年）第 4 卷，頁 575。

作品的美學標準。早期的〈摩羅詩力說〉，魯迅「別求新聲於異邦」，讚美「其力足以振人」（第 1 卷第 65 頁）的摩羅詩人，指出這些人「種族有殊」，但「無不剛健不撓，抱誠守真；……發爲雄聲，以起其國人之新生，而大其國於天下。」（第 99 頁），在文末，他痛心地呼喚：「今索諸中國，爲精神界之戰士者安在？有作至誠之聲，致吾人於善美剛健者乎？」（第 100 頁）1925 年寫的〈睜了眼看〉，更是語氣激昂地呼籲：「世界日日改變，我們的作家取下假面，真誠地，深入地，大膽地看取人生並且寫出他的血和肉來的時候早到了；早就應該有一片嶄新的文場，早就應該有幾個兇猛的闖將。」（第 1 卷第 241 頁）1927 年到上海以後，「力之美」已是魯迅心中呼喚的美學理想，他對氣勢雄偉但藝術技巧稍嫌粗糙的作品能給予充分肯定，但對技法成熟的纖巧之作，他雖未予否定，卻並不提倡。例如在〈「題未定」草〉中對陶淵明作品的分析，指出除了一般人所熟悉的「採菊東籬下，悠然見南山」之外，其實還有「精衛銜微木，將以填滄海；刑天舞干戚，猛志固常在」之類「金剛怒目」式的作品（第 6 卷第 422 頁），他藉此道出對「力之美」的肯定：「歷來的偉大的作者，是沒有一個『渾身是「靜穆」』的。陶潛正因爲並非『渾身是「靜穆」，所以他偉大』。現在之所以往往被尊爲『靜穆』，是因爲他被選文家和摘句家所縮小，凌遲了。」（第 6 卷第 430 頁）他以此爲標準，高度評價蕭紅《生死場》寫「北方人民的對於生的堅強，對於死的掙扎，卻往往已經力透紙背。」（第 6 卷第 408 頁）；魯迅晚年大力提倡新興木刻，尤其是黑白木刻，著眼之一就是「捏刀向木，直刻下去」，彷彿「以鐵筆刻石章」的遒勁精神（第 7 卷第 320 頁）；在所有版畫中，他最

推崇德國和蘇聯的版畫，原因也在於它那特有的厚實、強勁、粗
豪的審美風格，例如 1936 年爲《蘇聯版畫集》寫的序中，就稱讚
這些版畫作者「沒有一個是瀟灑，飄逸，伶俐，玲瓏的。他們個
個如廣大的黑土的化身，有時簡直顯得笨重」，而版畫作品則「有
哪一幅不堅實，不懇切，或者是有取巧，弄乖的意思的呢？」（第
6 卷第 593 頁）；同樣的，他對蘇聯小說《毀滅》、《鐵流》出版中
譯本深表歡喜，因爲「這兩部小說，雖然粗製，卻並非濫造，鐵
的人物和血的戰鬥，實在夠使描寫多愁善病的才子和千嬌百媚的
佳人的所謂『美文』，在這面前淡到毫無蹤影。」（第 4 卷第 385
頁）凡此，均可見出魯迅所追求的「力」的美學境界。

　　現實生活中血與火的殘酷鞭撻，磨練出魯迅具韌性的堅強的
戰鬥精神，他不屑於小擺設、小玩意、小巧與小品，而是勇於直
面人生，與痛苦搏鬥，以「力」激發人的鬥志，即使是悲壯的抗
爭，也決不屈服。這就是魯迅，這就是魯迅精神。在中國備受欺
凌的年代，他用自己的生命用力吶喊，以筆奮戰不懈，即使是晚
年病痛纏身，他仍精神昂揚的這麼說：「假使我的血肉該餵動物，我
情願餵獅虎鷹隼，卻一點也不給癩皮狗們吃。」（第 6 卷第 597 頁）

　　魯迅的巨大身影，正是來自於他將自己的生命毫不保留地奉
獻，而且很少人像他這樣，不妥協的戰鬥意志幾乎貫穿一生各個
時期。他畢生追求「力之美」，最後，本身也成了「力之美」的突
出典範。

四、在矛盾對立的煉獄邊緣開出的小花

　　當然，魯迅也有消沉、失意、軟弱、痛苦的時刻，這個時刻

的魯迅，脫去了虛幻的巨大外衣，還原成一個真實的凡人，寂寞與孤獨，矛盾與對立，掙扎與徬徨，諸多凡人的情緒與心境，他不免有屬於自己深刻的審視與曲折的呈現。《野草》這部散文詩集，就是他作為一個孤獨個體面對生存困境所體驗、昇華出來的哲理思考，是在人性煉獄邊緣艱難開出的一朵小花，置身於野草中，顯得那麼獨特，動人。

　　《野草》是魯迅作品中最具個性化，但也最複雜難解之作，文中多處表現出反抗黑暗、嚮往光明的戰鬥意志，但又不免流露出些許空虛失望的消極心態，因此有人說這是「苦悶的象徵」，也有人說《野草》「集中了魯迅最『黑暗』的思想，最『悲涼』的體驗」[9]。它一改雜文的具象、實寫、諷刺，代之以大量虛構、象徵、抒情，形成一種奇特、幽深、隱晦的風格，具有強烈的藝術魅力。《野草》的寫作背景與小說集《徬徨》相近，時值「五四」高潮消退，新文化陣營分裂內耗，「有的高升，有的退隱，有的前進」[10]，加上段祺瑞執政府迫害日甚，腐化凶暴，使魯迅感到了巨大的孤獨與焦慮，而有了這一部審視自我的作品。雖然魯迅並沒有完全剖露自己，但字裡行間袒露出來的孤絕深度，已經超乎想像。他曾對自己的作品作過如下的告白：

> 我的作品，太黑暗了，因為我常覺得惟「黑暗與虛無」乃是「實有」，卻偏要向這些作絕望的抗戰，所以很多著偏激的聲音。其實這或者是年齡和經歷的關係，也許未必一定

9　見錢理群：《精神的煉獄——中國現代文學從「五四」到抗戰的歷程》（南寧：廣西教育出版社，1996 年），頁 59。
10　魯迅：〈《自選集》自序〉，《南腔北調集》，見《魯迅全集》第 4 卷，頁 456。

的確的，因為我終於不能證實：惟黑暗與虛無乃是實有。
（《兩地書・四》，第 11 卷第 20-21 頁）

我的確時時解剖別人，然而更多的是更無情面地解剖我自
己，發表一點，酷愛溫暖的人物已經覺得冷酷了，如果全
露出我的血肉來，末路正不知要到怎樣。我有時也想就此
驅除旁人，到那時還不唾棄我的，即使是梟蛇鬼怪，也是
我的朋友，這才真是我的朋友。倘使並這個也沒有，則就
是我一個人也行。（《寫在〈墳〉後面》，第 1 卷第 284 頁）

　　黑暗，虛無，孤獨，絕望，腐朽的氣息，充溢在他許多怪誕
可怖的小說中，在冷嘲熱諷的雜文中，在《野草》這部夢魘般的
雜文詩中。「我希望這野草的死亡與朽腐，火速到來。」（〈題辭〉）
從某個角度說，在《野草》裡是看不到溫暖與希望的，只有對溫
暖與希望卑微的渴求。環境的黑暗，人性的黑洞，精神的深淵，
結合著獨特的審美意象言語，《野草》呈現出迥異於一般的美學風
格。〈影的告別〉中說：「我獨自遠行，不但沒有你，並且再沒有
別的影在黑暗裡。只有我被黑暗沉沒，那世界全屬於我自己。」；
〈題辭〉說：「當我沉默著的時候，我覺得充實；我將開口，同時
感到空虛。」；〈求乞者〉說：「我將用無所為和沉默求乞！……我
至少將得到虛無。」；明知前面是墳，卻偏要向前走的「過客」；
明知將在「無物之陣中老衰，壽終」，仍堅持舉起投槍的「這樣的
戰士」；還有〈秋夜〉中只剩「一無所有的幹子，卻仍然默默地鐵
似的直刺著奇怪而高的天空」的棗樹，以及朝玻璃燈罩「撞得丁
丁地響」的小飛蟲；〈復讎〉中「裸著全身，捏著利刃，對立於廣
漠的曠野之上」的人等，都是魯迅精神世界裡的化身，也是他個

人心理特徵的隱喻性表達。

　　正是這樣的絕望心理與虛無意識，魯迅的審美情感無疑的是傾向於復仇、憎惡、反叛、懷疑、否定、毀滅的召喚，也就是對「惡」的力量有種熱烈的追求。魯迅「黑暗」的作品背後，不可否認的源自於他特殊的「黑暗之心」，也許和他早期家道中落後受到歧視的經驗有關，也許和他難以忍受民族落後愚昧的國民性有關，也許和他在政治漩渦中險惡周旋有關，他似乎渴望那種足以滌蕩一切的「惡」的力量。早在第一篇文學論文〈摩羅詩力說〉中他就熱烈推崇「惡魔」，直到晚年寫〈再論「文人相輕」〉，他仍主張文人應該「像熱烈地擁抱著所愛一樣，更熱烈地擁抱著所憎。」（第 6 卷第 336 頁）。魯迅所呼喚的「惡之聲」，顯然不同於中國傳統文學所強調的寧靜、平和、無邪、圓善、和諧之美，有學者便指出：「他講摩羅、贊撒旦、主破壞、談復仇，論證憎的合理性，反對寬容，撕破慈善的面孔，抨擊假道學，肯定狂人，讚揚瘋子，批判『大團圓』、『十景病』、『曲終奏雅』、『盡善盡美』，都是惡之美在不同側面的表現。」[11]再看魯迅作品中經常出現的「狼」、「梟」、「烏鴉」等屬於異類的意象，以及他所偏愛的死亡、鬼魂、夜色、曠野、荒原、地獄等意象，都不符合中國傳統藝術優雅的審美慣例，而比較接近於康德所提出的「崇高型美學」，在對立矛盾中透射出一股不可逼視的叛逆精神與戰鬥力量。

　　〈秋夜〉中萬籟俱寂的夜空，「哇的一聲，夜遊的惡鳥飛過了。」給人不寒而慄的恐怖感；〈藥〉的結尾，死寂的墳場裡，兩個上墳

---

11 賀智利：〈魯迅美學觀的現代性〉，《寧波大學學報》（人文科學版）第 12 卷第 1 期（1999 年 3 月），頁 61。

的老女人「忽聽得背後『啞 ── 』的一聲大叫」，兩人不禁「竦然
的回過頭」，「只見那烏鴉張開兩翅，一挫身，直向著遠處的天空，
箭也似的飛去了。」給人撕裂心肺的哀痛感。魯迅對「惡之聲」
的呼喚，型塑出獨特而冷峻的意境，在陰冷悲淒的氛圍中，我們
彷見一位孤獨的戰士，堅持著一種不隨俗、不低頭、不倒下的姿
勢，吶喊著刻骨銘心卻也怵目驚心的悲慟。

　　這撼人的姿勢，不正是魯迅獨有的審美意識的深刻呈現嗎？
力之美，惡之聲，魯迅一生不懈的戰鬥精神，和一篇篇透視現實、
深邃犀利的作品，都清清楚楚地寫著他源自生命體驗的思想複雜
性與審美深刻性。

五、戰士的孤獨：在往事重提中自言自語

　　魯迅一生，外表看是光輝四射，但內心卻是黯淡苦悶的。《野
草》讓我們看到他戰士形象背後難言的寂寞，而《朝花夕拾》則
是魯迅作品中少見的亮色，有一絲的溫暖升起，也有一脈春光乍
現，雖然這仍是在「目前是這麼離奇，心裡是這麼蕪雜」（〈小引〉）
的情境中完成的回憶之作，但對照他一生的寫作風格，這十篇「從
記憶中抄出來」的敘人記事之作，已屬難能可貴。

　　和《野草》相比，《朝花夕拾》顯得明朗、直樸、平易而雋永，
二者都是個人化的私語，前者幽晦曲折，後者則清朗可喜。《朝花
夕拾》最初在《莽原》雜誌上發表時題為「舊事重提」，編定成書
後的〈小引〉中，對這部散文集有清晰的定調，那就是「追憶」，
他說：「惟獨在記憶上，還有舊來的意味留存。他們或許要哄騙我
一生，使我時時反顧。」，「想在紛擾中尋出一點閒靜來」是不容

易的，只有從回憶裡拾起一些片段，這些「眼前一閃爍」的往事，流露出魯迅難得的寬容、親切，文學純美的風格和他批判嘲諷的雜文有著明顯的不同，雖然批判與嘲諷仍是免不了的。

　　魯迅寫《朝花夕拾》系列文章時，面臨的是血與火交織屠戮的局勢，以及個人被軍閥政府通緝、赴廈門大學任教又遭排擠離校的處境，心緒雜亂中，他透過追憶往事的方式暗寓反抗封建主義和其他黑暗勢力的戰鬥精神，只不過他採用的是娓娓道來的語調，這就使得文章具有一種含蓄蘊藉情意雋永的藝術特色。這部散文集「自敘傳」的色彩鮮明，組構出魯迅前半生的生活史和精神發展史，同時具有文學與歷史的意義。魯迅時而以真摯自然的筆調敘寫其童年的坎坷，如〈父親的病〉、〈瑣記〉，時而以親切有趣的口吻追述孩提時代的生活，如〈狗・貓・鼠〉、〈阿長與《山海經》〉、〈從百草園到三味書屋〉，有時則以充滿地方色彩的語言描述故鄉紹興的風俗民情，如〈五猖會〉、〈無常〉等。《朝花夕拾》最為人稱道的大概是人物藝術形象的生動塑造，如〈范愛農〉中的范愛農，〈藤野先生〉中的藤野，〈瑣記〉中的衍太太，〈阿長與《山海經》〉中的長媽媽，〈父親的病〉中的「名醫」，〈從百草園到三味書屋〉中的先生等，這些人物個性鮮活，具藝術概括性，也有現實的批判性，更重要的是，透過這些文章，我們可以直面魯迅情感的另一面，所謂「無情未必真豪傑，憐子如何不丈夫」，其自道之語，為我們勾勒了一個真情實感、重親情、重鄉土的魯迅形象。在他與險惡環境鬥爭的救亡啟蒙大業之外，幸而有了《野草》與《朝花夕拾》這樣的作品，使這位文化巨人、思想巨擘、文學巨匠有了純美意識的真情流露。

　　重提往事，夕拾朝花，以魯迅當時的紛擾處境，要尋出這一點閒靜，「委實不容易」；即使是自言自語的《野草》，他也在〈《野草》英文譯本序〉中說：「大半是廢弛的地獄邊沿的慘白色小花，當然不會美麗」，「後來，我不再作這樣的東西了。日在變化的時代，已不許這樣的文章，甚而至於這樣的感想存在。」（第 4 卷第356 頁）魯迅畢竟是戰士、猛士型文人，這樣的「真情流露」只能是短暫的，「閒靜」對他而言是奢望，「愛」與「美」只能是屬於人類全體，而非自己。這樣的戰士注定是孤獨的，只不過，孤獨也是一種美的姿態。這不禁讓人想起他晚年在〈題《彷徨》〉一詩中所言：「寂寞新文苑，平安舊戰場，兩間餘一卒，荷戟獨彷徨。」（第 7 卷第 150 頁）在「荒原」、「暗夜」的廣袤背景中，我們彷彿看見了漫漫長路上那削瘦、不屈、踽踽獨行、上下求索的身影。

　　那身影，是魯迅，也是文學，在 20 世紀不斷吶喊，不斷彷徨後留下的印記。

第三章 自己的性情，個人的文學： 周作人－俞平伯－廢名－鍾敬文

一、苦雨裡寂寞的烏篷船

作為「新文學一代大師」，同時又是「近代中國散文藝術最偉大的塑造者之一」[1]，周作人的一生充滿了魅力，也充滿著爭議。他的魅力來自於獨具一格的趣味主義人生觀和美學觀，透著簡單味和苦澀味的美文小品，沖淡平和的人格形象，幾十年來，其藝術格調與文化影響，始終後繼有人，服膺者眾；他的爭議則來自於二〇年代後期明哲保身、閉戶讀書的消極主張，以及四〇年代出任偽華北教育總署督辦因而成為漢奸的「失節」。周作人的受到矚目（有時是受到漠視），還與他身為「周氏兄弟」有關，在魯迅

---

1 楊牧：〈周作人論〉（代序），《周作人文選》（台北：洪範書店，1983 年），頁 1。

巨大的光芒下，他與魯迅漸行漸遠的人生抉擇，爲他帶來了兩相
對照後毀多於譽的評價。

　　在現代文學史上，周作人及其作品留下的是一個複雜的話
題。曾經，他是十字街頭的闖將，與魯迅並肩作戰的猛士，在五
四時期，高張「人的文學」大旗，左批封健禮教，右批軍閥暴行，
意興風發，大有睥睨文壇之勢。且看 1921 年他爲「文學研究會」
執筆的宣言中說：「將文藝當作高興時的遊戲或失意時的消遣的時
候，現在已經過去了。我們相信文學是一種工作，而且又是於人
生很切要的一種工作，治文學的人也當以這事爲他終身的事業，
正同勞農一樣。」[2]相似的激情與使命感，在 1924 年爲《語絲》
創刊寫的發刊詞又再度出現：「我們所想做的只是想衝破一點中國
的生活和思想界的昏濁停滯的空氣。我們個人的思想盡自不同，
但對於一切專斷與卑劣之反抗則沒有差異。」[3]然而，同樣的這段
時期，他也流露出對人生的失望與消沉，如 1923 年爲出版《自己
的園地》所寫的序中就感嘆道：「我已明知我過去的薔薇色的夢都
是虛幻」，「我因寂寞，在文學上尋求慰安；……或者國內有和我
心情相同的人，便將這本雜集呈獻與他；倘若沒有，也就罷了。
——反正寂寞之上沒有更上的寂寞了。」[4]到 1930 年爲《駱駝草》

2　這份由周作人執筆的宣言，原載《小說月報》第 12 卷第 1 號，1921 年 1 月
　　10 日。同時還曾經先後發表於 1920 年 12 月 13 日北京《晨報》，1920 年 12
　　月 19 日上海《民國日報・覺悟》，1921 年 1 月 1 日出版的《新青年》第 8 卷
　　第 9 號。
3　原載 1924 年 11 月 17 日《語絲》第 1 期。
4　此爲《自己的園地》舊序，收入《周作人自編文集・苦雨齋序跋文》（止庵校
　　訂，河北教育出版社，2002 年），頁 22。《自己的園地》有兩個版本：1923
　　年北京晨報社版，這篇舊序就是放在這個版本；1927 年上海北新書局版，刪
　　去舊序，另寫〈小引〉代之。

寫發刊詞時，更是以一派無所謂的態度表示：「文藝方面，思想方面，或而至於講閒話，玩古董，都是料不到的，笑罵由你笑罵，好文章我自為之，不好亦知其醜，如斯而已，如斯而已。」[5]1934年，周作人五十壽辰時發表了〈知堂五十自壽詩〉2 首，讀來真令人百感交集：

其一

前世出家今在家，不將袍子換袈裟。

街頭終日聽談鬼，窗下通年學畫蛇。

老去無端玩古董，閒來隨分種胡麻。

旁人若問其中意，且到寒齋吃苦茶。

其二

半是儒家半釋家，光頭更不著袈裟。

中年意趣窗前草，外道生涯洞裡蛇。

徒羨低頭咬大蒜，未妨拍桌拾芝麻。

談狐說鬼尋常事，只欠工夫吃講茶。[6]

　　從「五四」時代的文化啟蒙領袖，街頭闖將，一步步退回到自己的苦雨齋中抄古書，苦茶庵中喝苦茶，聽雨聲，談狐說鬼，此時的周作人真成了解甲歸田的員外了。整首詩流露出的是濃濃的寂寞，不甘但也只能無奈的寂寞。

　　1926 年元月，周作人在北京給朋友寫信，介紹故鄉紹興的「烏篷船」，這便是他膾炙人口的美文代表作之一〈烏篷船〉。在文章

<hr />

5 周作人：〈發刊詞〉，《駱駝草》周刊第 1 期，1930 年 5 月 12 日。

6 見《周作人自編文集‧知堂回想錄》第 173〈打油詩〉，頁 623-624。此詩署名知堂，先發表於《現代》第 4 卷第 4 期，1934 年 2 月，後又轉載於《人間世》創刊號，1934 年 4 月。

中，他不斷用著類似的詞彙如「有特別的風趣」、「頗有趣味」、「真趣味」、「很有意思」等來追憶故鄉的景物，但描寫愈是有趣，愈代表著人在北京的孤獨與寂寞；他在文中還表明自己喜歡坐在船上，以「遊山的態度」觀賞四周物色，「困倦的時候睡在艙中拿出隨筆來看；或者沖一碗清茶喝喝」，「要看就看，要睡就睡，要喝酒就喝酒，我覺得也可以算是理想的行樂法。」[7]然而，當他真的在「書房一角」經營「自己的園地」，喝清茶聽雨聲時，現實政治的風暴卻終究沒有放過他。即使躲進「苦雨齋」，心中的兩個鬼：「叛徒」與「隱士」始終如影隨形地啃囓著他的內心，漁樵耕讀的生活嚮往底下，經世濟民的念頭並沒有完全斷絕，這樣的矛盾衝突，他心中焉能不痛苦？郁達夫在 1935 年編選《中國新文學大系·散文二集》寫的〈導言〉中，對「周氏兄弟」的成就大加推崇：「中國現代散文的成績，以魯迅、周作人兩人的為最豐富最偉大」，因此他們兩人的作品就「佔得全書的十分之六七」[8]，然而，誰料到兩年後，未隨北大南遷的周作人竟一步步附逆，成為全國文化界通電討伐的對象，以致於在往後很長一段時間，周作人的「失足」使他的名字和作品在文學史、各種文學選集中「失蹤」，即使出現，也是被口誅筆伐得一無是處，面對這樣的境遇，他心中焉能不感到寂寞？

　　周作人於文革初期在北京寂寞地死去，以「壽則多辱」的感嘆留給後人更多的感嘆。「以人廢言」的殘酷現實，導致對周作人

7　周作人：〈烏篷船〉，《周作人自編文集·澤瀉集》，頁 27-29。
8　郁達夫編選：《中國新文學大系·散文二集·導言》（台北：業強出版社，1990年），頁 15。這套《大系》由趙家璧主編，1935 年至 1936 年間由上海良友圖書公司出版，早已絕版，業強出版社根據原版重印。

的文學也一起否定，長期以來造成許多不必要的偏見，隨著歷史公允而無情的發展，如今已無需再爲其文學價值作種種辯護了，相關著作大量出版，一度「失蹤」的周作人重返人間，並再度引起閱讀和硏究的熱潮。拋開政治上的錯誤不論（這是「硬傷」，再多的動機、辯護也難掩此一事實），文化、文學、思想、美學上的周作人，毫無疑問地已是不容忽視的巨大存在，他畢竟是「周氏兄弟」之一，即使後來走上了與魯迅不同的道路，但他留下的身影足跡仍有著屬於自己的風格，這種自己的風格，從某個角度說，也正是周作人及其文學的價值意義所在。

二、在載道／言志、文學有用論／無用論間擺盪

　　周作人沖淡平和、閒適趣味的人格形象和美學思想的形成有著曲折的歷程，也有著不可解的矛盾，這決定了他一生難以掙脫的生命悲劇。

　　周作人文學、美學思想的形成是受到中外文化的啓發與影響的。梁啓超企圖以「新小說」來改變國民性的功利主義思想，使周作人進入文壇初期和魯迅一樣都是「載道派」，主張「文學有用論」；但他同時對晚明文人獨抒性靈的小品文非常欣賞，也佩服晚明文人張揚個性的精神，後來他在談中國新文學的源流時，特地把晚明公安派視爲新文學源流之一，並大大推崇了公安三袁、張岱、金聖嘆、李漁等人，也將「表現自己的情感」作爲新文學發展應有的方向。這些晚明以來的文人對周作人影響甚大，這使他後來在審美觀念上能夠欣賞西方美學的審美「超功利」主張。然而梁啓超的「載道」觀念與性靈派的「言志」觀念是矛盾的，這

也造成了周作人在文學、美學思想上的矛盾。

　　外國文學的影響對周作人思想的形成同樣深遠。他受梁啓超在《新小說》談「囂俄」（Marie Hugo，今譯雨果，1802-1885）的影響，成了雨果的崇拜者，愛讀八冊英文的《囂俄選集》，並模仿《悲慘世界》創作了小說《孤兒記》，藉小說抒發人間不平之鳴[9]；由雨果進而選擇丹納（Hippolyte Adolphe Taine，1828-1893），他常運用丹納主張文藝應取決於種族、環境、時代社會的理論來探究中國文學，以及文學中「國民性問題」的反思。到日本留學後，他有計劃地研習西方近代文學理論，其中對他影響最大的是藹理斯（Havelock Ellis，1859-1939），他曾說：「藹理斯是我所最佩服的一個思想家。」[10]藹理斯是知名的性學家，同時能從科學的角度研究文學批評，強調文學藝術是一種「生命之舞」、「生命的顫動」，主張一方面必須讓人的本能自然發展，同時又必須用人所區別於動物的精神力量加以節制，以使人得到和諧和滿足，並帶來現世的享受。藹理斯融合科學與藝術的理論，令周作人豁然開朗，佩服極了，所以在他的文集裡，幾乎都有引用藹理斯言論的地方。周作人稱自己有「叛徒」和「隱士」的雙重性格（也就是他在《談虎集‧兩個鬼》中說的「流氓鬼」與「紳士鬼」），其出處就是戈爾特堡（Isaac Goldberg，1887-1938）批評藹理斯的話，說藹理斯心中「有一個叛徒和一個隱士」。[11]足見他受藹理斯影響之深。藹斯理所強調的生命自由發展，將文學視爲「生命之舞」，

9　周作人：〈學校生活的一頁〉，《周作人自編文集‧雨天的書》，頁 41-42。
10　周作人：〈藹理斯的話〉，《周作人自編文集‧雨天的書》，頁 88。
11　見周作人：《周作人自編文集‧澤瀉集‧序》，頁 1。

以及生活的藝術化，視「審美」為一種人生態度等，明顯地偏向個人主義，這和雨果、丹納的主張也存在著基本的矛盾。

中外文化、思想上啟蒙、審美意識的複雜接受，使周作人在戰鬥與閒適、浮躁凌厲與沖淡平和間來回擺盪，雜糅難解。受梁啟超載道之說的影響，周作人和魯迅在日本時翻譯了弱小民族革命的《域外小說集》，也計劃創辦文學刊物《新生》；在「五四」時期撰文抨擊「二十四孝」等封建禮教，翻譯與謝野晶子的《貞操論》，強調男女平等、自由戀愛等新思想，國內輿論界、文化教育界為之震動；到二〇年代中期，女師大事件、五卅事件、三一八事件等，周作人都沒有袖手旁觀，以《談虎集》為例，書中 56 篇文章就有 15 篇是反對日本帝國主義的內容。這一時期的雜文顯現了他「金剛怒目」、人道主義的一面。然而，他同時還有一些抒情敘事的散文，如〈故鄉的野菜〉、〈初戀〉、〈北京的茶食〉、〈喝茶〉、〈談酒〉、〈苦雨〉、〈鳥聲〉、〈尋路的人〉、〈死之默想〉等，和充滿戰鬥氣息的雜文相比，這類散文小品筆觸明淨、雋永，題材寬廣，大至宇宙，小至蒼蠅，涉筆成趣，皆成文章，顯現出他閒適雅致的一面。1925 年寫《雨天的書・自序二》，他說：「我近來作文極慕平淡自然的景地」，希望「能夠從容鎮靜地做出平和沖淡的文章來」，但同時又表示目前做不到，「因為這有氣質境地與年齡的關係」。第二年寫《藝術與生活・自序》，他開宗明義即說：「夢想家和傳道者的氣味漸漸地有點淡薄下去了」，「以前我似乎多喜歡那邊所隱現的主義，現在所愛的乃是在那藝術與生活自身罷了。」對「五四」時期傾向於人道主義、現實主義的作品風格有所不滿而思改變，但因為「我的心真是已經太荒蕪了」，何況「現

在中國連思索的餘暇都還沒有」，只能是一種理想的憧憬罷了。不管如何，他在此時已表現出對「審美超功利」文藝觀的追求，以上這些抒情敘事的美文，大體是他這種心態下的產物。

雖然在本質上，他因受西方文學的影響而成為自由主義者、個人主義者，並逐漸遠離梁啟超「文學救國論」的軌道，但梁氏對他的影響並未完全消失，他仍然企圖用文學來達到改造國民性的目的，只不過不像梁氏直接用文學來改良政治，因為他深知文學不具備這樣的功能，事實上也做不到。二〇年代後期，他開始由「載道派」向「言志派」傾斜後，「文學無用」的言論逐漸多了起來，例如 1932 年《中國新文學的源流》中說：「欲使文學有用也可以，但那樣已是變相的文學了。」[12]1935 年編選《中國新文學大系·散文一集》時又說：「我覺得文學好像是一個香爐，他的兩旁邊還有一對蠟燭台，左派和右派。……文學無用，而這左右兩位是有用有能力的。」[13]從「無用」觀點出發，將文學視為一種審美意義上的遊戲、消遣，在這一點上，周作人已經遠離梁啟超而較為接近王國維了。一般來說，主張「文學有用論」者是傾向於「人生派」，亦即「為人生而藝術」，相反則傾向於「藝術派」，亦即「為藝術而藝術」，對這個說法，周作人雖然在 1921 年為「文學研究會」寫下「為人生」的宣言，但其實他有著自己不同的思考，1920 年在北平少年學會的演講中就提出折衷的「人生的藝術派」主張：

---

12 周作人：《周作人自編文集·中國新文學的源流》，頁 16。
13 周作人：《中國新文學大系·散文一集·導言》（台北：業強出版社，1990
　　年重印），頁 13。

藝術派的主張，是說藝術有獨立的價值，不必與實用有關，可以超越一切功利而存在。藝術家的全心只在製作純粹的藝術品上，不必顧及人世的種種問題。……但在文藝上，重技工而輕情思，妨礙自己表現的目的，甚至於以人生為藝術而存在，所以覺得不甚妥當。人生派說藝術要與人生相關，不承認有與人生脫離關係的藝術。這派的流弊，是容易講到功利裡邊去，以文藝為倫理的工具，變成一種壇上的說教。正當的解說，是仍以文藝為究極的目的；但這文藝應當通過了作者的情思，與人生有接觸。換一句話說，便是著者應當用藝術的方法，表現他對於人生的情思，使讀者能得藝術的享樂與人生的解釋。這樣說來，我們所要求的當然是人生的藝術派的文學。[14]

這個主張在 1922 年〈自己的園地〉中又再次強調：「於人生有實利，當然也是藝術本有的一種作用，但並非唯一的職務。總之藝術是獨立的，卻又原來是人性的，所以既不必使他隔離人生，又不必使他服侍人生，只任他成為渾然的人生的藝術便好了。」[15]相對於救亡、啟蒙的功利主義思潮盛行，周作人指出不應偏廢藝術的觀點，事實上已透露出他更為重視言志、為藝術的態度，以及能夠從文學的角度看文學的審美意識。這個文學超功利的審美觀，使他自然進一步得出「文學無目的」的結論，這個看法在 1932年關於「中國新文學的源流」演講中有詳盡的解釋，他說：「文學本是宗教的一部份，只因二者的性質不同，所以到後來又從宗教

14　周作人：〈新文學的要求〉，《周作人自編文集・藝術與生活》，頁 18-19。
15　周作人：〈自己的園地〉，《周作人自編文集・自己的園地》，頁 6-7。

裡劃分了出去。」二者的性質不同在於有無「目的」，宗教儀式都
是有目的的，而文學則無，「文學是無用的東西。因為我們所說的
文學，只是以達出作者的思想情感為滿足的，此外再無目的之可
言。裡面，沒有多大鼓動的力量，也沒有教訓，只能令人聊以快
意。不過，即這使人聊以快意一點，也可以算作一種用處的：它
能使作者胸懷中的不平因寫出而得以平息。」[16]

可以看出，周作人試圖在載道與言志、人生與藝術、出世與
入世、有用與無用間求取平衡的努力，之所以不趨於極端，或許
和他持「中庸主義」的態度有關。他在《談龍集》、《談虎集》的
序中就說：「我的紳士氣」、「我原是一個中庸主義者」，在《秉燭
後談・序》中也直陳：「披中庸之衣，著平淡之裳，時作遊行，此
亦鄙人之消遣法也。」[17]但也正如他自己所言，中庸與平淡只是
披著的外表衣裳，其內心深處仍有著兩條路線（即他說的「兩個
鬼」）的鬥爭、角力，使他難以抉擇而有歧路徬徨之慨，且看他在
《過去的生命》中的〈歧路〉一詩：

> 而我不能決定向哪一條路去，
> 只是睜了眼望著，站在歧路的中間。
> 我愛耶穌，
> 但我也愛摩西。
> 耶穌說：「有人打你右臉，連左臉也轉過來由他打！」
> 摩西說：「以眼還眼，以牙還牙。」
> 吾師乎！吾師乎！

---

16 周作人：《周作人自編文集・中國新文學的源流》，頁 13-15。
17 周作人：〈幾篇題跋〉，《周作人自編文集・立春以前》，頁 174。

你們的言語怎樣的確實呀！

我如果有力量，我必然跟耶穌背十字架去了。

我如果有較小的力量，我也跟摩西做士師去了。

但是懦弱的人，你能做什麼事呢？

這樣的困惑幾乎纏繞了他的一生。1944 年說的這段話：「我在文壇之外蹲著，寫我自己的文章，認為與世無爭，可以相安無事，可是實際上未必能夠如此，這又使我覺得為難了。」[18]想來絕非虛語，而是有感而發。這確實是生命中深沉的矛盾。抗戰開始後，他一面讀舊書，抄古書，寫他的「文抄公體」文章，但一面又出任偽華北教育總署督辦職，赴日慰問日軍傷病員，並捐款；一面寫他擅長的隨筆小品如〈賣糖〉、〈撒豆〉、〈蚊蟲藥〉、〈炒栗子〉等，一面又四處為偽政權演講如「治安強化運動與教育之關係」、「東亞解放之證明」等；一面寫追憶故鄉往事如〈紹興城門〉、〈東昌坊〉、〈燒鵝〉、〈楊梅〉、〈素火腿〉等作品，一面又不斷出任偽職，甚至身著日本軍服在天安門檢閱青少年團的分列式。抗戰勝利前夕，他出版了《苦口甘口》一書，序中大談憂國濟世之志，令人覺得突兀：「鄙人本非文士，與文壇中人全屬隔教，平常所欲窺知者，乃在於國家治亂之源，生民根本之計」，「我一直不相信自己能寫好文章，如或偶有可取，那麼所可取者也當在於思想而不是文章。總之我是不會做所謂純文學的，我寫文章總是有所為，於是不免於積極，這個毛病大約有點近於吸大煙的癮，雖力想戒除而甚不容易，但想戒的心也常是存在的。」說是「想戒」，

---

18 周作人：〈文壇之外〉，《周作人自編文集・立春以前》，頁 158。

其實對自己文章的「積極」還是有種肯定的欣慰，抗戰勝利後出版的《立春以前·後記》中就再次強調：「以前雜文中道德的色彩，我至今完全的是認，覺得這樣是好的，以後還當盡年壽向這方面努力。」似乎，對於文學的「歧路」，他已有了最終的選擇。而這樣的選擇，恰恰否定了過去受藹理斯等思想影響下的審美超功利文學觀，而向中國現代文學的主潮流認同皈依。

　　學者袁進針對周作人的抉擇，認爲是「否定了自己最有價值的主張」，「周作人的一生中思想發生過多次變化，他幾乎一直在審美功利性與審美超功利之間徘徊。這種變化與徘徊從一個側面顯示了那個時代的矛盾和中學與西學的矛盾。中國文化是史官文化，它與政治緊密相聯，政治作爲壓倒一切的主宰。周作人試圖借助西方近代美學思想，改變中國文學作爲政治『祭器』的狀況。然而孫悟空翻了一個觔斗，終究沒有跳出如來佛的掌心。」[19]這段話說出了周作人以及那個時代許多知識分子內心的矛盾、掙扎與無奈。時代主流的號召力確實是強大的，想在「書房一角」放置一張平靜的書桌有時竟也萬般艱難，「叛徒」與「隱士」的雙重性格，使周作人在現實漩渦中「坐立難安」，最終導致了自己悲劇的命運，付出了慘痛的代價，或許這就是周作人說的「凡人的悲哀」吧！

三、藝術的生活，趣味的文學

　　政治上的周作人是可議的，文學上的周作人卻是可愛的。雖

19　袁進：〈周作人美學思想的形成、特點與矛盾〉，《上海社會科學院學術季刊》1995 年第 2 期，頁 183。

然在文學上，周作人也有著沖淡平和與浮躁凌厲兩種不同風格，
但從二〇年代末、三〇年代初起，周作人的文學創作大體已傾向
樸實自然、平易散淡的風格，正如郁達夫 1935 年在《中國新文學
大系・散文二集・導言》中所說：「近幾年來，一變而爲枯澀蒼老，
爐火純青，歸入古雅遒勁的一途了。」對周作人作品中呈現的「悠
然見南山」般的人格與風格，包括廢名、許杰等許多人都自然地
將他比擬成陶淵明。我們當然知道陶淵明並非「渾身是靜穆」（魯
迅語），事實上也沒有哪一個文人可以做到純粹的超然世外，不問
世事，或者是時刻啓蒙救亡，沒有一絲自在塵外的念頭。郁達夫
就指出：「廢名說他（按：指周作人）有點像陶淵明。可是『陶潛
詩喜說荆軻』，他在東籬下採菊的時候，當然也忘不了社會的大
事，『少時壯且厲，撫劍獨行遊』的氣慨，還可以在他的作反語用
的平淡中想見得到。」[20]周作人自己也在《雨天的書・自序二》
中說：「田園詩的境界是我以前偶然的避難所，但這個我近來也有
點疏遠了。」《澤瀉集・序》中又再次強調：「我希望在我的趣味
之文裡，也還有叛徒活著。」或許從這個角度看，周作人與陶淵
明因爲都不是「渾身是靜穆」，加上所寫的閒適趣味之文有著相似
的恬淡自然風格，因此被聯想在一起。

　　陶淵明有「金剛怒目」式的作品，但他最大的成就以及在文
學史上主要的意義是在那些「悠然見南山」的詩作，同樣的，周
作人在現代散文史上的影響與意義，沖淡平和要遠大於浮躁凌
厲。尤其是他以一篇〈美文〉給新文學開闢了一塊新的園地 —— 抒

---

20 郁達夫：《中國新文學大系・散文二集・導言》（台北：業強出版社，1990
　年重印），頁 15。

情敘事的小品散文，在現代散文寫作史、理論史上堪稱獨具慧眼，
別開生面。

　　現代散文從一誕生起，就背負著打倒「選學妖孽，桐城謬種」
的戰鬥使命，以《新青年・隨感錄》爲代表的一批雜文作家如陳
獨秀、李大釗、魯迅、周作人、錢玄同、劉半農等，都是下筆如
刀，充滿激進批判色彩。浮躁凌厲的周作人於 1921 年 6 月 8 日發
表於《晨報》副刊上的〈美文〉，篇幅雖不長，對他個人和整個文
學史的發展卻饒富意義，文中說：

> 外國文學裡有一種所謂論文，其中大約可以分作兩類。一
> 批評的，是學術性的。二記述的，是藝術性的，又稱作美
> 文，這裡邊又可以分出敘事與抒情，但也很多兩者夾雜的。
> 這種美文似乎在英語國民裡最爲發達，如中國所熟知的愛
> 迭生，蘭姆，歐文，霍桑諸人都做有很好的美文，近時高
> 爾斯威西，吉欣，契斯透頓也是美文的好手。讀好的論文，
> 如讀散文詩，因爲他實在是詩與散文中間的橋。中國古文
> 裡的序，記與說等，也可以說是美文的一類。但在現代的
> 國語文學裡，還不曾見有這類文章，治新文學的人爲什麼
> 不去試試呢？……我希望大家捲土重來，給新文學開闢出
> 一塊新的土地來，豈不好麼？[21]

　　周作人所稱的「美文」即英文中的 essay，有許多不同的譯名
如隨筆、小品文、小品散文、絮語散文、隨筆散文、家常散文等，
後來以「小品文」較爲風行。李素伯在〈什麼是小品文〉中指出

21　周作人：〈美文〉，《周作人自編文集・談虎集》，頁 29。

essay 是「起源於法蘭西而繁榮於英國的一種專於表現自己的美的散文。」[22]日本文藝批評家廚川白村在《出了象牙之塔》書中對此有一段生動的描繪，經由魯迅翻譯成中文介紹到中國來以後，幾乎成了詮釋「小品文」的經典說法：

> 如果是冬天，便坐在暖爐旁邊的安樂椅子上，倘在夏天，便披浴衣，啜苦茗，隨隨便便，和好友任心閒話，將這些話照樣地移在紙上的東西就是 essay。興之所至，也說些以不致於頭痛為度的道理罷。也有冷嘲，也有警句罷，既有 humor（滑稽），也有 pathos（感憤）。所談的題目，天下國家的大事不待言，還有市井的瑣事，書籍的批評，相識者的消息，以及自己的過去的追懷，想到什麼就縱談什麼，而托於即興之筆者，是這一類的文章。[23]

不管是「專於表現自己的美」，還是「任心閒話」的即興之筆，周作人的提倡「美文」，代表著回歸文學抒情審美意識、不戰鬥的文體開始出現了。這種文體的提倡，特別是在「五四」時期救亡、啟蒙喧囂價天的文壇，顯得難能可貴，一如散文研究者范培松所言：「〈美文〉是中國現代散文批評的第一塊基石。它預示著：散文觀念在實現藝術的蛻變，它將和非文學劃清界限，這是古今散文創作和批評的一次重大變革，它的真正歷史意義也正在這裡。」[24]

周作人不僅提倡美文，而且身體力行地從事於美文的創作，出手不凡，其一生的創作表現使現代散文運用白話的技巧臻於爐

---

22 李素伯：〈什麼是小品文〉，原載其《小品文研究》一書，此引自李寧編：《小品文藝術談》（北京：中國廣播電視出版社，1990 年），頁 47。
23 前揭書，頁 48。
24 范培松：《中國散文批評史》（南京：江蘇教育出版社，2000 年），頁 36。

火純青，達到一個難以企及的高峰，模仿者眾，但能得其神髓者
卻少矣。[25]魯迅在〈小品文的危機〉裡雖然以「風沙撲面，狼虎
成群」的時代需要匕首、投槍式的小品文，而非風雅的「小擺設」，
但他也承認：「到五四運動的時候，……散文小品的成功，幾乎在
小說戲曲和詩歌之上。這之中，自然含著掙扎和戰鬥，但因為常
常取法於英國的隨筆（essay），所以也帶一點幽默和雍容；寫法
也有漂亮和縝密的，這是為了對於舊文學的示威，在表示舊文學
之自以為特長者，白話文學也並非做不到。」[26]魯迅在此指出了
「美文」的特點是幽默、雍容、漂亮和縝密。1922 年 3 月，胡適
在〈五十年來中國之文學〉的篇末對周作人的散文大表推崇：「這
幾年來，散文方面最可注意的發展，乃是周啟明等提倡的『小品
散文』。這一類的小品，用平淡的談話，包藏著深刻的意味；有時
很像笨拙，其實卻是滑稽。這一類作品的成功，大約可徹底打破
那『美文不能用白話』的迷信了。」[27]周作人閒適、自然、趣味
的美文之作，代表著他對文學超功利審美觀的追求，這種追求使
他和魯迅分居雜文與美文的泰斗，學者孔慶東形容得好：「如果說

---

25 楊牧在其〈周作人論〉中指出：「模仿周作人的散文的，半世紀以來前仆後
繼。有人學到他的苦澀，竟失去了清純的風味；有人學到他的淡漠，卻少了
一份熾熱參與社會和關懷人生的心腸；有人學到他的沉靜，殊不知他安詳中
還有一份湧動的知識慾望；有人學到他雜學豐富，惟不免掉錯書袋之譏；有
人學到他以文字語法委婉突兀所企及的幽默，卻誤會了那幽默背後的無奈和
嘲諷，反而以戲謔取勝……。」見楊牧編：《周作人文選》（台北：洪範書店，
1983 年），頁 3。

26 魯迅：〈小品文的危機〉，《魯迅全集・南腔北調集》（北京：人民文學出版社，
1981 年），頁 576。

27 胡適：〈五十年來中國之文學〉，《胡適文存》（合肥：黃山書社，1996 年版）
二集，頁 240。

魯迅是戰鬥性雜文的元帥，那麼周作人便是美文的狀元。」[28]

　　周作人「美文」的魅力，正在於它的「不戰鬥性」。「不戰鬥性」是相對的，並非完全不戰鬥，只是不以戰鬥為主要訴求，不強調文學的社會目的性，而是要求在藝術表現上要有自己的鮮明個性和獨特風格，用周作人自己的話說就是「須用自己的文句與思想」（〈美文〉）。自己而不是別人，個人而不是集體，個性而不是群性，這是周作人散文理論及其作品的核心理念，其在文學史上的價值也在於此。1918 年〈人的文學〉中他提出「個人主義的人間本位主義」，1921 年〈個性的文學〉中則主張「創作不宜完全抹煞自己去模仿別人」，「個性的表現是自然的」，「有個性的新文學便是這國民所有的真的國粹的文學」。[29]1930 年 9 月，自稱是「詩言志派」的周作人更對「小品文」提出了個人獨到的見解：「小品文則在個人的文學的尖端，是言志的散文，它集合敘事說理抒情的分子，都浸在自己的性情裡，用了適宜的手法調理起來，所以是近代文學的一個潮頭。」[30]這段話道出了周作人心中理想的「美文」或「小品文」，尤其拈出「個人的文學」、「自己的性情」，可視為他散文美學的終極追求。從自己的性情出發，周作人發展出極具個人化的美學理論，包括閒適、沖淡、趣味、簡單、苦澀等，再加上「適宜的手法」，一篇篇充滿性情的美文典範就在他散發藝術趣味的筆調下問世，並形成散文史上的「周作人風格」。

　　「周作人風格」是一個籠統的概念，其人其文有著極大的一

---

28 孔慶東：《1921：誰主沉浮》（濟南：山東教育出版社，1998 年），頁 160。
29 周作人：〈個性的文學〉，《周作人自編文集・談龍集》，頁 147。
30 周作人：〈近代散文抄序〉，《周作人自編文集・苦雨齋序跋文》，頁 127。

致性，趣味也好，閒適也好，苦澀也好，不妨將之視爲周作人的
人生態度、風格基調，或者是一種散文境界的追求。正如他自己
所言，生命中有「隱士」的一面，周作人的隱士風度、士大夫氣
質，使他講求趣味的藝術，悠然的心境，清雅的生活型態。這種
名士氣息在他著作中隨處可見，如：「雨雖然細得望去都看不見，
天色卻非常陰沉，使人十分悶氣。在這樣的時候，常引起一種空
想，覺得如在江村小屋裡，靠玻璃窗，烘著白炭火缽，喝清茶，
同友人談閒話，那是頗愉快的事。」（《雨天的書‧自序二》）；「喝
茶當於瓦屋紙窗之下，清泉綠茶，用素雅的陶瓷茶具，同二三人
共飲，得半日之閒，又抵十年的塵夢。」（〈喝茶〉）；「夜間睡在艙
中，聽水聲櫓聲，來往船隻的招呼聲，以及鄉間的犬吠雞鳴，也
都很有意思。」（〈烏篷船〉）；「我在西四牌樓以南走過，望著異馥
齋的丈許高的獨木招牌，不禁神往，因爲這不但表示他是義和團
以前的老店，那模糊陰暗的字跡，又引起我一種焚香靜坐的安閒
而風腴生活的幻想。」（〈北京的茶食〉）；「在日本旅行，於新式的
整齊清潔之中，卻仍保存著舊日的長閒的風趣。我在東海道中買
過一箱『日本第一的吉備團子』，雖然不能證明是桃太郎的遺制，
口味卻真不壞，可惜都被小孩們分吃，我只嚐到一兩顆，而且又
小得可恨。」（〈濟南道中〉）等等，記寫生活情趣，表現自然情味，
悠然神往於平淡自然的意境，周作人清新沖淡的美文，和他清高
的名士風度渾然融合成一體，這裡頭沒有劍拔弩張的激情，也沒
有掙扎戰鬥的吶喊，娓娓閒談中自有一份親近，一份自在，這種
風格也被稱爲「閒話風」，和魯迅潑剌犀利的雜文風格有明顯的不
同。郁達夫對「周氏兄弟」散文文體的比較就直指二人藝術個性

的差異：「魯迅的文體簡練得像一把匕首，能以寸鐵殺人，一刀見血。重要之點，抓住了以後，只消三言兩語就可以把主題道破，……與此相反，周作人的文體，又來得舒徐自在，信筆所至，初看似乎散漫支離，過於繁瑣！但仔細一讀，卻覺得他的漫談，句句含有份量。」[31]也就是說，周作人的「閒話」不是「扯淡」，而是既有藝術的趣味美感，又有思想內容的深刻啟發，只不過這趣味、思想都是周作人「自己的」、「個人的」。自己的性情，個人的文學，周作人的文學審美意識於此深刻表現。

趣味的表現，閒適的追求，是周作人文學審美意識必然的發展趨向，也是他個人散文美學的關照視野。他曾說：「我很看重趣味，以為這是美也是善，而沒趣味乃是一件大壞事。這所謂趣味裡包含著好些東西，如雅，拙，樸，澀，重厚，清朗，通達，中庸，有別擇等，反是者都是沒趣味。」[32]這是他對「趣味」最明確的闡釋，也可看出他以「趣味」涵蓋了許多審美要素，不論情趣、理趣、意趣、天趣、別趣、生趣、雅趣、諧趣，他多以「趣味」一詞籠統稱之，正因為他在散文藝術建構上自覺追求著豐富的審美趣味，才使他的散文逸趣橫生，令人耐讀且玩味不已。至於「閒適」，周作人也有不同於一般認定的解釋，他說：「拙文貌似閒適，往往誤人。唯一二舊友知其苦味。」[33]這裡的「閒適」指的是一般的認定，周作人所謂的「閒適」則要複雜得多，他不認為「閒適」就是「飽暖懶惰」，而是「一種很難得的態度，不問

---

31 郁達夫：《中國新文學大系・散文二集・導言》，頁 14。

32 周作人：〈笠翁與隨園〉，《周作人自編文集・苦竹雜記》，頁 60。

33 周作人：《周作人自編文集・藥味集・序》，頁 2。

苦樂貧富都可以如此，可是又並不是容易學得會的。」他將「閒
適」分成兩種，一種是「小閒適」，是秦觀詞「醉臥古藤蔭下，了
不知南北」的閒適，「如農夫終日車水，忽駐足望西山，日落陰涼，
河水變色，若欣然有會」，這也是小閒適；至於他所嚮往的則是「大
閒適」，是王景文飲鴆酒前「視死如甘寢」的「鎮靜之態」，是陶
淵明「向來相送人，各自還其家，親戚或餘悲，他人亦已歌」的
悲涼中的豁達。不過，周作人一再強調這大閒適「只是我的一理
想而已」，「閒適不是一件容易學的事情」。[34]周作人心目中的「閒
適」，是在外表的冷靜、平淡、超脫之下仍有著難言的熱情和反抗，
所以他才會在四〇年代有所感地說：「過了多少年，才明白過來，
閒適原來是憂鬱的東西。」[35]閒適與憂鬱這一悖反的概念在此巧
妙地聯繫在一起，審美理想與藝術風格之間有著無奈的矛盾，這正
是「苦雨齋主人」難言的苦澀，也就是「一二舊友」所知的「苦味」。

　　這種苦味，主要表現在兩個方面。一是在寫作上對難以企及
的理想境界的嚮往。「大閒適」是理想，是他想寫的「正經文章」，
但他同時也寫了不少「小閒適」的文章，他說：「我的確寫了些閒
適文章，但同時也寫正經文章，而這正經文章裡面更多的含有我
的思想和意見，在自己更覺得有意義。……至於閒適的小品我未
嘗不寫，卻不是我主要的工作，如上文說過，只是為消遣或調劑
之用，偶爾涉筆而已。」[36]即使是閒適的小品，他也覺得自己「性

34　以上關於大閒適、小閒適的說法均引自〈自己的文章〉，收於《周作人自編
　　文集・瓜豆集》，頁 172-173。
35　這是周作人 1944 年 1 月所寫〈風雨後談序〉中的說法，此序和其他 7 篇序
　　跋一起題為〈幾篇題跋〉，收於《周作人自編文集・立春以前》，頁 173。
36　周作人：〈兩個鬼的文章〉，《周作人自編文集・過去的工作》，頁 87-89。

情才力都不及，寫不出這種文字」，因爲「材料難找，調理不易」，所以，即使「那種平淡而有情味的小品文我是向來仰慕，至今愛讀，也是極想仿作的」，但「一直未能寫出一篇滿意的東西來」。[37]這應該是周作人過謙之詞，至少在「小閒適」的小品美文來說，他有許多佳作確實是做到「平淡而有情味」的。第二方面是在現實上對出世入世難以超脫的矛盾與痛苦。曹聚仁寫於 1935 年的一段話對此有一針見血的觀察：「周先生自新文學運動前線退而在苦雨齋談狐說鬼，其果厭世冷觀了嗎？想必炎炎之火仍在冷灰底下燃燒著。」[38]對照周作人抗戰時期的言行，這位「苦雨齋主人」還是風聲雨聲，聲聲入耳的。外冷內熱的煎熬，心中焉能不苦？知之者，謂之憂苦，不知者，謂之墮落，和周作人同時期的作家許杰就根據〈五十自壽詩〉而指責他：「周作人因爲他的士大夫的氣質，決定了他不去做官，不肯革命，甚至再不敢發牢騷，又不肯說自己不敢發牢騷，於是便只好自甘落伍，躲入苦雨齋中喝他的苦茶了。」[39]置身於爭議的風暴中，想求得完全的自在超脫，看來只能是個夢想而已。

　　不管周作人內心的掙扎如何，周作人於 1928 年底寫了〈閉戶讀書論〉，強調「苟全性命於亂世是第一要緊」[40]，又在 1929 年《永日集》的序言裡正式聲明從此不談時事，此後周作人的散文

37　前揭書，頁 89-90。
38　曹聚仁：〈周作人先生的自壽詩 ── 從孔融到陶淵明的路〉，《曹聚仁文選》（紹衡編，北京：中國廣播電視出版社，1995 年）上冊，頁 38。
39　許杰：〈周作人論〉，原載 1934 年《文學》第 3 卷第 1 期，此引自王運熙主編、許道明編著：《中國文論選》（南京：江蘇文藝出版社，1996 年）現代卷（中），頁 401。
40　周作人：〈閉戶讀書論〉，《周作人自編文集・永日集》，頁 114。

的確越寫越沖淡平和。少了之前的煙消味與戰鬥氣,「草木蟲魚」
成了他關注的對象,生活型態日趨隱逸,阿英就曾將周作人筆下
的生活「整理」如下:「讀古書,看花,生病,問病,『蓮花白酒』,
『吃福茶』,閒遊,閒臥,閒適,約人閒談,寫楹聯,買書,考古,
印古色古香的信封信箋,刻印章,說印泥,說夢,宴會,延僧誦
經,蒐集郵票,刻木版書,坐蕭蕭南窗下。」當然,這種「整理」,
其目的是要說明周作人的散文使「讀者不能透過他個人的生活,
看到一些社會生活的影像」,因此周作人已經「被歷史的齒輪毀
棄」。[41]都說歷史是無情殘酷的,阿英、許杰等人對周作人其人其
文的批判以及否定,也讓人看到了無情殘酷的一面。文學史似乎
只能是浮躁凌厲的高論,不允許沖淡平和的低語,只有融入歷史
主流的大合唱才是進步,要在自己的園地裡清唱就是一種落伍。
這樣的文學史觀何其獨裁又何其粗暴!周作人研究者錢理群對此
有深刻的反思:「周作人是把個性的自由與獨立看得高於一切,重
於一切的。他最後選擇了與被啟蒙者的群眾運動決裂的道路。他
因此而最終『超越』了『五四』的思想啟蒙,也同時被自己當年
的啟蒙對象所拋棄 —— 他也沒有逃脫悲劇性的命運。」[42]

　　時至今日,人們終於認識了周作人散文的價值與重要性,終
於能從文學自身的審美規律與藝術表現上給予周作人散文應有的
地位,周作人基於審美意識所創作的文學典範是任何人不應抹

---

41 阿英:〈「周作人書信」〉,《夜航集》(北京:中國文聯出版公司,1993 年重
　　印),頁 80。此書原為 1935 年上海良友圖書印刷公司出版,中國文聯出版
　　公司根據初版重印,列入其《中國現代散文名家名作原版庫》叢書中。
42 錢理群:《精神的煉獄 —— 中國現代文學從「五四」到抗戰的歷程》(南寧:
　　廣西教育出版社,1996 年),頁 107。

煞，也是任何人抹煞不了的。學者張恩和對周作人這一類離現實
生活較遠，看不出時代風雲但卻給人美的享受的散文小品，有一
段公允的分析可供參考：「你可以說它們流露了士大夫階級的閒情
逸致，甚至讓人在追求清高淡遠的情趣中沉靜下去，於革命無所
裨益。但是，也不能不看到和承認，讀這些作品，不僅可以擴大
知識視野，欣賞到一些傳統的生活情趣，也可以陶冶人的性情，
給人以戰鬥後的休息。人們的生活是豐富多彩的，精神生活就更
忌單調統一，文藝的百花園裡也應該允許有各種各樣的花朵。」[43]
但願這「應該允許」是得到大多數人認同的，而且將來可以不必
做這樣的「但願」。

　　從審美角度說，周作人的美文遠遠沒有得到它應有的地位，
這些美文中的思想、境界、趣味、詩意，也還沒有得到充分的開
掘與研究，至於他作為一個現代具有代表性的知識分子類型，其
心態的複雜性也沒有得到完整而深入的探索與呈現。戰士與名
士，叛徒與隱士，流氓與紳士，周作人所提供的典型意義何其豐
富，在現代作家中又顯得何其獨特而迷人！只要讀讀〈苦雨〉中
的「臥在烏篷船裡，靜聽打篷的雨聲，加上欸乃的櫓聲，以及『靠
塘來，靠下去』的呼聲，卻是一種夢似的詩境。」或者〈北京的
茶食〉中「我們於日用必需的東西以外，必須還有一點無用的遊
戲與享樂，生活才覺得有意思。我們看夕陽，看秋河，看花，聽
雨，聞香，喝不求解渴的酒，吃不求飽的點心，都是生活上必要
的 —— 雖然是無用的裝點，而且是愈精練愈好。」這類既不救亡

---

43 張恩和：〈周作人的生平和創作〉，收於《中國新文學大師名作賞析：周作人》
　　（台北：海風出版社，1991 年），頁 26。

又不啓蒙，但卻情長、味深、意遠、境雅的文字，可不是「無用的裝點」，相反的，卻是「生活上必要的」，也是文學上必要的。

魯迅是必要的，周作人也同樣是必要的。這個「簡單的道理」，在某些歷史進程裡竟完全對之視而不見，這個歷史的教訓誠然是具有深刻的啓示吧！

四、沖淡平和的名士風度：俞平伯、廢名、鍾敬文

周作人在現代文學史上的意義之一，是在戰鬥、抗爭、吶喊的散文之外，另闢出閒適、清淡、充滿趣味性與知識性的一派散文，並且從其散文小品中看到一種沖淡平和的名士風度，俞平伯、廢名、鍾敬文等，就是屬於這一流派的主要作家，文學史上有時逕稱爲「名士派」。學者孔慶東形容得妙：「周作人的『瓦屋紙窗』之下，東倒西歪地聚集了幾個『茶友』：俞平伯、鍾敬文、廢名等。」[44]這幾位作家的散文風格和周作人接近，人格型態也和周作人有幾分類似，名士氣，紳士風，都有自己的性情，崇尙雅致，也追求著人生趣味的境界，並因此而得到周作人的爲文讚賞。有這些「同道」，周作人寂寞的烏篷船裡倒也憑添幾分熱鬧。

俞平伯有著和周作人相似卻並不完全相同的文學歷程。阿英說過：「周作人的小品文，在中國新文學運動中，是成了一個很有權威的流派。……這一流派的小品文，周作人之外，首先應該被憶起的，那是俞平伯。」[45]周、俞二人的相似處很多，例如在「五四」時期都曾浮躁凌厲過，都是文學研究會會員，也在 1928 年左

---

44 孔慶東：《1921：誰主沉浮》（濟南：山東教育出版社，1998 年），頁 164。
45 阿英：〈俞平伯〉，《夜航集》（上海良友圖書印刷公司，1935 年），頁 12。

右思想開始有意地疏遠現實，與政治保持距離，散文風格由濃轉淡，追求沖淡平和、雅素古樸的澀味與簡單味，兩人對晚明文人及小品文的喜愛，使他們的人格與文風都流露著中國傳統名士氣派和風範。至於不同之處，阿英有細膩的剖析，認為周作人「在他的文字中，無論怎樣，還處處可以找到他對黑暗的現實的各種各樣的抗議的心情」，而俞平伯則是「無往而不表現著他的完全逃避現實」；至於散文文字的風格，周作人是「樸實簡練，沖淡平和」，而俞平伯夾敘夾議中有時「繁褥晦澀」；在對明人小品的追跡上，周作人小品美文不論從認識或方法上「處處可以看到現代性的痕跡」，是向前發展的，「因此，相彷彿的程度，也是有限止的。」[46] 而俞平伯則是與竟陵一派非常彷彿，所以不論是周作人、朱自清或是以後的許多學者，都認為俞平伯和晚明文人在性情、風度、氣質、情趣上有極大的相似性。

　　晚明小品的特徵之一是力矯做作，獨抒性靈，不拘格套，俞平伯的創作主張恰好與之相近，加上性情、藝術愛好的相通，使他的作品隨處可見晚明文人的影子，周作人就直指俞平伯「為近來的第三派新散文的代表」，《燕知草》「是最有文學意味」的新散文，這種散文有著明朝人的「雅致」，「自然，大方的風度，並不要禁忌什麼字句，或是裝出鄉紳的架子。」[47]朱自清也指出俞平伯散文「以趣味為主」，很像明末張岱、王思任一派名士，「只要自己好好地受用，什麼禮法，什麼世故，是滿不在乎的。他們的

---

46 同上註，頁 14-15。
47 周作人：《燕知草・跋》，收於俞平伯：《燕知草》（上海：開明書店，1928年），此書由上海書店於 1984 年重印。

文字，也如其人，有著『灑脫』的氣息。」不過，朱自清也強調，
這不是俞平伯刻意模仿明人：「我知道平伯並不曾著意去模仿那些
人，只是性習有些相近，便爾闇合罷了。」[48]換言之，俞平伯的
散文仍有其個人真情實感的流露，也就是有自己的性情和個人的
面目，而非簡單地模仿、沿襲，這其中有文化心態、審美情趣不
斷創新發展的一個文化過程，有論者就從文化的視角來看俞平伯
的名士現象：「實際上，這是俞平伯與三百年前明末名士之間，對
中國傳統文化的一種認同，是審美判斷高度共同一致而結下的果
實。俞平伯在美文中流露出來的懷舊傷往、悼春悲秋、生離死別
的意緒情懷，看花眠月、賞雪聽雨、尋詩讀碑的灑脫雅興，對自
然景色的欣賞品鑒，對愛情和家庭的崇尚依戀等等，並不是他一
個人的專利獨有，而是千百年來人們吟誦諷詠的永恆主題，是歷
來文人學士審美情結的所在，也是傳統文化積澱的一個部分。」[49]
這個觀點對周作人、廢名等名士派文人都是適用的。

　　俞平伯的散文風格可以 1928 年爲界，之前的作品主要是《雜
拌兒》、《燕知草》，他許多在二〇年代傳誦一時的名篇大多收於這
兩本散文集中，如〈槳聲燈影裡的秦淮河〉、〈陶然亭的雪〉、〈西
湖的六月十八夜〉、〈眠月〉、〈芝田留夢記〉、〈湖樓小擷〉等，寫
得漂亮縝密，流麗纏綿，情景交融，充滿詩情畫意，表現出俞平
伯作爲一個詩人對文字的敏感與精練，正是這些名篇，奠定了他
在現代散文史上的地位。特別是 1923 至 1928 年間，他的文學才

48　朱自清：《燕知草・序》，前揭書，頁 3。
49　見樂齊、范橋編：《俞平伯散文・前言》（北京：中國廣播電視出版社，1997
　　年），頁 18。

華充分展現，抒情寫景之作迭出，堪稱他美文寫作的高峰期。他用華麗濃重的手法寫杭州、西湖、江南山水，並借景抒情，或撫今憶昔，或懷舊傷時，或追慕當年，緬懷故人，感情纖細而想像豐富，給人一種朦朧靈秀的意境美，他的抒情審美意識透過細膩綿密的語言，微妙地表達出深刻的心緒。1928 年以後的作品，結集的有《燕郊集》、《雜拌兒之二》、《古槐夢遇》，其中有些篇章已逐漸由細膩轉為沖淡，有意追求一種「素樸的趣味」，事實上這種轉變在《燕知草》後半部分作品就已經出現，朱自清在《燕知草‧序》就說：「近年來他覺得描寫太板滯，太繁褥，太矜持，簡直厭倦起來了；他說他要素樸的趣味。〈雪晚歸船〉一類東西便是以這種意態寫下來的。」[50]我們只要讀一讀〈多晚的別〉、〈出賣信紙〉、〈打橘子〉、〈清河坊〉、〈城站〉、〈陽台山大覺寺〉、〈中年〉、〈古槐夢遇〉、〈秋荔亭記〉、〈春來〉等作品，就會覺得一股「沖淡平和」的名士氣息撲面而來，澀苦之中有餘味，足堪咀嚼。朱自清對俞平伯前後風格的轉變有一生動的比喻：「用杭州的事打個比方罷：書中前一類文字，好像昭賢寺的玉佛，雕琢工細，光潤潔白；後一類呢，恕我擬不於倫，像吳山四景園馳名的油酥餅 —— 那餅是入口即化，不留渣滓的，而那茶店，據說是『明朝』就有的。」[51]

所謂「入口即化」，主要是指他作品中那種平和恬淡的語調、舒緩的節奏，如清風徐來，如知友談心，使讀者在一種舒適、清靜、和諧的氛圍中進入他的美文世界。但若要說俞平伯的文字「入

---

50 朱自清：《燕知草‧序》，收於俞平伯：《燕知草》（上海：開明書店，1928年），頁 4。
51 同上註。

口即化」恐怕並不妥當，事實上他的文字有澀味也有苦味，不順
暢而略顯隱晦曲折，必須細細品味，就像喝濃茶、嚼青果，有著
苦後回甘的力道，讓人回味。在這一點上，周作人的觀察比較精
確：「平伯、廢名一派澀如青果。」[52]確實指出了此一名士派所努
力追求的一種散文藝術境界。俞平伯超脫自在的心態，表現在散
文題材上的偏愛描寫故鄉、童年、夜、月、水、夢等，特別是「夢」，
幾乎成了俞平伯散文中最常出現的單位意象。他自稱是「逢人說
夢之輩」，多篇作品以夢名篇，如〈古槐夢遇〉、〈芝田留夢記〉、〈夢
遊〉、〈槐屋夢尋〉、〈夢記〉等，至於作品中談到夢的則不計其數，
或以夢抒懷，或以夢寄意，個人化、私語化的風格極其鮮明，他
曾在《燕知草・自序》說：「浮生若夢為歡幾何？真一句老話。然
而不說是夢又說什麼呢？」夢的玄妙、感傷、空靈、朦朧、遠離
現實，從某個角度說，也代表了俞平伯及其散文的格調。

　　和俞平伯風格相近的廢名，也是「苦雨齋四弟子」[53]之一，
而其苦澀味則更勝俞平伯。廢名的每部集子都由周作人寫序，他
對周作人發自真心地推崇，進而模仿、追隨，他在《竹林的故事・
序》中就說：「我自己的園地，是由周先生的走來。」[54]他的成就
自然不如周作人，但也有自己的面目。對於散文寫作，他提出「隔」
的美學理論：「近人有以『隔』與『不隔』定詩之佳與不佳，此言
論詩大約很有道理，若在散文恐不如此，散文之極致大約便是
『隔』，這是一個自然的結果，學不到的……我讀知堂先生的文

52 周作人：〈志摩紀念〉，《周作人自編文集・看雲集》，頁 65。
53 「苦雨齋四弟子」是指俞平伯、廢名、沈啟無、江紹原。
54 《竹林的故事》，署名馮文炳，1925 年由北京新潮社初版，此引自王風編：
　　《廢名集》第 1 卷（北京大學出版社，2009 年），頁 12。

章，每每在這一點上得到很大的益處。」[55]「隔」與「澀味」是
聯繫在一起的，但周作人的澀味是自然有之，而廢名卻是刻意為
之，追求枯澀古怪。他的作品有文體模糊化的傾向，如小說集《竹
林的故事》，有時寫得如詩一般，而周作人認為可以當小品散文
讀，加上對文字用心推敲，句式多變，時而長篇大論，時而短言
幾句；說理時則因受禪宗思想影響，往往思路跳躍，如公案機鋒，
令人費解。這些審美上的曲折、朦朧、生澀，讀來格外辛苦，有
人謂之「陷入歧途」，有人稱其「走火入魔」[56]，但廢名卻樂此不
疲，而周作人也大加讚賞，魯迅則批評他「有意低徊，顧影自憐」[57]。

　　和俞平伯一樣，廢名有一篇散文〈說夢〉，談的是詩人的夢、
文學的夢、純美的夢，從他充滿激情的自述中，可以理解何以止
庵會說他是「很純粹的文學家」[58]，例如他說：「有許多人說我的
文章 obscure，看不出我的意思。但我自己是怎樣的用心，要把我
的心幕逐漸展出來！」又說：「是夢，所以與當初的實生活隔了模
糊的界。藝術的成功也就在這裡。」[59]和周作人一樣，廢名也喜
歡從生活中、閱讀中尋找創作素材，並以鮮明的平淡閒話風表現
在字裡行間，這從他的散文題目如〈蠅〉、〈閒話〉、〈隨筆〉、〈小

55　廢名：〈關於派別〉，《廢名集》第 3 卷，頁 1306。
56　錢理群等編著《中國現代文學三十年》（北京大學出版社，1998 年修訂本）
　　第 152 頁說他：「語言修飾得愈發生澀古怪，陷入歧途。」；孔慶東著《1921：
　　誰主沉浮》第 168 頁說他：「越寫越『走火入魔』，刻意追求枯澀古怪，用以
　　表現洗盡煙火氣的禪意。雖然周作人對他推崇備至，但這種走極端的做法實
　　在罕人仿效，只可看作是一種辛苦的『文體實驗』而已。」
57　魯迅：《中國新文學大系・小說二集・序》，《魯迅全集》第 6 卷，頁 244。
58　止庵：《廢名文集・序》（北京：東方出版社，2000 年），頁 3。
59　廢名：〈說夢〉，原載《語絲》1927 年 5 月 28 日第 133 期，引自《廢名集》
　　第 3 卷，頁 1153-1154。

時讀書〉、〈二十五年來我的愛讀書〉等即可窺知。只不過,廢名
的後期散文偏重說理,有時過於賣弄,有時流於玄妙不可解,1948
年寫的〈散文〉中他就如此自剖:「我現在只喜歡事實,不喜歡想
像。如果要我寫文章,我只能寫散文,決不會再寫小說。」[60]看
來是把散文視為說理的文體了。

　　和散文比起來,廢名在小說上的成就其實要高些。他的第一
部短篇小說集《竹林的故事》,以沖淡質樸的文筆描寫未被現代社
會污染的農村世界,表現出一種清新、寂靜的美,刻意淡化情節
的散文化小說形式,富於詩意的象徵境界,這種寫法對後來的沈
從文、汪曾祺等人產生一定的影響。1932 年由上海開明書店出版
的長篇小說《橋》,在虛構中流露廢名的純美意識,有論者即指出
《橋》這部小說「不僅反映鄉村風景、風俗之美、人情之美,而
且更透露出一種獨有的人生態度和體悟生命的方式。在這裡,廢
名早先對鄉村小人物不幸的同情,已讓位於對人間的『真』與『夢』
的編織。……反映了作者對人間純美的嚮往」[61]。同年出版的另
一部長篇小說《莫須有先生傳》和抗戰勝利以後寫的《莫須有先
生作飛機以後》,則在詩意之外加入了諷刺和荒誕,富有理趣,文
化意味濃厚。大體而言,廢名的散文體現了周作人沖淡平和的文
藝思想,散文化、抒情體的小說則是周作人文藝思想在散文以外
領域的實踐。

　　承認喜歡讀周作人文章,而且「所寫的確有些和他相像」的
鍾敬文,始終並不掩飾自己對周作人散文的鍾愛與追隨,在他的

---

60 廢名:〈散文〉,《廢名集》第 3 卷,頁 1453。
61 錢理群等編著:《中國現代文學三十年》,頁 315。

第一部散文集《荔枝小品》題記中就引了朋友來信說明其與周氏散文的密切關係：「去冬聶畸從俄京來信云：『你的文章，沖淡平靜，是個溫雅學人之言，頗與周豈明作風近似。』日昨王任叔在香港來信也說：『你的散文是從周作人《自己的園地》裡走出來的。』」[62]在〈試談小品文〉中他更對周作人的散文成就表達由衷的敬佩：「散文 —— 小品文 —— 似乎是一條荊棘叢生的野徑，肯去開闢的人尚不多。但在這寥寥的幾個走荒徑的人中，卻有一位已獲得了很好的成績，那就是周作人先生。他的文體是幽雋、淡遠的，情思是明妙、深刻的。在這類創作家中，他不但在現在是第一個，就過去兩三千年的才士群裡，似乎尚找不到相當的配侶呢。」[63]這也就難怪他會被歸在周作人名士一派的文人群中了。

　　鍾敬文印行的散文集有 3 部：1927 年《荔枝小品》、1929 年《西湖漫拾》、1930 年《湖上散記》，從書名即可窺知他在散文創作題材上的特色，一是詠物小品，一是遊記小品。在詠物小品方面，有〈荔枝〉、〈再談荔枝〉、〈水仙花〉、〈蒓羮〉、〈殘荷〉、〈茶〉、〈黃葉小談〉等，善於將自己的經驗和文史典故結合，娓娓道來中充滿生活的情趣，如「寫於飽啖荔枝之後」的代表作〈荔枝〉中寫道：「我們當日影已斜的午後，或銀月初上的黃昏，獨自的或多人的，坐在那清風徐來，綠蔭如蓋的樹下，吃著這一顆顆晶丸

---

62 鍾敬文：〈荔枝小品題記〉，《荔枝小品·西湖漫拾》，頁 8。《荔枝小品》原為 1927 年新月書店出版，《西湖漫拾》原為 1929 年北新書店出版，河北教育出版社 1994 年根據原版將二書合併重印，列入《中國現代小品經典》系列叢書中。
63 鍾敬文：〈試談小品文〉，《鍾敬文文集·詩學及文藝論卷》（合肥：安徽教育出版社，2002 年），頁 280。

般的荔枝，比起古人『浮瓜沉李』的故事，不知誰要風韻得多？
猶記得數年前曾以荔枝一筐，饋送某女郎，簡上附以詩云：『眼前
三百堪消夏，纖指無勞雪藕絲。』實在的，這種風味，即比之杜
甫所盛稱的『公子調冰人，佳人雪藕絲』，也無須多讓呢？」[64]確
有名士高雅之風；遊記之作也不少，有〈遊山〉、〈臨海的旅店上〉、
〈西湖的雪景〉、〈錢塘江的夜潮〉、〈海濱〉、〈太湖遊記〉、〈重陽
節遊靈隱〉等，大多寫景如畫，深情有致，如〈西湖的雪景〉中
寫道：「當我們在岳王廟前登舟時，雪又紛紛的下起來了。湖裡除
了我們的一只小划子以外，再看不到別的舟楫。平湖漠漠，一切
都沉默無嘩。舟穿過西泠橋，緩泛裡西湖中，孤山和對面諸山及
山下的樓亭房屋，都白了頭，在風雪中兀立著。山徑上，望不見
一個人影；湖面連水鳥都沒有蹤跡，只有亂飄的雪花墜下時，微
起些漣漪而已。柳宗元詩云：『千山飛鳥絕，萬徑人蹤滅。孤舟簑
笠翁，獨釣寒江雪。』我想，這時如果有一個漁翁在垂釣，他很
可以借來說明眼前的景物了。」[65]寂寞中有種超脫人世的美，讓
人不禁聯想起《陶庵夢憶》中〈湖心亭看雪〉一類的文字。眼前
景物、往事追憶加上讀書心得，混融閒談，和周作人散文清雋淡
遠的美學追求有著相仿的風味。

　　對鍾敬文的小品文，郁達夫的評價是「清朗絕俗」，認爲「可
以繼周作人、冰心的後武。」[66]但鍾敬文自己卻對這些 20 歲到 26
歲時期（1923－1929）的作品不甚滿意，因爲「當時正處在青年

---

64 鍾敬文：〈荔枝〉，《荔枝小品‧西湖漫拾》，頁 14。
65 鍾敬文：〈西湖的雪景〉，前揭書，頁 108。
66 郁達夫：《中國新文學大系‧散文二集‧導言》，頁 17。

時期，生活經歷很狹窄，知識更是浮淺，而思想、情感，又主要是個人主義的。」因此，「我當時所寫散文的內容中，不免呈現出一種灰色。……在某些篇章裡，感傷主義的調子是比較濃厚的。」[67]不過，自三〇年代起，鍾敬文就專心致力於民俗學、民間文藝學的研究，從創作的路上退下來，成爲一位純粹的學者，他所留下的散文作品，不論滿意與否，已經因其沖淡平和的風格和審美藝術上的有個性、有特色，成爲周作人名士派中的一員大將了。

俞平伯散文《燕知草・清河坊》末尾有一詩云：「只緣曾繫烏篷艇，野水無情亦耐看。」這句話不僅道出俞平伯深摯的故鄉情，也可借來說明俞平伯、廢名、鍾敬文三人因爲追隨周作人而寫出了意境、文體、題材相仿的散文，慢慢品味，也確實都很「耐看」。他們並不是一意地模仿，只因性情、文藝觀相近而自然走在同一路上，鍾敬文對這一點的說法可爲代表：「論到我個人特別的癖好，表現上比較平遠、清雋的一派。這沒有什麼多大的道理可說，大約只是個人性格、環境的關係罷了。」[68]他們的創作歷程都有前期浮躁凌厲與後期沖淡平和的表現，在清雋平和的筆調文風背後，體現了他們基本相似的藝術審美追求，那就是反對束縛人性的封建教條，反對「文以載道」的信條，主張「詩言志」、個性解放、表現自我，有自己的性情、面目、氣度，從抒發自我的性靈出發，他們在「自己的園地」寫下了許多閑適、清幽、趣味、充滿審美意識的散文，也表達了共同的美學理想。這一派的「祖師

---

67 鍾敬文：〈兩部散文集重印題記〉，《荔枝小品・西湖漫拾》（石家庄：河北教育出版社，1994 年），頁 2-3。
68 鍾敬文：《西湖漫拾・自敘》，前揭書，頁 97。

爺」周作人說：「我們太要求不朽，想於社會有益，就太抹殺了自己。……我們的思想無論如何淺陋，文章如何平凡，但自己覺得要說時便可以大膽的說出來，因爲文藝只是自己的表現。」[69]這番話想必也是俞平伯等人共同的心聲，他們爲中國現代文學（特別是散文）藝術的成熟和發展所作出的貢獻，正在於有自己的性情，是個人的文學，超越了功利，回到了文學的本體。

69　周作人：〈自己的園地舊序〉，《周作人自編文集・苦雨齋序跋文》，頁 21。

第四章　詩意的追求，美文的典範：
朱自清－冰心

一、人、文俱美的精神品格

　　朱自清、冰心兩人均是文學研究會的成員，雖然文學研究會是以「為人生」的價值取向為其藝術特徵的主要傾向，但在詩意審美的追求上，不少成員也都有著自己鮮明的風格，他們在不忘現實、直面人生、關心社會的時代共性下，充分而自由地發展著自己的創作個性，這種個性化的追求與文學審美意識的堅持和嘗試，為「五四」以來新文學的發展提供了具有典範意義的審美藝術樣式。朱自清以其漂亮、縝密風格的美文被稱為「白話美術文

的模範」、「散文美術師」[1]；冰心以其溫柔清麗的美文風格形成獨
樹一幟的「冰心體」。他們的美文沒有政治口號的宣傳味，也沒有
八股教條的陳腐氣，有的是愛與美的讚歌，思與真的抒發，詩意
盎然的文字加上樸實清新的題材，使他們的作品在當時或以後都
擁有極多的讀者和頗高的評價。一個有趣的現象是，不管海峽兩
岸，只要學校編選範文，他們的散文作品幾乎都成了必選的佳作，
尤其是朱自清，長期從事語文教育的葉聖陶就說過：「現在大學裡
如果開現代本國文學的課程，或者有人編現代本國文學史，論到
文體的完美，文字的全寫口語，朱先生該是首先被提及的。」[2]余
光中也說：「三十年來，〈背影〉、〈荷塘月色〉一類的散文，已經
成為中學國文課本的必選之作，朱自清三個字，已經成為白話散
文的代名詞了。」[3]冰心的作品在各種不同版本的課本、選集、文
學史中也都不難看到，她發表於 1920 年的美文〈笑〉，不僅學校
競相選入課本，還有語法學家通篇加以句式解讀，可見影響之大。

1　「漂亮」、「縝密」的說法，原為魯迅在《南腔北調集·小品文的危機》（《魯
　　迅全集》第 4 卷）中所提：「寫法也有漂亮和縝密的，這是為了對於舊文學的
　　示威，在表示舊文學之自以為特長者，白話文學也並非做不到。」後來王瑤
　　在〈念朱自清先生〉一文中加以引用來評論朱自清的散文，指出「朱先生早
　　期的散文，如〈背影〉、〈荷塘月色〉、〈槳聲燈影裡的秦淮河〉等，都是被稱
　　作早期散文裡的代表作的。這些正是像魯迅先生說的漂亮縝密的寫法，盡了
　　對舊文學示威的任務的。」（原載王瑤：《中國文學論叢》，平明出版社，1953
　　年），此引自朱金順編：《朱自清研究資料》（北京師範大學出版社，1981 年），
　　頁 28；「白話美術文的模範」的說法是朱自清於 1923 年 10 月發表美文〈槳
　　聲燈影裡的秦淮河〉後時人所評，見浦江清：〈朱自清先生傳略〉，《國文月刊》
　　第 37 期。
2　葉聖陶：〈朱佩弦先生〉，《葉聖陶集》（南京：江蘇教育出版社，1992 年）第
　　13 卷，頁 158。
3　余光中：〈論朱自清的散文〉，《青青邊愁》（台北：純文學出版社，1977 年），
　　頁 213。

　　除了呈現出文體美、意境美、結構美、修辭美的散文創作之外，他們同樣讓人稱道的還有誠摯、踏實、執著向上、不急功近利的人格美，這種潔身自好的道德情操、不失童心的人間美好本質、始終堅持理想追求的精神品格，和他們的作品融合在一起，自然渾成，而對讀者別具一種魅力；可以這麼說，他們作品中的「美」正因爲有著理想人格的外化，才能如此強烈地震撼著讀者的心靈。朱自清的風範被鄭振鐸、葉聖陶、俞平伯、李廣田等人譽爲一代宗師，稱之爲「最完整的人格」；冰心的風範則被譽爲「世紀泥石流中的一片淨土」，認爲她的一生「灑向人間皆是愛」[4]。正是這種主體精神品格和客觀藝術形式特徵使他們的作品在現代文學史上處於顯著的地位，因此而成爲現代文學史上傑出的作家。他們以真誠的生命主體護住了文學藝術的本體價值，而他們筆下純淨美好的篇章，則處處顯現出人格的輝光，李廣田說：「正由於他這樣的至情，才產生了他的至文。」[5]大抵而言，朱自清和冰心都是有著這樣「人」與「文」俱美的特質與風範。

二、時代困惑下「哪裡走」的徬徨

　　若要論現代散文的文體、語言之美，稱得上是大師級的散文家，朱自清肯定是其中一位重要的代表。他最早是以詩人的身分

4　1999 年 4 月，香港《明報月刊》製作「冰心的風範」特輯，作家劉再復撰有一文〈世紀泥石流中的一片淨土〉；蘇州大學學者范伯群於 2001 年由台北文史哲出版社出版的《冰心傳》則以「灑向人間皆是愛」爲書名，紀念「永遠的冰心」。

5　李廣田：〈最完整的人格 ── 哀念朱自清先生〉，收於朱金順編：《朱自清研究資料》（北京師範大學出版社，1981 年），頁 252。

進入文壇的,「五四」新文學的第一份詩刊,就是他和俞平伯、葉聖陶、劉延陵等人於 1922 年創辦的《詩》月刊;文學研究會叢書之一的詩合集《雪朝》,作者有周作人、俞平伯、鄭振鐸等八人,第一位是朱自清;他的長詩〈毀滅〉,無論意境或技巧都超過當時詩壇的水準,一發表即甚獲好評。但他很快就放棄了寫詩,因為有朋友說他「不能作抒情詩,只能作史詩」,他也深表同感地承認自己其實「不能作詩」,而「越發懶怠起來」。[6]由此可以看出,朱自清想追求的是言志抒情的文學風格,既然在詩歌上無法發揮,他只好放棄,轉而在散文的領域裡一試身手。1924 年出版的詩與散文合集《蹤跡》是個分水嶺,從此他就很少寫詩,而在散文的園地裡光芒四射,佳作連連,尤其是漂亮清麗的抒情美文,簡直是他的拿手絕活。他自覺放棄做一個二流詩人,努力成就自己為一流的散文家。

　　且看 1922 年的散文詩〈匆匆〉中的片段:「燕子去了,有再來的時候;楊柳枯了,有再青的時候;桃花謝了,有再開的時候。但是,聰明的,你告訴我,我們的日子為什麼一去不復返呢? ── 是有人偷了他們罷:那是誰?又藏在何處呢?是他們自己逃走了罷:現在又到了哪裡呢?//我不知道他們給了我多少日子;但我的手確乎是漸漸空虛了。在默默裡算著,八千多日子已經從

---

6 朱自清在《背影‧序》中對此有所說明:「我寫過詩,寫過小說,寫過散文。25 歲以前,喜歡寫詩;近幾年詩情枯竭,擱筆已久。前年一個朋友看了我偶然寫下的〈戰爭〉,說我不能作抒情詩,只能作史詩;這其實就是說我不能作詩。我自己也有些覺得如此,便越發懶怠起來。」見《朱自清全集》(南京:江蘇教育出版社,1996 年)第 1 卷,頁 33。以下引用朱自清作品,若無特別必要,僅標明全集之卷數、頁數,不再另加註腳。

我手中溜去；像針尖上一滴水滴在大海裡，我的日子滴在時間的流裡，沒有聲音，也沒有影子。我不禁頭涔涔而淚潸潸了。」篇幅不長，構思卻精巧，韻律和諧，充滿視覺聽覺之美的修辭使這篇寓意深邃的小品在啓人深思之餘，別具一種抒情的意境，雖然是對時光匆匆流逝的感傷，卻美得讓人一讀再讀，愛不釋手；又如讓他文名鵲起的美文〈槳聲燈影裡的秦淮河〉，正如郁達夫所論，朱自清的散文是「能夠滿貯著那一種詩意」[7]，他正是用著詩人的真情和藝術的美感，爲我們形象地勾勒出燈月交輝、槳聲悠揚底下的秦淮河風情，以下這段細膩瑰麗的描繪就可看出朱自清漢語修辭的功力：「秦淮河的水是碧陰陰的；看起來厚而不膩，或者是六朝金粉所凝麼？我們初上船的時候，天色還未斷黑，那漾漾的柔波是這樣的恬靜，委婉，使我們一面有水闊天空之想，一面又憧憬著紙醉金迷之境了。等到燈火明時，陰陰的變爲沉沉了：黯淡的水光，像夢一般；那偶然閃爍著的光芒，就是夢的眼睛了。我們坐在艙前，因了那隆起的頂棚，彷彿總是昂著首向前走著似的。」畫舫凌波之美感，燈影水色之變幻，在奇妙想像的描繪下，使人如見其景，得到靈性的美的享受。再如〈荷塘月色〉中融情入景、即景生情的貼切形容，將夜裡無邊的荷香月色，化成一幅清新、美麗的景象映現眼前：「曲曲折折的荷塘上面，彌望的是田田的葉子。葉子出水很高，像亭亭的舞女的裙。層層的葉子中間，零星地點綴些白花，有嬝娜地開著的，有羞澀地打著朵兒的；正

---

7 郁達夫說：「朱自清雖則是一個詩人，可是他的散文，仍能夠滿貯著那一種詩意。」見郁達夫編選：《中國新文學大系·散文二集·導言》（台北：業強出版社，1990 年重印），頁 18。

如一粒粒的明珠，又如碧天裡的星星，又如剛出浴的美人。微風過處，送來縷縷清香，彷彿遠處高樓上渺茫的歌聲似的。」富有藝術表現力的遣詞用字，具音樂美的明朗節奏，對聲、光、色、味的感官借移，使原本不易描摹的感覺與風韻，具體而可感地自然呈現，達到出神入化、令人神醉的境界。這些美文中氤氳著一股濃郁的詩意，既是散文，也可以當詩來讀。

朱自清雖說不再寫詩，但他對詩的評論還是不斷問世，如爲《中國新文學大系》編選詩集，抗戰期間還出版《新詩雜話》一書等，足見他對「詩」這種抒情的文體並未忘情。他在〈詩與感覺〉中有一段精彩的詩論：「花和光固然是詩，花和光以外也還有詩，那陰暗，潮濕，甚至霉腐的角落兒上，正有著許多未發現的詩。實際的愛固然是詩，假設的愛也是詩。山水田園裡固然有詩，燈紅酒釀裡固然有詩，任一些顏色，一些聲音，一些香氣，一些味覺，一些觸覺，也都可以有詩。驚心怵目的生活裡固然有詩，平淡的日常生活裡也有詩。」[8]應該說，朱自清在他的創作裡始終有著「詩的感覺」，對於繆思的愛與美，他一生都在進行著虔誠的膜拜。此外，只要稍對現代散文有所認識者，對於朱自清的名篇如〈春〉中的「盼望著，盼望著，東風來了，春天的腳步近了。」；〈綠〉中的「我第二次到仙岩的時候，我驚詫於梅雨潭的綠了。」；〈背影〉中的「我與父親不相見已二年餘了，我最不能忘記的是他的背影。」等，應該都是印象深刻，朗朗上口。對此，大陸學者孔慶東有一段生動的敘述：「白話文究竟能不能達到乃至勝過唐

---

8 〈詩與感覺〉一文收於 1944 年出版的《新詩雜話》，見《朱自清全集》第 2 卷，頁 326。

宋八大家之作，朱自清的創作實踐是最好的回答。現在受過中學
教育的青年，不一定能背出為考試而背的〈赤壁賦〉、〈小石潭記〉、
〈遊褒禪山記〉、〈項脊軒志〉，但你一說『我第二次到仙岩的時
候』，他就會說：『我驚詫於梅雨潭的綠了』。你一說『曲曲折折的
荷塘上面』，他就會說『彌望的是田田的葉子』。朱自清把古典與
現代、文言與口語、情意與哲理、義理與詞章，結合到了一個完
美得令人陶醉的境地。」[9]說「完美」可能是過譽，但朱自清散文
（特別是二〇年代的美文佳作）的優美、含蓄、和諧，確乎是 20
世紀的文章典範，這一點應該可以同意。

　　朱自清初期致力於意象繁複的詩質美文，後來則逐漸洗盡鉛
華，走向自然洗鍊、質樸醇厚一路，這種風格的代表作有〈背影〉、
〈兒女〉、〈給亡婦〉、〈冬天〉、〈擇偶記〉等，敘事寫人，很見真
情，浸潤著個人的性情。他還有《歐遊雜記》、《倫敦雜記》等記
遊寫景之作，這類題材在他的創作總體中佔有很大的比重，他彷
彿一位富有藝術修養的嚮導，以其生花妙筆、獨到觀察，帶領讀
者盡情領略無窮的異國風土和山川美景。朱自清一生多在校園、
書齋中度過，渴望一張平穩的書桌，寧靜的生活環境，也渴望幸
福平順的家庭之樂，如果時代可以讓文人自由地選擇，相信這位
自稱「徹頭徹尾，淪肌浹髓是小資產階級」[10]、性情平實溫和、

9　孔慶東：《1921：誰主沉浮》（濟南：山東教育出版社，1998 年），頁 175。
10　朱自清在〈哪裡走〉中這樣自剖：「我在小資產階級裡活了三十年，我的情
　　調，嗜好，思想，倫理，與行為的方式，在在都是小資產階級的；我徹頭徹
　　尾，淪肌浹髓是小資產階級的。離開了小資產階級，我沒有血與肉。」此文
　　最早發表於 1928 年 3 月《一般》第 4 卷第 3 期，見《朱自清全集》第 4 卷，
　　頁 233。

喜愛藝術和旅遊、追求文學審美理想的作家，應該會毫不遲疑地選擇愛與美的路線，而非血與淚的鬥爭。然而，即使在個人文學的創作上，他也面臨了這兩條路線的選擇。從二〇年代起，他一面寫風雅純淨的美文，一面也寫出了〈生命的價格 —— 七毛錢〉、〈白種人 —— 上帝的驕子〉、〈執政府大屠殺記〉、〈航船中的文明〉這樣批判性十足的文章，夾敘夾議中，犀利的筆鋒將現實發生的悲慘事件形象化地予以突顯，有時雖然語氣平和，卻絲毫不減損其怵目驚心的主題，尤其是血的紀實之作〈執政府大屠殺記〉，對1926 年震驚中外的「三一八」慘案，朱自清以其親歷性的見證，為「民國以來最黑暗的一天」留下真實紀錄，這是他初期創作中批判性最強的作品。然而 1927 年以後，他對現實的黑暗感到失望，無力感使他陷入迷惘的苦悶中，他也因此老實地回到校園，回到書齋，寫他擅長的愛與美的文章。直到抗戰期間，他才走出書房，在大後方的西南聯大校園中，寫了一些戰鬥性十足的雜文。

　　黑暗的現實，醜惡的政治，帝國主義的侵略，軍閥血腥的暴行，在在讓這位溫良恭儉的君子不能安於校園，安於書齋，然而他又不適於投身到十字街頭的革命行列中，這樣的「進退兩難」，終於讓他寫出了一篇深刻自剖、真誠自白的〈哪裡走〉，這篇長文其實道出了許多和朱自清有類似掙扎心境的知識分子的思想與心理。

　　文章中他毫不掩飾地坦白說道：「我解剖自己，看清我是一個不配革命的人！這小半由於我的性格，大半由於我的素養；總之，可以說是運命規定的吧。 —— 自然，運命這個名詞，革命者是不肯說的。在性格上，我是一個因循的人，永遠只能跟著而不能領著。」「所以新時代的急先鋒，斷斷沒有我的份兒！」面對著「新

時代」的革命形勢，體認到「一切權力屬於黨」，「一個人得按著黨的方式而生活，想自出心裁，是不行的。」他難掩心中的惶然痛苦。他清楚地認識到自己的階級局限，也厭惡充滿罪惡的現實社會，卻找不到一條正確的出路，這樣的思想與現實之間的尖銳矛盾，使他陷入了不知何去何從的苦悶與困惑中。他說：「我是要找一條自己好走的路；只想找著『自己』好走的路罷了。但哪裡走呢？或者，哪裡走呢！我所徬徨的便是這個。」最後，他不得已地選擇了一條屬於自己的出路，那就是遠離政治與革命，鑽進國學研究的避風港中，因為「國學比文學更遠於現實；擔心著政治風的襲來的，這是個更安全的避難所。」他明知這是一條「死路」，但他「樂意這麼走，也就沒有法子」，即使會招致「落伍者」的批判，「隨你怎樣批評，我就是這樣的人。」其心中的無奈與逃避，由此可見。他對自己的選擇並無把握，但「現在年齡是加長了，又遇著這樣『動搖』的時代，我既不能參加革命或反革命，總得找一個依據，才可姑作安心地過日子。我是想找一件事，鑽了進去，消磨了這一生。我終於在國學裡找著了一個題目，開始像小兒的學步。」他套用胡適在〈我的歧路〉中的說法：「哲學是我的職業，文學是我的娛樂」，宣稱自己要走的路是「國學是我的職業，文學是我的娛樂」。然而「究竟能夠走到何處，是全然不知道，全然沒有把握的。」換言之，仍是歧路徬徨，看不到前途的光明。這篇時代風雨下一個文人的告白，道出了遠離政治紛擾的艱難，以及欲求安身立命之所的大不易。

　　朱自清後來果然走進書齋中專心致志做學問，陸續寫出了《詩言志辨》、《經典常談》、《精讀指導舉隅》、《略讀指導舉隅》、《國

文教學》、《語文零拾》、《中國歌謠》等書，但同時，他的文學創作也始終沒有停過，《背影》、《歐遊雜記》、《你我》等散文、雜文集相繼問世，就如在〈哪裡走〉中說的：「我又是個樂意弄弄筆頭的人；雖是當此危局，還不能認真地嚴格地專走一條路 —— 我還得要寫些，寫些我自己的階級，我自己的過，現，未三時代。」深刻地說，朱自清在國學、文學上的研究與創作，是他對抗時代黑暗現實的方式，這才是他真正的選擇，有論者就指出：「如果不是這個國度裡發生著血淋淋的戰鬥，朱自清也就寫不出〈綠〉，寫不出〈荷塘月色〉，寫不出〈匆匆〉，寫不出〈背影〉。對優雅和諧、含蓄節制的美的極致的追求，一方面是對中國傳統文化精神的延續，另一方面也正是對中國現實社會景象的否定。」[11]對文學審美的堅持，但又脫不開政治現實的諸多紛擾，朱自清的抒情審美意識只有在自己的小天地裡才能得到抒發，他的美文名篇〈荷塘月色〉就巧妙而曲折地書寫了這種心境。1927 年，朱自清在清華園中任教，去年的「三一八」慘案，今年四月的「清黨」事件，使他感觸甚深，但也無可如何，幸而還有校園的寧靜使他得以專心地從事研究與創作，因此文章一開頭就說：「這幾天心裡頗不寧靜」，因而想起「日日走過的荷塘，在這滿月的光裡，總該另有一番樣子吧。」遂披衣出門，走向幽靜的荷塘，試圖讓自己的「不寧靜」在荷香夜色中得到紓解與超脫，以下的這段敘述恐怕要比接下來對荷塘風致一連串的美麗描寫來得重要，因為他直接道出了對做一個「自由的人」的渴望：

---

11 孔慶東：《1921：誰主沉浮》，頁 178。

路上只我一個人，背著手踱著。這一片天地好像是我的；
我也像超出了平常的自己，到了另一個世界裡。我愛熱鬧，
也愛冷靜；愛群居，也愛獨處。像今晚上，一個人在這蒼
茫的月下，什麼都可以想，什麼都可以不想，便覺是個自
由的人。白天裡一定要做的事，一定要說的話，現在都可
不理。這是獨處的妙處，我且受用這無邊的荷香月色好了。

（卷1，頁70）

正因為「覺是個自由的人」，才能受用這荷塘夜色，「荷塘」
既是現實校園裡一個美麗清幽的靜處，更是一個與黑暗醜惡現實
相悖的超塵脫俗的世界，這是他在審美世界裡創造出來的世界。
荷塘月色愈美，對應的現實世界就愈不美。對一個惶惑頹唐於「哪
裡走」的知識分子來說，堅持這一點小小的純美是必要的，也是
難得的。理解了這一點，我們就可以說，文學是他的救贖，而不
僅僅是「娛樂」而已。

三、「意在表現自己」的美學追求

在《背影‧序》中，朱自清說自己的寫作態度是：「我自己是
沒有什麼定見的，只當時覺得要怎樣寫，便怎樣寫。我意在表現
自己，盡了自己的力便行。」他之所以提出「意在表現自己」這
樣的散文創作美學命題，主要源自於他在審美理想和經驗基礎上
的創作實踐。我們只要讀讀他在二〇、三〇年代發表的散文，就
不難發現這些都是他「意在表現自己」的心路軌跡。他膾炙人口
的佳作，都是有自己真性情的流露，以出版於 1936 年的散文集《你
我》來說，多篇是回憶往事之作，如〈看花〉中從兒時揚州看桃

花寫到白馬湖與夏丏尊一起賞花，再到北平教書有時一天三、四
趟地在清華園花下徘徊的往事；〈給亡婦〉中對過世妻子的悼念與
自責，生活瑣事淡淡寫來，卻字字催人淚下；〈冬天〉裡幾個溫暖
的畫面，親情友情，讓他「無論怎麼冷，大風大雪，想到這些，
我心上總是溫暖的。」；還有回憶兒時相親的〈擇偶記〉，〈說揚州〉
裡的小吃與茶館等，雖然寫的是個人瑣事，但情深意切，給人性
靈的感發。如果再加上《背影》中的〈兒女〉，寫孩子們的天真情
態和自己不會做父親的追悔，以及〈背影〉中父子車站分別的情
景，深印在他腦海裡的「在晶瑩的淚光中，又看見那肥胖的，青
布棉袍，黑布馬褂的背影」形象，真是道盡了天下父子的心情，
引起無限親切的共鳴。諸如此類的作品，充滿了愛與美，夢與詩，
和魯迅《朝花夕拾》一樣的心境，他在逝去的舊夢裡撿拾美麗的
花瓣，走在回憶的路上，他感到甜蜜與溫馨，而回憶也讓他痛惜
美的失落與美的毀滅。透過這些作品，朱自清愛父親、妻子、兒
女、朋友的形象深入人心，他的稟性、氣質、情思、嗜好、修養、
人生經歷與哲學，全都生動地呈現出來，朱自清的散文之所以能
保持歷久不衰的藝術生命，主要的原因正在於活脫脫地再現了一
個有血有肉、有情有義、有理想有掙扎的「自己」。雖然在後來寫
《歐遊雜記》和《倫敦雜記》時，他有意以記述景物為主，少寫
自己，因為「這個時代，『身邊瑣事』說來到底無謂。」[12]但很快
又發現，如果沒有「自己」，文章容易有「乾枯板滯」之弊，「遊

12　朱自清：《歐遊雜記‧序》，《朱自清全集》第 1 卷，頁 290。此序寫於 1934
　　年 4 月。

記也許還是讓『我』出現，隨便些的好。」[13]在那血雨腥風的時代，不管是迴避自我還是表現自我，這種寫法與態度的本身就已經體現了作家的人格色彩。

　　不僅是抒情美文有著自己鮮明的主體個性，朱自清的評論文章也處處有我，可以說，詩意、自我、抒情，是他創作時看重並致力的審美追求。他的評論文章善用比擬、設喻等修辭技巧，堪稱是以嚴密邏輯說理為骨架的美文，例如他評論孫福熙的散文集《山野掇拾》，宛如老友促膝談心般，將自己欣賞《山野掇拾》時的情感、聯想、體會都全盤托出，文詞靈動，本身就是耐人咀嚼的美文。他從「意在表現自己」的視角推崇說：「而書中寫 Loisieux 村的文化，實在也非寫 Loisieux 村的文化，只是作者孫福熙先生暗暗地巧巧地告訴我們他的哲學，他的人生哲學。所以寫的是『法國的一區』，寫的也就是他自己！他自己說得好：『我本想盡量掇拾山野風味的，不知不覺的掇拾了許多掇拾者自己。』但可愛的正是這個『自己』，可貴的也正是這個『自己』！」接著，他指出孫福熙文章的特色在於有詩、有畫、有哲學：「他的文幾乎全是畫，他的作文便是以文字作畫！他敘事，抒情，寫景，固然是畫；就是說理，也還是畫。人家說『詩中有畫』，孫先生是文中有畫；不但文中有畫，畫中還有詩，詩中還有哲學。」「這本書的長處，也就在『別的話』這一點；乍看豈不是淡淡的？緩緩咀嚼一番，便會有濃密的滋味從口角流出！你若看過瀼瀼的朝露，皺皺的水波，茫茫的冷月，薄薄的女衫，你若吃過上好的皮絲，鮮嫩的毛

13　朱自清：《倫敦雜記‧自序》，《朱自清全集》第 1 卷，頁 379。此序寫於 1943 年 3 月。

筍，新製的龍井茶：你一定懂得我的話。」[14]這篇書評之作，與
其說是評論孫福熙，更多的是夫子自道的散文理論，全篇寫得舒
徐自在，語言有味，給人理性與感性兼具的藝術美感。有論者即
針對朱自清「既講究邏輯分析，又擅長美的表達」的評論特色做
了以下的分析：

> 西方文評大都是思辯的，以嚴密的邏輯分析見長，中國古
> 代文評往往是感悟的，以詩情畫意取勝。朱自清取二者之
> 長，熔於一爐，成為一種具有他自己獨特風格的批評文體。
> 這種文體乍一看來，情文並茂，有詩的韻致，有散文的丰
> 姿，具有獨立的審美價值，細加品味，邏輯嚴謹，脈絡分
> 明，概念判斷推理證明反駁，在在有板有眼，毫不含糊。[15]

再以朱自清評魯迅的雜文為例，面對雜文（或雜感）這種批
判性、現實感強烈的文體，朱自清仍能獨闢蹊徑，在重視分析其
與時代的密切關係之外，不忘強調其詩意審美的追求。他指出魯
迅的雜感之所以吸引人，「一方面固然也是幽默，一方面卻還有別
的，就是那傳統的稱為『理趣』，現在我們可以說是『理智的結晶』
的，而這也就是詩。」這種詩的結晶在《野草》裡「達到了那高
峰」。所以《野草》「被稱為散文詩，是很恰當的。」他也舉馮雪
峰在〈魯迅論〉中所提雜感「是詩人和戰士的一致的產物」的看
法來強化這一點，而結論道：「魯迅先生的『雜感』也是詩」[16]。

14　朱自清：〈《山野掇拾》〉，《朱自清全集》第 1 卷，頁 213-220。此文寫於 1925
　　年 6 月。
15　曹毓生：〈朱自清的散文理論批評〉，《湖北師範學院學報》第 15 卷第 4 期，
　　1995 年，頁 50。
16　朱自清：〈魯迅先生的雜感〉，《朱自清全集》第 3 卷，頁 314-319。

作為詩人和批評家，朱自清的洞察是敏感而獨到的，而這也顯現了他對文學審美精神的講究與一貫的堅持，這和他在 1928 年寫的《背影・序》中所流露的審美意識是一致的，他說：「我以為真正的文學發展，還當從純文學下手」，即使他從來也沒有忘了時代的現實性，但對審美意識的重視卻也從來不因時代或政治而犧牲、消滅。

　　朱自清是「五四」一代的作家，有人認為當五四的狂飆精神猛烈衝擊著傳統文化、禮教及舊的審美觀念之際，許多作家都以自己的創作實踐顯示出一種新的美學追求和時代色彩，相形之下，朱自清的創新性較為不足。[17]這樣的說法有一定的道理，但也有其局限。朱自清的美學個性在陰柔而不在剛烈，這一方面有傳統文化美學的稟承，一方面是自己的情性。他所繼承的是中國傳統文化「中和之美」的審美尺度，散文中清幽沉靜的古典美，和他溫文爾雅的情性相一致。柔美溫婉、清麗凝重的美文在「五四」狂飆突進的時代氛圍中恰恰顯現出它的價值，在摒棄傳統成為一種時髦的潮流中，朱自清講究章法、情感流露節制而有分寸、精美含蓄的敘述方式，成為與傳統文化品格相適應的審美載體，這種美學風範反而顯得難能可貴。至於馮雪峰在〈悼朱自清先生〉

---

17 如河南師範大學學者侯迎華就認為：「他利用了白話的新瓶裝進了民族的傳統文化美，儘管這酒醇香清純，但畢竟還是舊酒。我們傳統美學中多自然美而少社會美，多人格美而少理想美，多優美而少壯美、悲劇美，更缺少變形美和魔幻美。……魯迅、郭沫若、郁達夫、徐志摩等人，以自己的創作實踐顯示了一種新的美學追求，體現了一種嶄新的朝氣蓬勃的革新精神和時代色彩。相形之下，在創新方面，與上述作家相比，朱自清是較為遜色的。」見侯迎華：〈傳統輝照下的朱自清散文〉，《河南師範大學學報》第 30 卷第 1 期，2003 年，頁 94。

一文中說：「作爲一個新文學的開墾者、推廣者，……他確實好像
用了母性的愛在保護新文學和指導青年的。但是他缺少思想上的
革命的開路和火炬似的照明的氣魄。……作爲一個文學批評家，
朱先生是守著時代的前進和文藝的進步性的原則，……他只是從
一般的所謂時代思潮的順流的趨勢，或文藝思想的表面的發展順
序，去解釋文藝發展的趨勢，但不是從社會關係的發展和變化，
以及在這裡特別重要的階級思想鬥爭，理出文藝發展的根本的線
索。」[18]這樣的批評不免流於偏頗，朱自清缺乏階級鬥爭的觀點，
固然有其局限，但也正因此而避免了當年一些階級論者「左」的
庸俗社會學的流弊。朱自清文學評論的可貴正在於守著時代進步
性的同時仍能堅持藝術審美的標準。

　　朱自清不論是人格的養成還是文學的訓練，都深受傳統文化
的影響。他有傳統的人倫觀念，重視家庭價值，潔身自好，嚮往
靜穆與和諧之美；在文學上，他以縝密優雅的白話語言，體現了
傳統的審美觀，使他的散文成爲繼承中國傳統文化的傑出代表。
二〇年代，他的散文洋溢著青春的生命和時代的氣息，有玲瓏剔
透的精巧之美；三〇年代以後，去掉了年輕的銳氣與火氣，也少
了刻意爲文的痕跡，趨向平和質樸，雍容灑脫，從容老練，有著
爐火純青的成熟之美，但文采漸呈枯澀，藝術魅力反不及早期。
當他四〇年代寫著呼應時局的雜文時，詩意的美感就難以再現，
他成了大多數人中的一個，也就失去了他創作主體可貴的個性。
當然，這是他的選擇，無所謂對與錯，就如他在《背影·序》中

18　馮雪峰：〈悼朱自清先生〉，原寫於 1948 年 10 月，收入《馮雪峰論文集》（北
　　京：人民文學出版社，1981 年）中卷，頁 175-176。

所言：「我是大時代中一名小卒，是個平凡不過的人。」時代風雨使他面臨著「哪裡走」的困惑，他最終在時代的漩渦裡走了自己的道路。他的抒情審美意識在二〇年代的諸多美文中充分流露，也是這些美文使他在現代散文史上留下了一個巨大的「背影」，一如他的老友楊振聲所說的：「他的散文，確實給我們開出一條平坦大道，這條道將永久領導我們自邇以至遠，自卑以升高。」[19]

四、以「愛的哲學」為核心的「冰心體」

　　假如說朱自清是以刻劃父愛的形象而深入人心的話，那麼冰心則是以歌頌母愛的形象長留在讀者心中。作為「五四」新文學第一代的女作家，又以 99 歲高齡辭世而有中國「文壇祖母」（胡喬木語）之稱，冰心的一生，不論人品或文品，都以愛與美為中心，從而在思想上形成其獨特的「愛的哲學」，在文學上形成其影響至今的「冰心體」。她和朱自清一起以其清新、瑰麗、凝練、優雅的白話語言，為中國現代初期書面語的規範化提供了生動的示範。在文學研究會的散文作家中，冰心和朱自清的「文字之美」是並稱的[20]，而身為女性特有的溫柔婉約，使她的抒情審美意識比朱自清更鮮明而持久，表現在詩和散文的審美純粹性上更深刻而細膩。郁達夫在主編《中國新文學大系‧散文二集》的〈導言〉中就不吝惜地以「才女」讚美她的才情：「我以為讀了冰心女士的

---

19 楊振聲：〈朱自清先生與現代散文〉，原載《文訊》第 9 卷第 3 期，1948 年 9　月。轉引自朱金順編：《朱自清研究資料》，頁 10。
20 郁達夫說：「朱自清雖則是一個詩人，可是他的散文，仍能夠滿貯著那一種　詩意。文學研究會的散文作家中，除冰心女士外，文字之美，要算他了。」　見其主編之《中國新文學大系‧散文二集‧導言》（台北：業強出版社，1990　年重印），頁 18。

作品，就能夠了解中國一切歷史上的才女的心情。」從美的角度
來說，「冰心女士散文的清麗，文字的典雅，思想的純潔，在中國
好算是獨一無二的作家了；記得雪萊的詠雲雀的詩裡，彷彿曾說
過雲雀是初生的歡喜的化身，是光天化日之下的星辰，是同月光
一樣來把歌聲散溢於宇宙之中的使者，是虹霓的彩滴要自愧不如
的妙音的雨師，是……，這一首千古的傑作，我現在記也記不清
了，總而言之，把這一首詩全部拿來，以詩人讚美雲雀的清詞妙
句，一字不易地用在冰心女士的散文批評之上，我想是最適當也
沒有的事情。」從愛的角度來看，「對父母之愛，對小弟兒小朋友
之愛，以及對異國的弱小兒女，同病者之愛，使她的筆底有了像
溫泉水似的柔情。」[21]這兩個角度的觀察，基本上已掌握了冰心
一生創作的藝術風格特色。

　　「有了愛就有了一切」，這是冰心留給後人最深刻的啟示。她
高舉「愛的哲學」的大旗，追求著人生的真善美，因此在她的文
學創作中，有著情感的真摯、題材內容的真實，也有溫柔親切的
風格，歌詠向善向上的主題，這些和她文學語言、結構、意境的
美相結合，就構成了別具一格又十分動人的「冰心體」。冰心最初
是以〈兩個家庭〉、〈私人獨憔悴〉、〈超人〉等問題小說以及小詩
集《繁星》、《春水》馳名文壇，但整體來看，她的散文成就要高
些。冰心自己就承認：「我知道我的筆力，宜散文而不宜詩。」[22]

---

21 以上對冰心的讚美，見郁達夫：《中國新文學大系‧散文二集‧導言》，頁16。
22 冰心：〈我的文學生活〉，最初發表於《青年界》第2卷第3號，1932年10
　　月20日。見卓如編：《冰心全集》（福州：海峽文藝出版社，1994年）第3
　　卷，頁13。以下引用冰心作品，若無特別必要，僅標明全集之卷數、頁數，
　　不再另加註腳。

阿英在《現代十六家小品・謝冰心小品序》中也說：「特別是〈往事〉(二篇)、〈山中雜記〉(《寄小讀者》)，以及《寄小讀者》全書，在青年的讀者之中，是曾經有過極大的魔力。一直到現在，從許多青年的作品中，我們還可以看到這種『冰心體』的文章。」[23]對於「冰心體」的抒情散文風格，學者鄭明娳以「文藝腔」來概括其特點，指出其「影響於中國文壇」之外，也「成爲日後台灣散文界的主要導向，冰心體是散文市場主流。」[24]冰心的抒情小品堪稱現代文學史上出色的美文代表，李素伯就曾經對她風靡廣大讀者的早期散文評論道：「文字是那樣的清新雋麗，筆調是那樣的輕倩靈活，充滿著畫意和詩情，真如鑲嵌在夜空裡的一顆晶瑩的星珠。又如一池春水，風過處，漾起錦似的漣漪。以這樣的情致和技巧，在散文上發展，是最易成功的。」[25]可以說，冰心的散文從二〇年代起就一直是讀者喜愛的美文典範之一，許多作家都曾在她雋永清新的文筆和細膩澄澈的情感中得到珍貴的養分和啓發。

　　冰心的散文之所以能成爲一「體」，最核心的藝術魅力來自於她的愛與美的情懷。這種情懷是親切的、真誠的、溫柔的，由內心自然散發而出，甚至於是一種信仰的、哲學的、詩意的。她曾說過：「我知道我的弱點，也知我的長處。我不是一個有學問的人，也沒有噴溢的情感，然而我有堅定的信仰和深厚的同情。在平凡

---

23 阿英編：《現代十六家小品》，上海：光明書店，1935 年。引自范伯群編：《冰心研究資料》(北京：知識產權出版社，2009 年)，頁 358。

24 鄭明娳：〈台灣現代散文現象觀測〉，《現代散文現象論》(台北：大安出版社，1992 年)，頁 45。

25 李素伯：〈冰心的《寄小讀者》〉，《小品文研究》，石家庄：新中國書局，1932 年。引自范伯群編：《冰心研究資料》，頁 354。

的小小的事物上，我仍寶貴著自己的一方園地。我要栽下平凡的
小小的花，給平凡的小小的人看。」[26]和周作人一樣，她在「自
己的園地」裡耕耘著自己的理想與信仰，透過一篇篇的小詩和美
文，她告訴世人：愛是她的理想，美是她的信仰。在「五四」救
亡激情澎湃、啟蒙思想劇烈變動的大潮裡，乃至於三〇年代革命
呼聲喧囂如雷之際，冰心溫柔的語調、舒緩的情緒、美的信仰，
顯得有些「不合時宜」，「閨秀作家」、「天真」、「落伍」的批評陸
續加在她的身上，然而她卻是最受歡迎的女作家之一，她的文章
撫慰了無數受創的、寂寞的心靈，對此，巴金的話應該是具有代
表性的：「從她的作品裡我們得到了不少的溫暖和安慰，我們知道
了愛星，愛海，而且我們從那些親切而美麗的語言裡重溫了我們
永遠失去了的母愛。」[27]冰心美麗的散文篇章，傾倒一代讀者，
那是因為她為讀者描繪了人生中最天真、最美好、最溫暖的情思，
這種情思與文采，至今仍有一定的藝術魅力。

　　冰心愛與美化身的形象，透過相似題材的集中與語言風格的
鍛鍊，鮮明地呈現出來，並輕易擄獲讀者的心，其才華與功力確
為「五四」女作家中的佼佼者。在題材上，她筆下多為對親情母
愛、童真、大自然、生命的禮讚，對日月星辰、山風海雨、夢與
詩的歌詠；在語言上，想像靈妙，淺白清麗，柔情似水，如畫又
如詩。《繁星》與《春水》這兩部小詩集，就是她愛與美的情思最
直接的表露和生動的見證。受到泰戈爾《漂鳥集》(或譯《飛鳥集》)

---

26 冰心：〈我的文學生活〉，《冰心全集》第 3 卷，頁 12。
27 巴金：《冰心著作集・後記》，轉引自俞元桂、姚春樹、汪文頂著：《中國現
　　代散文十六家綜論》(上海：華東師大出版社，1989 年)，頁 89。

的影響，小詩創作在二〇年代初期一時風行，1923 年冰心的兩部
小詩集相繼出版，使小詩的創作風潮達於鼎盛，23 歲的冰心頓時
成為文壇的一顆閃亮新星。這些小詩何以能一時風行又歷久不衰
呢？說穿了就是詩中愛與美的情思深深打動讀者的緣故。且看：
「母親呵！撇開你的憂愁，容我沉酣在你的懷裡，只有你是我靈
魂的安頓。」（《繁星》33）；「母親呵！天上的風雨來了，鳥兒躲
到它的巢裡；心中的風雨來了，我只躲到你的懷裡。」（《繁星》
159）；「故鄉的海波呵！你那飛濺的浪花，從前怎樣一滴一滴的敲
我的磐石，現在也怎樣一滴一滴的敲我的心弦。」（《繁星》28）；
「大海呵，哪一顆星沒有光？哪一朵花沒有香？哪一次我的思潮
裡，沒有你波濤的清響？」（《繁星》131）；「造物者 —— 倘若在永
久的生命中，只容有一次極樂的應許。我要至誠地求著：『我在母
親的懷裡，母親在小舟裡，小舟在月明的大海裡。』」（《春水》105）；
「童年呵！是夢中的真，是真中的夢，是回憶時含淚的微笑。」
（《繁星》2）；「萬千的天使，要起來歌頌小孩子；小孩子！他細
小的身軀裡，含著偉大的靈魂。」（《繁星》35）「嬰兒，是偉大的
詩人，在不完全的言語中，吐出最完全的詩句。」（《繁星》74）[28]
冰心所表達的是對母親永恆的依戀，對大海深摯的情感，以及對
童年小孩由衷的讚嘆，這些題材的反覆出現，說明了冰心抒情審

28　《繁星》最初發表於《晨報副刊》1922 年 1 月 1 日新文藝欄，1 月 6 日轉到
　　詩欄，連續刊登至 1 月 26 日，後結集作為上海商務印書館發行的文學研究
　　會叢書之一，1923 年 1 月出版。《春水》最初發表於《晨報副刊》1922 年 3
　　月 21 日至 31 日，4 月 11 日至 30 日，5 月 15 日至 30 日，6 月 2 日至 30 日。
　　後結集作為新潮社文藝叢書之一，1923 年 5 月出版。本文所引皆出自卓如
　　編：《冰心全集》第 1 卷。

美意識的特質以及因之形成的個人風格。

再看以下這些詩吧,其中何曾有政治的目的、革命的口號、啓蒙的教條?「繁星閃爍著 ── 深藍的太空,何曾聽得見它們對語?沉默中,微光裡,它們深深的互相頌讚了。」(《繁星》1);「我們都是自然的嬰兒,臥在宇宙的搖籃裡。」(《繁星》14);「牆角的花!你孤芳自賞時,天地便小了。」(《春水》33);「只是一顆孤星罷了!在無邊的黑暗裡,已寫盡了宇宙的寂寞。」(《春水》65)短短幾行,大自然的一些現象就被畫龍點睛地賦予了人生的哲理。對於文學的熱愛、詩的思考,冰心也有獨到的體會:「詩人呵!緘默罷;寫不出來的,是絕對的美。」(《繁星》68);「何用寫呢?詩人自己便是詩了!」(《春水》50);「詩人從他的心中,滴出快樂和憂愁的血。在不知不覺裡,已成了世界上同情的花。」(《春水》106)「微陰的階上,只坐著自己 ── 綠葉呵!玫瑰落盡,詩人和你,一同感出寂寥了。」(《春水》178)。至於「我不會彈琴,我只靜默的聽著;我不會繪畫,我只沉寂的看著;我不會表現萬全的愛,我只虔誠的禱告著。」(《春水》98)「上帝呵!即或是天陰陰地,人寂寂地,只要有一個靈魂,守著你嚴靜的清夜,寂寞的悲哀,便從宇宙中消滅了。」(《春水》149)等詩,可以看出有著虔誠宗教信仰的冰心,對人類、宇宙的大愛也有開闊的想像,堅定的信念。還有一些生活的小感觸,冰心都能以其慧心加以捕捉,如「紫藤蘿落在地上了,花架下,長晝無人,只有微風吹著葉兒響。」(《春水》118);「殘花綴在繁枝上;鳥兒飛去了,撒得落紅滿地 ── 生命也是這般的一瞥麼?」(《繁星》8);「風呵!不要吹滅我手中的蠟燭,我的家還在這黑暗長途的盡處。」(《繁

星》61）等，如停格的畫面給人強烈的視覺感受和生命的啓示。
這些精緻優美的小詩，就如繁星點點，映亮了二〇年代的詩壇，
也如一江春水，滋潤了無數青年的心。

　　談冰心的詩，其實也等於談她的散文。因爲他的散文藝術魅
力有一大部分來自於詩文結合的化境。她不僅喜歡在散文中引
用、活用古典詩詞，而且自覺地在語言上追求清麗精工、詩情畫
意的意境之美。對於文體，她更有自己的主張：「文體方面我主張
『白話文言化』，『中文西文化』，這『化』字大有奧妙，不能道出
的，只看作者如何運用罷了！我想如現在的作家能無形中融會古
文和西文，拿來應用於新文學，必能爲今日中國的文學界，放一
異彩。」[29]因此，在她的作品中隨處可以見到文白融化、散中帶
駢、適當歐化等句法的靈活運用，對偶、層遞、頂真、排比、倒
裝、回環往復等各種修辭手法，她都大膽地進行著富有新意的實
驗，這就使得冰心的文章雖受古典文學的影響甚深，卻又能消除
陳腐氣息，具有現代的美感。如《寄小讀者・通訊 26》中描寫美
國綺色佳的風光：

> 綺色佳真美！美處在深幽。喻人如隱士，喻季候如秋，喻
> 花如菊。與泉相近，是生平第一次，新穎得很！林中行來，
> 處處傍深澗。睡夢裡也聽著泉聲！六十日的寄居，無時不
> 有「百感都隨流水去，一身還被浮名束」這兩句，縈迴於
> 我的腦海。（《冰心全集》卷 2，頁 264）

深幽、隱士、秋、菊等比喻，典雅而凝練，加上詩句的引用，

29　冰心：〈遺書〉，最初發表於 1922 年 6 月《小說月報》第 13 卷第 6 號，後收
　　入小說、散文集《超人》。此引自《冰心全集》第 1 卷，頁 431。

產生一種空靈、渾成的效果。再看〈往事〉（一）之 15：「徐徐的
披衣整髮，還是四無人聲，只聞啼鳥。開門出去，立在欄外，潤
濕的曉風吹來，覺得春寒還重。地下都潮潤了，花草更是清新，
在濛濛的曉煙裡籠蓋著，鞦韆的索子，也被朝露壓得沉沉下垂。
忽然理會得枝頭漸綠，牆內外的桃花，一番雨過，都零落了——憶
起斷句『落盡桃花滄天地』，臨風獨立，不覺悠然！」（卷 1，頁
466）或是〈往事〉（二）之 8：「船身微微的左右敧斜，這兩點星
光，也徐徐的在兩旁隱約起伏。光線穿過霧層，瑩然，燦然，直
射到我的心上來，如招呼，如接引，我無言，久——久，悲哀的
心弦，開始策策而動！」（卷 2，頁 180）既有文言文的含蓄典麗，
又有一些歐化的句式，文氣流動活脫，文字「陌生化」的技巧把
讀者帶進想像的美妙境界。有論者就指出：「在開展白話文運動剛
剛幾年時間，冰心能將文言文、白話文與西文調和得如此完美，
難怪能引起普遍的歡迎。冰心對建立與發展現代文學語言是卓有
貢獻的」。[30]清新溫柔，含蓄有情，帶點淺淺的哲思、淡淡的哀愁，
這就是「冰心體」的文字特色，借用冰心自己在〈詩的女神〉一
詩中的句子：「看呵，是這般的：滿蘊著溫柔，微帶著憂愁，欲語
又停留。」（卷 1，頁 313）大抵已生動地概括了「冰心體」的藝

---

30 見錢理群、溫儒敏、吳福輝著：《中國現代文學三十年》（北京大學出版社，
　1998 年修訂本），頁 153。此外如孔慶東《1921：誰主沉浮》一書中也對冰
　心的語言文字推崇道：「1921 年前後，正是現代漢語的再造期。文學從來是
　民族語言發展的火車頭，一個民族的成員不可能都寫出魯迅和周作人那般舉
　重若輕和舉輕若重的天人之文，但今天的青年學生普遍能寫出比較標準規範
　的作文，全社會擁有一個大致穩定的文章優劣法度和有效的感情信息交流文
　體，這在很大程度上是要歸功於以『冰心體』為代表的早期現代散文的。」
　（頁 181）

術風格。

　　和詩一樣，她的散文內容也多有對母愛、童真、大自然、宇宙的思索與謳歌，以自己的生活經歷爲基礎，她把「愛的哲學」輻射到生活的每一個細節，生命的每一個角落，童年往事、山水、人物等，在她筆下無一不帶有溫柔的情愫，詩意的光彩。例如〈往事〉（一）之 7 中借景物的描寫來抒發內心對母親的熱愛，使人讀來心醉：

> 對屋裡母親喚著，我連忙走過去，坐在母親旁邊 ── 回頭
> 忽然看見紅蓮旁邊的一個大荷葉，慢慢的傾側了來，正覆
> 蓋在紅蓮上面……我不寧的心緒散盡了！
> 雨勢並不減退，紅蓮卻不搖動了。雨點不住的打著，只能
> 在那勇敢慈憐的荷葉上面，聚了些流轉無力的水珠。
> 我心中深深的受了感動 ──
> 母親呵！你是荷葉，我是紅蓮。心中的雨點來了，除了你，
> 誰是我在無遮攔天空下的蔭蔽？（卷 1，頁 459）

冰心透過院子裡兩缸蓮花在大雨之下，白蓮萎謝，紅蓮則因有荷葉的蔭蔽而「亭亭地在綠葉中間立著」，以此對比而觸發出愛母戀母的情思，感情真誠而濃烈。與永恆的戀母情結相對的是永保赤子之心的渴望，冰心散文中的童心是處處可見的，她寫於 1932 年的〈我的文學生活〉就曾說過：「我認識孩子爛漫的天真，過於大人複雜的心理。將來的創作，仍要多在描寫孩子上努力。……我一生只要孩子們追隨著我，我要生活在孩子的群中！」（卷 3，頁 13）冰心最具代表性的散文集《寄小讀者》就是以和孩子談心爲主要表現意蘊的傑作。她懂得童心，表現了童心，因

此能打動讀者的童心，而她也因此牢牢奠定了「姊姊」、「祖母」
這樣親切和藹的溫柔形象。她在《寄小讀者・通訊 25》中自剖道：
「我愛小孩子。我寫兒童通訊的時節，我似乎看得見那天真純潔
的對象。」有一段時日未提筆，她就會自責：「童心再也不能喚醒，
幾番提筆，都覺出了隱微的悲哀。」（卷 2，頁 253）由於對象是
小讀者，她的文筆力求淺白流暢、自然親切，例如〈通訊 7〉寫
她赴美留學，船行過太平洋時的感觸：

> 船上生活，是如何的清新而活潑。除了三餐外，只是隨意
> 遊戲散步。海上的頭三日，我竟完全回到小孩子的境地中
> 去了，套圈子，拋沙袋，樂此不疲，過後又絕然不玩了。
> 後來自己回想很奇怪，無他，海喚起了我童年的回憶，海
> 波聲中，童心和遊伴都跳躍到我腦中來。我十分的恨這次
> 舟中沒有幾個小孩子，使我童心來復的三天中，有無猜暢
> 好的遊戲！……舟中寂然，今夜沒有海潮音，靜極心緒忽
> 起：「倘若此時母親也在這裡……」。我極清晰地憶起北京
> 來。小朋友，恕我，不能往下再寫了。（卷 2，頁 76）

將自己的心情，以不造作、坦誠相待的口吻，娓娓道來，只
有真情的流露，沒有半點說教味道，這正是冰心散文的魅力所在。
其實，冰心愛與美的整體風格，早在她 20 歲時所寫的美文〈笑〉
中就已略具雛形，不論意境、語言、修辭、畫面之美，都堪稱「冰
心體」散文的正宗之作。冰心在文章中充分發揮了巧妙構思，以
景托人，人在畫中，構成了物我交融的詩的意境。文章不長，寫
出了三個印象中美的笑容：先是此刻「牆上畫中的安琪兒。—— 這
白衣的安琪兒，抱著花兒，揚著翅兒，向著我微微的笑。」接著

是五年前「道旁有一個孩子，抱著一堆燦白的東西。驢兒過去了，無意中回頭一看。—— 他抱著花兒，赤著腳兒，向著我微微的笑。」最後是十年前的一個雨晴之夜，離家的遊子「猛然記得有件東西忘下了，站住了，回過頭來。這茅屋裡的老婦人 —— 她倚著門兒，抱著花兒，向著我微微的笑。」而這三個笑容「飄飄漾漾的合了攏來，縮在一起」，「一時融化在愛的調和裡看不分明了。」天使、孩子、老婦人，代表著她所摯愛的宗教信仰、童心與母愛，冰心以詩一般優美的語言，移情入境，以強烈的情感為我們塗抹了一幅色彩斑斕的圖畫，以情美、人美、景美三者交織組構出動人的生活畫面。冰心一生憧憬著美和愛的理想，在〈笑〉這篇短文裡就已充分展現了這種鮮明的風格。

冰心的散文其實就是詩，她的詩也是一篇篇的美文，不論詩或文，冰心的個性、人格、信念、理想與情感都是清清楚楚，真誠而不作假。和朱自清一樣，冰心的創作也是信仰著「表現自己」，她在〈文藝叢談〉中就表白過對於「真」的信念，指出「能表現自己的文學，就是『真』的文學」，而「能表現自己」的文學，「是創造的，個性的，自然的，是未經人道的，是充滿了特別的感情和趣味的，是心靈的笑語和淚珠。」她強調，只有「真」的文學，才可以稱為文學，只有這樣的作者，才可以稱為文學家，所以「文學家！你要創造『真』的文學嗎？請努力發揮個性，表現自己。」（卷1，頁193）冰心的小詩和散文，以鮮明的個性化色彩，體現了「五四」文學革命對作家所提出的這種全新的審美要求，而她也以作品為新文學的個性化、審美性作出了榜樣。冰心散文中的「我」是非常自由靈活的，既是抒情的主體，也是抒情的對象，

既是敘述者，也是目擊者，這使得讀者可以通過「我」的眼光去觀看世界、體驗世界。茅盾對這一點有精要的分析：「在所有『五四』期的作家中，只有冰心女士最最屬於她自己。她的作品中，不反映社會，卻反映了她自己。她把自己反映得再清楚也沒有。」[31]雖然有些論者認為，1931 年的小說〈分〉，冰心有了貧富階級的覺悟，小說寫同一產房的兩個初生兒，父親分別是教授和屠戶，將來不管在精神上或物質上，這兩個小孩已注定將有截然不同的待遇，未來的命運也是不同的，這樣的題材是過去冰心作品中不曾出現的，因此有人就認為這是對「自己以往所宣揚的『愛的哲學』的直接否定」[32]。但其實「愛的哲學」並不曾遠去，「冰心體」多了一些反映抗戰現實的題材，但還是「冰心體」。1932 年寫的〈我的文學生活〉，她沒有抗日的吶喊、階級的仇恨或政治的表態，有的仍是要為小讀者寫文章的心願；1943 年開始發表的《再寄小讀者》，內容仍多為交友、母愛、生命、宇宙等；1943 年寫〈寫作經驗〉時她有一段話值得深思：「抗戰以後，看見許多因戰爭而發生的事實，悲歡離合，許多可泣可歌可寫的材料，我很想寫一點抗戰時代的小說，但這不是說描寫前線的文學，因為我不曾到過前線，我從來不肯寫自己沒有看見的東西，如果勉強寫的話，寫出來也是不切實的。」（卷 3，頁 316）這句話是誠懇的，

---

31 茅盾：〈冰心論〉，最初發表於《文學》第 3 卷第 2 號，1934 年 8 月 1 日，見《茅盾全集》（北京：人民文學出版社，1990 年）第 20 卷，頁 165。

32 見盧啓元：《中國新文學大師名作賞析 6：冰心》中對〈分〉的賞析，頁 216。此外如孔慶東：《1921：誰主沉浮》中也持類似意見，認為「聰明的冰心在現實的教育下悟出了自己的不切實際，她在 1931 年寫了一篇〈分〉。……從不分好歹地愛做一團，到明智果斷地分道揚鑣，冰心自己早已給『愛的哲學』判定了分數。」見頁 64。

也是真心的，完全合乎她一貫「真」的文學的主張。當然，冰心的「愛」與「美」絕非不食人間煙火，對抗戰的顛沛流離，也不可能置若罔聞，她是一個堅定的愛國者，因此她在許多寫景、敘事、記人的散文中真實地寫出她在戰火下的見聞與感受，溫柔的冰心在控訴敵人的侵略與殘暴時，火氣與俠氣都是強烈的。一旦抗戰勝利，她又疾呼和平、自由與愛的重要，如 1946 年發表於《朝日新聞》的〈給日本的女性〉，她仍以「人類以及一切生物的愛的起點，是母親的愛」爲切入點，呼籲「世界是和平的，人類是自由的，民族與民族，國家與國家之間，只有愛，只有互助，才能達到永久的安樂與和平。」盼望「領導著我們天真純潔的兒女們，在亞東滿目荒涼的瓦礫場上，重建起一座殷實富麗的鄉村和城市，隔著洋海，同情和愛的情感，像海風一樣，永遠和煦地交流！」（卷 3，頁 391）這正是冰心及其文學的可貴，也是「愛的哲學」真正的價值所在。

五、最後的精神家園：愛、美與真

　　誠如劉再復所言，冰心是反叛 20 世紀政治與社會醜惡的人性的一片淨土，他說：「20 世紀中國，充滿動盪、混亂和戰火烽煙，文化界各種激進的思潮此起彼伏，政治和市場的濁水污染世道人心，『全面專政』又席捲了人性底層最美好的東西，在這種環境中，冰心卻戰勝各種誘惑壓力，硬是保住這片淨土，這是何等可敬。正因爲這樣，唯有冰心的名字可以代表愛和光明。」[33]冰心也好，

---

33 劉再復：〈世紀泥石流中的一片淨土〉，《明報月刊》1999 年 4 月號，頁 51。

朱自清也好，他們的抒情審美意識只有和時代的複雜和醜惡相對比，方能顯出它可貴的芬芳。在左翼思潮壓倒一切的時代，冰心仍執意追尋著人性的美的天國，而朱自清若不是有自己的理想堅持，就無須在革命與審美、集體與自我間徬徨無地，陷入「哪裡走」的痛苦；當和冰心同為第一代「五四」女作家的丁玲，落入階級鬥爭教條陷阱，寫出喪失人性光輝的《太陽照在桑乾河上》之際，冰心仍能遠離暴力與鬥爭的漩渦，守住她純美的淨土。對這樣的堅持，冰心顯然是有自己的文學理念在支持著，早在 1922 年〈遺書〉一文中她就提到：「至於創作一方面，我以為應當是個人方面絕對的自由揮寫。無論什麼主義，什麼派別的成見，都不可存在胸中的。也更不必預想到讀者對於這作品的批評和論調。寫完了，事情就完了，這樣才能有些『真』的意味。」（卷 1，頁 431）對照冰心一世紀的文學生涯，我們可以這樣說，愛、美與真，是她美學的信仰，是她思想的宗教，也是她最後的精神家園。

　　朱自清、冰心是新文學史上的兩座豐碑，這已是不爭的事實。朱自清死於 1949 年以前，是不幸，也是幸；冰心活過 1949 年，是幸，也是不幸。政治的風暴、主義的桎梏、思潮的牽制、革命的暴力，都曾或輕或重地衝擊著這兩位作家的心靈，他們也都因此付出或多或少的代價，朱自清一度的迷惘，冰心微弱的聲音，都說明了他們所面臨的時代考驗的嚴酷。然而，他們並不因此而退卻，也不因此而望風轉向，兩人的散文都為現代漢語的成熟提供了審美的典範，在詩意的追求中，他們將文學的「美」留了下來。真實地面對自己，表現自己，並以高潔的人格美，散發著永恆的輝光，這也是兩人留給後人最可寶貴的財富。劉再復有一段

談冰心的話是啓人深思的，他說：

> 可惜，三〇年代之後，特別是本世紀的下半葉，激進的政
> 治風浪和極其平庸的文學批評與文學史寫作，又像混濁的
> 泥石流，幾乎淹沒和覆蓋了冰心的成就和她的立足之所，
> 使她在最後 50 年的創作生涯中只能發出微弱的聲音。然
> 而，泥石流畢竟是暫時的，而冰心的名字和這一名字所代
> 表的內涵卻是永恆的。什麼力量也無法抹掉屹立於 20 世紀
> 滾滾泥石流中的一座偉大的、愛的豐碑。[34]

　　革命風暴會過去，政治權威只是一時，文學的工具性、宣傳性、戰鬥性雖然「聲嘶」，卻終有「力竭」的時候，劫難過後，美會留下，愛會留下，真會留下。隨著時代的發展與社會的前進，也許我們將愈來愈能體會到朱自清與冰心所留下的風範的可貴。

---

[34]　同上註。

第五章　湖畔的輝光，放情的歌唱：
汪靜之－應修人－潘漠華－馮雪峰

一、歌笑在湖畔，歌哭在湖畔

　　湖畔詩社是中國現代文學史上繼「中國新詩社」後成立的第二個新詩社團[1]，由四個志趣相近、性情相契的年輕人組成，他們才 20 歲左右，分別是同時就讀於浙江第一師範學校的汪靜之

1　雖然汪靜之不斷強調湖畔詩社是中國第一個新詩社團，但根據史料，1922 年初在上海成立的「中國新詩社」才是第一個。該社由俞平伯、朱自清、劉延陵、葉紹鈞等發起組織，以該社名義編輯出版以新詩創作為主的《詩》月刊，是新文學史上的第一個詩刊。自第 1 卷第 4 期起，《詩》同時作為「文學研究會」定期出版的刊物之一，直到 1923 年 5 月停刊。中國新詩社也隨之結束活動。汪靜之在寫於 1993 年的〈沒有被忘卻的欣慰〉中說湖畔詩社是「中國第一個新詩社」；寫於 1981 年的〈對青年作者的談話〉中也說：「是中國最早的新詩社」，見《汪靜之文集‧沒有被忘卻的欣慰》（飛白、方素平編，杭州：西泠印社出版社，2006 年），頁 57、39。《汪靜之文集》的編者在介紹汪靜之時逕寫道：「中國第一個新詩社團湖畔詩社的主要代表」。這個說法顯然有誤。

（1902-1996）、潘漠華（1902-1934）、馮雪峰（1903-1976），以及上海棉業銀行的職員應修人（1900-1933），在「五四」新文學運動的思潮激盪下，於 1922 年 4 月 5 日在杭州西子湖畔成立[2]，曾先後出版過《湖畔》、《蕙的風》、《春的歌集》等詩集，在當時產生過很大的影響，受到青年讀者的熱烈歡迎、喜愛，一度引起文壇的矚目。尤其是汪靜之的個人詩集《蕙的風》，在很短時間內印行 6 次，銷售二萬餘冊，這在新文學發展的初期階段是不多見的。畢竟這四人都只是涉世未深、初出茅廬的青年，他們不像出版《嘗試集》的胡適，或是寫下《女神》的郭沫若、《草兒》的康白情與《冬夜》的俞平伯[3]，已經在文壇站穩一席之地，他們是如

2 關於湖畔詩社成立時間的說法不一，有的說是 3 月，有的說是 3 月底，大部分則說是 4 月，汪靜之本人則明確地說是 4 月 4 日，見其寫於 1993 年的〈汪靜之小傳〉，《汪靜之文集‧沒有被忘卻的欣慰》，頁 6。研究者賀聖謨則根據上海魯迅博物館藏的《應修人日記‧1922》的記載，認為應該是 4 月 5 日，因為當天四個人沒有去遊西湖，應修人編好《湖畔》詩集準備要出版，於是倡議成立湖畔詩社，大家一致同意。見賀氏《論湖畔詩社》（杭州：杭州大學出版社，1998 年），頁 2。在由汪靜之的女兒汪晴所整理的〈汪靜之年表〉中對此有較為詳細的說明：「3 月 31 日至 4 月 6 日修人從上海到杭州，與靜之、漠華、雪峰四人同遊西湖，成立湖畔詩社並編成《湖畔》詩集。成立湖畔詩社的時間和地點，據靜之說是 4 月 4 日在孤山的西泠印社四照閣；據修人日記則是 4 月 5 日因天雨未出遊，在湖濱的清華旅館成立的。估計是 4 日先有成立湖畔詩社之議，5 日正式開始討論和編輯詩集。」見《汪靜之文集‧沒有被忘卻的欣慰》，頁 304。筆者採取 4 月 5 日之說，因為 6 日應修人就要返回上海，在返回之前將此事正式定下來的推論，應該是合乎常理的，而且因為討論《湖畔》詩集的編輯事宜是在 5 日，將詩社命名為「湖畔詩社」，並將《湖畔》作為《湖畔詩集》的第一集，比較可能是這一天討論的結果。應修人是主要發起人，也是整個社團的靈魂人物，正如汪靜之〈「湖畔詩社」的今昔〉所說：「『湖畔詩社』是修人首先建議的，如沒有修人，絕不會有『湖畔詩社』。」應修人對詩社的工作做得最多，也最投入，因此他的說法比較值得採信，而且日記的記載應該比多年後的回憶要來得可靠。詳細的論證可參閱筆者：〈湖畔詩社研究若干問題考辨〉，《文藝爭鳴》2010 年 3 月號，頁 79-81。
3 胡適的《嘗試集》1920 年 3 月出版，是現代文學史上新詩的開山之作；第 2

此稚嫩，對文學也沒有太多的涉獵，卻能以其天真的熱情與爆發的才情，寫下許多讚頌愛情、歌詠自然的白話詩作，從而使這個以友情結合的小小詩社成為二〇年代初期詩壇的一個大驚奇。他們當年所譜下的一曲曲青春戀歌，至今似乎不曾衰老，「湖畔詩社」成了一則浪漫的童話，標誌著一個看似遙遠，卻永遠不會消失的西湖少年青春夢。

　　這四個青年的夢中總是交織出現著愛情、親情與大自然的浪漫追求與純潔嚮往，也總是感情充沛地歌唱、歡笑，或是悲泣、愁苦，在美麗的西子湖畔，他們求學，戀愛，交遊，同時熱烈寫著浪漫純美的詩篇，就如四人詩歌合集《湖畔》初版時扉頁裡印的二行字：「我們歌笑在湖畔，我們歌哭在湖畔」，這兩句話可以說是他們詩歌內容與生命情調的精確概括，不管哭或笑，不管是戀歌、情歌，還是悲歌、挽歌，他們都能保持一種歌唱的姿態，純美的心靈，自由的精神，迎向現實生活與時代氛圍。就像汪靜之說的：「我要作詩，正如水要流，火要燒，光要亮，風要吹；水不願住了它的流，火不願息了它的燒，光不願暗了它的亮，風不願停了它的吹，我也不願止了我的唱。」[4]正是這種不免天真稚氣的理直氣壯，讓他們無所顧忌、全心致志地拿起筆來寫出他們止不住的呼聲。

本是郭沫若的《女神》，1921 年 8 月出版；第 3、4 本是康白情《草兒》、俞平伯《冬夜》，同為 1922 年 3 月出版。《蕙的風》是第 5 本個人新詩集。如果加上新詩合集的話，在《蕙的風》之前還有 1922 年 4 月的《湖畔》以及 1922 年 6 月的《雪朝》。但正如汪靜之說的：「《女神》是奔騰澎湃，波浪滔天的大江，湖畔詩社四詩友的詩不過是山澗小溪的涓涓細流。」見其〈回憶湖畔詩社〉，《汪靜之文集・沒有被忘卻的欣慰》，頁 36。
4 汪靜之：《寂寞的國・自序》，《汪靜之文集・蕙的風》，頁 183。

　　這樣的呼聲是屬於愛與美，而非血與淚的。二〇年代的中國，軍閥混戰所帶來的政局黑暗，千年來統治人心的封建勢力依然頑強，但新文化運動也同時如火燎原般衝擊著腐朽的社會，「五四」的浪潮激起了無數人的新生與覺醒，這就讓二〇年代處在新舊交替、黑暗與光明的十字路口。血與淚的控訴，戰鬥吶喊的書寫，成了時代的主旋律，就如朱自清在為《蕙的風》寫的序中所指出的：「我們現在需要最切的，自然是血與淚底文學，不是愛與美底文學；是呼籲與詛咒底文學，不是讚頌與詠歌底文學」。然而，朱自清也強調，即使「血與淚」是「先務之急」，卻不能「只此一家」，應該要讓愛與美「有自由發展的餘地」，更何況，「靜之是個孩子，美與愛是他生活的核心；讚頌與詠歎在他正是極自然而適當的事。」[5]朱自清這種不以救亡窒息純美生機的觀念，在他這幾個學生的詩作中得到了生動的實踐。

　　作為一個文學社團，湖畔詩社的規模極小，發起成立的僅四人。歷史有時真的是偶然，當時應修人來杭州，汪靜之約了同班同學潘漠華和低一年級的馮雪峰一起去見應修人，之所以是四個人的原因竟然是遊湖的小舟只有四個座位，「人多了坐不下，人少了坐不穩 —— 湖畔詩人的人數就這樣由小遊船的座位數決定了。」[6]更大的偶然則是，他們發自內心的自由歌唱，對美的嚮往，對愛的激情，竟然與時代同流合拍，獲得超乎意料的迴響，為自己寫進了文學史冊。1924 年底，魏金枝（1900-1972）、謝旦如（晚年改名澹如，1904-1962）為出版詩集，要求入社，於是詩社的隊伍

---

5 朱自清：《蕙的風‧序》，《汪靜之文集‧蕙的風》，頁 29、30。
6 賀聖謨：《論湖畔詩社》，頁 2。

稍微擴大。1925 年 2 月，應修人還在上海創辦文藝刊物《支那二月》，以「湖畔詩社」名義每月出版一期，內容有詩和散文，湖畔詩社的影響力也隨之增加，但只出了四期就停刊。1925 年「五卅」運動的爆發是詩社中斷的關鍵，社友們從此各自走上革命道路，活動三年之久的詩社也就無形中解散了。

　　湖畔詩社的作品數量也不多，以詩社名義出版的《湖畔詩集》有第一集的《湖畔》（1922 年 4 月），第二集的《春的歌集》（1923 年 12 月），第三集原本是魏金枝的《過客》，因缺乏印刷費，沒有出版；第四集是謝旦如的《苜蓿花》（1925 年 3 月），此外還有汪靜之的個人詩集《蕙的風》（1922 年 8 月）、《寂寞的國》（1927 年 9 月）等。《寂寞的國》雖然是在「五卅」之後才出版，但作品的寫成是在 1922 至 1925 年間，仍可視為是湖畔時期作品。這些青春的戀歌，或含蓄凝煉，或坦率直接，或沈鬱悲苦，或清新悠然，它們不是理論指導下的成熟之作，而是喜愛文藝的年輕人在缺乏新詩典範的學習下，憑著一股天真的衝動，以形式自由的詩歌抒發內心澎湃難言的情感，特別是對愛情的渴望與追求，從而在愛情詩的領域裡獨闢出一個異彩紛呈、繁花盛開的美麗園地。

二、讓愛自由，讓美作主

　　1922 年 5 月，《湖畔》詩集出版不久，潘漠華給應修人的信中曾說：「我們且自由作我們的詩，我們相攜手做個純粹的詩人。」[7]汪靜之說：「這『我們』二字指的是『湖畔詩社』四個詩友，這

---

7 應修人：〈修人書簡〉第 15 封，《新文學史料》1981 年第 2 期，頁 228。

一句話等於『湖畔詩社』的宣言。」[8]在沒有成為革命戰士之前，
他們就只是一群愛與美的歌者，流連在湖畔，做著純粹詩人的美
夢，吟唱著笑中帶淚、淚中也帶笑的個人聲音。正如古希臘的那
句諺語：「誰一接觸愛情，誰就成為詩人。」這四位年輕詩人各自
有著不同程度與形式的愛情經歷，受到「五四」婚姻自主、戀愛
自由的思潮洗禮，他們勇敢地踏出個人覺醒的一小步，以詩歌寫
出個人酸甜苦澀的心曲，沒有想到的是，這一小步，卻產生了如
朱自清所說的「向舊社會道德投下了一顆猛烈無比的炸彈」的震
撼效果，理由很簡單，因為這些詩「幾乎首首都是青年人感於性
的苦悶，要想發抒而不敢發抒的呼聲」[9]。換言之，寫作的動機很
單純，是愛的渴念，美的嚮往，是靈魂的騷動不安，但在那特殊
的年代，卻被賦予了「反封建」、「反禮教」的意義，甚至於，這
個意義幾乎成了湖畔詩社的主要價值，在許多的介紹或討論裡，
反抗傳統禮教成了被突出的焦點，例如王瑤《中國新文學史稿》
對湖畔詩社的評論：「以健康的愛情為詩的題材，在當時就含有反
封建的意義；這些青年為『五四』的浪潮所喚醒了，正過著甜美
的生活和做著浪漫蒂克的夢，用熱情的彩筆把這些生活和夢塗下
來的，就是他們的詩集。」[10]謝冕在〈不會衰老的戀歌 ── 序《中

8　汪靜之：〈最早歌頌黨的一首詩 ── 〈天亮之前〉的寫作經過〉，《汪靜之文
　　集‧沒有被忘卻的欣慰》，頁 29。

9　這幾句話是朱自清對《蕙的風》的評論，他說：「汪靜之氏一味天真稚氣。
　　他的新詩集《蕙的風》中，發表了幾乎首首都是青年人感於性的苦悶，要想
　　發抒而不敢發抒的呼聲，向舊社會道德投下了一顆猛烈無比的炸彈。」引自
　　《汪靜之文集‧總序》，頁 3。

10　王瑤：《中國新文學史稿》（上海文藝出版社，1982 年修訂重版）上冊，頁
　　74。此書最早為 1953 年由新文藝出版社出版。

國現代愛情詩選》〉一文中對湖畔詩社有一段評論，他也強調「愛情詩不曾脫離它的時代，它自然地加入了並成為那一時代爭取進步活動的有力的一個側翼」，他認為「歌唱自由戀愛與婚姻的詩篇是與對於黑暗社會的抗爭，對於被壓迫者的同情的代表了民主主義傾向的詩篇一道出現的。它們同屬於進步的思想解放的營壘。」[11]

不能否認，這樣的詮釋不完全是「誤讀」，但實在不是詩人創作的初衷。汪靜之很誠實地坦承：「我寫詩時根本沒有想到反封建問題，我只是情動於中而形於言，完全是盲目的，不自覺的。」[12]甚至於，他起初還大力反對寫詩帶有「反封建」等目的的功能性：「當時多數新詩好像政治論文，用詩宣傳反帝反封建的道理，喊革命口號，有的用詩談哲理，有的用詩做格言，有的是單純寫無情之景。這類詩沒有詩味，讀一遍就厭了。」[13]所以他才會表示：「以詩論詩，《蕙的風》不過一顆小石子，決當不起『炸彈』的誇獎。」[14]事實上，《湖畔》與《蕙的風》出版時，不論是周作人、朱自清對《湖畔》的評論，還是胡適、朱自清、劉延陵為《蕙的風》寫的序，著眼的都在詩的新鮮風味、天真氣象，以及在愛情與自然描寫上的藝術特色與審美個性，以詩論詩，並未觸及「反封建」的議題。

「反封建」的特色被誇大和凸顯，是在胡夢華對《蕙的風》

---

11 謝冕：〈不會衰老的戀歌〉，《中國現代愛情詩選·序》（王家新等人選編，武漢：長江文藝出版社，1981年）。

12 汪靜之：〈回憶湖畔詩社〉，《汪靜之文集·沒有被忘卻的欣慰》，頁38。

13 前揭書，頁36。

14 汪靜之：〈《蕙的風》（1957年版）自序〉，見王訓昭編：《湖畔詩社評論資料選》（上海：華東師範大學出版社，1986年），頁283。

提出「不道德」的批判之後。胡夢華當時是東南大學學生，他對
《蕙的風》中的詩句如「梅花姊妹們呵，／怎還不開放自由花，
／懦怯怕誰呢？」(〈西湖小詩・7〉)「嬌豔的春色映進靈隱寺，／
和尚們壓死了的愛情／於今壓不住而沸著了：／悔煞不該出家
呵！」(〈西湖小詩・11〉)「一步一回頭地瞟我意中人」(〈過伊家
門外〉)等深不以為然，認為這些句子「做的有多麼輕薄，多麼墮
落！是有意的挑撥人們的肉欲呀？還是自己獸性的衝動之表現
呀？」對於《蕙的風》的言情之作，他指責說：「不可以一定說他
是替淫業的廣告，但卻有故意公布自己獸性衝動和挑撥人們不道
德行為之嫌疑。……這些詩雖不是明顯的淫業廣告，墮落二字，
許是的評。」既然這些詩「不止現醜」，而且「使讀者也醜化了」，
所以「這是應當嚴格取締的呵」！[15]這篇文章在《時事新報》的
《學燈》副刊上發表後，引來了正反兩極的爭議，贊成胡夢華對
《蕙的風》非難與攻擊觀點的守舊派固然有之，但反對胡夢華偽
善嘴臉與保守心態者更多，魯迅、周作人等均撰文為汪靜之辯誣，
這場「文學與道德」的論爭，參與的文章有十多篇，大多發表在
《時事新報・學燈》、《民國日報・覺悟》、《晨報副刊》等具影響
力的媒體，一時間成為文化界關注的焦點，沈從文在 1930 年回顧
這場 1922 年下半年的論爭時也表示肯定地說：「《蕙的風》所引出的
騷擾，由年輕人看來，是較之陳獨秀對政治上的論文還大的。」[16]

---

15 以上對胡夢華文句的引用均出自其〈讀了《蕙的風》以後〉一文，原載 1922
　年 10 月 24 日《時事新報・學燈》，收入《湖畔詩社評論資料選》，見頁 107、
　108、110。
16 沈從文：〈論汪靜之的《蕙的風》〉，原載南京《文藝月報》第 1 卷第 4 號，
　1930 年 12 月。引自《湖畔詩社評論資料選》，頁 163。

　　胡文討論的重點分成文學與道德兩方面，平心而論，從文學審美的角度，他的批評不無道理，例如「我以為《蕙的風》之失敗，在未有良好的訓練與模仿；在未能真欣賞，真領略到美麗的自然；在求量多而未計及質精。」[17]確實值得年輕的作者思索。汪靜之本身也清楚：「這本詩當時在青年中讀者很多，因為是一個青年的呼聲，青年人容易引起共鳴，寫得太糟這一點，也就被原諒了。」[18]然而，在道德方面的抨擊，卻顯出自己頑固與守舊的封建心態，於是儘管他在後來又寫了〈讀了《蕙的風》以後〉之辯護（一）（二）（三），但在新舊兩種道德觀念碰撞的時代，思想解放顯然是佔了上風，這些略顯幼稚的愛情詩，成了新道德的象徵，「不道德的嫌疑」恰好道出湖畔詩人純真的愛情詩表現出了「五四」時期爭取個性解放、婚戀自主的時代精神。

　　在湖畔詩人的作品中，有一些對封建傳統桎梏人心的反抗呼聲，以及在不自由的環境下對美好愛情毫不保留的渴望與追求，這些作品構成了湖畔詩社的「反封建」形象，除了胡夢華所指摘汪靜之的〈過伊家門外〉、〈西湖小詩〉外，在汪靜之《蕙的風》中還有幾首也是直指封建禮教的罪惡，例如〈窗外一瞥〉：

　　　　沈寂的閨房裡，

　　　　小姐無聊地弄著七巧圖。

　　　　伊偶然隨意向窗外瞥了瞥，

　　　　一個失意的青年正踽踽走過，——

　　　　正是幼時和伊相識過的他——

---

17 同註 15，頁 112。
18 汪靜之：〈《蕙的風》（1957 年版）自序〉，《湖畔詩社評論資料選》，頁 283。

> 伊底魂跳出窗外偕他去了。
>
> 伊漸漸低頭尋思，
>
> 想到不自由的自己底身子：
>
> 慘白的面上掛著淒切的淚了。

這首詩描寫女子不自由的處境與心情，「伊底魂」的跳出窗外，是多麼大膽而坦率的告白，但身體的桎梏與禮教的壓抑，使這名愛慕青梅竹馬的女子最終只能在短暫一瞥的震動後暗自垂淚，面對漫長的沈寂。又如〈遊寧波途中雜詩・2〉：「許多石牌坊 ── ／貞女坊，節婦坊，烈德坊 ── ／愁恨樣站著；／含怨樣訴苦著；／像通告人們，／伊們是被禮教欺騙了。」以貞節牌坊爲象徵，對中國傳統女性爲禮教所束縛的悲慘命運提出了沈痛的質疑與不平。面對愛情與禮教的對立，汪靜之〈在相思裡・5〉寫著：「那怕禮教的圈怎樣套得緊，／不羈的愛情總不會規規矩矩呀。」潘漠華〈若迦夜歌・三月六晚〉也有類似的吶喊：「妹妹，我們當知道，／在他們底面前，／是不許我們年少的結合；／我們當知道，／他們是可破壞的，他們是可破壞的！」表現出企圖衝破封建禮教和傳統束縛的決心與勇氣。

不過，這類「反封建」色彩比較鮮明直接的作品，在湖畔詩人整體詩作中其實並不多，或者說，湖畔詩人當時寫作的動機與用意並不在此，他們真正傾心歌詠抒發的是愛情與自然，這類有真情、愛意、美感的作品才是這些少經世事的年輕詩人所用心追求的，這一點，只要翻看《湖畔》和《春的歌集》即可明白。當然，作爲詮釋者，可以說這些愛與美的作品是在不自由、醜惡環境下的反抗姿態，但不管如何解讀，我們應該同意，讓愛自由，

讓美作主，才是汪靜之等湖畔詩人內心所欲鉤描的美好願景，也是他們大部分詩篇所要傳達的真正呼求。

　　朱自清就是從愛情的角度而不從反封建的角度來看待湖畔四詩人的作品，他在《中國新文學大系・詩集・導言》中評論道：「中國缺少情詩，有的只是『憶內』、『寄內』，或曲喻隱指之作；坦率的告白戀愛者絕少，爲愛情而歌詠愛情的更是沒有」，「真正專心致志做情詩的，是『湖畔』的四個年輕人。」[19]言下之意，他們是中國現代愛情詩的開創者，是「五四」新詩初期情詩領域的拓荒者，他們以稚樸的文字、浪漫的想像、詩意的氛圍與細膩的感受力，營造出一個充滿美學力量和清新魅力的詩歌世界。

　　在《春的歌集》的扉頁上印有兩行字：「樹林裡有曉陽／村野裡有姑娘」，真是大膽的剖白，曉陽是自然之美，姑娘是青春之愛，可以看出，愛與美正是湖畔詩人銳意追尋的詩境。汪靜之曾說：「愛情詩、女性讚美詩最能使人得到美的享受，美的享受是詩的最主要的功效。」他甚至認爲：「愛情詩是經國之大業」[20]。他們相信愛情的力量，只要讓愛自由，再惡劣的環境也會開出美的花朵，〈誰料這裡開了鮮豔的花呢〉就表達了這種堅定的信仰：

　　　　使人不經意的嫩芽，

　　　　生在荒廢的瓦礫裡。

　　　　人們無所顧惜地

　　　　拋棄垃圾唾涕在他上面，

19　朱自清：《中國新文學大系・詩集・導言》（台北：業強出版社，1990 年重印版），頁 4。
20　汪靜之：《六美緣・自序》，《汪靜之文集・六美緣》，頁 8、12。

幾乎毀滅了他底生之力。

他被壓得疲困極了，
身上遍塗了污穢的痕跡。
但他只是拼命地，
從亂堆裡努力伸出。

後來雨賜洗禮給他，
洗得他潔淨了。
太陽賜他生命之光，
他就笑嘻嘻地
開著香美的花了。

「誰料這裡開了鮮豔的花呢？」
人們欣然注意著說。

　　應修人的〈粉牆〉也有類似的表達：「颶風一夜吹，／粉牆變了甄堆。／卻見鄰家竹籬笆 —— ／垂垂綠葉裡，／開滿了牽牛花。」不被摧折的花，意味著愛與美的頑強生命力。潘漠華則是以吶喊的方式呼喚愛的自由：「我火般的狂了，／不願把我倆底生命，／埋沒在草萊下的荒塚；／願把我倆底生命，／就毀滅也毀滅在我倆底愛戀裡。」（〈尋新生命去〉）因為愛，所以覺得美；因為美，所以值得愛。這些詩作讓人著迷的敘述就在於瀰漫在字裡行間的希望、天真、美好、自由的氣息。

　　湖畔詩人作品中的美好氣息除了表現在愛情題材外，詠讚大

自然的奇景美致，或是記錄生活中一點感動與啓發，往往在詩人的獨具慧眼下，也能散發出審美的品味與情感的滋潤。汪靜之的小詩〈晨光〉就是一首精緻唯美的抒情小品：「我浸在晨光裡，／周圍都充滿著愛美了。／我吐盡所有的苦惱鬱恨，／我儘量地飲著愛呵！／儘量地餐著美呵！」看似天真的囈語，卻蘊含了對生命的熱情與深邃意味。《蕙的風》第三輯多爲詠西湖之作，對西湖的千姿百態有發自內心的讚賞與依戀：「西湖，伊流著眼兒，／揚著眉兒，／渦著靨兒，／屏著唇兒，／樂融融地微笑了。／我和伊溫柔的微笑抱合，／我於是酥軟了，飄飄欲仙了。」（〈微笑的西湖〉）對湖中荷葉田田的景致，詩人有深情的聯想：「綠濃濃的葉襯著紅淡淡的花，／高興地在湖中蹈舞──／綵花映在柔碧的水裡，／微風吹起綠波，／荷花彎一彎纖腰，／映得綠裡翻紅，紅裡翻綠：／我底心海之花呵，也舞起來了！」（〈西湖雜詩・22〉）還有被詩人廢名說是「實在覺得很好」[21]的小詩：「風吹皺了的水，／沒來由地波呀，波呀。」有一種視覺與觸覺之美。這些詩意審美的感受，以一種樸拙的方式呈現，反而給人豐富的想像，新鮮的印象。

　　馮雪峰在四〇年代初期是以革命戰士的姿態、雄奇壯美的詩風聞名，但在二〇年代的「湖畔」時期，他的詩風樸質清新，開朗天真，富有純真少年的童心，洋溢著單純的美感，如《湖畔》的〈楊柳〉：「楊柳彎著身兒側著耳，／聽湖裡魚們底細語；／風來了，／他搖搖頭兒叫風不要響。」寫得天真活潑，充滿童趣；〈花

21　馮文炳（廢名）：〈湖畔〉，《湖畔詩社評論資料選》，頁 17。

影〉:「憔悴的花影倒入湖裡，／水是憂悶不過了；／魚們稍一跳動，／伊底心便破碎了。」將桃花凋謝的意象與人的情感合而為一，具生動的想像力；又如《春的歌集》的〈山裡的小詩〉:「鳥兒出山去的時候，／我以一片花瓣放在牠嘴裡，／告訴那住在谷口的女郎，／說山裡的花已開了。」寫心裡的愛情如花綻放，語句凝練含蓄，詩意盎然，編織出一種淡淡的美的感受與意境。

　　應修人的詩美也是細膩而雋永的，他在 1922 年致周作人的信中道出了他對美的嚮往與執著:「我總以為暴露人生底醜惡，不過濃厚了人們暴躁的氣氛，於誘令醜惡的人底悔悟，其效果是微乎其微的，或許本未醜惡的反而也給化了。我們要看醜惡何處找不到，要巴巴地到文學上尋覓，似乎太為兩隻腳省力了。」[22]「美」是他創作的信念，也是他作品濃郁的特質，例如〈山裡人家〉:「繰些蠶絲來，／自家織件自家的衣裳；／汲些山泉來，／自家煎一杯嫩茶自家嘗。／／溪外面是李樹擁梅樹，／溪裡面是桑樹領茶樹。／溪水琮琤地流過伊家底門前，／伊家是住在那邊的竹園邊。」頗有陶然世外的脫俗之美，暗示性的結尾，情味繚繞;〈溫靜的綠情〉:「也是染著溫靜的綠情的，／那綠樹濃蔭裡流出來的鳥歌聲。／／鳥兒樹裡曼吟；／鴨兒水塘邊徘徊；／狗兒在門口摸眼睛；／小貓兒窗門口打瞌睡。／／人呢？ —— ／還是去鋤旱田了，／還是在炊早飯呢？／／蒲花架上綠葉裡一閃一閃的，／原來是來偷露水吃的／紅紅的小蜻蜓！」幾個生趣盎然的畫面組合成一幅農家的寧謐之美，細緻的白描，清新可喜。其他如〈晨課〉、〈北

22　應修人致周作人信，寫於 1922 年 8 月 1 日，見《湖畔詩社評論資料選》，頁308。

郊裡獨遊〉、〈晚上〉、〈天未曉曲〉、〈含苞〉等詩也都是抒情審美
意識下的藝術結晶，充滿農村山水的自然野趣，以及由此生發的
美好想像。潘漠華的詩也有濃厚的鄉土氣息，帶著純樸的詩意，
如〈稻香〉：「稻香瀰漫的田野，／伊飄飄地走來，／摘了一朵美
麗的草花贈我。／我當時模糊地受了。／現在呢，卻很悔呵！／
為什麼那時不說句話謝謝伊呢？／使得眼前人已不見了，／想謝
也無從謝起！」短短幾句，抓住一瞬間的感受，道出一次美麗的
相遇以及未能把握的悵惘，單純的美更能讓人回味再三。其他如
〈回望〉、〈黃昏後〉、〈若迦夜歌〉等，或沈鬱，或淒涼，或感傷，
或追憶，總有揮之不去的氤氳之美在文字間迴盪著。

　　愛與美，是湖畔詩人的精神家園，也是湖畔詩歌的靈魂歸宿。

三、放情的唱，把自我融化在詩裡

　　細細品味這些新詩草創期的年輕詩作，有著愛與美的動人情
愫，是四顆年輕的心靈在湖光山色裡對人世真實的素描，對內在
情感心理的深刻挖掘，在腐朽封建的窒息氛圍裡，他們的詩之所
以受到歡迎和喜愛的原因，除了源自於純愛、純美意識下的題材
選擇與主題呈現外，他們具有個性化的寫作，契合了「五四」時
期個性解放、追求自我的時代潮流，而他們不失童心、帶著天真
稚氣的口吻與詩風，從某個意義上說，又是新生、年輕、希望的
表徵。這個性化與青春化的特質，正是湖畔詩社出現在現代文學
史上因緣際會的深層背景。

　　湖畔四詩人雖然在詩的理念追求上接近，但源於彼此身世、
性格、遭際的不同，還有戀愛的型態、心理與情感體驗也不同，

導致詩的風貌有個人化的差異。朱自清對四人的詩風有過兩次評
價，第一次是 1922 年寫的〈讀《湖畔》詩集〉，文中認爲潘漠華
「穩練縝密」，汪靜之「平正」，馮雪峰「自然流利」，應修人「輕
倩眞樸」[23]；第二次是 1936 年出版的《中國新文學大系‧詩集‧
導言》中提到：「潘漠華氏最是淒苦，不勝掩抑之致；馮雪峰氏明
快多了，笑中可也有淚；汪靜之氏一味天真的稚氣；應修人氏卻
嫌味兒淡些。」[24]這樣的觀察與概括，說的是詩風，也是個性。
應修人則有一首詩〈心愛的〉，構思精巧，可以看出四人友誼的深
篤，且在感性的文字中也巧妙道出了彼此不同的風格特點：

> 逛心愛的湖山，定要帶著心愛的詩集的。

> 柳綠嬌舞時我想讀靜之底詩了；
> 晴風亂颭時我想讀雪峰底詩了；
> 花片紛飛時我想讀漠華底詩了。

> 漠華的使我苦笑；
> 雪峰的使我心笑；
> 靜之的使我微笑。

> 我不忍不讀靜之底詩；
> 我不能不讀雪峰底詩；
> 我不敢不讀漠華底詩。

---

23 朱自清：〈讀《湖畔》詩集〉，《湖畔詩社評論資料選》，頁 5。
24 同註 19。

　　有心愛的詩集，終要讀在心愛的湖山的。

　　然而，也正是這四個各有千秋的「自我」，在心愛的湖山邊，以心愛的詩集共同構建出一個獨具特色的團體。

　　《蕙的風》一書的卷頭有汪靜之女友菉漪（符竹因）的題詞：「放情地唱呵」，很可以說明這四人創作上自然天成、無所顧忌的心態。在放情歌唱的同時，他們唱出了最真實、最動人的自我。汪靜之《蕙的風·自序》說：「我極真誠地把『自我』融化在我的詩裡；我所要發洩的都從心底湧出，從筆尖跳下來之後，我就也慰安了暢快了。我是為的『不得不』而作詩，我若不寫出來，我就悶得發慌！」[25]因為自我抒情的必要，才有了這些自我個性色彩鮮明的作品。不管是淚眼看人間的潘漠華，還是笑臉對人世的汪靜之，我們看到的都是極真實的「小我」、「自我」。

　　汪靜之的任性與自我意識是四個人中最強烈徹底的。他生於茶商之家，又是獨子，從小嬌生慣養，不懂人情世故，養成天真、衝動、任情的性格，《蕙的風》中的〈自由〉就是最好的證明：

　　　　我要使性地飛遍天宇，

　　　　遊盡大自然的花園，

　　　　誰能干涉我呢？

　　　　我任情地飽嘗光華的花，

　　　　誰能禁止我呢？

　　　　我要高歌人生進行曲，

25　汪靜之：《蕙的風·自序》，《汪靜之文集·蕙的風》，頁41。

　　　　誰能壓制我呢？

　　　　我要推翻一切打破世界，

　　　　誰能不許我呢？

　　　　我只是我底我，

　　　　我要怎樣就怎樣，

　　　　誰能範圍我呢？

　　這首詩寫在 1921 年，讓人不禁想起寫在前一年的郭沫若的
〈天狗〉：「我便是我呀！／我的我要爆了」[26]有著衝決一切、一往
無前的瘋狂、澎湃氣勢，汪靜之雖然語氣稍紓緩，但熱烈追求自
我的目標是一致的。他的詩就是他自我的化身，特別是愛情詩，
情感的波折歷歷完全是作者的夫子自道。當他沈浸在愛情的甜蜜
時，他說：「伊底眼是溫暖的太陽；／不然，何以伊一望著我，／
我受了凍的心就熱了呢？」（〈伊底眼〉）當他被相思糾纏時，他不
避諱地寫道：「我昨夜夢著和你親嘴，／甜蜜不過的嘴呵！／醒來
卻沒有你底嘴了；／望你把你夢中的那花苞似的嘴寄來罷。」（〈別
情〉）當他因愛而痛苦時，便失落地呢喃著：「儘徘徊在池畔，／
終尋不著呵 ── ／曾印在池面的雙雙的我兩底影。只有孤孤的今
天的我了！」（〈拆散〉）但寫得最多的，是他對真愛無止盡的追尋：
「伊開了一朵定情花，／由伊底眼光贈給我；／我將我底心當作
花園，／鄭重把伊供養著。／／用我底愛淚灑伊，／用我底情熱
暖伊，／用我底歌聲護伊；／於是伊更美麗了。……神呵，賜我
些罷 ── ／愛淚情熱和歌聲呵！／不然，伊若是萎了，／我們將

---

26 郭沫若：〈天狗〉，《郭沫若作品經典》（北京：中國華僑出版社，1997 年）
　　卷 1，頁 43。

從此消滅呀！」(〈定情花〉)全詩充分表現了戀愛中的男女眉目傳情的喜悅以及護守這份真愛的決心。汪靜之在《詩歌原理》中強調過：「科學所表現的是理知真理，詩歌所表現的是詩人自己的生命，詩人自己的個性。」[27]他的詩歌實踐爲此提供了有力的印證。

　　和汪靜之的天真、率直不同，潘漠華從小家境貧寒，家人橫遭禍事，命運多舛，這就使得潘漠華詩中的「我」和其他三人有很大的區別，朱自清說潘漠華「淒苦」，馮雪峰說他是「飽嘗人情世態的辛苦人」[28]，這樣的環境與性格，使潘漠華的詩作總是籠罩在一股濃烈悲苦的情緒中，顯現出一個憂鬱早熟的詩人形象。他在情感上最大的不幸，除了家庭因素外，當是愛上了爲世俗禮教所不容的堂姐潘翠菊，使他陷入痛苦的深淵，頻頻在詩中以「妹妹」爲她的代稱，婉轉表露出他對這段絕望的愛的苦戀心境，《若迦夜歌》中的 23 首情詩，可謂句句血淚，例如：「妹妹呀，我們底家，／是只建築在黑夜裡的呀！／因爲白日裡，你是你，我是我，／逢著也兩旁走過去了，見了也無語的低頭了。／／妹妹，這問題燒得我好苦：／怎樣把我倆底家，／一樣的建築在白日裡，／在無論何時何刻呢？」(〈三月六晚〉)焦灼的心情躍然紙上；對

---

27 汪靜之：〈何謂詩歌〉，《汪靜之文集・詩歌原理》，頁 31。
28 馮雪峰在《春的歌集》卷末寫有一文〈秋夜懷若迦〉，對潘漠華的身世有較詳盡的介紹，提到他的哥哥只因和情婦說了幾句話，便被惡徒們綑綁到戲臺上去示眾，受到莫大的侮辱，後來出外求學，又在途中被盜匪所劫，不久死去；他的姊姊則因被無情的男子欺負，遭到夫家拒斥，回到娘家，仍受盡種種侮辱和輕視；他的父親因子女的遭遇和債主的威逼，不久也死了；至於母親則傷心度日。馮雪峰說：「可見你孤僻的性情，和虛無的色彩，是養之有素，來之有源的吧。」(頁 4)他也提到潘漠華「被盲目的運命所擺弄，愛了一個禮教和世俗都不許他愛的女郎」(頁 2)，因此說他是「飽嘗人情世態的辛苦人」(頁 2)。

於這段不可能被祝福的愛戀，他沈痛地寫道：「山是如此的靜定，／天是如此的低迷，／我倆相偎抱在夜野中，／鬼神來祝福夜底一對兒女。／／相依的站起，又相依的坐，／現代愛戀者的我倆底淚語呀，／有終朝細雨般的淒咽，／又如空與虛之相對語。」（〈三月二十夜杭州〉）以鬼神的祝福來映襯人間的詛咒，悲憤之心化為虛無的獨白；愛不能婚，婚又非所愛，傷心人別有懷抱，此意無人知曉，他只能壓抑地自語：「藏在深哀的秘密，／不可憐我世人不知道，／只親愛與相依為命的母兄，／都不能知道呀！／只窘困在我自己底心頭。／／……淚只在我心頭流，／妹妹，願你能接受我底淚；／生命在岐路旋轉，／願走上生命底岐路：／但我將永遠的踟躕。」（〈愛者底哭泣〉）這些充滿悲與淚的詩歌，是詩人內心最赤裸的告白，是一個苦苦掙扎的「自我」，所刻鏤下一闋最真實的心影哀歌。

　　馮雪峰和應修人的詩作有相似之處，比較樂觀開朗而帶有鄉土氣息與民歌風味。〈雨後的蚯蚓〉可以看出馮雪峰積極的人生態度與對自身生命價值的思考，詩中寫道：「雨止了，／操場上只賸有細沙。／蚯蚓們穿著沙衣不息地動著。／不能進退前後，／也不能轉移左右。／但總不息地動呵！／／雨後的蚯蚓的生命呀！」這裡有在絕望處境下仍得抗爭、尋找出路的自我期許；同樣的詩題，在潘漠華筆下則成了：「雨後蚯蚓般的蠕動，是我生底調子。／我底寂默！寂默是無邊，悲哀是無邊。」馮雪峰有一首〈小詩〉，很能表現出他獨特的個人特質：「我愛小孩子，小狗，小鳥，小樹，小車，／所以我也愛作小詩。／但我吃飯偏要大碗，／吃肉偏要大塊呵！」從這豪邁的口氣中，可以看出他放任自我、追求自由

的自信。成長於浙東山村農家，他的詩有許多以農村景致與男女青年單純戀愛爲題材，帶著純樸民歌的藝術傾向，如〈有水下山來〉：「有水下山來，／道經你家田裡；／它必留下浮來的紅葉，／然後它流去。／／有人下山來，／道經你們家裡，／他必贈送你一把山花，／然後他歸去。」簡單的語言，帶有節奏感的形式，用興的手法歌詠，具有優美的民歌情調。類似的詩作還有〈十首春的歌〉、〈賣花少女〉等。應修人也有這種樂觀清朗的精神，他曾高歌：「可愛的人生 —— 人生底可愛呀！／沒有一朵花不是柔美而皎清，／沒有一個人底心不像一朵春的花！」(〈歡愉引〉)也曾陶醉地輕唱：「妹妹你是水 —— ／你是清溪裡的水。／無愁地鎮日流，／率真地長是笑，／自然地引我忘了歸路了。……妹妹你是水 —— ／你是荷塘裡的水。／借荷葉做船兒，／借荷梗做蒿兒，／妹妹我要到荷花深處來！」(〈妹妹你是水〉)寫出了年輕人深切而純潔的情意，迴環往復的旋律，像民歌般自然有味，真給人忘憂的喜悅。他的愛情詩常以女性的視角出之，有獨特的觀察和表現，如〈鄰家座上〉：「嘴裡微微歌，／臉上微微酡。／要說不說，怕人多。／嘴裡微微歌，／臉上微微酡。」或者是「悔煞許他出去；／悔不跟他出去。／等這許多時還不來；／問過許多處都不在。」這些詩的格律已經有所講究，音樂性的美感加上純真細膩的情感，格外惹人喜愛。

　　長期的封建統治，特別是程朱理學「存天理，滅人欲」的禮教束縛，使中國千年來將「個人」的存在置於宗族禮法的「集體」之下，被漠視，被壓抑，被扭曲，直到「五四」時期才迎來了人的解放，人的覺醒，人的獨立。魯迅說：「文學革命者的要求是人

性的解放。」[29]；郁達夫也說：「五四運動的最大的成功，第一個要算『個人』的發現。」[30]這「個人」的發現，在二〇年代的詩壇，湖畔詩社的作品可以說是最具代表性與說服力的詮釋之一。這些融入在詩歌中的「自我」，可以說是當時無數青年的縮影，他們所放情歌唱的也是當時無數青年共同的心聲。個人抒情的聲音，迴盪在時代的舞台上，看似微弱，實則具有穿透人心的力量。

四、天真詩國與少年中國

湖畔詩人的作品，不管歌哭或歌笑，除了「個人化」此一鮮明特點外，不時散發的濃厚童稚情調與天真氣息，也是其詩作吸引人的突出特色。這種「孩子氣」與「青春感」的價值，周作人就指出：「他們的是青年人的詩；許多事物映在他們的眼裡，往往結成新鮮的印象……過了 30 歲的人所承受不到的新的感受，在詩裡流露出來。」[31]躁動的生命，青春的情懷，敏銳的感受，使他們的作品自然擁有天真的純情，沒有掩飾、近乎童稚的心靈，構成了他們詩國特有的迷人魅力。

朱自清在為汪靜之的詩集《蕙的風》所寫的序言中提到，汪曾自稱「是一個小孩子」，朱自清認為「這一句自白很可以幫助我們了解他的人格和作品。」事實上，「少年視角」、「青春心境」可

---

29 魯迅：〈《草鞋腳》小引〉，《且介亭雜文》（收入《魯迅全集》第 6 卷，北京：人民文學出版社，1981 年），頁 20。

30 郁達夫：《中國新文學大系‧散文二集導言》（台北：業強出版社，1990 年重印版），頁 5。

31 周作人：〈介紹小詩集《湖畔》〉，原載 1922 年 5 月 18 日《晨報副刊》，引自《湖畔詩社評論資料選》，頁 1。

以說是理解這四位湖畔詩人的共同線索，朱自清對「小孩子」有
一番精準的分析：

> 小孩子天真爛漫，少經人間世的波折，自然只有「無關心」
> 的熱情彌滿在他的胸懷裡。所以他的詩多是讚頌自然，詠
> 歌戀愛。所讚頌的又只是清新美麗的自然，而非神秘偉大
> 的自然；所詠歌的又只是質直單純的戀愛，而非纏綿委曲
> 的戀愛，這才是孩子們潔白的心聲，坦率的少年的氣度！
> 而表現法的簡單明瞭，少宏深幽渺之致，也正顯出作者的
> 本色。他不用捶煉的工夫，所以無那精細的藝術。但若有
> 了那精細的藝術，他還能保留孩子的心情麼？[32]

長於單純自然，拙於宏深幽渺；多青春本色，少精細藝術，
說的不只是汪靜之的詩歌表現，而是整個湖畔詩社的藝術傾向與
審美特色。因為這種少年視角與青春心境，使他們的詩洋溢著天
真主題與個人旋律，充滿新鮮風味與清新格調。

只有天真的少年才會理直氣壯地發出這樣的豪語：「假如我是
個詩的人，／一個『詩』做成的人，／那末我願意踏遍世界，／
經我踏遍的都變成詩的了。」（汪靜之〈詩的人〉）朱自清對《湖
畔》大加讚揚的理由之一，就是著眼於「少年的氣氛充滿在這些
作品裡」，他明白指出：「就詩而論，便只見委婉纏綿的嘆息而無
激昂慷慨的歌聲了。但這正是他們之所以為他們，《湖畔》之所以
為《湖畔》。有了『成人之心』的朋友們或許不能完全了解他們的
生活，但在人生底旅路上走乏了的，卻可以從他們的作品裡得著

---

32 朱自清：《蕙的風・序》，《汪靜之文集・蕙的風》，頁29。

很有力的安慰；彷彿幽憂的人們看到活潑潑的小孩而得著無上的喜悅一般。」[33]連胡適都不得不承認，湖畔詩社這「一班少年詩人出來」，「他們受的舊詩詞的影響更薄弱了，故他們的解放也更徹底。」他甚至帶著羨慕的口吻說：「我現在看著這些徹底解放的少年的詩人，就像一個纏過腳後來放腳的婦人望著那些真正天足的女孩子們跳來跳去，妒在眼裡，喜在心頭。」他特別欣賞汪靜之，認爲「他的詩有時未免有些稚氣，然而稚氣究竟遠勝於暮氣；他的詩有時未免太露，然而太露究竟遠勝於晦澀。況且稚氣總是充滿著一種新鮮風味，往往有我們自命『老氣』的人萬想不到的新鮮風味。」[34]廢名也是如此評價這群詩人：「在大家要求不要束縛的時候，這幾個少年人便應聲而自由的歌唱起來了。他們的新詩可以說是最不成熟，可是當時誰也沒有他們的新鮮，他們寫詩的文字在他們以前是沒有人寫過的，他們寫來是活潑自由的白話文字。」是「一個沒有沾染舊文章習氣老老實實的少年白話新詩」[35]。從這個意義來看，湖畔詩人開風氣之先的作品在整個詩歌發展過程中堪稱爲白話詩的探路人，也是新文學運動初期的生力軍。

　　這類從少年視角出發、不失童心稚語的詩歌，在他們的詩集中俯拾皆有，但以應修人和汪靜之寫得較多，潘漠華的悲苦心境使他較少這類作品。應修人的〈柳〉寫道：「幾天不見，／柳妹妹又換了新裝了！／ —— 換得更清麗了！／可惜妹妹不像媽媽疼我，／妹妹總不肯把換下的衣裳給我。」有種嬌嗔的兒女之態，

---

33 朱自清：〈讀《湖畔》詩集〉，《湖畔詩社評論資料選》，頁 2。

34 胡適：《蕙的風·序》，《汪靜之文集·蕙的風》，頁 33。

35 廢名：〈湖畔〉，《湖畔詩社評論資料選》，頁 10、21。

頑皮的孩童之思；〈親眷家裡〉則是充滿了孩童的歡樂笑語：「妹妹兒年紀十二三，／拗得來許多花朵兒，／要我編花環。／／掠掠我短頭髮，／『戴不來花兒要甚用！』／── 笑笑輕輕說。／／軟坐我右膝上；／揀一朵紮些銅絲兒，／繞在我鈕釦上。」詩人抓住瞬間的對話與動作，生動表現了孩子們可掬的親暱之態；還有長詩〈小學時的姊姊〉，寫小時候和「姊姊」一起度過的歡樂點滴，直到姊姊出嫁，從此疏遠，徒留思念，全詩以小女孩的口吻敘述，語言也是鮮活的童語，例如詩的開頭：「讓星光霎眼在天上，／讓菜花伸腰到路旁，／讓村狗幾聲，村路冷，／讓前面是田野還是村莊⋯⋯／我都不管這些那些，／我只想我故鄉裡，／小學時認識了的小姊姊」。這類小孩的心理和語言，在〈那一夜〉、〈送橘子〉、〈小小兒的請求〉、〈我要〉、〈信來了〉等詩中，應修人都掌握得很好。汪靜之的許多詩也都浸潤著純情少年才有的想像與意象，如〈瞎了麼？〉：「饑餓的魚兒們呵！／我奉送幾片餅乾在水裡，／請你們充充饑罷。／哼！瞎了麼？／為甚偏不吃香甜的餅乾呢？」或者是「芭蕉姑娘呀，夏夜在此納涼的那人兒呢？」（〈芭蕉姑娘〉）；「我遠望洋洋的海，／我洋洋的心更覺洋洋了。」（〈洋洋〉），以及〈西湖小詩〉、〈西湖雜詩〉、〈小鳥〉、〈蝴蝶〉、〈我們想〉等，都是童心所化成的詩篇。馮雪峰的〈小朋友〉寫在杭州街上偶遇一個不相識的小朋友，兩人笑著說了幾句話，分手之後，「後來，我常常去尋他，／卻再也尋不到了。／但他總逃不掉是我底／不相識的小朋友呵！」描寫的就是一個孩子單純的心思。〈城外紀遊〉寫一次鄉間之遊，對孩子表現出極大的友善與嚮往：「我們竟跑得有些倦了；／便在一間草舍的旁邊坐下來。／『鄉

間真有趣呵！」／漠華這樣地哼了一聲，／驚醒了一個睡在／一堆乾草的上邊／黃狗的腳邊的小孩子。／他起來向我們看了好久；／他那含著指頭微笑著的臉的可愛呵！／我們真仰羨極了。／漠華說，『為了小孩子也要住鄉間。』／我說，『為了小孩子也不好不結婚。』」這樣的天真口吻，是因為馮雪峰自己也是個保有赤子之心的孩子呀。

　　當然，他們畢竟年輕，即使放情高歌的姿態令人矚目，純真的自我也充分融入在詩作中，但這並不保證作品在藝術審美上的水準與品質，應修人就曾經寫信給潘漠華說：「大家詩都不是十分完美，《湖畔》能有三四首好詩已很夠了。」[36]汪靜之也自我反省道：「缺點是幼稚，但也有與幼稚有連帶關係的天真。」[37]這「天真的幼稚」如果是在三〇年代或以後，恐怕是不會引起多少波瀾的，這些藝術上不夠成熟的作品之所以讓文壇震動，正是因為暗合了「五四」這個青春的時代，以及民國新成的氣象，也就是說，少年中國與天真詩國水到渠成般地匯聚在一起，掀起了一股浪潮。他們的「孩子氣」恰好擊中了「世故態」的顢頇與虛偽，一如「五四」帶給人們新鮮的國族想像與新生的契機，他們完全是新時代的產兒。有論者就指出：「『湖畔』詩人的童稚氣實質上便是在嶄新的愛情追求上所表現出來的時代朝氣或時代青春感。它雖然體現在四位詩人的詩作中，卻不僅是他們個人的，而且是那時代全體青年的。」[38]換言之，這是一種「集體表徵」，湖畔詩人

---

36 應修人致潘漠華信，見《湖畔詩社評論資料選》，頁 295。
37 汪靜之：〈回憶湖畔詩社〉，《汪靜之文集・沒有被忘卻的欣慰》，頁 37。
38 見張德厚、張福貴、章亞昕：《中國現代詩歌史論》（長春：吉林教育出版社，1995 年），頁 205。

不過是時勢造英雄下的「代言者」。正是這種孩子氣與青春感，衝撞了暮氣深沈、枷鎖深重的社會，宗白華因此而肯定地說：「我個人是以爲這種純潔天真，活潑樂生的少年氣象是中國前途的光明。那些世故深刻，悲哀無力的老氣沈沈，就是舊中國的墳墓。」[39]

　　然而，當「革命意識」逐漸取代「審美意識」，當曾經的天真少年被帝國主義侵略罪行震醒，開始發出控訴的吶喊，迎向黑暗社會現實，甚至加入共產黨，直接投身革命洪流裡時，「少年」就已經長大了，湖畔美好歲月也將過去，一如應修人寫於 1925 年 1 月的〈雪夜〉所自陳的：

> 塵煤的城市霧上我牧歌情懷，
>
> 此刻就有驢子呀，也不想去款款尋梅；
>
> 噯，童年期的「無愁」去已遠了，遠了！
>
> 年來我胸裡像胸外，定也在霰雪橫飛。

　　在寒氣襲來、風雪飛舞的街頭，詩人毅然拋開無憂的童年，大聲疾呼：「我要把你這銀髮的冬樹猛推，／啊！── 人世的衣冠呀，萬朵齊墜！」最後激情地怒吼出：「啊，你們凍餓的群眾！狂喊狂衝，／萬歲呀萬歲呀，一幕悲壯的『世界暴動』！」這一聲怒吼，使他們匯入了時代的大合唱中，淹沒了自我微弱、唯美的聲音。這一聲怒吼，也宣告了湖畔天真詩國的瓦解，尖銳鬥爭時刻的到來。

五、從「五四」、「五卅」到「五七」

　　從「五四」到「五卅」，1925 年以後，湖畔的愛情詩就讓位

---

39 宗白華：〈《蕙的風》之讚揚者〉，《湖畔詩社評論資料選》，頁 152。

給了革命詩。「五卅」這一年的秋天，應修人拿了《共產黨宣言》等書給汪靜之，他看後「好像瞎子睜開了眼一樣」，沒有太多掙扎，就決定：「不再寫愛情詩，不再歌唱個人的悲歡，準備學寫革命詩。」[40]要「以詩為武器，為革命盡一分力。」[41]湖畔詩人的立場和當時許多受到革命洗禮的青年一樣，有了重大的轉變，他們體認到，「五四」時期需要用戀愛詩來反對封建禮教，但到「五卅」時期最需要的是革命詩。從此，「歌笑在湖畔」成了「革命在街頭」，甚至「衝鋒在戰場」。

於是，我們看到應修人在「五卅」之後加入共產黨，1933 年 5 月，他去上海昆山路昆山花園丁玲住處聯繫黨的工作，與埋伏逮捕的國民黨特務搏鬥，墜樓身亡，年僅 33 歲。潘漠華於 1927 年初加入共產黨，投身農民工作，1933 年在天津擔任市委宣傳部長時被捕，受盡酷刑，於 1934 年底絕食犧牲於獄中，年僅 32 歲。馮雪峰也是在 1927 年加入共產黨，曾為「左聯」的負責人之一，參加過「長征」，也被關過國民黨的集中營，寫了許多革命戰鬥的詩篇，但在 1957 年後被劃為右派份子，於 1976 年因病黯然長逝。至於未加入共產黨的汪靜之，則於 1921 年底寫了最早歌頌中國共產黨的一首新詩〈天亮之前〉[42]，整個三〇年代專注於編寫《愛

40　汪靜之：〈《蕙的風》（1957 年版）自序〉，《湖畔詩社評論資料選》，頁 283。
41　汪靜之：〈回憶湖畔詩社〉，《汪靜之文集・沒有被忘卻的欣慰》，頁 38。
42　〈天亮之前〉部分內容如下：「自從黑夜趕走了太陽，／霸佔了一切，／於是都伏於黑夜了 ── ／至今沈沈如死地夢著。……舊的太陽挽不回了，／又何必挽回呢？／我們只要歡迎著，／歡迎新的太陽早些光降；／這有莫大的希望呵！……你撒給我們和愛的光，／我們的生命才得復活呵。／但還有許多兄弟呢，／他們的不幸就是我們的不幸呀！……」汪靜之曾發表文章〈最早歌頌黨的一首詩 ── 〈天亮之前〉的寫作經過〉於 1982 年 9 月 23 日《文

國詩選》與《愛國文選》，抗戰期間在黃埔軍校擔任國文教官，講授愛國文學，宣揚抗日。文革結束後，他成爲湖畔詩社唯一的倖存者，從 1980 年起，他將晚年的精力全部用於恢復湖畔詩社和籌建湖畔詩社紀念館，新的湖畔詩社於 1981 年恢復，成立的宗旨改爲「爲人民服務，爲社會主義服務，推進社會主義詩教，用詩來美化人的心靈。」[43]和二〇年代「放情地唱呵」的單純美好訴求，已經有了極大的轉變。

　　從天真詩人到革命戰士，甚至成爲烈士，這是時代催化下的個人選擇，本是無可厚非的，任何一個「熱血青年」都不可能拋棄現實人生，躲進無病呻吟的夢囈中。只是湖畔的輝光就此黯淡了下來，放情的歌聲成了遙遠的絕響，個人的低吟成了集體的戰歌，怎麼說都是一件遺憾的事。

　　面對 1949 年以後的政治風暴，汪靜之又進一步（應該說是退一步）從寫革命詩變成以自我批判、「政治正確」爲考量的政治詩，對過去湖畔時期的詩作加以改寫、刪節，他清楚地意識到，純美已經成了招致禍害的引線，於是他自覺地、無奈地推翻過去的自己。那是反右鬥爭開始的 1957 年，他的《蕙的風》在馮雪峰的努力下有了重新出版的機會，這本是美事一樁，不料馮雪峰很快被

學報》，指出「詩中的『黑夜』指『軍閥』；『舊的太陽』指孫中山的國民黨；『新的太陽』指中國共產黨；……『還有許多兄弟』指全世界各國的無產階級；『他們的不幸就是我們的不幸』，就是說要講國際主義，不單是中國要革命，還要幫助全世界無產階級一起進行世界革命。」全文充滿了興奮的激情，文章結尾寫道：「以詩的藝術論，不過是詩壇上一件廢品。詩的廢品毀滅了不足惜，但廢品裡卻含著對新誕生的黨的滿腔熱望，一片深情！」見《汪靜之文集・沒有被忘卻的欣慰》，頁 29、31。

43 汪靜之：〈恢復湖畔詩社的經過〉，《汪靜之文集・沒有被忘卻的欣慰》，頁 52。

打成右派，汪靜之被無端解職，甚至有人將汪靜之與周作人同置於「反動文人」之列，《汪靜之文集》的編纂者飛白對此有清楚的說明：

> 在此形勢下，他對將要重版的《蕙的風》大刀闊斧，刪去了全書三分之二的內容，剩下的三分之一也作了全面修改，並在自序中反覆做自我批判，稱之為「壞詩」，「不成其為詩」，只是些「斷磚碎瓦，破骨殘齒」。極具諷刺意味的是：在這個本子裡，當初遭到過保守派激烈抨擊的句子刪除殆盡，鋒芒棱角都被去掉了；就連很一般的詩句，也被改得更為「樂觀」、更為「積極」，以求政治上「正確」。[44]

這其實是十分悲哀的。飛白特別舉了〈海濱〉一詩的結尾為例，說明汪靜之是如何以改變來適應那特殊的環境要求，原詩寫的是海浪對沙灘的愛情：

> 海浪呀，
>
> 你歇歇吧！
>
> 你已經留給伊了 ——
>
> 你底愛的痕跡統統留給伊了。
>
> 你如此永續地忙著，
>
> 也不覺得倦麼？

胡適曾稱讚這首詩「確有稚氣，然而可愛呵，稚氣的新鮮風味！」[45]但為了政治正確，汪靜之卻將這六行詩改成了兩行：

> 海浪不覺得倦，

---

44 飛白：〈愛的迴旋曲〉，《汪靜之文集·詩歌卷前言》，頁 15。
45 胡適：〈蕙的風·序〉，《汪靜之文集·蕙的風》，頁 34。

　　永遠是向前滾向前跑。

　　正如飛白所說：「這樣就既簡明又正確了，然而愛情主題不見了，標語口號化的跡象掩蓋了天然的純真。」[46]「五七」之後，不懂政治的汪靜之，卻天真地專心致志寫起宏大的政治詩，這一次，時代站在他這一邊，他寫了許多「合乎時宜」的作品，但遠離審美藝術的結果，卻是完全失敗的，最終他只能悲壯地將投入二十多年心血的大批詩稿付之一炬。

　　「五卅」的時代風雨，革命情緒的高漲，社會迫切的需求，曾經使湖畔詩人放下愛與美，不再歌詠愛情與自然，轉而投入血與淚的火熱革命，以實際行動寫下戰鬥的詩篇；「五七」的政治鬥爭，則改變了一個詩人，也葬送了一個詩人。歷史再一次赤裸裸地告訴我們：能自由地歌詠愛情是多麼難得，放情的歌唱是何等幸福，而個人純美的追求，有時只能是一種奢望。只有理解了這一點，我們才能正確並寬容地看待當年這四個天真少年，在西子湖畔所走過的凌亂足印，以及遠去的稚語笑聲，青春身影。

46　飛白：〈愛的迴旋曲〉，《汪靜之文集・詩歌卷前言》，頁 16。

第六章　愛、自由與美的單純信仰：
徐志摩－林徽因－聞一多

一、孕育自康橋純美精神的浪漫詩人

　　1925 年 8 月，徐志摩出版了第一本詩集《志摩的詩》，詩集中最後一首是〈康橋，再會罷！〉，在詩中，詩人以無比的深情回眸顧盼了許多難忘的景致後寫道：「 —— 但我如何能盡數，總之此地／人天妙合，雖微如寸芥殘垣，／亦不乏純美精神：流貫其間，／而此精神，正如宛次宛士（引者按：今多譯爲華茲華斯）所謂／『通我血液，浹我心臟』，有『鎮馴／矯飭之功』」[1]顯然，康橋的純美精神對詩人身心性靈的浸潤啓發是深刻而重大的，所以在這首詩中他如此自剖。而在另一篇散文〈吸煙與文化〉中，他也

---

[1] 《志摩的詩》原由中華書局自費出版，此引自《徐志摩全集》（上海書店，1995年）卷 1《詩集》，頁 198。

同樣直接地表示:「就我個人說,我的眼是康橋教我睜的,我的求知欲是康橋給我撥動的,我的自我的意識是康橋給我胚胎的。」[2]此後,「康橋」在他的心中就不再只是一群學院的代名詞,而是美的載體,愛的所在,一個浪漫自由的象徵,也是他終生追求的理想生活境界。雖然他曾經以詩文向康橋「道別」,但他至死也沒有離開過讓他「吹著了一陣奇異的風」,「照著了什麼奇異的月色」,從此開始傾向於「分行的抒寫」的康橋,就如他自己所言:「康橋!汝永爲我精神依戀之鄉!」(〈康橋,再會罷!〉),康橋一直是詩人情感上永遠的故鄉,創作時的靈感之源。

在沒有成爲詩人之前,徐志摩的志向是想進金融界,做一個「中國的 Hamilton」,他說:「在 24 歲以前我對於詩的興味遠不如對於相對論或民約論的興味」,「在 24 歲以前,詩,不論新舊,於我是完全沒有相干。」[3]即使是成爲詩人,徐志摩在追求浪漫主義、自由主義的風格同時,也不曾失去一個人道主義者對時代的強烈感受。在杭州府一中讀書時,14 歲的徐志摩就寫下〈滾繡球〉這首氣吞山河的詞:「小丑亡,大漢昌,天生老子來主張。雙手扭轉南北極,兩腳踏破東西洋。白鐵有靈劍比光,殺盡胡兒復祖邦。一杯酒,灑大荒。」[4]時值辛亥革命風起雲湧之際,這首詞流露出他憂國憂民的氣慨。在告別林徽因[5]、結識陸小曼的 1924 年,在

---

2 〈吸煙與文化〉,《徐志摩全集》卷 4《散文丁集》,頁 132。
3 這幾句話出自徐志摩〈《猛虎集》序〉,《徐志摩全集》卷 4《散文丙集》,頁 139。Hamilton,通譯爲漢密爾頓(1757-1804),美國建國初期最重要的政治家之一,在華盛頓總統任期內先後主持財政和軍備工作。
4 此詞見徐志摩 1911 年的《府中日記》,收於虞坤林整理之《徐志摩未刊日記》(北京圖書館出版社,2003 年),頁 49。
5 林徽因,本名林徽音,典出《詩經‧大雅‧思齊》:「思齊大任,父王之母。

愛情風波裡打轉的詩人也沒忘記寫下〈毒藥〉、〈白旗〉、〈嬰兒〉等近似控訴的散文詩，其中對人性的批判、光明的嚮往，讓我們看到了向黑暗勢力宣戰的詩人本色。這一類具有極端強烈時代感的詩作還有很多，如〈夜〉、〈蓋上幾張油紙〉、〈留別日本〉、〈梅雪爭春（紀念三一八）〉、〈大帥〉、〈殘春〉、〈秋蟲〉等，幾乎貫穿了他一生的創作生涯，楊牧在編校《徐志摩詩選》時對此有感而發：「可惜他這許多哲學思考和社會體驗的作品，有時竟被環繞在他詩人形象外的傳聞和謠言所淡化，使我們無法真正理解他，……數十年來，他這份關懷爲論者所忽略，所以這是我們必須強調，以還詩人徐志摩真實面目的重點。」[6]

　　誠然，詩人的面目是複雜多樣的。處在上個世紀二〇年代的社會，控訴殘暴軍閥，抗議政府無能，悲憫人生苦難，爲勞動者、貧窮者、被迫害者代言，是時代的主流課題，徐志摩難以避免會有這類的體會和描寫。反抗與介入，是詩人與時代共同呼吸的自然姿態。這樣的姿態可能不是我們熟悉的，但卻是真實的；可能只是局部的，但也是深刻的。我們熟悉且較爲全面的是對文學、理想、人性有著「單純信仰」的新月才子，是濃得化不開、以生命歌唱至死方休的浪漫詩人，也是在如雪花飛揚的愛情世界裡痛苦、快樂的多情靈魂。對徐志摩來說，愛是他的宗教，美是他的信仰，真是他的靈魂，自由是他的人格，而愛情與大自然則是他

思媚周姜，京室之婦。大姒嗣徽音，則百斯男。」後因當時文壇有一男性作家林徽音，作品風格通俗，林徽因唯恐不知者混爲一談，遂於 1935 年起改名爲林徽因。本書於行文時統一以林徽因稱之，但少數如梁從誡爲台灣天下文化公司編選出版的《林徽音文集》，則依其書名。

6 楊牧：《徐志摩詩選‧導論》（台北：洪範書店，1987 年），頁 8、11。

永恆的追求與皈依。這也難怪他的摯友胡適會如此形容他：「他的人生觀真是一種『單純信仰』，這裡面只有三個大字：一個是愛，一個是自由，一個是美。他夢想這三個理想的條件能夠會合在一個人生裡，這是他的『單純信仰』。他的一生的歷史，只是他追求這個單純信仰的實現的歷史。」[7]

這個以自由、愛與美為核心的單純信仰，是他融匯了自由主義、浪漫主義、唯美主義、個人主義、人道主義等多重思想內涵後的精神產物，其中有著許多作家的身影與面貌：華滋華斯（William Wordsworth，1770-1850）、曼殊斐兒（Katherine Mansfield，1888-1923）、拜倫（G.G.Lord Byron，1788-1824）、雪萊（P.B.Shelley，1792-1822）、濟慈（John Keats，1795-1821）、哈代（Thomas Hardy，1840-1928）、鄧南遮（丹農雪烏，D´Annunzio，1863-1938）、羅曼羅蘭（Romain Rolland，1866-1944）、波特萊爾（Charles Baudelaire，1821-1867）、泰戈爾（Rabindranath Tagore，1861-1941）等人的精神啓發與藝術感染，造就了徐志摩不凡的詩藝與激越的才華，以及他追求生命理想、藝術至上的抒情審美意識。就如他在〈讀雪萊詩後〉裡強調的，偉大的詩人對美有極純摯的愛，「不但是愛，更是以美為一種宗教的信仰」，「美是宇宙之大靈，美是宇宙的精神」，「只有受精神感動的詩人才能默悟到此，領會到此。」[8]在中國現代詩人中，對愛與美有真正「默

---

7 胡適：〈追悼志摩〉，原載《新月》月刊第 4 卷第 1 期「志摩紀念號」，1932 年 8 月。引自秦賢次編：《雲遊 —— 徐志摩懷念集》（台北：蘭亭書店，1986 年），頁 4。

8 轉引自程國君：〈藝術至上，生命最美 —— 徐志摩的唯美藝術觀和愛情詩創作〉，《甘肅教育學院學報（社會科學版）》第 16 卷第 1 期，2000 年，頁 58。

悟」、「領會」的並不多，徐志摩肯定是這少數人中出色的一位。即使他對社會、政治現實並不乏控訴的聲音，對人間的不平不公也有著人道主義的關懷，但說到底，那是因爲這些醜惡、卑劣、虛僞的現象，與他一貫堅持的愛／美理念有所牴牾的緣故。

　　儘管徐志摩的思想和藝術看來有些「複雜」，但實際上他是個極「單純」的人。他在愛情、婚姻上的「複雜」，說穿了也是因爲他的「單純」所致，1922 年在給梁啓超的信中就已坦言：「我將於茫茫人海中訪我唯一靈魂之伴侶；得之，我幸；不得，我命。如此而已。」[9]爲了這個單純的信念，他在情路上坎坷奔波，付出了極大的代價。從文學的角度看，這「靈魂的伴侶」就是藝術（特別是詩歌）的美、真、自由與愛所混融而成的理想境界。他這一生詩藝的追求，就是單純的以此爲鵠的。他生命的重心是感覺與情感，同爲新月社成員的陶孟和就曾指出：「志摩不是一個哲學家的尋求理智，他是一個藝術家的尋求情感的滿足。……他所愛的是人生的美麗。……他自己所尋求的都是陽光，暖和，甜蜜，美麗，一切人生的美。」[10]徐志摩人格與作品的理想在此，單純在此，高貴在此，可愛也在此。

　　徐志摩曾經以一幅充滿象徵意味的畫來傳達他對愛、美、自由的單純信仰，在〈海灘上種花〉一文中寫道：「這裡還有一幅畫，這是自然的崇拜，你們看這孩子在月光下跪著拜一朵低頭的百合花，這時候他的心與月光一般的清潔與花一般的美麗，與夜一般

9　徐志摩：〈致梁啓超信四通・四〉，《徐志摩全集》卷 9《補編・日記書信集》，頁 7。
10　陶孟和：〈我們所愛的朋友〉，《雲遊 —— 徐志摩懷念集》，頁 14-15。

的安靜。」他認爲這幅畫的象徵「不僅美，並且有力量；因爲它
告訴我們單純的信心是創作的泉源。」[11]在美的道路上，徐志摩
就像是這月光下跪拜百合花的孩子一般，清潔，美麗，安靜。在
他的諸多描寫愛情、大自然的作品中，我們可以輕易地感受到他
發自性靈深處的抒情審美意識，以一種安靜，清潔，美麗的姿態，
將花栽在藝術的園圃上。

二、唯美的體現，神秘的絕唱

儘管徐志摩詩作中有對人生理想的追求，對祖國與自由的熱
切關懷，也有對勞苦大眾的同情，對社會黑暗現實的憤懣，但他
仍有一些純美的詩，只爲了表達對美好愛情的渴望與歌頌，痛苦
與感傷，或是對雪月風花、夜鶯春梅的讚美與嚮往，在落葉小唱
中，在鄉村的音籟下，他寫出了只屬於個人心靈深處的浪漫情懷，
單純而美好。可以說，通過愛情與自然，他的生命、靈魂、藝術
有了唯美的體現，相滲相融爲一神祕的絕唱。

在詩人的生活與創作中，愛情始終是核心的信仰與追求。胡
適在〈追悼志摩〉中就說：「他的一生真是愛的象徵。愛是他的宗
教，他的上帝。」[12]在《愛眉小札》中，他更是近乎宣示般地說：
「戀愛是生命的中心與精華；戀愛的成功是生命的成功，戀愛的
失敗，是生命的失敗，這是不容疑義的。」[13]從愛出發，他寫了
許多愛情詩名作，傳誦一時。〈我有一個戀愛〉就道出了他對完美、

---

11 徐志摩：〈海灘上種花〉，《徐志摩全集》卷 3《散文乙集》，頁 138。
12 胡適：〈追悼志摩〉，《雲遊 ── 徐志摩懷念集》，頁 3。
13 徐志摩：〈愛眉小札 8 月 14 日〉，《徐志摩全集》卷 9《補編·日記書信集》，
　　頁 41。

理想的「愛」的追求：

> 我有一個戀愛——
>
> 我愛天上的明星；
>
> 我愛他們的晶瑩：
>
> 人間沒有這異樣的神明。
>
>
> 在冷峭的暮冬的黃昏，
>
> 在寂寞的灰色的清晨。
>
> 在海上，在風雨後的山頂——
>
> 永遠有一顆，萬顆的明星！
>
> ………
>
> 我袒露我的坦白的胸襟，
>
> 獻愛與一天的明星
>
> 任憑人生是幻是真
>
> 地球存在或是消泯——
>
> 大空中永遠有不昧的明星！

　　這「天上的明星」是詩人心中永遠的「一個戀愛」，它是晶瑩、純潔、閃爍的，超脫人間世俗，神秘如神明，可望而不可即，是純粹的愛與美的象徵。這明星在不同階段是不同女性的化身，從曼殊斐兒、林徽因到陸小曼，代表了理想美人的幻象。當 1923 年聞悉曼殊斐兒的死訊，他立即激動地寫了詩和散文表達沉重的哀傷，在詩中，他先以「我昨夜夢登高峰，／見一顆光明淚自天墜落。」象徵心中愛的明星隕落，繼而回憶兩人曾有的短暫會面：「我與你雖僅一度相見——／但那二十分不死的時間！／誰能信

你那仙姿靈態，竟已朝露似的永別人間？」這二十分鐘的短暫會面對詩人的意義是極其重大的：「我當年初臨生命的消息，／夢也似的驟感戀愛之莊嚴；／生命的覺悟是愛之成年，／我今又因死而感生與戀之涯沿！」他因此而體悟：「愛是實現生命之唯一途徑」。在散文〈曼殊斐兒〉中，他更是投注了深情，細細描繪曼殊斐兒的外貌、眼神、聲音之美，那感情的真摯律動，完全是發自肺腑的戀人之語：

> 至於她眉目口鼻之秀之明淨，我其實不能傳神於萬一，彷彿你對著自然界的傑作，不論是秋月洗淨的湖山，霞彩紛披的夕照，南洋裡瑩澈的星空，或是藝術界的傑作……你只覺得他們整體的美，純粹的美，完全的美，不能分析的美，可感不可說的美。……曼殊斐兒音聲之美，又是一個 Miracle 一個個音符從她脆弱的聲帶裡顫動出來，都在我習於塵俗的耳中，啟示一種神奇的意境。彷彿蔚藍的天空中一顆一顆的明星先後湧現。像聽音樂似的，雖則明明你一生從不曾聽過，但你總覺得好像曾經聞到過的也許在夢裡，也許在前生。

至於曼殊斐兒的文學，徐志摩認為就像是「夏夜榆林中的鵑鳥，嘔出縷縷的心血來製成無雙的情曲」，是「純粹的文學」。從人到作品，曼殊斐兒就像是他的一個「不死的」戀愛典型，如天上明星般的完美形象。

在愛情的世界裡，快樂或痛苦，心碎或回味，呻吟或歡唱，瀟灑或惆悵，都是極端個人、主觀、自由的，也是真摯、沉重的，徐志摩以〈偶然〉道出了心靈交會的閃光，令人回味不已的瞬間，

從愛情到人生，真的「不必訝異，／更無須歡喜」，「你記得也好，／最好你忘掉」，因為這不過是生命中的一個偶然：「我是天空裡的一片雲，／偶爾投影在你的波心 —— 」，只要記得「在這交會時互放的光亮」即可。在〈闊的海〉中他也表達了相近的想法：「闊的海空的天我不需要，／我也不想放一隻巨大的紙鷂／上天去捉弄四面八方的風；／我只要一分鐘／我只要一點光／我只要一條縫 —— 」詩人在此運用了反差的藝術構成，強化情感張力，以「我只要」的重複呼喚，「一分鐘」、「一點光」、「一條縫」的渺小，突出了詩人對自由、生命、存在的渴望，一種永不放棄的探索與決心。對於愛情，徐志摩似乎一直就是在跋涉、摸索、追求的路上，不曾（也不願）放棄。

〈沙揚娜拉十八首〉，是徐志摩於 1924 年隨印度詩人泰戈爾訪日期間所寫的組詩，原收入初版本《志摩的詩》，但再版時卻刪去了前 17 首，僅存最後一首，但這一首卻堪稱是這組詩中的「絕唱」：

> 最是那一低頭的溫柔，
>
> 像一朵水蓮花不勝涼風的嬌羞，
>
> 道一聲珍重，道一聲珍重
>
> 那一聲珍重裡有蜜甜的憂愁 ——
>
> 沙揚娜拉！

從日本女郎嫵媚的笑靨與柔情中，詩人感受到了女性特有的含情脈脈、欲言又止的嬌羞情態，也領略了濃郁的異國離情別緒，讓人產生許多遐想，這首抒情短詩，既刻畫了美麗女性的嫻靜與純美，又可視為詩人一生追求愛、自由與美的生動體現。一樣的

水蓮花，一樣的純美愛戀，在〈她是睡著了〉中浮現的仍是他渴盼的女性藝術形象：

> 她是睡著了 ──
> 星光下一朵斜欹的白蓮
> 她入夢境了 ──
> 香爐裡裊起一縷碧螺煙。
>
> 她是眠熟了 ──
> 澌泉幽抑了喧響的琴弦；
> 她在夢鄉了 ──
> 粉蝶兒，翠蝶兒，飜飛的歡戀。
> ………
> 可愛的梨渦，
> 解釋了處女的夢境的歡喜，
> 像一顆露珠，
> 顫動的，在荷盤中閃耀著晨曦！

這首詩在音韻上錯落有致，透過濃麗的描繪，將女性睡著的姿容、詩人綺麗的幻想，自然舒緩地婉轉呈現，在抑揚頓挫中湧出迴旋往復的蘊藉柔情，其藝術形象和作者的審美感情可以說巧妙地相互融合了。這就是徐志摩的愛情詩動人之處，當他寫情時微妙逼真，當他寫愛時純真深摯，當他寫起愛情的自由時理直氣壯！且看〈起造一座牆〉的末尾：「任憑秋風吹盡滿園的黃葉，／任憑白蟻蛀爛千年的畫壁；／就使有一天霹靂震翻了宇宙，／也震不翻你我『愛牆』內的自由！」這是對愛情多麼堅貞的表白！

雖然這可能只是一場虛妄的幻夢，但由此可充分看出徐志摩追求自由、崇揚個性、傾心真愛的詩人本色。

　　〈起造一座牆〉寫於 1925 年 8 月下旬，他和陸小曼的苦戀起於 1924 年，直到 1926 年 10 月正式結婚，其間風風雨雨，飽嘗愛情的艱苦歷程，這首詩顯然流露了詩人的執著與決絕的精神，不向封建世俗低頭，為求其所愛，付出代價也在所不惜。當愛情遇到傳統的束縛與反對時，他堅定地向愛人呼喊：「我拉著你的手，／愛，你跟著我走；／聽憑荊棘把我們的腳心刺透，／聽憑冰雹劈破我們的頭，／你跟著我走，／我拉著你的手，／逃出了牢籠，恢復我們的自由！」（〈這是一個懦怯的世界〉）當沉浸於愛情的甜蜜時，他以快樂的情緒投射於雪花的意象上，發出對愛情激昂的讚嘆：「假如我是一朵雪花，／翩翩的在半空裡瀟灑，／我一定認清我的方向 ── 飛颺，飛颺，飛颺，／這地面上有我的方向。……那時我憑藉著我的身輕，／盈盈的，沾住了她的衣襟，／貼近她柔波似的心胸 ── ／消溶，消溶，消溶，／溶入了他柔波似的心胸！」（〈雪花的快樂〉）如雪花的自由，追求絕對的愛，以悸動歡喜的心，寫出靈魂因愛而覺醒的衝動，展現了純美真愛的生命力。當愛情與理想黯淡迷茫之際，詩人以蓮蓬暗喻痛苦與沮喪：「我來揚子江邊買一把蓮蓬；／手剝一層層蓮衣，／看江鷗在眼前飛，／忍含著一眼悲淚 ── ／我想著你，我想著你，啊小龍！／／……我嘗一嘗蓮心，我的心比蓮心苦；／我長夜裡怔忡，／掙不開的惡夢，／誰知我的苦痛？／你害了我，愛，這日子叫我如何過？」（〈我來揚子江邊買一把蓮蓬〉）當所有的愛念只剩悲愴苦澀的心情，且步步沉重，逐漸墜入無盡的悲哀中時，詩人寫下〈我不知

道風是在那一個方向吹〉，憂傷悲泣地訴說：「我不知道風／是在
那一個方向吹 —— ／我是在夢中，／她的負心，我的傷悲。／／
我不知道風／是在那一個方向吹／我是在夢中，／在夢的悲哀裡
心碎！／／我不知道風／是在那一個方向吹 —— ／我是在夢中，
／黯淡是夢裡的光輝。」和陸小曼之間纏綿糾葛的曲折情愛，就
在這一首首如夢似幻、苦甜參半的詩篇中，化爲生命吟唱的詠嘆
調，交互激盪成波瀾起伏的情感浪潮。

　　詩人朱湘對徐志摩的愛情詩讚譽有加，在對《志摩的詩》的
評價中有一段中肯且不失生動的描述：「情詩正是徐君的本色當
行。走過了哲理詩的枯寂的此巷不通行的荒徑，走過了散文詩的
逼仄的一條路程很短的小巷，走過了土白詩的陌生的由大街岔進
去的胡同，到了最後，走上了情詩的大街，街上有掛滿了美麗幻
妙的小燈籠的燈籠舖，有雕金門面淺藍招牌的茶葉店，有噴出晚
香玉的芬芳的花廠，並且從堆滿了紅邊的黑漆桶的酸梅湯店裡飄
出一片清脆的敲銅片的聲音。」[14]這是詩人對詩人的見道之語，
描述得有如畫般的聲色並茂。除了上述代表性的情詩外，徐志摩
膾炙人口的情詩還有不少，如〈落葉小唱〉、〈翡冷翠的一夜〉、〈我
等候你〉、〈你去〉、〈客中〉、〈別擰我，疼〉等，正是這些純粹、
美好、浪漫的作品，徐志摩才會在文壇上烙印下鮮明而永恆的「情
聖」形象。

　　徐志摩的抒情審美意識除了表現在愛情詩外，拋卻現實、寄
情山水、詠物寫景的詩作，也透露著詩人對自然生命的感悟，他

---

14 朱湘：〈評徐君志摩的詩〉，《中書集》（上海：生活書店，1937 年），頁 821。

浪漫的性靈，在如流雲般自如的文字醞釀下，總能找到一條清晰的感情線索，也總能扣動著人們的心弦。他善於透過對自然物象的感知，把客觀世界裡的形象與自己濃烈的情感統一起來，渲染出一幅幅生動的畫面，來宣露內在微妙的心情。不論是出自逃避現實的動機，還是本性對自然景物的親近迷戀，他寫下了許多純美氛圍的詩作，讓人陶醉。在〈愛的靈感 —— 奉適之〉一詩中，他直陳：「自然／是我的享受；我愛秋林，／我愛晚風的吹動，我愛／枯葦在晚涼中的顫動，／半殘的紅葉飄搖到地，／鴉影侵入斜日的光圈；／更可愛是遠寺的鐘聲／交換村舍的炊煙共做／靜穆的黃昏！」眷戀自然，凝視大自然的優美和諧，成為詩人至高的幸福。且看〈山中〉寧謐靜好的意境：

> 庭院是一片靜，
> 聽市謠圍抱；
> 織成一地松影 ——
> 看當頭月好！
>
> 不知今夜山中
> 是何等光景；
> 想也有月，有松，
> 有更深的靜。
>
> 我想攀附月色，
> 化一陣清風，
> 吹醒群松春醉，

　　去山中浮動；

　　吹下一針新碧，
　　掉在你窗前；
　　輕柔如同嘆息 ——
　　不驚你安眠！

　　詩人把他對美的瞬間感悟轉化為動人的詩篇，有美好的生命
律動，也有真實個性的體現，在對月夜的靜觀默想中，詩人捕捉
了一種難以言說的惆悵和渴念，我們不難發現，詩人是深愛幽美
安靜的意境的，有月，有松，有一份靜，因此而有了一份浪漫的
遐想。還有〈鄉村裡的音籟〉，簡直是一幅幅鄉村圖景的畫片，巧
妙地排列在一起，構成藝術的審美境界：

　　小舟在垂柳蔭間緩泛 ——
　　一陣陣初秋的涼風，
　　吹生了水面的漪絨，
　　吹來兩岸鄉村裡的音籟。

　　我獨自憑著船窗閒憩，
　　靜看著一河的波幻
　　靜聽著遠近的音籟 ——
　　又一度與童年的情景默契；

　　這是清脆的稚兒的呼喚，
　　田場上工作紛紜，

竹籬邊犬吠雞鳴：

但這無端的悲感與悽惋！

白雲在藍天裡飛行：

我欲把惱人的年歲，

我欲把惱人的情愛，

託付與無涯的空靈 —— 消泯；

回復我純樸的，美麗的童心：

像山谷裡的冷泉一勺，

像曉風裡的白頭乳鵲，

像池畔的草花，自然的鮮明。

　　這首詩寫出了作者如何從大自然中體悟到如童年、如音籟的美，可以說，大自然就是他愛、自由與美的理想顯現，正如他在〈翡冷翠山居閒話〉所說的：「只有你單身奔赴大自然的懷抱時，像一個裸體的小孩撲入他母親的懷抱時，你才知道靈魂的愉快是怎樣的，單是活著的快樂是怎樣的，單就呼吸單就走道單就張眼看聳耳聽的幸福是怎樣的。」[15]對大自然的崇拜與讚美，正是他對詩化生活的嚮往與追求。即使是渺小的一草一木，也能得到詩人有情的注視與純美的體味，〈渺小〉、〈朝霧裡的小草花〉就是這一類移情入景、低迴詠唱，並使人感到深沉意蘊的小詩。「我仰望

15　徐志摩：〈翡冷翠山居閒話〉，原刊 1925 年 7 月 4 日《現代評論》第 2 卷第 30 期，後收入散文集《巴黎的鱗爪》。引自《徐志摩全集》卷 4《散文丁集》，頁 127。

群山的蒼老，／他們不說一句話。陽光描出我的渺小，／小草在我的腳下。／／我一人停步在路隅，／傾聽空谷的松籟；／青天裡有白雲盤踞——轉眼間忽又不在。」這首〈渺小〉像極了古典詩的絕句，精緻而有意境，情景交融中有種對生命的澈悟。〈朝霧裡的小草花〉則是對路邊的野花發出心靈的感喟：「這豈是偶然，小玲瓏的野花！／你輕含著閃亮的珍珠／像是慕光明的花蛾，／在黑暗裡想念著焰彩，晴霞；／／我此時在這蔓草叢中過路，／無端的內感，惆悵與驚訝，／在這迷霧裡，在這岩壁下，／思忖著，淚怦怦的，人生與鮮露？」詩人在此以滿含著激情的心靈火光把自然界的景物照亮，細膩地將主體性靈與客觀世界遇合，從而呈現出帶有審美藝術的意境，或許，這就如現代著名美學家朱光潛所說：「美不完全在外物，也不完全在人心，它是心物婚媾後所產生的嬰兒。」[16]。在主體與客體的追逐逼近中，美成為一種境界，閃現出它剎那的光華。

詩人的靈魂是好動的，〈自剖〉是最好的說明：「我是個好動的人；每回我身體行動的時候，我的思想也彷彿就跟著跳盪。我做的詩，不論它們是怎樣的『無聊』，有不少是在行旅期中想起的。我愛動，愛看動的事物，愛活潑的人，愛水，愛空中的飛鳥，愛車窗外掣過的田野山水。……是動，不論是什麼性質，就是我的興趣，我的靈感。」[17]因為愛動，所以「想飛」，想「雲遊」，許多在行旅中寫下的詩篇，可以看出他愛自由、愛美的天性，通過

---

16 朱光潛：〈情人眼底出西施 —— 美與自然〉，《談美》，收入《朱光潛全集》（合肥：安徽教育出版社，1987 年）卷 2，頁 44。

17 徐志摩：〈自剖〉，《徐志摩全集》卷 3《散文甲集》，頁 256。

視覺審美發生的過程，詩人的純美意識也悄悄滲入，從而塑造出獨特的意境，產生一種神奇的魅力。如名作〈再別康橋〉，就是一幅流動的畫面，由近而遠，先寫河畔的風光，散發出金色光輝的柳樹，倒映「在康河的柔波裡」，讓詩人甘心做河中的「一條水草」。接著，把視線引向更遠的康河上游，看「榆蔭下的一潭」，和天上的彩虹交溶輝映，構成夢一般的圖景，令人遐想。當夜悄悄來臨，詩人終於在「星輝斑斕」裡向康橋告別。全詩色彩明麗，節奏輕柔，有詩人依依不捨的情感，也有康橋層次繁多的美景，兩者彼此交織，波瀾起伏，營造出夢幻般悵惘的氛圍。從康橋、翡冷翠、威尼斯到地中海、西伯利亞，從泰山到常州天寧寺，從破廟到揚子江邊，從火車、飛機到輪船，詩人奔波遊歷，如一片流浪的雲，陸續寫下了〈康橋西野暮色〉、〈威尼市〉、〈地中海〉、〈泰山日出〉、〈月下雷峰影片〉、〈滬杭車中〉、〈留別日本〉、〈西伯利亞道中憶西湖秋雪庵蘆色作歌〉等風景詩作，鋪陳出一片自由而純美的情感領域，讓詩中的盎然詩意與人生感受供人咀嚼回味，清新雋永，如夢般悠遠，如畫般絢麗。

三、詩化的散文，雲遊的旅人

作為出色的詩人，徐志摩散文家的形象同樣突出而鮮明。他曾自言：「除了天賦的限度是事實無可勉強，我敢說我確是有願心想把文章當文章寫的一個人。」[18]他的天賦和才氣畢竟是出眾的，或者說，他天生的性格與才華在散文方面一樣發揮得淋漓盡致，

---

18 徐志摩：〈《輪盤》序〉，原刊《輪盤》，中華書局 1930 年初版。引自《徐志摩全集》卷 4《散文丙集》，頁 151。

和新詩相比，甚至有人更喜歡他的散文，如好友梁實秋就指出：「我一向愛志摩的散文。我和葉公超一樣，以為志摩的散文在他的詩以上。志摩的可愛處，在他的散文裡表現最清楚最活動。……我覺得在他所努力過的各種文學體裁裡，他最高的成就是在他的散文方面。」[19]他的散文，同樣在愛情與自然的吟詠中，如詩般洋溢著自我的個性與才氣。彷彿是四方雲遊的旅人，許多充滿美與自由的山水景物，在他抒情審美意識的觸發下，在他從性靈深處的窺視下，成了一篇篇優美多情的作品，包括〈印度洋上的秋思〉、〈北戴河海濱的幻想〉、〈泰山日出〉、〈翡冷翠山居閒話〉、〈巴黎的鱗爪〉、〈我所知道的康橋〉、〈天目山中筆記〉等，既無社會啓蒙的宣示，也無政治救亡的教條，只有大自然呼吸的純粹感受，只有與生命靈性相接的美的感悟，只有活潑靈動的歌聲歡語，讓人沉醉，讓人激動，就如梁實秋所言：「無論誰，只要一讀志摩的文章，就不知不覺的非站在他的朋友的地位上不可……他寫起文章來真是痛快淋漓，使得讀者開不得口，只有點頭只有微笑只有傾服的份！……讀志摩的文章的人，非成為他的朋友不可。他的散文有這樣的魔力！」[20]

徐志摩的散文是一種詩化散文類型，他不僅喜歡在散文中穿插引用詩句，更重要的是他熱中於以強烈的情感、活潑流麗的文字去渲染濃郁的詩的氛圍，給人抒情的美的享受。代表作〈我所知道的康橋〉，透過對康河自然美景的描繪，彷彿一曲心靈的絕

---

19 梁實秋：〈讀志摩的散文〉，載《新月》月刊第 4 卷第 1 期特大號「志摩紀念」專輯。
20 同前註。

唱，引領讀者進入超凡脫俗的意境裡去，裡頭有水聲、鐘聲、倦牛芻草聲，有朝陽、星光、樹影、炊煙、小舟和划船的女郎，從早春到深秋，從河上到兩岸，他細細勾勒出康河的性靈與奧秘，以詩人獨特的感受，自由馳騁，因而顯得搖曳多姿，異彩紛呈。有詩的靈性，有散文的自由，交織而成的是一幅幅令人迷醉的畫景，如對炊煙的描寫：「朝霧漸漸的升起，揭開了這灰蒼蒼的天幕，（最好是微霽後的光景）遠近的炊煙，成絲的，成縷的，成捲的，輕快的，遲重的，濃灰的，淡青的，慘白的，在靜定的朝氣裡漸漸的上騰，漸漸的不見，彷彿是朝來人們的祈禱，參差的翳入了天聽。」寫得有形有色，具有動態的音樂的節奏感，將炊煙裊裊上升又漸漸淡化的形態描摹得栩栩如生。至於結尾對夕陽的描寫甚至帶有神祕色彩：「那是臨著一大片望不到頭的草原，滿開著豔紅的罌粟，在青草裡亭亭的像是萬盞的金燈，陽光從褐色雲裡斜著過來，幻成一種異樣的紫色，透明似的不可逼視……」大自然的奇景被詩化、神化，造成近乎膜拜的空靈氛圍，一如作者靈魂的顫慄，康橋的靈性已然昇華到哲學的高度了。

　　〈天目山中筆記〉是徐志摩文采飄逸、神思飛揚的又一佳構，其中描寫空山中的鐘聲，也是極致純美的意象：「多奇異的力量！多奧妙的啟示！包容一切衝突性的現象，擴大霎那間的視域，這單純的音響，於我是一種智靈的洗淨。花開，花落，天外的流星與田畦間的飛螢，上綰雲天的青松，下臨絕海的巉巖，男女的愛，珠寶的光，火山的溶液：一嬰兒在它的搖籃中安眠。」在靜寂虛空中傳來的鐘聲，使詩人沉睡的心靈被驚醒，也使他想像的生命之河開始激揚，瀟灑的詩意與生動的敘述融為一體，給人靈性的

啓迪與靈魂的飛升。徐志摩一生崇尙的自由、個性,透過豪放不
羈、曲盡幽思的寫景述懷,一如置身於「純粹」、「清曉」、「透徹」
的仙境天籟,將這篇自成一格的散文推向新奇獨特的美學境界。
這種嚮往自由、追求純美的信仰,在〈想飛〉中是這樣說的:「人
類最大的使命,是製造翅膀;最大的成功是飛!理想的極度,想
像的止境,從人到神!詩是翅膀上出世的;哲理是在空中盤旋的。
飛:超脫一切,籠蓋一切,掃蕩一切,吞吐一切。」對「飛」形
象崇拜的本身其實就寓藏著詩意的選擇,沒有詩美的根因,沒有
對生活與理想的自由信念,就不會有這一番開闊純粹的境界。

　　他的散文就是詩,也是他率直、天真情性的表露,受到浪漫
主義思想的洗禮,他一向視情感爲創作的方針,總是在文中奔湧
著充沛的情感。也因爲大自然能讓人體驗純粹美感的神奇,因此
他的詩和散文才會有許多歌詠自然之作,就像〈翡冷翠山居閒話〉
中所強調的:「自然是最偉大的一本書」,「在他每一頁的字句裡我
們讀得最深奧的消息。」當一個人漫遊的時候,「體魄與性靈,與
自然同在一個脈搏裡跳動,同在一個音波裡起伏,同在一個神奇的
宇宙裡自得。」於是,美的感受,美的氛圍將會勾魂攝魄般迎面而
來:

> 　　你的胸襟自然會跟著漫長的山徑開拓,你的心地會看著澄
> 藍的天空靜定,你的思想和著山壑間的水聲,山罅裡的泉
> 響,有時一澄到底的清澈,有時激起成章的波動,流,流,
> 流入涼爽的橄欖林中,流入嫵媚的阿諾河去……。[21]

---

21 徐志摩:〈翡冷翠山居閒話〉,《徐志摩全集》卷 4《散文丁集》,頁 128-129。

寥寥數筆，無窮的春意破紙而出，大自然悠悠不盡的美的情趣，也就隨著水聲泉響流入讀者的心中了。

　　徐志摩對審美的追求是帶有強烈的個性主義色彩的，儘管他有時會把美和救國淑世聯繫在一起，把愛做為拯救人類的福音來加以謳歌，但更多時候，他是把愛與美視為藝術審美的極境，必須嘔心瀝血去構築，用生命用靈魂去尋找的，就如他在1931年出版的《猛虎集》序言中所說：「我只要你們記得有一種天教歌唱的鳥不到嘔血不住口，它的歌裡有它獨自知道的別一個世界的愉快，也有它獨自知道的悲哀與傷痛的鮮明；詩人也是一種癡鳥，他把他的柔軟的心窩緊底著薔薇的花刺，口裡不住的唱著星月的光輝與人類的希望非到他的心血滴出來把白花染成大紅他不住口。他的痛苦與快樂是渾成的一片。」這段藝術至上的慷慨陳詞，和八年前的一個夜晚，他對心中的女神曼殊斐兒的讚美如出一轍：「她像夏夜榆林中的鵑鳥，嘔出縷縷的心血來製成無雙的情曲，便唱到血枯音嘶，也還不忘她的責任，是犧牲自己有限的精力，替自然界多增幾分的美，給苦悶的人間，幾分藝術化精神的安慰。」對美與愛的真誠膜拜，使他即使面對生命的虛幻與衝突，也不會流於唯美、感官的享樂。[22]

---

22 儘管有些論者對徐志摩少數戀愛詩的肉慾傾向有所批評，如胡炳光便認為收在《翡冷翠的一夜》中的〈兩地相思〉一詩，其中有「給你這一團火，她的香唇，／還有她更熱的腰身！」、「他來時要抱，我就讓他抱」等句子，過於香艷，破壞整首詩的深度。參見胡炳光：〈徐志摩——一個資產階級自由主義詩人〉，《天津師大學報》1985年第1期，頁65；又如金尚浩也認為收在《雲遊》中的〈別擰我，疼〉，根本是「把肉麻當有趣」、「顯得庸俗無聊」。參見金尚浩：《中國早期三大新詩人研究》（台北：文史哲出版社，2000年），頁226、227。但這些帶有肉慾傾向的詩畢竟不多，何況是否庸俗、肉麻也

　　作爲「天生就是一個感情性的人」[23]，徐志摩的浪漫氣質接近於英國詩人雪萊，他曾自稱「我最愛中國的李太白，外國的Shelley」[24]，有許多研究者都指出徐志摩與雪萊作品間的親緣關係，甚至認爲徐志摩的開始寫詩，是受到雪萊的影響[25]，徐志摩發表於《新月》月刊第 2 卷第 12 號上的一首詩〈黃鸝〉，就被認爲是雪萊〈致雲雀〉的中文簡縮版[26]：

　　見仁見智，如學者程國君就認爲，像〈別擰我，疼〉等詩，「你可以把這類詩看做是『庸俗』，『下流』，『無恥』，從而去道德評判，但你如果從它捕捉描摹的逼肖或者從新的藝術傾向、新的藝術語彙、新的藝術主旨看，比如說它代表了別種深度模式看，你不認爲徐志摩這類詩代表了一種新的藝術探索？對唯美主義者徐志摩來說，不代表一種新的藝術精神？」參見程國君：〈藝術至上，生命最美 ── 徐志摩的唯美藝術觀和愛情詩創作〉，《甘肅教育學院學報（社會科學版）》第 16 卷第 1 期，2000 年，頁 62。

23 徐志摩：〈落葉〉，《徐志摩全集》卷 3《散文乙集》，頁 100。

24 徐志摩：〈詩人與詩〉，原載 1923 年 6 月《新民意報》副刊《朝霞》第 6 期，引自《徐志摩全集》卷 8《補編‧散文集》，頁 461。

25 許多論者都說徐志摩就是中國的雪萊，他們兩人間聯繫的密切，可參看朱徽：〈「五四」時期中國新詩接受的英美影響〉，《中西比較詩藝》（成都：四川大學出版社，1996 年），頁 358；孫乃修：〈徐志摩：性靈深處的妙悟〉，《走向世界文學》（曾小逸主編，長沙：湖南人民出版社，1985 年），頁 350、351；江弱水：〈一種天教唱歌的鳥：徐志摩片論〉，《中西同步與位移 ── 現代詩人叢論》（合肥：安徽教育出版社，2003 年），頁 21-27。江弱水指出，徐志摩在《猛虎集‧序》中所言：「整十年前我吹著了一陣奇異的風，也許照著了什麼奇異的月色，從此起我的思想就傾向於分行的抒寫。」他認爲這「一陣奇異的風」，「正是從雪萊那裏吹過來的」（頁 24）；徐志摩的學生、詩人卞之琳也指出，徐志摩的詩思與詩藝，幾乎沒有越出 19 世紀英國浪漫派雷池一步，而其中最能引起他共鳴的就是雪萊，卞之琳還生動地回憶 1931 年在北京大學的英詩課上：「他給我們在課堂上講英國浪漫派詩，眼睛朝著窗外，或者對著天花板，實際是自己在作詩，天馬行空，天花亂墜，大概雪萊就是化在這一片空氣裡了。」見卞之琳：〈徐志摩詩重讀誌感〉，《人與詩：憶舊說新》（上海：三聯書店，1984 年），頁 20。

26 依照江弱水的分析，他認爲：「細細對照兩個文本，只見〈黃鸝〉處處打上了〈致雲雀〉的印記：一『掠』而起（spring），『展翅』高飛（wing），『化一朵彩雲』，『像是……火焰』（like a cloud of fire），『飛了，不見了，沒了』（thou art unseen），等等。」見氏著：《中西同步與位移 ── 現代詩人叢論》，

一掠顏色飛上了樹。

「看，一隻黃鸝！」有人說。

翹著尾尖，它不作聲，

艷異照亮了濃密 ——

像是春光，火焰，像是熱情。

等候它唱，我們靜著望，怕驚了它；但它一展翅，

衝破濃密，化一朵彩雲；

它飛了，不見了，沒了 ——

像是春光，火焰，像是熱情。

　　和早夭的天才雪萊一樣，「想飛」的徐志摩最終以戲劇化的方式在空中「化一朵彩雲」，像春天的火焰一般「不見了」。徐志摩曾經被稱為「中國的拜倫」，他對拜倫很崇拜，當拜倫 36 歲死於希臘的戰場時，徐志摩懷著哀慟的心寫下〈拜倫〉一文，激動地說：「太陽也有他淹沒的時候，但是誰能忘記他臨照時的光焰？」這「臨照時的光焰」，看來也適合徐志摩自己。就如梁實秋的悼念文章中所言：「志摩的死也可以說是拜倫式的。」梁實秋還說：「濟慈死得更年輕，他給自己撰寫的墓銘是：『這裡睡著一個人，他的名字是寫在水上了。』志摩的名字可以說是寫在一團火焰裡了。」[27]對於濟慈的死，徐志摩也在〈濟慈的夜鶯歌〉中多所著墨：「他

頁 23。另外，在散文〈想飛〉裡，徐志摩也引過〈致雲雀〉裡的這句詩："Thou art unseen, but yet I hear the shrill delight." 大意是「你無影無蹤，但我仍聽見你的尖聲歡叫。」

27 梁實秋：〈徐志摩與「新月」—— 詩人徐志摩逝世 40 周年〉，《雲遊 —— 徐志摩懷念集》，頁 188。

願意解脫了不完全暫時的生為要化入這完全的永久的生。他如何去法，憑酒的力量可以去，憑詩的無形的翅膀亦可以飛出塵寰，或是聽著夜鶯不斷的唱聲也可以完全忘卻這現世界的種種煩惱。他去了，他化入了溫柔的黑夜，化入了神靈的歌聲——他就是夜鶯；夜鶯就是他。」如預言的輓歌，徐志摩在結尾寫道：「音樂完了，夢醒了，血嘔盡了，夜鶯死了！但他的餘韻卻裊裊的永遠在宇宙間迴響著……」這豈是「偶然」？意外的空難，轟天的巨響，結束了年僅 35 歲的詩人生命。徐志摩最終以最徹底的方式完成終生追求的浪漫理想，也像他生前所熱烈崇拜的浪漫派詩人雪萊、拜倫、濟慈等一樣，「用對生命的隆重告別寫下最後一首讓後人回味無窮的詩篇」。[28]

從此，他抒情的詩篇，瀟灑的身影，浪漫的形象，深烙在許多摯友、無數讀者的腦海裏，就如在星輝斑斕裡放歌的夜鶯，以及散放著愛與美的光芒的一彎新月般，他以純美、自由、浪漫、多情的個性與文采，將自己寫成「五四」一代最出色的新詩壇祭酒。

四、一個純美主義者的激情：林徽因[29]

毫無疑問地，在徐志摩生前，林徽因是他內心深處始終思念牽掛的人，而在徐志摩死後，林徽因則是對徐志摩始終思念牽掛的人。作家陳之藩甚至說：「徐志摩根本只愛林徽因，根本因失戀而補上陸小曼，陸小曼發現此情後，自然也不會愛他，悲劇鑄成

---

28 見朱炳輝：《夜鶯與新月——徐志摩傳》（台北：業強出版社，1993 年），頁 3。
29 這個標題出自張淑萍於 2005 年 6 月由 21 世紀出版社出版的《一個純美主義者的激情——林徽因畫傳》，作者以純美主義者來形容林徽因，應該說正掌握了林徽因的性格傾向與文學作品的主要特色。

矣。」[30]即使拋開情愛的糾葛，單以文學而論，林徽因的創作才華也可以說是在徐志摩的鼓勵下迸發的，梁從誡就說過：「母親寫作新詩，開始時在一定程度上受到過徐志摩的影響和啓蒙。」[31]她是在 1931 年春天開始發表詩作，當時她從瀋陽回到北平養病，住進香山的雙清別墅，徐志摩經常去探望她，並且向她爲自己創辦的《詩刊》邀稿，於是她在 1931 年 4 月《詩刊》第 2 期發表了三首愛情詩〈誰愛這不息的變幻〉、〈那一晚〉、〈仍然〉，接著在第 3 期又發表〈笑〉、〈情願〉、〈深夜裡聽到樂聲〉、〈一首桃花〉等詩，從此一步步成爲邵燕祥所說的：「三十年代的極富個性的、藝術上漸臻於爐火純青的女詩人。」[32]

很長一段時間，林徽因的詩人形象是模糊的，除了詩作未結集出版外，太多非詩的干擾遮蔽了她的詩人形象，例如她的身世與外貌，她與徐志摩、梁思成、金岳霖的情感關係，還有她的建築成就等等。但她確實是一個極具個人特點的現代女性詩人，擁有內斂的靈性，深沉的文化底蘊，以及浪漫藝術氣息濃厚的美感悟性，在美術、建築、文學、戲劇等多重藝術修養的交融化育下，她成爲現代文學史上一個審美風格豐富且獨特的個性存在。

1931 年和 1936 年是她詩歌創作的兩個高峰期，也是她純美詩風較集中展現的兩個時期。1931 年有〈那一晚〉、〈笑〉、〈情願〉、

---

30 引自蔡登山：《人間四月天 ── 名人的愛情故事》（台北：翰音文化公司，2000年），頁 17。

31 梁從誡：〈倏忽人間四月天 ── 回憶我的母親林徽因〉，《林徽音文集》（台北：天下文化公司，2000 年），頁 10。

32 邵燕祥：〈林徽因的詩〉，《中國現代作家選集‧林徽因》（陳鍾英、陳宇編，香港：三聯書店，1990 年），頁 300。

〈仍然〉、〈山中一個夏夜〉，1932 年有〈別丟掉〉等。1936 年則有〈山中〉、〈八月的憂愁〉、〈一串瘋話〉等。抗戰爆發成為她詩風轉變的分界點，此後她的作品即少有前期這類青春多感的抒情氣息，而有較多的時代氛圍與對民族命運前途思索的反映。即使如此，她也從不追求「宏大敘事」、「宏偉話語」，在〈哭三弟恆〉中她說：「我沒有適合時代的語言」；在 1936 年 1 月 29 日寫給美國友人費慰梅（Wilma Fairbank，1909-2002）的信中，她說：「我想到普羅文學是毫無道理的。優秀的文學就是優秀的文學，無論作者的意識形態如何。」[33]在〈文藝叢刊小說選題記〉中她更直言反對一味迎合時代主流去寫「農人與勞力者」，認為這是「盲從趨時的現象」，顯示出「缺乏創造力量」，「為良心的動機而寫作，那作品的藝術成分便會發生疑問。」於是，為《大公報・文藝副刊》編輯小說選集時，她堅持「創造力」、「藝術性」、「個性」、「不拘泥於任何一個角度」[34]，這些看法充分顯現出她不隨時代潮流起舞的個性，以及對自我抒情、審美情趣的高度追求。對此，她的兒子梁從誡說得很透徹：「也許正因為她不是出自對某種政治倫理的概念化的追求，反而使她所表達的愛和憎顯得格外真誠而自然。」[35]當然，作為一個具有良知、堅守自由主義信仰的知識分子，她對民族國家的關懷，對戰局的憂慮，對社會現實的了解，使她不免也會寫些諸如〈年關〉、〈「九・一八」閒走〉、〈除夕看花〉、〈病

33 見林徽因致費正清、費慰梅信，收於梁從誡編選：《林徽音文集》，頁 287。
34 以上這些說法，見其為《大公報・文藝副刊》編選小說選集的序言〈文藝叢刊小說選題記〉，曾發表於 1936 年 3 月 1 日《大公報・文藝》第 102 期星期特刊。引自梁從誡編選：《林徽音文集》，頁 41。
35 見梁從誡編選：《林徽音文集》，頁 363。

中雜詩九首〉、〈哭三弟恆〉等對尖銳現實有深沉寫照的詩作，但她畢竟不是丁玲，並沒有隨革命大潮起伏，而是用自己的感情與思考，以作品爲時代留下清晰而真實的側影罷了。

　　和散文、小說、劇本中較濃厚的社會現實色彩相比，林徽因的詩作就如梁從誡所指出的：「更多地卻是以個人情緒的起伏和波瀾爲主題的，探索著生活和愛的哲理；是一種恬靜生活中內向的精神發掘，……題材也顯得比較狹窄。」但她的詩卻能受到許多讀者讚賞，「主要是因爲詩中所流露的情感的真摯、細密和純淨，以及在表現形式上和手法上的清新和完美。」[36]她有女性寫作的細膩婉約，也有唯美傾向的個人化文風，這使她自然地成爲純美詩風的建構者。她的個人化、貴族化的性格傾向，使她偏好抒發個人的情緒，而與救亡圖存的時代氛圍保持距離，游離於革命潮流之外。學者黃艷琴指出：「林徽因既有秀雅、溫藉的古典氣質，也有清峻孤高的貴族氣質；既有熱情奔放的浪漫派氣息，又有憂鬱神秘的現代派特質；既有女性的細膩敏銳，又有學者式的睿智通達。」[37]這種獨特的人格魅力形成了她典雅、秀麗、浪漫、純美的詩風。

　　寫於 1931 年香山時期的作品〈笑〉，就是典型的純美風格：

　　笑的是她的眼睛，口唇，

　　和唇邊渾圓的漩渦。

　　豔麗如同露珠，

36　前揭書，頁 364。

37　黃艷琴：〈林徽因散文藝術魅力探尋〉，《邵陽學院學報》（社會科學），2002
　　年第 4 期，頁 60。

　　朵朵的笑向

　　貝齒的閃光裡躲。

　　那是笑 —— 神的笑，美的笑；

　　水的映影，風的輕歌。

　　笑的是她惺忪的鬖髮，

　　散亂的挨著她耳朵。

　　輕軟如同花影，

　　癢癢的甜蜜

　　湧進了你的心窩。

　　那是笑 —— 詩的笑，畫的笑：

　　雲的留痕，浪的柔波。

　　全詩以細膩的情緒描繪女子純淨迷人的笑容，大量運用了漩渦、貝、水影、風歌、花影、雲痕、浪波等具象，配以自然的韻律，生動入微地寫出了一個甜美燦爛、如詩如畫的笑，在嚴謹對稱中有著令人無限嚮往的美的遐想。同樣瀰散著浪漫派詩歌氣息的還有〈那一晚〉，這首被論者認爲是敘述 1921 年 10 月與徐志摩在康橋分手的情詩，雖然是分手，卻仍有對往日戀情的召喚與憶念，看似輕柔，實則蘊含著真摯的熱情：「那一晚我的船推出了河心，／澄藍的天上托著密密的星。／那一晚你的手牽著我的手，／迷惘的星夜封鎖起重愁。」在浪漫的星空下，兩人黯然離別：「那一晚你和我分定了方向，／兩人各認取個生活的模樣。」從此，再也沒能忘卻那一晚、那一人：「到如今我還記著那一晚的天，／星光、眼淚、白茫茫的江邊！」詩的結尾，林徽因滿含深情地寫

道：

> 那一天我希望要走到了頂層，
>
> 蜜一般釀出那記憶的滋潤。
>
> 那一天我要跨上帶羽翼的箭，
>
> 望著你花園裡射一個滿弦。
>
> 那一天你要聽到鳥般的歌唱，
>
> 那便是我靜候著你的讚賞。
>
> 那一天你要看到凌亂的花影，
>
> 那便是我私闖入當年的邊境！

　　從那一晚的無奈分手，到那一天的纏綿思念，林徽因傾瀉而出的是強烈的濃情愛意，即使用的是克制的語句，含蓄的修辭，一如徐志摩的「再別康橋」，但康橋從來也沒有離開過，林徽因向「那一晚」的告別與追念，其實是對「私闖入當年的邊境」的渴望與表白。

　　〈情願〉是林徽因這段時期另一首動人的情詩，寫的仍是對過往感情的悼念，以落葉、落花、流雲的漂盪凋零，暗喻一段感情的消逝與無奈，雖然沒有直接證據說明此詩中的「你」是指徐志摩，但很難不讓人有此聯想。詩中先以傷感的語調自訴：「我情願化成一片落葉，／讓風吹雨打到處飄零；／或流雲一朵，在澄藍天，／和大地再沒有些牽連。」再以悵惘的語氣向心愛的人道別：「忘掉曾有這世界；有你；／哀悼誰又曾有過愛戀；／落花似的落盡，忘了去／這些個淚點裡的情緒。」欲語還休中吐露的是幾分隱晦，幾分幽怨。如果她能預知徐志摩半年後的不幸，是否還會希望「你也要忘掉了我／曾經在這世界裡活過」？

　　也許是香山的美景觸發，也許是徐志摩詩情的激盪，林徽因對純美的膜拜與嚮往在這段時期特別鮮明，她寫了〈激昂〉一詩忘情地自剖：「我要借這一時的豪放／和從容，靈魂清醒的／在喝一泉甘甜的鮮露，／來揮動思想的利劍，」這劍將要斬去時間與人事的糾葛，以便「剖取一個無瑕的透明，／看一次你，純美，／你的裸露的莊嚴。」然後，「書寫我的驚訝與歡欣，／獻出我最熱的一滴眼淚，／我的信仰，至誠，和愛的力量，／永遠膜拜，／膜拜在你美的面前！」這是詩人對愛、自由與美的莊嚴宣示，大膽而直接，是其純美意識的信仰寫真。於是，我們看到了她當時與日後的詩歌中無處不在的情與美，或浪漫熱烈，或寧靜古典，深深地扣動人們的心弦。例如〈一首桃花〉（1931）中對桃花美姿的感觸：「看，／那一顫動在微風裡／她又留下，淡淡的，／在三月的薄唇邊，／一瞥，／一瞥多情的痕跡！」或是〈你是人間的四月天〉（1934）中對愛的讚頌：「你是一樹一樹的花開，是燕／在樑間呢喃，—— 你是愛，是暖，／是希望，你是人間的四月天！」又如〈深笑〉（1936）中那美好燦爛的笑靨：「是誰笑得那樣甜，那樣深，／那樣圓轉？一串一串明珠／大小閃著光亮，迸出天真！／清泉底浮動，泛流到水面上，／燦爛，／分散！」即使是記憶，她想到的也還是美的片段：「斷續的曲子，最美或最溫柔的／夜，帶著一天的星。／記憶的梗上，誰不有／兩三朵娉婷，披著情緒的花／無名的展開／野荷的香馥，／每一瓣靜處的月明。」（〈記憶〉，1936）至於發表於 1948 年的〈一串瘋話〉，則是林徽因少見的濃烈情詩，寫得纏綿悱惻、如痴如狂：「好比這樹丁香，幾枝山紅杏，／相信我的心裡留著有一串話，／繞著許多葉子，青青的

沈靜，／風露日夜，只盼五月來開開花！／／如果你是五月，八百里為我吹開／藍空上霞彩，那樣子來了春天，／忘掉醜睡，我定要轉過臉來，／把一串瘋話全說在你的面前！」這首充滿浪漫主義精神的作品，邵燕祥曾大加推崇，認為其「不可抑制的感情的迴環跌宕，通過語言、意象的錯落有致的顛倒安排，絕好地表現出那樣地純真，那樣地熾熱」，「在藝術上與徐志摩、聞一多、馮至、卞之琳寫得最好的格律詩相比並，也是沒有愧色的。」[38]看來，從三〇年代到四〇年代，不論是戰爭風雲的變幻，肢體病痛的折磨，還是生活條件的艱辛，她都不曾失去對美與愛的一點堅持與信念。

　　浪漫主義的主題之一是歌頌自然，所有的浪漫主義作家都有崇尚自然、戀慕自然的傾向。徐志摩如此，林徽因也如此。她的作品不乏描繪旖旎風光，抒發對自然景物的嚮往與禮讚，就是源自於她的詩學思考，她的詩作也因此而有較多的純美色彩。例如〈雨後天〉（1932）：「我愛這雨後天，／這平原的青草一片！／我的心沒底止的跟著風吹，／風吹：／吹遠了草香，落葉，／吹遠了一縷煙，像煙 ── ／像煙。」林徽因寫出心靈瞬間的閃念，雖是短小的詩篇，但藉著遼闊的草原、吹拂的風煙，描述了雨後心境的無限遠宕、釋放，顯露的是濃郁的詩情氛圍，展示的是一幅靜美、清新的自然圖景。又如〈山中一個夏夜〉（1931），也是出色的景致素描：「山中有一個夏夜，深得／像沒有底一樣，／黑影，

---

38 邵燕祥：〈林徽因的詩〉，《中國現代作家選集‧林徽因》（陳鍾英、陳宇編，香港：三聯書店，1990年），頁298、299。文中邵燕祥進一步指出，這首詩從風格上看，應該是寫於三〇年代，他說：「在《經世日報》上與此詩列為一組的、格調相近的〈你來了〉寫於1936年，似也可以作為旁證」。

松林密密的；／周圍沒有點光亮。／對山閃著只一盞燈 —— 兩盞／像夜的眼，夜的眼在看！」這夜的眼、詩人的眼，看到的是有聲有響、動靜交錯的視覺審美世界：「滿山的風全躡著腳／像是走路一樣，／躲過了各處的枝葉／各處的草，不響。／單是流水，不斷的在山谷上／石頭的心，石頭的口在唱。」從詩的情緒色彩來看，偏近於溫柔靜美，從視聽世界寫到心靈世界，以靈性的筆調烘托出恬美幽靜的詩境。寫於 1936 年夏天的〈藤花前 —— 獨過靜心齋〉，在漫天烽火降臨的抗戰前夕，格外顯得「不合時宜」，但也突出地表現出林徽因審美悟性方面的一貫格調，全詩寫得意境高遠，彷彿讓人進入了沒有衝突、沒有戰爭的寧謐世界裡：

> 紫藤花開了
>
> 輕輕的放著香，
>
> 沒有人知道⋯⋯
>
> 紫藤花開了
>
> 輕輕的放著香，
>
> 沒有人知道。
>
> 樓不管，曲廊不做聲，
>
> 藍天裡白雲行去，
>
> 池子一脈靜；
>
> 水面散著浮萍，
>
> 水底下掛著倒影。
>
> 紫藤花開了

　　沒有人知道！

　　藍天裡白雲行去，

　　小院，

　　無意中我走到花前。

　　輕香，風吹過

　　花心，

　　風吹過我，──

　　望著無語，紫色點。

　　起伏有致的節奏，「沒有人」、「不做聲」、「無意」、「無語」構成了一種安靜的狀態，即使最後有「我」的出現，也還是只能無語凝望，一如齋名「靜心」，從外境到心境，都如不染塵埃似的脫俗於世外，給人在孤獨靜默中對生命心領神會的玄思意境。這種美感的生成主要不在文學技巧，而在於技巧與情感的融會，當我們閱讀此詩時，彷彿有股詩意與香氣迎面撲來，輕輕地掠上心頭。紫藤花開的意象，既體現了高雅、芬芳、燦爛的外在特徵，也同時表現了美好、純淨、自然的內在蘊含，透過此一意象角度的切入，詩人細膩地抒發了思維瞬間的感受與心靈的獨白。

　　林徽因的創作是全方位的，除了詩，她還發表過為數不多的散文、小說和三幕劇本，且都語言明快、手法清新，流露出細密真摯的情感，具有個人獨特的風格。事實上，如果不是徐志摩的早逝、肺結核病的打擊，以及在建築專業上全力的投入，她在文學上的才華會有更出色的表現。即使僅將寫作當作尋覓知音的業餘興趣，她也為京華文苑留下了可貴的藝術探索，難怪其美國友人費慰梅會這樣形象地稱許道：「她的神經猶如一架大鋼琴的複雜

的琴弦。對於琴鍵的每一觸,不論是高音還是低音,重擊還是輕彈,它都會做出反應。」在林徽因的身上,「有著藝術家的全部氣質。她能夠以其精緻的洞察力爲任何一門藝術留下自己印痕。」不論是科學嚴謹的建築,還是感性審美的文學,她都有傲人的成就。不論是戰前相對安逸的生活,還是戰爭時期半流亡的處境,她濃郁的藝術家氣質從來沒有消失過,當真無愧爲「一代才女」。

在 1955 年的追悼會上,由她的兩位摯友 —— 哲學教授金岳霖和鄧以蟄聯名寫的輓聯:「一身詩意千尋瀑,萬古人間四月天。」生動貼切地抓住了林徽因的特質與風采。然而,這位一身詩意的才女身後卻長時間被人遺忘,正如林徽因傳記的撰寫者陳新華所言:「從 1955 年逝世到世紀末,林徽因被遺忘、被冷落了近半個世紀。四十多年的時間裡,她留下一片與生前盛名不相稱的寂寞。」[39]直到 1985 年 —— 距其離世整整 30 年 —— 她的作品終於結集出版[40],在歷史煙塵中,林徽因的名字才開始發出她應有的輝光,而以徐志摩愛情故事爲題材的電視連續劇《人間四月天》於 2000 年初播映後,引起觀眾熱烈迴響,從而使林徽因的聲名再度爲人津津樂道,也帶動了其作品與傳記的陸續問世。林徽因,這個美麗的名字,重新成爲人們注目的焦點 —— 不論是其感情生活還是文學世界。這不禁讓人想起了她自己在〈蓮燈〉一詩中所寫的:「這

---

39 陳新華:《百年家族 —— 林長民・林徽因》(台北:立緒出版公司,2002 年),頁 342。

40 林徽因作品原本於 1937 年一度被列入出版計畫,由馮至、卞之琳等主編的《新詩》雜誌甚至刊出過林徽因將出版詩集的書目預告,但最終不了了之。其第一部公開出版的作品選集,是 1985 年人民文學出版社出版的《林徽因詩集》,由陳鍾英、陳宇編選。

飄忽的途程也就是個 —— ／也就是個美麗美麗的夢。」

　　對於林徽因作品的再度浮出歷史地表，學者藍棣之的觀察是敏銳而正確的：「三〇年代左翼文學、五〇、六〇年代共和國文學所說的『人』是人民、階級、集體，是大寫的『人』，而八〇年代以來所關注的『人』，是雞毛蒜皮、七情六慾的小寫的『人』。正是在這個背景上，林徽因的文學得到認同，得以彰顯。」[41]林徽因的文學不能簡單地說成「雞毛蒜皮、七情六慾」，但她確實是站在時代的邊緣，有意地與主流意識保持距離，追求她心目中純粹而美好的審美藝術。時代的聲音總是高亢、振奮、激昂的，但它經不住折騰，一旦失落，就迅速退潮、消失於歷史舞台，只有個人的聲音，才能真正恆久存在。因為真正優秀的作品，總是能超越世俗的法則和功利的目的，為人們展示一個純潔、美好、和諧的理想境地。林徽因自由、純美的文學世界，將會如人間的四月天一般，成為現代文學史上一句無法抹去的「愛的讚頌」。這不是出自什麼深奧的推理，而是出自審美的直覺。

五、燃燒的紅燭，壯美的詩魂

　　同為新月中人，林徽因的詩風接近於徐志摩，但兩人的性情還是有著明顯的差異，對此，研究者程國君有細膩的比較分析：「林徽因的靈動、纖巧、本真生命思索、詩與美的個性、韻味，有太多的東西跟徐志摩是契合的。他們都把藝術看做是生命的實現，美的發現，不過徐志摩詩更多的是青春藝術的內涵，強調生命力，

---

41 藍棣之：〈作為修辭的抒情 —— 林徽因的文學成就與文學史地位〉，《清華大學學報》（哲學社會科學版）2005 年第 2 期，頁 45。

表現新個性那『歡喜的心和靈魂的覺醒』，……對林徽因而言，她
更多關注生命靈魂的沉靜狀態和生的終極思索……她的對個體生
命的感悟，包含著比徐志摩更多的理性與智慧。」[42]徐志摩是一
個至情至性的人，在給陸小曼的信中，他曾自言：「感情是我的指
南，衝動是我的風」，在散文〈落葉〉中他也自承「天生是感情性」，
這種縱情任性、張揚個性的氣質顯然和林徽因有異，倒是和聞一
多頗為接近，徐、聞二人對愛情、文學藝術同樣都表現出勇於探
索、不懈追求的強烈主觀精神。也許可以作這樣的比喻，假如林
徽因是一條低迴歌唱的溪河，一面清澈碧藍的鏡湖，那麼徐志摩
是一朵歡跳的浪花，「跳著濺著不捨晝夜的一道生命水」[43]，至於
聞一多則是一澗澎湃的瀑流，一片汪洋恣肆的大海，甚至有時候
是一團燃燒的火焰，一座激烈爆發的火山。

　　不論人格或詩風，聞一多都是「衝動型」的文人。清華十年，
他和梁實秋等組織「清華文學社」，一頭栽入新詩創作，「幾近乎
狂熱的地步」；留美期間，他在芝加哥接到梁實秋的信，信中附了
梁氏就讀所在科羅拉多溫泉（簡稱珂泉）的風景照片，不料聞一
多接到信後，「也不覆信，也不和任何人商量，一聲不響的提著一
個小皮箱子，悄悄的乘火車到珂泉來了！他就是這樣衝動的一個
人。」[44]

　　聞一多的衝動性格使他無法安然於書房、校園中平靜度日，

---

42 程國君：〈藝術至上，生命最美 —— 徐志摩的唯美藝術觀和愛情詩創作〉，《甘
　　肅教育學院學報（社會科學版）》第 16 卷第 1 期，2000 年，頁 60。
43 朱自清：《中國新文學大系‧詩集‧導言》（台北：業強出版社，1990 年重
　　印），頁 7。
44 以上對聞一多個性衝動的描述見梁實秋：《談聞一多》（台北：傳記文學出版
　　社，1967 年），頁 28。

從熱烈參加文藝活動到不畏死亡威脅出席政治活動，強烈的愛國情緒幾乎貫串了他的一生。1926 年「三一八」慘案發生後，他在《晨報》副刊《詩鐫》中曾撰文討論文藝與愛國的關係，他強調愛國運動和新文學運動「這兩種運動合起來便能互收效益，分開來定要兩敗俱傷。」他甚至滿含激情地寫道：「我希望愛自由，愛正義，愛理想的熱血要流在天安門，流在鐵獅子胡同，但是也要流在筆尖，流在紙上。……也許有時僅僅一點文字上的表現還不夠，那便非現身說法不可了。」[45]於是，他擲筆長嘆，拍案而起，在暗殺的槍響中，用鮮血和生命為自己譜下最後也最壯烈的詩篇。朱自清說他是「愛國詩人」[46]，不論從生命型態或創作傾向來看，聞一多確實是屬於戰士、鬥士的典型。

即使在前期受西方浪漫主義影響時，他曾喊出「以美為藝術的核心」、「為藝術而藝術」的呼聲，有著較為鮮明的純美意識，但他從來就不是一個徹底的唯美主義者。1923 年 3 月 23 日寫給梁實秋的信中，他道出自己的文學觀：「『文學』二字在我的觀念裡是一個信仰，是個 vision，是個理想 —— 非僅僅發洩我的情緒的一個工具。……我的基督教的信仰已失，那基督教的精神還在我的心裡燒著。我要替人們 consciously 盡點力。我的詩若能有所補益於人類，那是我的無心的動作（因為我主張的是純藝術的藝術）。但是相信了純藝術主義不是叫我們作個 egoist。（這是純藝

---

45 聞一多：〈文藝與愛國 —— 紀念三月十八〉，《聞一多全集》（武漢：湖北人民出版社，1993 年）卷 2，頁 133-134。此文原載 1926 年 4 月 1 日《晨報》副刊《詩鐫》第 1 號。

46 同註 43。

術主義引人誤會而生厭避之根由。）」[47]

　　換言之，雖然他追求純藝術的理想，但不是拋棄現實人生不談，更不願意成為自我主義者、利己主義者，這個決心，充分表現在他大量熱愛祖國、關懷民生疾苦、抨擊現實黑暗的詩作中。1937 年抗戰開始後，他更是拋棄了「為藝術而藝術」的主張，轉而確立「為人民而藝術」的文藝觀，他在〈戰後文藝的道路〉一文中就直接呼籲：「中國過去的文學史卻抹煞了人民的立場，只講統治階級的文學，不講被統治階級的文學。……如果我們僅只是追求我們更多的個人自由，讓我們藏得更深，那就離人民愈遠。今天我們不這樣逃，更要防止別人逃，誰不肯回頭來，就消滅他！」[48]在時代的召喚下，他自覺地成為人民的詩人，時代的鼓手。這不是思想的轉變，而是一以貫之的理念發展，那鐵骨錚錚、嘶吼吶喊的身影，和十餘年前在美留學期間的熱血沸騰並無二致，讓人看到的仍是曾經在異邦積極奔走發起清華留美學生組織「大江會」、以「國家主義」（Nationalism）相號召時的愛國青年。[49]

　　然而，他畢竟是個詩人，而且是充滿熱情與理想的詩人，是

---

47 致梁實秋信，收於《聞一多全集》卷 12，頁 159-160。
48 〈戰後文藝的道路〉，《聞一多全集》卷 2，頁 236、241。此文原載《文匯叢刊》第 4 輯《人民至上主義的文藝》，1947 年 9 月出版。
49 「大江會」是清華學校畢業留美學生的團體，也稱「大江學會」。1923 年於芝加哥成立，以「國家主義」相號召。成立大會上，全體會員一致通過了如下「三大原則」：第一、鑑於當時國家的危急的處境，不願侈談世界大同或國際主義的崇高理想，而宜積極提倡國家主義。第二、鑑於國內軍閥之專橫恣肆，應厲行自由民主之體制，擁護人權。第三、鑑於國內經濟落後，人民貧困，主張由國家倡導從農業社會進而為工業社會。由羅隆基、何浩若起草的〈大江會章程〉中明確指出其宗旨為：「本大江的國家主義，對內實行改造運動，對外反對列強侵略。」「大江會」還創辦了《大江》季刊，主編是梁實秋。詳見江湧、卞永清：《秋實滿園 —— 梁實秋》（台北：文史哲出版社，2002 年），頁 78-80。

對詩歌形式和藝術技巧、格律實踐有著不懈追求的詩人，朱自清在提到聞一多是「愛國詩人」的同時，也沒忘記補上一句說：「他的詩不失為情詩」，對於《紅燭》的「繁麗」，朱自清還說：「真叫人有藝術至上之感」[50]。學者朱壽桐更明白指出：「聞一多是新月派中唯美主義色彩最濃麗的詩人」，這不僅是因為「他的詩歌創作固然滲透著唯美主義的綺麗靡緋」，而且「關於文學本質論的表述也常呈露出唯美主義式的斬釘截鐵。」[51]這樣的觀察都是令人玩味的。聞一多雖然不是徹底的、偏執的唯美主義者，但他與唯美主義曾經發生過深刻的聯繫，卻是不爭的事實。早在 1921 年《清華週刊》上發表的〈評本學年《週刊》裡的新詩〉一文中，他就主張「美的靈魂若不附麗於美的形體，便失去他的美了。」他對《週刊》中詩作的評論標準是「首重幻象，情感，次及聲與色底原素。」[52]可見他對詩歌形式的完美十分看重。留美期間，他受到康德美學思想的啟發，又系統接受王爾德（Oscar Wilde，1854-1900）、愛倫‧坡（Edgar Allan Poe，1809-1849）、瓦雷里（Paul Valery，1871-1945）、戈蒂耶（Gautier Thophile，1811-1872）、波特萊爾（Charles Pierre Baudelaire，1821-1867）、瓦爾特‧佩特（Walter Horatio Pater，生卒年不詳）等人的唯美主張，追求藝術的獨立性、美的超功利性，以及形式的完美性和純藝術性，形成他「為藝術而藝術」的唯美主義美學觀。

---

50 朱自清：《中國新文系大系‧詩集‧導言》（台北：業強出版社，1990 年重印），頁 6-7。
51 朱壽桐：《新月派的紳士風情》（南京：江蘇文藝出版社，1995 年），頁 146。
52 聞一多：〈評本學年《週刊》裡的新詩〉，《聞一多全集》卷 2，頁 40、42。此文原載 1921 年 6 月《清華週刊》第 7 次增刊。

　　在寫於 1926 年的〈戲劇的歧途〉一文中，他就提出了一個重要的藝術主張：「藝術最高的目的，是要達到『純形』pure form 的境地。」他反對當時中國現代戲劇只重思想、問題而缺乏藝術性的傾向，他說：「你儘管為你的思想寫戲，你寫出來的，恐怕總只有思想，沒有戲。」[53]對純粹藝術形式的強調，顯露了他此一時期濃厚的純美意識。他的純形理論和唯美藝術主張，和法國象徵主義詩人瓦雷里的「純詩」（Poesie Pure）說可謂一脈相承。至於法國唯美主義理論家戈蒂耶對詩歌節奏、韻律的強調，「認為節奏美、韻律美、造型美和音樂美是構成詩歌的靈魂」[54]，也讓人聯想到聞一多同樣寫於 1926 年的〈詩的格律〉中對詩歌「三美」—— 音樂美、繪畫美、建築美的提倡。[55]

　　聞一多對詩歌純粹藝術形式美感的追求，獲得新月派其他詩人如徐志摩、朱湘、陳夢家等的認同與響應，他們的詩歌實踐與創新使「三美」的審美理論成為可能，從而成為此一新格律詩派詩歌創作的理論基礎。儘管聞一多並沒有忘掉現實人生，也沒有

53　聞一多：〈戲劇的歧途〉，《聞一多全集》卷 2，頁 148-149。

54　研究聞一多唯美思想的學者指出：「聞一多的『為藝術而藝術』著眼的是藝術形式的作用。因而，在吸收王爾德、康德的唯美理論的同時，他還廣泛吸取了戈蒂耶、波德萊爾以及愛倫·坡的美學主張。聞一多與戈蒂耶一樣，十分講究藝術的技巧，認為詩歌創作與造型藝術有密切聯繫。戈蒂耶主張『為藝術而藝術』，追求藝術自身的美，認為真正的藝術對象就是藝術本身，藝術的全部價值就在於完美的藝術形式。所以戈蒂耶特別注重語言的雕琢，特別強調詩歌的節奏和韻律，認為節奏美、韻律美、造型美和音樂美是構成詩歌的靈魂。」見李佳意、張能泉：〈聞一多與唯美主義〉，《湘潭師範學院學報（社會科學版）》第 28 卷第 4 期，2006 年 7 月，頁 78。

55　在〈詩的格律〉中，聞一多寫道：「我們才覺悟了詩的實力不獨包括音樂的美（音節），繪畫的美（詞藻），並且還有建築的美（節的勻稱和句的均齊）」。此文原載 1926 年 5 月 13 日《晨報》副刊《詩鐫》第 7 號。見《聞一多全集》卷 2，頁 141。

躲進唯美主義的象牙塔，更在後來鑽出了「藝術至上」的牛角尖，
但其衝動而浪漫的詩人本質不變，對「純形」與「唯美」的信仰
也未曾徹底消失，這使他的詩作在現實的泥濘中仍有紅燭般的美
彩搖曳，在黑暗腐朽的死水中不失一線愛與美的生機，在愛國的
宏大敘事與激情呼喊中，也有過深情低迴、爲美讚嘆的淺吟小唱。
不論傾向浪漫主義的前期，還是呼喚現實主義的後期，我們都可
以看到詩人幽微的抒情審美意識在字裡行間不絕地迴盪，如花綻
放，如水蕩漾。

六、戴著腳鐐跳舞，開啓一代詩風

　　聞一多的詩歌結集出版有兩本，1923 年 9 月由泰東書局印行
的《紅燭》，以及 1928 年 1 月由新月書店印行的《死水》。1931
年，他在徐志摩主編的《詩刊》創刊號上發表了一首長詩〈奇蹟〉，
寫完之後，聞一多的詩人時期正式結束，轉而成爲研究文學與神
話的學者。一般論者對他的詩歌創作歷程多以《紅燭》、《死水》
爲界，略分爲唯美色彩較濃的《紅燭》時期和現實色彩較濃的《死
水》時期，這樣的看法大抵不差，但他留美期間及返國初期所寫
的十餘首詩如〈園內〉、〈醒啊！〉、〈愛國的心〉、〈長城下之哀歌〉、
〈漁陽曲〉等，寫作時間爲 1923 年至 1925 年間，多發表於《大
江》、《現代評論》等刊物上。這些《大江》時期的詩作應該視爲
聞一多由《紅燭》時期到《死水》時期的過渡階段，標誌著他由
個人抒情、歌頌祖國逐漸向同情下層人民、描寫複雜社會現實的
詩風移轉，以及他在純文學審美藝術追求上的自覺淡化。隨著戰
爭與政治局勢的壓迫，他從書房走向街頭，從校園講台步上政治

舞台，在「這是一溝絕望的死水，這裡斷不是美的所在」（〈死水〉）的動盪時代裡，他終於還是沒能擁有一張平穩的書桌。

　　不過，詩人氣質濃厚的聞一多，在時代風雨的夾縫中，在現實矛盾的掙扎裡，他仍然寫下了許多具有個人抒情色彩、與時代無涉的唯美之作，這些作品讓我們看到了詩人內在情感世界真實、波動的一面。例如《紅燭》中的〈詩人〉：

> 人們說我有些像一顆星兒，
> 無論怎樣光明，只好作月兒底伴，
> 總不若燈燭那樣有用 ──
> 還要照著世界作工，不徒是好。
>
> 人們說春風把我吹燃，是火樣的薔花，
> 再吹一口，便變成了一堆死灰；
> 剩下的葉兒像鐵甲，刺兒像蜂針，
> 誰敢抱進他的赤裸的胸懷？
>
> 又有些人比我作一座遙山：
> 他們但願遠遠望見我的顏色，
> 卻不相信那白雲深處裡，
> 還別有一個世界 ── 一個天國。
>
> 其餘的人或說這樣，或說那樣，
> 只是說得對的沒有一個。
> 「謝謝朋友們！」我說，「不要管我了，

你們那樣忙，哪有心思來管我？

你們在忙中覺得熱悶時，
風兒吹來，你們無心地喝下了，
也不必問是誰送來的，
自然會覺得他來的正好！」[56]

這首詩寫於就讀清華時期，表達了他對詩人角色的認知，以及藝術的超越功利的審美作用。詩人（或詩）在現實生活中只能如星兒陪襯月亮，且不如燈燭有用，即使是朋友，也對詩人這一行當有所誤解，但詩人不以為意，因為他相信「白雲深處裡」，有「一個天國」，當人們覺得「熱悶」時，詩（或藝術）將如風一般適時送來清涼。聞一多在此流露了對藝術審美精神的嚮往，「無心」、「不必問」意味著拋開目的性、功利性，就像星兒自身的亮光，詩人應該安於藝術自身美感的殿堂。

〈快樂〉一詩呈現的是一種單純美好的高昂情緒：「快樂好比生機：／生機底消息傳到綺甸（引者按：指伊甸園），／群花便立刻／披起五光十色的繡裳。／／快樂跟我的／靈魂接了吻，我的世界／忽變成天堂，／住滿了柔豔的安琪兒！」詩人內在的情感律動，透過群花的盛開，傳達出青春生命的訊息，開朗熱烈的色彩，迸發出神奇的魅力，體現出生機盎然的美，牽動著讀者的心弦。正是這種青春美好生命的本質，讓詩人盡情謳歌，洋溢著純美的氣息，如〈青春〉中說：「青春像隻唱著歌的鳥兒，／已從殘

---

56 此詩見《聞一多全集》卷 1，頁 42-43。聞一多創作的詩歌、譯詩、舊體詩等均收錄於第 1 卷。以下引聞氏之詩作，俱見此卷，不再一一註明頁數。

多窟裡闖出來，／駛入寶藍的穹窿裡去了。／／神秘的生命，／在綠嫩的樹皮裡膨脹著，／快要送出帶著鞘子的／翡翠的芽兒來了。／／詩人呵，揩乾你的冰淚，／快預備著你的歌兒，／也讚美你的甦生吧！」又如〈花兒開過了〉的末節，聞一多以平易且明確的語言呼喊著：「愛呀！上帝不曾因青春底暫退，／就要將這個世界一齊搗毀，／我也不曾因你的花兒暫謝，／就敢失望，想另種一朵來代他！」這種青春如花的詩意形象，以及對自由、美好藝術理想的追求，在徐志摩、林徽因的詩作中同樣鮮明動人。

　　聞一多有些小詩寫得精緻玲瓏，意象靈動，表現出詩人剎那的審美聯想，如只有三句的〈春寒〉：「春啊！／正似美人一般，／無妨瘦一點兒！」或是四句的〈夢者〉：「假如那綠晶晶的鬼火／是墓中人底／夢裡迸出的星光，／那我也不怕死了！」至於由42 首小詩組成的〈紅豆〉，更是一反中國詩歌中含蓄抒情的傳統，赤裸裸地道出愛妻、念妻的熱切情思，寫得纏綿動人，絲絲入扣，裡頭固然有對封建禮教的諷刺，但更多的是出自肺腑的相思話語，且看〈紅豆‧2〉：「相思著了火，／有淚雨灑著，／還燒得好一點；／最難禁的／是突如其來／趕不及哭的乾相思。」體驗深刻，字字飽含真情；〈紅豆‧6〉：「相思是不作聲的蚊子，／偷偷地咬了一口，／陡然痛了一下，／以後便是一陣底奇癢。」比喻奇特，具有豐富的聯想力；〈紅豆‧10〉：「我倆是一體了！／我們的結合，／至少也和地球一般圓滿。／但你是東半球，／我是西半球，／我們又自己放著眼淚，／作成了這蒼莽的太平洋，／隔斷了我們自己。」對愛人的相思之情，親熱之思，毫不保留地傾瀉而出；在〈紅豆‧41〉中詩人直接道出對愛情的複雜感受：「有

酸的，有甜的，有苦的，有辣的。／豆子都是紅色的，／味道卻不同了。」在「紅豆」的愛情象徵下，詩人用 42 首小詩，散發著對愛妻溫柔、淒美的情思，到最後一首時他總結道：「我唱過了各樣的歌兒，／單單忘記了你。／但我的歌兒該當越唱越新，越美。／這些最後唱的最美的歌兒，／一字一顆明珠，／一字一顆熱淚，／我的皇后啊！／這些算了我贖罪底菲儀，／這些我跪著捧獻給你。」情深意重，句句流溢著愛慕之情，表現了詩人渴望自由、追求快樂、真愛的浪漫情懷。這些玲瓏剔透、晶瑩可愛、富於想像和暗示的詩篇，是聞一多帶有較多抒情審美意識的藝術創作。

　　《大江》時期十餘首的作品，多為情緒昂揚、激盪民氣的愛國讚歌，「五卅」慘案的衝擊，使他悲憤地喊出「我是中國人，我是支那人」，「我為我的祖國燒得發顫」（〈我是中國人〉），同時又以滿腔熱血自陳：「這心腹裡海棠葉形，／是中華版圖底縮本，誰能偷去伊的版圖？／誰能偷得去我的心？」（〈愛國的心〉）然而，這段期間他也曾以英文寫下〈相遇已成過去〉的情詩，感傷地抒發內心的悲苦：

　　　歡悅的雙睛，激動的心；

　　　相遇已成過去，到了分手的時候，

　　　溫婉的微笑將變成苦笑，

　　　不如在愛剛抽芽時就掐死苗頭。

　　　………

　　　分手吧，我們的相逢已成過去，

　　　任心靈忍受多大的飢渴和懊悔。

　　　你友情的微笑對我已屬夢想的非分

更不敢企求叫你深情的微喟。

將來有一天也許我們重逢，

你的風姿更豐盈，而我則依然憔悴。

我的毫無愧色的爽快陳說，

「我們的緣很短，但也有過一回。」

這首寫於 1925 年春的作品，梁實秋說「本事已不可考」，但推測是「男女私情方面」。[57]詩人的心是熱烈的，對無緣的愛情看似雲淡風輕，實際上則念念不忘。在他許多以「喊叫」的發聲方式近乎宣言的詩作中，這首詩僅僅發出了微弱的低語，但其情味還是值得咀嚼的。

《死水》時期的作品大抵已經成為聞一多整體詩風的標誌、特色，應和著他在現實鬥爭中愈來愈巨大的身影，這段時期所寫的〈春光〉、〈發現〉、〈祈禱〉、〈一句話〉、〈天安門〉、〈洗衣歌〉、〈飛毛腿〉、〈聞一多先生的書桌〉等，批判黑暗社會的無情壓迫，同情下層人民痛苦的掙扎，使他「愛國詩人」的形象益加鮮明，誠如詩人卞之琳所言：「《死水》表現的愛國情懷是突出的，社會正義感是一貫的，雖然還沒有深入的認識，僅僅表現為對於街頭

---

57 根據梁實秋《談聞一多》的記載，聞一多當時在紐約，由中國學生用英文公演的一齣古裝戲「楊貴妃」，因為聞一多習畫，所以有關舞台或服裝的圖畫工作由他負責。「想來是在演戲中有了什麼邂逅」，而有此詩之作。聞一多在給梁實秋的信中附上這首詩，並說：「前數星期作了一首英文詩，我可以抄給你看看。人非木石，孰能無情！」梁實秋後來回憶說：「一多的這首英文詩，本事已不可考，想來是在演戲中有了什麼邂逅，他為人熱情如火，但在男女私情方面總是戰戰兢兢的在萌芽時就毅然掐死它，所以這首詩裡有那麼多的淒愴。」見氏著，頁 53-56。

小人物之類的人道主義同情；而從西方來的愛與死題旨的表現，更頗爲一般。至於悲觀思想當然也是有的，但是總比當時對於統治階層的歌功頌德，對於當時社會的粉飾太平，要可取得多。」[58]這裡也提到了一點，即在愛國思想的籠罩下，聞一多仍有一些「悲觀」、「愛與死」情緒方面的創作，這些詩作遠離了時代，卻貼近了詩人的內心，他面向自己、勇於探索藝術的嘗試，不應該被淹沒在時代的喧囂與現實的浪潮下。

　　這些抒發自我情緒的作品中有許多是「言情」之作，如自述被女人「打敗」的〈狼狽〉：「假如秋夜也這般的寂寥……／嘿！這是誰在我耳邊講話？／這分明不是你的聲音，女人；／假如她偏偏要我降她。」或是〈你莫怨我〉中對萍水相逢感情的傾訴與悔恨：「你莫怨我！／這原來不算什麼，／人生是萍水相逢，／讓他萍水樣錯過。／你莫怨我！／／……你莫管我！從今加上一把鎖；／再不要敲錯了門，／今回算我闖的禍，／你莫管我！」對於愛情，詩人總是一往情深的，理性的克制愈深，情感的力度就愈強。除了「愛」，《死水》中對「死」的幾首詩，其實不像卞之琳的評價「頗爲一般」，而是有著真情至性的藝術佳作，不僅實踐了他對格律的追求，且能以殊異的想像、飽滿渲染的情感，給人震動的力量。例如發表於 1925 年 3 月 27 日《清華週刊》文藝增刊第 9 期上的〈也許 ── 葬歌〉，就是一首出色的抒情輓歌：「也許你真是哭得太累，／也許，也許你要睡一睡，／那麼叫夜鷹不要咳嗽，／蛙不要號，蝙蝠不要飛，／／不許陽光撥你的眼簾，

---

58 卞之琳：〈完成與開端：紀念詩人聞一多八十生辰〉，《卞之琳文集》（合肥：安徽教育出版社，2002 年）卷中，頁 154。

／不許清風刷上你的眉，／無論誰都不能驚醒你，／撐一傘松蔭
庇護你睡，／／也許你聽這蚯蚓翻泥，／聽這小草的根鬚吸水，
／也許你聽這般的音樂，／比那咒罵的人聲更美；／／那麼你先
把眼皮閉緊，／我就讓你睡，我讓你睡，／我把黃土輕輕蓋著你，
／我叫紙錢兒緩緩的飛。」全詩瀰漫著淒涼哀傷的氛圍，藉夜鷹、
蛙、蝙蝠的「動」來襯托死者的「靜」，又以「咒罵的人聲」，和
蚯蚓翻泥、小草吸水的美好樂聲作一對比，暗示死者生前的痛苦
與死後的解脫。詩的節奏是緩慢的，一如哀悼者無止盡的悲慟。
此詩原先發表時題為〈薤露詞（為一個苦命的夭折少女而作）〉，
收入《死水》時才改為〈也許〉。此詩發表後的第二年冬天，聞一
多的長女未滿五歲而夭折，悲痛之餘，聞一多寫了悼念之作〈忘
掉她〉：

> 忘掉她，像一朵忘掉的花，——
> 那朝霞在花瓣上，
> 那花心的一縷香 ——
> 忘掉她，像一朵忘掉的花！
>
> 忘掉她，像一朵忘掉的花！
> 像春風裡一齣夢，
> 像夢裡的一聲鐘
> 忘掉她，像一朵忘掉的花！
>
> 忘掉她，像一朵忘掉的花！
> 聽蟋蟀唱得多好，

看墓草長得多高；

忘掉她，像一朵忘掉的花！

忘掉她，像一朵忘掉的花！

她已經忘記了你，

她什麼都記不起，

忘掉她，像一朵忘掉的花！

忘掉她，像一朵忘掉的花！

年華那朋友真好，

他明天就教你老；

忘掉她，像一朵忘掉的花！

忘掉她，像一朵忘掉的花！

如果是有人要問，

就說沒有那個人；

忘掉她，像一朵忘掉的花！

忘掉她，像一朵忘掉的花！

像春風裡一齣夢，

像夢裡的一聲鐘，

忘掉她，像一朵忘掉的花！

　　這是發自肺腑的感傷，說「忘掉」其實是悲痛至極的反語，一唱三歎、迴環往復的節奏形式，就如一記記重拳敲在讀者的心

坎。如花般美好的孩子就此凋零，不禁讓人同感「像春風裡一齣夢」，但願夢醒這不是事實。這首詩的形式嚴整，格律均齊，有建築美、音樂美和繪畫美，符合其「三美」的審美要求。這首詩和〈也許 —— 葬歌〉在題材、語言、情境和氣氛上都極為類似，但二詩隔了一年，只能說是無常命運的巧合。[59]

　　其他寫於這時期的詩作還有許多不貼近現實、不控訴黑暗，而是隨意鋪染，側重情感，呈現對審美藝術的探求，如〈淚雨〉一詩藉少年、中年、老年的淚，道出生命歷程的艱難，蘊含著人生的哲理：「他少年的淚是連綿的陰雨，／暗中澆熟了酸苦的黃梅；」中年的淚則「似秋雨淅瀝，／梧桐葉上敲著永夜的悲歌。」至於老年的淚，詩人以參透世事的冷靜口吻說道：「誰說生命的殘多沒有眼淚？／老年的淚是悲哀的總和；／他還有一掬結晶的老淚，／要開作漫天愁人的花朵。」透過「淚」的具體意象，與生命軌跡結合，意在宣露自我心境，巧於比喻的文字設想，撐擴出獨特的抒情意境。還有〈黃昏〉中奇特的遐想：「黃昏是一頭遲笨的黑牛，／一步一步的走下了西山；／不許把城門關鎖得太早，

---

59 從詩的內容、情境來看，〈也許 —— 葬歌〉和〈忘掉她〉似乎是同為愛女立瑛夭亡而作，由魯非、凡尼編選的《中國新文學大師名作賞析·聞一多》（台北：海風出版社，1989 年）在賞析〈也許〉一詩中即說：「這是詩人懷念早夭的愛女立瑛之作。同一題材的詩，詩人共寫了三首：〈忘掉她〉、〈我要回來〉以及這首〈也許〉，情緒哀婉而淒切，是他的抒情名篇。」並介紹了立瑛死於 1926 年多的背景。見該書頁 181。然而在梁實秋《談聞一多》書中記載此事時僅提到了〈忘掉她〉一詩，由季鎮淮撰寫的〈聞一多先生年譜〉中也未提此事，倒是由藍隸之編的《聞一多詩全編》（杭州：浙江文藝出版社，1995 年）中對此詩的發表時間、刊物等有明確的說明。本文採取藍隸之的說法，認為此詩發表於 1925 年，而聞一多愛女之死則於 1926 年。只是這樣的巧合不合情理，因此有待進一步考證。

／總要等黑牛走進了城圈。／／黃昏是一頭神秘的黑牛，／不知他是哪一界的神仙 ── ／天天月亮要送他到城裡，／一早太陽又牽上了西山。」用語似很平易，想像力卻很豐富，黃昏神秘、緩步的形象，其實是詩人審美認識和內心感受的反映，詩意中帶有沈思的哲理。

　　從《紅燭》到《死水》，聞一多都很注重對具體意象的塑造，以寫景抒情、借物言情的手法，開拓深遠的詩的意境，創造出自己的藝術世界，鎔鑄出具有個性特徵的新風格。他總是精心錘鍊自己的詩行，務求達到完美的境界，對於格律，他反覆推敲，字斟句酌；對於形式，他精雕細刻，勇於探索，在「戴著腳鐐跳舞」[60]的規律中出奇制勝，開啟一代詩風。透過批判寫實的愛國詩篇，聞一多能回應時代的召喚，表現出自己對祖國、人民深沈的愛，深廣的憂憤使他的作品帶著血淚與痛苦，但是在深層的意識中，他又不曾忘卻年輕時苦苦追尋的美的信仰，在 1922 年 11 月 26 日致梁實秋的信中他說：「我想我們主張以美為藝術之核心者定不能不崇拜東方之義山，西方之濟慈了。」[61]和徐志摩、林徽因一樣，他們都曾著迷於純粹的藝術、自由的吟唱、唯美的詩風，許多詩作都具有濃厚的浪漫主義色彩，敢於向內挖掘自己的性靈，出之以濃郁的詩意，給人言有盡而意無窮的美感韻味。在時代的大合唱中，他們有著屬於個人心靈的獨吟；在陽剛激情的現實之外，他們保持了身為詩人真摯純淨、委婉柔美的本質，自覺地在

---

60 語出聞一多：〈詩的格律〉，《聞一多全集》卷 2，頁 137。原載 1926 年 5 月　13 日北平《晨報》副刊。

61 見《聞一多全集》卷 12，頁 128。

藝術形式、內容上講求突破與創新，他們感性且輝煌的努力實踐，使「新月」成為現代詩史上一個不容忽視的迷人的存在。

對於新月詩人來說，雪萊、濟慈、拜倫等英國浪漫詩人純美的人格與詩風，是他們所崇拜追慕的。徐志摩自承最愛李白和雪萊，也被稱為「中國的拜倫」；受徐志摩的啟迪，林徽因沉醉在英詩美好的世界，梁從誡就曾指出，林徽因對徐志摩的回憶，「總是和雪萊、濟慈、拜倫、曼斯斐爾德（引者按：曼殊斐兒）、沃爾夫夫人（引者按：吳爾芙）等這樣一些文學家的名字聯繫在一起。」[62]至於聞一多，他的長詩如〈西岸〉等深受濟慈的影響，對於拜倫的戰死疆場，他更是崇拜地說：「拜倫最完美，最偉大的一首詩也便是這一死。」[63]對照聞一多後來因政治獻出生命，那死也是如詩般壯烈。可以說，在文學藝術的審美追求上，他們和雪萊、濟慈、拜倫等人一樣，都渴望自由，呼喚純美，發出個人獨特的聲音。但是，他們並沒有拒絕時代的大合唱，也不曾放棄現實人生的責任與使命。純美的詩國，不是他們生命存在的全部。只是他們沒有忘卻審美抒情的姿態與魅力，對美的追求與嚮往，使他們有了直面人生更深沉的勇氣與力量。

如果說，文學的最終目的是要表達生命的強悍和燦爛，那麼，徐志摩、林徽因、聞一多都做到了這一點。

62　梁從誡：〈空谷回音〉，《林徽音文集》（台北：天下文化出版公司，2000 年），頁 378。此文原署名「可止」。
63　聞一多：〈文藝與愛國 —— 紀念三月十八〉，《聞一多全集》卷 2，頁 134。

第七章　邊緣的抒情，田園的牧歌：

沈從文－張兆和－廢名

一、人世無常，天才易毀[1]

　　正如以研究沈從文馳名學界的美國學者金介甫（ Jeffrey
C.Kinkley，1948-）在其寫於八〇年代的文章〈沈從文論〉中所說：
「中國沒有第二個沈從文」[2]，即使他的一生傳奇，不免有些人世
無常、天才易毀的遺憾，但沈從文在現代文學史上的出現與存在，
本身確實是個動人的奇蹟。只上過小學，連標點符號也不會用，
卻成爲大學教授、古代文物研究專家，且以四十多部作品（各種
選集不計）被許多評論者推崇爲僅次於魯迅的第一流作家，甚至

1　這個標題是尹萍評介《沈從文家書》一文所下，此處借用。尹萍之文見《聯
　　合報》47 版《讀書人周報》第 304 號，1998 年 3 月 16 日。
2　【美】金介甫：〈沈從文論〉，原載《鍾山》1980 年第 4 期，引自劉洪濤、楊
　　瑞仁編：《沈從文研究資料》（天津人民出版社，2006 年）上冊，頁 409。

被提名爲諾貝爾文學獎的候選人；自稱爲「鄉下人」，卻以抒情審美的文筆，走向城市，走向世界；自喻爲「孤獨者」，卻以一篇篇優美如詩的作品，贏得無數讀者與歷久不衰的魅力。當其他同時代的許多作家，因爲政治環境改變而使作品的重要性逐漸消減之際，沈從文的小說及散文卻因表現永恆人性的藝術審美價值，穿過重重政治迷霧，經受住時間的考驗，讓人們愈來愈發現其可貴、可讀與可敬。

　　然而，奇蹟的背後是孤獨、蒼涼，以及揮之不去的恐懼。他超前於時代，獨立於文壇，孤立於學界。對於人生的磨難，他似乎早有預感，在寫於 1934 年的〈湘行書簡〉中就曾說過：「我總像看得太深太遠，對於我自己，便成爲受難者了。」[3]1948 年，這位被稱爲「中國托爾斯泰」的傳奇作家，正面臨著一場改天換地的政治風暴，即使他充滿勇氣與自信地對兒子虎雛說：「要好好的來寫些，寫個一、二十本」[4]，但敏感脆弱的個人，終究難敵鋪天蓋地的政治集體批鬥，從人格到作品價值，遭到全面攻擊與否定，他因此精神崩潰，以激烈的割腕、割喉、喝煤油等方式，企圖自殺而未遂，獲救後，他以驚恐的口吻寫道：「我覺得嚇怕，因爲一切十分沈默，這不是平常情形。難道我應當休息了？難道我……我在搜尋喪失了的我。」即使是一貫擅長、依恃的寫作，他也終於在神經極度紊亂下完全失去了以往的自信與熱情：

　　　　很奇怪，爲什麼夜中那麼靜。我想喊一聲，想哭一哭，想

3　沈從文：〈湘行書簡〉，《沈從文家書——從文兆和書信選》（沈從文、張兆和著，台北：台灣商務印書館，1998 年），頁 61。
4　前揭書，頁 134。

不出我是誰，原來那個我在什麼地方去了呢？就是我手中的筆，為什麼一下子會光彩全失，每個字都若凍結到紙上，完全失去相互間關係，失去意義？[5]

失去自我與自信的同時，迎接他的是一連串的羞辱：1950 年被北大中文系解職；1953 年，開明書店通知，舊版《沈從文著作集》內容過時，書稿及紙型均已銷毀。從此，他自絕於文藝界，徹底成了被新中國遺忘的孤獨者，被拋出時代中心的邊緣人。和他被分配工作的歷史博物館中的古文物一般，他也被掃進了鋪滿歷史煙塵的黯淡角落裡。雖然，學者沈從文因此誕生，但作家沈從文卻從此消失，直到 86 歲高齡去世，這位文學天才再也沒能寫出一篇傳世之作。這對心靈極端敏感的作家而言，未嘗不是一件好事 —— 從文學創作轉向文物研究，他依然繳出了傲人的成績。許多人都為他文學生命的結束感到悲哀，並將原因歸於政治的壓迫與內心的恐懼。這當然是重要的原因，但不是全部的原因。

實際上，他對文物考證的興趣早在湘西青年階段即已萌生，1922 年的下半年，他在保靖的湘西巡防軍統領官陳渠珍身邊做書記時，因代陳氏保管大量古書和文物而開始涉獵，這對他是一次重要的啟蒙，他獲得了許多歷史和文化的知識。可以說，他對文學和文物的天分與愛好是不相上下的。老友施蟄存曾回憶與他在昆明西南聯大教書時，經常去逛夜市古董、文物攤子的情景，並提到沈從文對搜購漆器、瓷器的內行眼光，他說：「從文對文物的興趣，早就有了。」抗戰期間如此，勝利後返回北京更是如此：「琉

---

5 前揭書，頁 154。

璃廠、安東市場、隆福寺，肯定是他常到的地方，收集和鑑賞文物，遂成爲他的癖好。」因此，他認爲：「解放以後，從文被分配在歷史博物館工作，許多人以爲是委屈了他，楚材晉用了。我以爲這個工作分配得很適當，說不定還可能是從文自己要求的。」[6]張兆和的妹妹張充和也有同樣的觀察，她說：「沈二哥最初由於廣泛地看文物字畫，以後漸漸轉向專門路子。在雲南專收耿馬漆盒，在蘇州北平專收瓷器，他收集青花，遠在外國人注意之前。」對於沈從文放下小說創作的筆，她直言：「有人說不寫小說，太可惜！我認爲他如不寫文物考古方面，那才可惜！」[7]

　　正是這樣的文物涵養與考證功力，他才能在 1964 年接受周恩來研究中國古代服飾的任務後，僅花一年時間即寫出樣稿，只可惜 1966 年文革爆發後，被視爲「黑書」遭到批判，他也被打成「反動學術權威」，抄家八次，下放五七幹校勞改。1966 年，他被指派在紫禁城掃女廁所。面對這樣難堪的任務，他似乎已經能夠淡然以對，有一幅圖片很耐人尋味，沈從文在紫禁城高牆下，低著頭意味深長地看著牆邊盛開的秋葵花，靜謐恬淡的氛圍和城牆外面文革造反的呼聲震天，形成了一個極端的對比。秋葵種一個月即可收成，但它美麗的花一天就謝了。他是在秋葵花清麗的姿態中預見自己即將枯萎的影子，還是在人世紛擾中流露出對另一個美好世界的嚮往？

---

6 施蟄存：〈滇雲浦雨話從文〉，寫於 1988 年 8 月，發表於《新文學史料》，引自《新文學史料》編輯部編：《舊時月色中的文人們》（北京：人民文學出版社，2009 年），頁 195。
7 張充和：〈三姊夫沈二哥〉，寫於 1980 年 12 月，發表於《新文學史料》，引自《沈從文評說 80 年》（王珞編，北京：中國華僑出版社，2004 年），頁 71。

一個年近半百、歷盡滄桑的作家，和一朵乾淨、自然、安靜、瞬息消逝的小花，偶然間相望凝視，寫盡了一種孤獨的心境與寂寞的思緒，這不禁讓人想起作家晚年時說的一段話：

> 我是個喜歡朋友的熱情人，可是在深心裡，卻是一個孤獨者。所有作品始終和並世同行成就少共同處，原因或許正在這裡。[8]

二、從邊城走向京城的素樸鄉下人

沈從文的文學風格與成就的確和同行少有共同處，這是他的孤獨處，也是他的特殊處。

他的孤獨與特殊，一方面來自他湘西苗區荒僻小縣的出身，一方面則是他文學天分自然生發的對藝術審美的追求與堅持。湘西的山水風情不僅決定了他的人格氣質，也塑造了他的藝術風貌；強調「我不輕視左傾，卻也不鄙視右翼，我只信仰真實」[9]的寫作態度，則決定了他在文壇江湖隻身闖蕩的孤寂身影，也塑造了他和同時代作家相較下卓爾不群的獨特成就。

1987 年 1 月，《聯合文學》由鄭樹森總策劃，首度製作推出「沈從文專號」，內容涵蓋生平、小說、散文、傳記、評論、書目等，被視為國府遷台以來對沈從文文學研究成果的最完整呈現。專號的下一期「讀者來函」欄目中，特別刊出許多作家的來信與迴響，其中林懷民表示：「在我心目中，沈從文是中國第一小說

---

8 沈從文：《湘西散記・序》，寫於 1981 年 9 月，原載 1982 年 2 月《讀書》第 2 期，引自《沈從文研究資料》上冊，頁 149。

9 沈從文：〈記丁玲續集〉，《沈從文別集・記丁玲》（長沙：岳麓書社，1992 年），頁 268。

家」，理由是「清談的文字之後，有中國人溫柔敦厚的至情，沈從
文對生命的欣賞，對人的愛與包容，有如中國的大地山川。」[10]沈
從文的文字如果給人山川大地的聯想，那也是因為他來自山川大
地，特別是湘西富有傳奇色彩、鄉土風致的河流、重山與人事，
給他生命的滋潤、性情的陶冶，以及傳統文化（特別是楚文化）
的厚實底蘊。他從湘西出走，最終還是回到湘西。在繁華上海、
古老北京中打滾多年，雖然紳士氣已在不知不覺中潛移默化，但
他還是一身揮之不去的鄉下人氣息 —— 至少他始終堅持一個「鄉
下人」的立場。

　　1932 年秋天，30 歲的沈從文費時三週，滿懷深情地寫下了膾
炙人口的《從文自傳》，款款訴說他作為「鄉下人」的出身，與湘
西鄉土間血肉相連的情分，特別是與他生命的河流 —— 沅水（即
辰河）密不可分的關係。必須承認，沈從文是現代文學史上最擅
長寫水的作家之一，不論是《從文自傳》、《邊城》，還是《湘行散
記》，都不乏出色的河流描寫與水的意象，他在《自傳》中這樣說
過：「我幼小時較美麗的生活，大部分都與水不能分離。我的學校
可以說是在水邊的。我認識美，學會思索，水對我有極大的關係。」
[11]抗戰勝利後返回北京不久，他寫了〈一個傳奇的本事〉一文，再
次強調了山川大地上的「川」給他的影響和啟示：「水和我的生命
不可分，教育不可分，作品傾向不可分。……三十年來水永遠是
我的良師，是我的諍友，給我用筆以各種不同的啟發。……我一

10　林懷民：〈溫柔敦厚的至情〉，《聯合文學》1987 年 2 月號，頁 236。

11　沈從文：《從文自傳・我讀一本小書同時又讀一本大書》，《沈從文別集・自
　　傳集》，頁 13。

切作品的背景，都少不了水。」[12]水的柔弱與強韌，水的兼容並包，水的無堅不摧，這些隱藏的德性，無形中化為他的人生觀與創作觀，他清楚地指出：「水教給我粘合卑微人生的平凡哀樂，並作橫海揚帆的美夢，刺激我對於工作永遠的渴望，以及超越普通個人功利得失，追求理想的熱情洋溢。」[13]這位湘西之子，在他一生坎坷的歷練中，身上始終有著土地的堅毅，河流的婉約，二者共構出他傳奇的本事。

　　沈從文 20 歲以前的經歷其實已經決定了他的一生及文學事業，在《自傳》的〈船上〉一章中寫到押運軍服帆船上的曾姓朋友，就是《湘行散記》中那個戴水獺皮帽子大老闆；〈一個大王〉中寫到跟部隊要到四川，從湖南邊境的茶峒到貴州邊境的松桃，再到四川邊境的秀山，一共走了六天，那次路上的經驗如渡筏，「十年後還在我的記憶裡，極其鮮明佔據了一個位置。」[14]而《邊城》即由此寫成。這兩本書是他最具代表性的散文集與小說集，取材都離不開他的湘西經驗。

　　然而，湘西再美，終究拴不住一顆年輕不安分的心靈。他決定離開湘西，在〈女難〉中道盡了當時寂寞的心理：「我歡喜辰州那個河灘，不管水落水漲，每天總有個時節在那河灘上散步。⋯⋯一切皆那麼和諧，那麼愁人。美麗總是愁人的。我或者很快樂，卻用的是發愁字樣。但事實上每每見到這種光景我總默默的注視許久。我要人同我說一句話，⋯⋯可是能在一堆玩，一處過日子，

12　沈從文：〈一個傳奇的本事〉，《沈從文別集・鳳凰集》，頁 216-217。
13　同上註。
14　沈從文：《從文自傳・女難》，《沈從文別集・自傳集》，頁 145。

一陣子說話的,已無一個人。我感覺我是寂寞的。」他向靠近學校的城牆走去,看學生們在玩球嬉鬧,「可是不到一會,那學校響了上課鈴,大家一窩蜂散了,只剩下一個圓圓的皮球在草坪角隅,牆邊不知名的繁花正在謝落,天空靜靜的,我望到日頭下自己的扁扁影子,有說不出的無聊。我得離開這個地方,得沿了城牆走去。」[15]這段有點少年愁滋味的自剖,將一切生活的改變訴諸於寂寞的情緒,他果然沿著辰州的城牆走到了北京城牆,但一旦如其所願,離開了湘西故土,走進大都市後,他的寂寞感反而與日俱增。

沈從文一生在城市的時間要遠遠超過鄉下,但是身居鬧市,他還是以「鄉下人」自居。對於城市物質文明帶來的種種扭曲人性的惡德,特別是紳士階級的道德淪喪,他感到厭惡,不時在筆下嚴厲鞭撻。寫於 1936 年的《從文小說習作選‧代序》簡直就是一篇鄉下人的宣言:「我實在是個鄉下人。說鄉下人我毫無驕傲,也不在自貶,鄉下人照例有根深蒂固永遠是鄉巴佬的性情,愛憎和哀樂自有它獨特的樣式,與城市中人截然不同!」他感慨地說:「我感覺異常孤獨,鄉下人實在太少了。倘若多有兩個鄉下人,我們這個『文壇』會熱鬧一點吧。」[16]

在他眼中看到的城市,無非是繁華背後的荒涼,熱情背後的虛偽,物質背後的空幻,與五光十色底下的人際疏離、人性殘酷與人心寂寞,這只要看看他筆下以城市背景、文明社會為題材的作品中,語氣多半帶著批判和諷刺、譴責和憤慨,既可知曉。探

---

15 前揭書,頁 106-108。
16 沈從文:《從文小說習作選‧代序》,《沈從文別集‧邊城集》,頁 30、34。

究其對城市始終抱著冷眼以對的態度，以及對文學與政治的關係極其敏感，很大的原因是來自於他青年從軍期間親眼目睹「清鄉」、「剿匪」的濫殺無辜，在《自傳》的〈懷化鎮〉中，他回憶隨部隊移防到懷化這個小鄉鎮，「我在那地方約一年零四個月，大致眼看殺過七百人。一些人在什麼情形下被拷打，在什麼狀態下頭被砍下，我可以說全部懂透了。又看到許多所謂人類做出的蠢事，簡直無從說起。這一分經驗在我心上有了一個份量，使我活下來永遠不能同城市中人愛憎感覺一致了。從那裡以及其他一些地方，我看了些平常人不看過的蠢事，聽了些平常人不聽過的喊聲，且嗅了些平常人不嗅過的氣味，使我對於城市中人在狹窄庸懦的生活裡產生的做人善惡觀念，不能引起多少興味，一到城市中來生活，弄得憂鬱孤僻不像一個『人』的感情了。」[17]他當然明白，湘西世界並非十全十美的世外桃源，所謂「鄉下」也不免藏污納垢，但和城市世界的冷漠無情、墮落腐朽相比，自然成了相對美好的心靈參照。

沈從文標榜「鄉下人」，其實真正要張揚的還在於「人」，而鄉下原始、自然、素樸、善良的風俗與人情，則是他認為保存人性本質最自由也最真實的淨土。從邊城走向京城，沈從文的地位、生活有了很大的轉變，但他一直自覺地試圖保存屬於鄉下人特有的素樸本色。在我看來，「素樸」不僅是他生命境界的理想追求，也是他文學創作的美學傾向。在〈我怎麼就寫起小說來〉中，他幾次用了「素樸」一詞，特別是對於寫作，他強調的就是「素樸」

---

17 沈從文：《從文自傳·懷化鎮》，《沈從文別集·自傳集》，頁 88-89。

的精神與態度,他說:「只是極素樸的用個鄉下人態度,準備三十年五十年把可用生命使用到這個工作上來,盡可能使作品在量的積累中得到不斷的改進和提高。……工作最得力處,或許是一種『鍥而不捨久於其道』的素樸學習精神,以及從事這個工作,不計成敗,甘心當『前哨卒』和『墊腳石』的素樸工作態度。」[18]1961年,在寫給張兆和的家書中,他提到寫作的構想時,強調的還是「素樸」,他說:「我想到的總還是用六、七萬字寫中篇,至多有八萬字,範圍不妨小些,格局不妨小些,人事不妨簡單些,用比較素樸方法來處理。」[19]

可以說,從開始寫作起,他就很少偏離過「素樸」的藝術構思與表現手法,小說如此,散文亦如此;文字如此,風格亦如此。有論者就分析道:「且不說《從文自傳》的自然親切,即如《湘行散記》,無論對景物還是人事的描述,都如同作家泛舟沅水或踏歌江畔,無意得之,來得那麼自然,去得又那麼渺無聲息。沈從文作品的自然還表現為形容的樸素平淡。寫人寫景,以平淡的筆墨反而更能顯示山水的天生麗質和人性的素樸本色。」[20]

源自湘西山川大地天真未鑿的自然風情與素樸本色,使沈從文的作品格外有一種人性的愛,人情的美,這是他從湘西邊城所領受到的最寶貴啟發,也是他日後帶給文壇最動人、特殊的美好資產。

---

18 沈從文:〈我怎麼就寫起小說來〉,《沈從文研究資料》上冊,頁 125。

19 沈從文:〈跛者通信〉,《沈從文家書 —— 從文兆和書信選》,頁 291。

20 吳立昌:〈沈從文的生平和創作〉,《中國新文學大師名作賞析:沈從文》(台北:海風出版社,1992 年),頁 19。

三、人性之愛與人情之美

　　沈從文一開始是想做個詩人，「用詩來表現個人思想情感」，但是「五四」的浪潮席捲了他，也改變了他，「由於五四新書刊中提出些問題，涉及新的社會理想和新的做人態度，給了我極大刺激和鼓舞。我起始進一步明確認識到個人和社會的密切關係，以及文學革命對於社會變革的顯著影響。動搖舊社會、建立新制度，做個『抒情詩人』似不如做個寫實小說作家工作紮實而具體。」[21]雖然如此，我認為他的一生其實從來沒有失去過「抒情詩人」的角色。他當然也寫過一些諷刺性明顯的寫實小說，但說教意味過於明顯，反而不如充滿詩意的抒情小說來得成功。

　　對於「抒情小說」的特質，學者馮欣分析道：「抒情小說一般都不能刺激讀者向現實生活中更深更複雜的領域去，它的深層審美價值在於以『美』將『真』與『善』統一起來，通過文學藝術之『美』帶給人心靈自由與解放，精神上的淨化與提昇。……作家們在這種文體中更直接地把自己的內心世界向讀者開放，他們用情感、用形象、用詩意的語言引領我們穿過一個心靈之門，進入到一個超越現實生活的新天地，在其中領悟生命的真諦，感受善的力量，燭照自我的內心。」[22]沈從文的作品以及他對世界的看法，透顯出的正是這樣素樸的抒情，以愛與美為基調，從而形成其個人獨特的藝術魅力，成為現代文學史上一朵獨放異彩的奇葩。

21　沈從文：〈我怎麼就寫起小說來〉，《沈從文研究資料》上冊，頁 114、120。
22　馮欣：〈20 世紀中國抒情小說與「烏托邦」境界〉，《社科縱橫》第 21 卷第 5 期，2006 年 5 月，頁 85。

面對醜陋、異化的社會現實，面對生命的有限與不完美，自稱爲「最後一個浪漫派」[23]的沈從文如同歐洲浪漫派詩人一般，企盼用「愛」與「美」作爲改變現實與超越有限的良方。他說：「我們實需要一種美與愛的新的宗教，來揭起更年青一輩做人的熱誠，激發其生命的抽象搜尋，對人類明日未來向上合理的一切設計，都能產生一種崇高莊嚴感情。」[24]。他希望用「愛」爲手段來構築一個「美」的世界。他用「美」來看世界，也衡量世界，他的「美」是一種純粹的、藝術的美，而不是有目的的、合乎倫理道德的美，他說：「我永遠不厭倦的是『看』一切。宇宙萬匯在動作中，在靜止中，在我印象裡，我都能抓定它的最美麗與最調和的風度，但我的愛好顯然卻不能同一般目的相合，我不明白一切同人類生活相聯結時的美惡，換句話說，就是我不大能領會倫理的美。接近人生時，我永遠是個藝術家的感情，卻絕不是所謂道德君子的感情。」[25]他就是始終以藝術家獨特的審美心靈審視著這個世界，美是他創作的核心，生命的信仰。他的學生汪曾祺就說過：「他是一個不可救藥的『美』的愛好者，對於由於人的勞動而創造出來的一切美的東西具有一種宗教徒式的狂熱。對於美，他永遠不缺少一個年輕的情人那樣的驚喜與崇拜。」[26]

在此不妨引用研究者吳立昌一段同樣充滿美感的文字來說明

---

23 沈從文在〈水雲・第 6 節〉中云：「用一支筆，來好好的保留最後一個浪漫派在 20 世紀生命揮霍的形式，也結束了這個時代這種情感發炎的症候。」見《沈從文研究資料》上冊，頁 98。

24 沈從文：〈美與愛〉，《沈從文全集》（太原：北岳文藝出版社，2002 年）第 17 卷，頁 362。

25 沈從文：《從文自傳・女難》，《沈從文別集・自傳集》，頁 112。

26 汪曾祺：《晚翠文談新編》（北京：三聯書店，2002 年），頁 160。

沈從文作品在題材寫作上的特色與風格的婉約秀美：

> 我們只要展示他的小說散文代表作所切割的湘西山水風
> 情，不僅可以見到高山急流，險灘行船，舟人覆沒的驚心
> 動魄的場面，而且更常見到的是：軟風微醺的春日，月華
> 如水的夏夜，清明氣爽的秋色，靜謐柔和的雪晴；松柏幽
> 篁，翠色逼人，暮靄四合，江上煙波；潭深見底，游魚可
> 數，一片林梢，一抹輕霧；錯落有致的平田屋舍；炊煙縷
> 縷的水畔小鎮，小船水手的欸乃櫓歌，情意綿綿的吊角樓
> 燈光……一切的一切，只有湘西所特有的自然風光和人事
> 哀樂，給我們的感覺不是雄渾、豪放、壯美，而是空靈、秀
> 美、清麗，顯示了沈從文繪摹湘西山水風情的一貫特色。[27]

　　1934 年發表的中篇小說《邊城》為他奠定文學地位的代表
作，也是他抒情審美意識最生動發揮與最成功的演繹。《邊城》的
唯美色彩與浪漫魅力，幾乎已是現代文學史的常識。他早期湘西
題材的小說作為鄉土風俗紀錄的成分居多，但 1928 年到上海之
後，鄉村或者湘西逐漸成為一種烏托邦力量來平衡和釋放他在都
市物質文明中所感受到的強烈文化衝擊和焦慮。《邊城》描繪的是
一個未受現代文明污染的純樸世界，裡面的人情事理沒有鬥爭、
陷害或墮落、陰暗，有的只是天真未鑿的自然，古老原始的人性，
小說的所有人物如老船夫、翠翠、天保、儺送、船總順順等，都
是正直、善良、樂觀、熱情的，也就是「美」的。《邊城》實在可
以視為充滿象徵、寧靜美好的一則寓言。有人認為其缺點是過於

27　吳立昌：〈沈從文的生平和創作〉，《中國新文學大師名作賞析：沈從文》，頁 20。

單純，缺乏小說必要的廣大與複雜，但如前所述，沈從文的本質
更接近於一個抒情詩人，而非一個小說家。小說情節是簡單的，
但情感卻是深刻的。他以雋永有味的筆調和爐火純青的藝術表
現，示範了鄉土文學的不同風貌，繼承並召喚了古典的抒情美學
傳統。

　　沈從文的抒情審美意識在《邊城》中處處可見。不論敘事寫
人，抒情狀物，總能給人美的觸機與感發。他曾說過：「不管是故
事還是人生，一切都應當美一些！」[28]作爲「美的守護者」，他在
多年後爲文回憶當年寫《邊城》的情景，敘述文字仍給人唯美的
聯想：「十年前寫《邊城》時，從槐樹和棗樹枝葉間濾過的陽光，
如何照在白紙上，恍惚如在目前。燈光照及油瓶，茶杯，書籍，
桌面遺留的一小滴清油時，曲度相當處都微微返著一點青光。我
心上也依稀返著一點光影，映照過去，又像是爲過去所照澈。」[29]
他的兒子虎雛曾有一個精準的觀察：「他深愛一切美好東西，又往
往想到美好生命無可奈何的毀滅。」[30]這或許可以說明，他筆下
的邊城故事雖然美，卻最終仍以悲劇收場。小說中寫到翠翠心事
的一段，即是這種心情的典型呈現：

> 黃昏來時翠翠坐在家中屋後白塔下，看天空爲夕陽烘成桃
> 花色的薄雲。十四中寨逢場，城中生意人過中寨收買山貨
> 的很多，過渡人也特別多，祖父在渡船上忙個不息。天快
> 夜了，別的雀子似乎都在休息了，只杜鵑叫個不息。石頭

28　沈從文：〈水雲·第3節〉，《沈從文研究資料》上冊，頁81。
29　沈從文：〈水雲·第6節〉，《沈從文研究資料》上冊，頁100。
30　沈虎雛：〈團聚〉，《沈從文別集·自傳集》，頁268。

泥土為白日曬了一整天，草木為白日曬了一整天，到這時
節皆放散一種熱氣。空氣中有泥土氣味，有草木氣味，且
有甲蟲類氣味。翠翠看著天上的紅雲，聽著渡口飄鄉生意
人的雜亂聲音，心中有些兒薄薄的淒涼。黃昏照樣的溫柔，
美麗，平靜。但一個人若體念到這個當前一切時，也就照
樣的在這黃昏中會有點兒薄薄的淒涼。於是，這日子成為
痛苦的東西了。[31]

　　溫柔美麗的景致背面，瀰漫的是淒涼悵惘的情思。整篇小說
中不乏這樣的描寫，如老祖父在雷雨夜死去時，也正是美麗的白
塔坍塌之際，當白塔重新修築矗立在河畔時，翠翠所愛的二老卻
可能永遠不再回來。沈從文所營造的美，似乎總有一股悲劇性隱
隱待發。或許用沈從文自己的話來說會更貼切，在《從文自傳》
的〈女難〉中他說：「美麗總是愁人的」，在〈水雲〉中他又說：「美
麗總使人憂愁」。邊城絕不是烏托邦式的世外桃源（小說中二老後
來坐船去了桃源，但那似乎是個不祥之地），這裡上演的愛與美的
故事是凡夫俗子式的世俗生活，永遠帶點感傷的缺憾。不過，湘
西的風土還是給了他智慧的啟示：雖然愛與美的事物會消失，但
愛與美的情感與記憶卻可以長存。在無可奈何中，沈從文並不因
此而懷疑愛與美的意義與價值，恰恰相反，正因為愛與美的瞬間
消逝，所以身為寫作者，更應該努力抓住那美的剎那，愛的光輝。
悲劇故事只是表面，美與愛才是《邊城》打動人心的神秘力量。
在 1934 年 4 月為《邊城》寫的題記中，他說自己將把民族與歷史

---

31 沈從文：《邊城》，《沈從文別集‧邊城集》，頁 177。

的命運、小人物在變動中的憂患，作「樸素的敘述」，希望這部作品能給人們一點「懷古的幽情」，一種勇氣和信心。為了使筆下的人物「更有人性，更近人情」，他以「鄉下人」的氣質與立場，採取「老老實實的寫下去」[32]的態度，寫了這篇動人的作品。

　　對於《邊城》的寫作，沈從文曾自道：「我要表現的本是一種『人生的形式』，一種『優美，健康，自然而又不悖乎人性的人生形式』。我主意不在領導讀者去桃源旅行，卻想借重桃源上行七百里路酉水流域一個小城小市中幾個愚夫俗子，被一件普通人事牽連在一處時，各人應有的一分哀樂，為人類『愛』字作一度恰如其分的說明。」[33]是的，沈從文的作品之所以讓人感到美，是因為其中充滿了愛。他對人性美、生命愛的肯定，使邊城的缺憾得到了圓滿的修補，使悲劇有了永恆動人的力量。用他自己的話來說，「邊城」是他有意構造的「希臘小廟」：「這世界上或有想在沙基或水面上建造崇樓傑閣的人，那可不是我。我只想造希臘小廟。選山地作基礎，用堅硬石頭堆砌它。精緻，結實，勻稱，形體雖小而不纖巧，是我理想的建築。這神廟供奉的是『人性』。」他對愛的信仰，對人性美的肯定，正是受到西方希臘文化中提倡審美人生、肯定世俗生活、表現入世冒險、崇尚健康力量的精神啓迪[34]，不受壓抑束縛，自然舒展天性，原始，青春，充滿力量，他

32　沈從文：《邊城・題記》，《沈從文別集・邊城集》，頁 93、96。

33　沈從文：《從文小說習作選・代序》，《沈從文別集・邊城集》，頁 33。

34　在覃俏的論文〈建築人性神廟，珍視個體生命 ── 談沈從文《邊城》中的人性美與生命意識〉中，對西方文化的人本主義思想的兩大文化資源：希臘文化和希伯來文化，有精要的概括：「希臘文化對待生命既肯定理性的需要，又熱愛肉欲的享受，提倡審美的人生 ── 在利用知識、發展科技的基礎上，盡情取用造物主留給人類的東西。他們積極肯定世俗生活，鄙視苦行僧似的

的湘西小說正表現出這樣的文化生命精神傾向。

除了《邊城》，我們還可以看看 1933 年底、1934 年初，沈從文返回湘西探親旅途中寫給新婚妻子張兆和的《湘行書簡》，字裡行間讓人感受到的是發自內心的愛意與對美好的讚頌，不僅是對被他稱爲「三三」的妻子，對湘西的風土人情、歷史文化都有同樣的思索與陳述，例如寫於 1934 年 1 月 18 日的〈歷史是一條河〉：

> 站在船後艙看了許久水，我心中忽然好像徹悟了一些，同時又好像從這條河中得到了許多智慧。三三，的的確確，得到了許多智慧，不是知識。我輕輕的嘆息了好些次。山頭夕陽極感動我，水底各色圓石也極感動我，我心中似乎毫無什麼渣滓，透明燭照，對河水，對夕陽，對拉船人同船，皆那麼愛著，十分溫暖的愛著！我們平時不是讀歷史嗎？一本歷史書除了告我們些另一時代最笨的人相斫相殺以外有些什麼？但真的歷史卻是一條河，從那日夜長流千古不變的水裡石頭和沙子，腐了的草木，破爛的船板，使我觸著平時我們所疏忽了若干年代若干人類的哀樂！我看到小小漁船，載了它的黑色鸕鷀向下流緩緩划去，看到石灘上拉船人的姿勢，我皆異常感動且異常愛他們。我先前一時不還提到過這些人可憐的生，無所爲的生嗎？不，三

禁欲主義，歌頌「醇酒美人」，愛好冒險與戰爭，表現爲入世、冒險、創造屬於青春期的文化生命精神傾向；而希伯來文明則顯現出中年的理智和成熟，專注於信仰和靈魂的拯救。」她進一步申論：「『希臘神廟』是一個具有象徵意蘊的『能指』，其『所指』是生命自然舒展不受壓抑束縛的古代希臘。」因此，「在《邊城》中，作者想要傳達的就是一種世俗生活中的人性本然之美，這種美不是存在於烏托邦之中，是希臘式的對世俗生活的積極肯定。」見《現代語文》2007 年第 8 期，頁 48。

　　三，我錯了。這些人不需我們來可憐，我們應當來尊敬來
愛。[35]

　　沈從文確實愛著這條河，還有河邊人的生活，這條河就是邊
城，也是人生的隱喻與文化符碼，是他愛與美思想的投射與映照。
湘西自然景物的美、風俗的美、人性的美，加上素樸、原始、純
潔的愛，共構出一幅清新自然明麗的邊城美景，一首邊緣抒情的
田園牧歌。這幅美景的主場景，這首牧歌的主旋律都是「愛」與
「美」。因為懂得愛，懂得美，他成了「人性的治療者」。

　　沈從文對西方自古希臘時代開始的「牧歌」（pastoral）文學
傳統是有自覺的，他在寫《邊城》時即有意採用和營造這種牧歌
體式的情調、氛圍與氣息，他說：「我準備創造一點純粹的詩，與
生活不相粘附的詩。……愛情生活並不能調整我的生命，還要用
一種溫柔的筆調來寫各式各樣愛情，寫那種和我目前生活完全相
反，然而與我過去情感又十分接近的牧歌，方可望使生命得到平
衡。」[36]這讓人又想起了他一心想要建造的「希臘小廟」。學者劉
洪濤即特別從牧歌的角度研究沈從文的《邊城》，他指出：「在西
方，牧歌是一個有悠久傳統的文學品種。遠在古希臘時代，詩人
們用它表現牧羊人在村野和自然中的純樸生活，歌詠愛情和死
亡。」但自 18 世紀以後，「牧羊人角色已少見，牧歌被用來泛指
一切美化鄉村生活的作品，包括小說。由於牧歌處理死亡、命運、
理想的鄉村生活的式微一類主題，它的情調常常是感傷和憂鬱
的。」等到 19 世紀現實主義文學興起後，「牧歌沒有因為自己缺

35　沈從文：《湘行書簡》，《沈從文別集・湘行集》，頁 104。
36　沈從文：〈水雲・第 4 節〉，《沈從文研究資料》上冊，頁 84。

乏紀實性而走向消亡，而是在崇尚經驗和寫實的環境中生存下來。理性主義和社會批判也逐漸滲透到牧歌中來，『鄉村』被看成傳統、鄉土、自然和宗法社會的守衛者，『城市』則囊括了一切外來的、墮落的資本主義因素。」[37]沈從文許多抒情氣息濃厚、帶點感傷的鄉土文學作品，如《湘行散記》、《湘西》── 特別是《邊城》── 因此被人賦予田園牧歌文學傾向的聯想。我們也可以在李廣田、何其芳、汪曾祺等人的作品中尋找到牧歌的線索，但《邊城》幾乎成了這類作品的代表，「這固然與作品中表現出來的田園風光與風土人情有關，更與其表達的理想人性主題有關，與其表現的理想生命形式有關。」[38]

　　人性因愛而美，沈從文對愛與美的堅持，對人性與生命的探掘，使他在現代文學史上以一種鮮明的抒情詩人、自由主義者的形象矗立著。他以一顆美的童心觀照世界，將人性美與自然美統合成一個天然和諧的藝術世界，沒有粗糙的吶喊，沒有血與淚的控訴，沒有意識型態的操弄，也沒有主流話語的迎合，即使被誤解，即使必須承受孤獨，他也不曾失去對人性之愛、人情之美的信念。在〈蕭乾小說集題記〉中的一段話正可以為此信念下一註腳：

> 曾經有人詢問我，「你為什麼要寫作？」我告他說：「因為我活到這世界裡有所愛。美麗，清潔，智慧，以及對全人類幸福的幻影，皆永遠覺得是一種德性，也因此永遠使我對它崇拜和傾心。這點情緒同宗教情緒完全一樣。這點情

37　劉洪濤：《〈邊城〉：牧歌與中國形象》（南寧：廣西教育出版社，2003 年），頁 85-86。
38　吳投文：《沈從文的生命詩學》（北京：東方出版社，2007 年），頁 189。

緒促我來寫作，不斷的寫作，沒有厭倦，……人事能夠燃
起我感情的太多了，我的寫作就是頌揚一切與我同在的人
類美麗與智慧。」[39]

四、個人聲音與時代洪流間的掙扎

1938 年 7 月 30 日，沈從文在昆明寫給張兆和的第一封信，
提到他深夜時正在寫《長河》，但外頭卻是雷鳴電閃，並因此而聯
想到戰爭期間的轟炸聲響，讓他覺得既感動又悲哀，這彷彿是他
一生周旋在個人審美與時代洪流中掙扎痛苦的寫實縮影。信是這
樣寫的：

> 已夜十一點，我寫了《長河》五個頁子，寫一個鄉村秋天
> 的種種。彷彿有各色的樹葉落在桌上紙上，有秋天陽光射
> 在紙上。夜已沈靜，然而並不沈靜。雨很大，打在瓦上和
> 院中竹子上。電閃極白，接著是一個比一個強的炸雷聲，
> 在左邊右邊，各處響著。房子微微震動著。稍微有點疲倦，
> 有點冷，有點原始的恐怖。我想起數千年前人住在洞穴裏，
> 睡在洞中一隅聽雷聲轟響所引起的情緒。同時也想起現代
> 人在另外一種人為的巨雷響聲中所引起的情緒。我覺得很
> 感動。唉，人生。這洪大聲音，令人對歷史感到悲哀，因
> 為它正在重造歷史。[40]

「洪大聲音」豈僅是「重造歷史」而已，在重造的過程中，「個

---

39 沈從文：〈蕭乾小說集題記〉，《沈從文全集》第 16 卷，頁 325。本文是爲蕭
　乾小說集《籬下集》所寫，故也被寫成《離下集・題記》。發表於 1934 年
　12 月 15 日天津《大公報・文藝副刊》。
40 《沈從文家書 —— 從文兆和書信選》，頁 112。

人」經常也被捲入時代洪流中而難以自拔。沈從文對此似乎有著高度的敏感，無論創作或批評，他都堅守文學的審美本質，強調藝術的獨立性，反對創作的公式化、概念化，這種追求純粹、獨立審美藝術的立場，使他鮮明地反對文學政治化、商業化。在黨派意識操控嚴密的三〇、四〇年代，他強烈的「超黨派」思想與藝術審美的主張顯得空谷足音，自然也就格格不入於文壇的主流意識型態。

　　其抒情審美意識的形成，先是湘西自然原始的美的啟發，後是京城雍容古雅的文化的養成，作為「京派」主要成員，他以美為最高德性的文學觀念，使他的作品與批評都能維持著一種純正的趣味，一種和諧優美的姿態。這是他刻意為之，以遠離時代的流行趣味，保存自己信仰的純美傾向。對於自己的信念，他是深具信心的，在寫於 1941 年的一篇談論小說創作的文章中，他說：「照近二十年來的文壇風氣，一個作家一和『藝術』接近，也許因此一來，他就應當叫做『落伍』了，叫做『反動』了，他的作品並且就要被什麼『檢查』了，『批評』了，他的主張意見就要被『圍剿』了，『揚棄』了。」但是他說不必為此事擔心，因為「這一切不過是一堆『詞』而已，詞是照例搖撼不倒作品的。」既然如此，創作者最重要的是要樹立起自己的獨立風格，而不是落入潮流的窠臼中，「藝術品之真正價值，差不多全在於那個作品的風格和性格的獨創上。」[41]在他看來，個人的聲音才是文學藝術之所以存在的意義所在。

41　沈從文：〈短篇小說〉，《沈從文別集・抽象的抒情》，頁 258、259、266。

　　除了 1949 年前後精神紊亂的日子，沈從文對自己的作品與寫作能力是充滿自信的，他相信自己的聲音不僅能被聽見，而且將會流傳下去。在 1934 年給張兆和的信中寫道：「我想印個選集了，因爲我看了一下自己的文章，說句公平話，我實在是比某些時下所謂作家高一籌的。我的工作行將超越一切而上。我的作品會比這些人的作品更傳得久，播得遠。」他還說：「我希望活得長一點，同時把生活完全發展到我自己這份工作上來。我會用我自己的力量，爲所謂人生，解釋得比任何人皆莊嚴些與透入些！」[42] 1962 年時，他甚至帶點誇張的語氣說：「寫十個《湘行散記》，不會什麼困難，且可望寫得更活潑有意思。」[43] 或許是這樣的自信，他才敢以自己個人的聲音來和時代、主流，甚至是歷史對抗著。

　　從二○年代後期起，沈從文的生命力旺盛勃發，整個三○、四○年代是他在文壇上活躍且成功的階段，他不斷地在多產的作品中傳達他的文學理想與創作理念，捍衛個人聲音的立場十分堅定。在 1928 年出版的《阿麗思中國遊記・後序》中，他提到文章如果「放到一種時代的口號下大喊」，那是一種「失敗」[44]；同樣寫於 1928 年的《阿黑小史・序》，他以略帶點嘲諷的語氣說：「或者還有人，厭倦了熱鬧城市，厭倦了眼淚與血，厭倦了體面紳士的古典主義，厭倦了假扮志士的革命文學，這樣人，可以讀我這

---

42 沈從文：《湘行書簡》，《沈從文別集・湘行集》，頁 95、105。

43 《沈從文家書 —— 從文兆和書信選》，頁 322。

44 見《沈從文別集・月下小景》，頁 267。文中他說：「儼然如近來許多人把不拘什麼文章放到一種時代的口號下大喊，根本卻是老思想一樣的。這只能認爲我這次工作的失敗。」

本書，能得到一點趣味。我心想這樣人大致總還有。」[45]在 1931
年出版的《石子船‧後記》中，他再次強調了不隨流俗、突破因
襲窠臼的理念：「我還沒有寫過一篇一般人所謂小說的小說，是因
爲我願意在章法外接受失敗，不想在章法內得到成功。」[46]類似
的見解可以在後來的許多作品中看到，如「忠誠於自己信仰」（《鳳
子‧題記》）；「在人棄我取意義下，這本書便付了印。」（《月下小
景‧題記》）；「本書作者，卻早已存心把這個『多數』放棄了。」
（《邊城‧題記》）；「一切作品都需要個性，都必需浸透作者人格
和感情，想達到這個目的，寫作時要獨斷，要徹底地獨斷！」（《從
文小說習作選‧代序》）；「『得到多數』雖已成爲一種社會習慣，在
文學發展中，倒也許正要借重『時間』，把那個平庸無用的多數作
家淘汰掉，讓那個真有作爲誠敬從事的少數，在極困難挫折中受
試驗，慢慢的有所表現，反而可望見出一點成績。」（〈短篇小說〉）
等等，彷彿鄉下人的固執般，他不厭其煩地闡釋著同樣的看法，
與時代社會群體的審美心理存在著明顯的落差。

　　懷著這一份自信又自覺的執拗理想，仗著一身絕好的本領，
以大量叫好叫座的作品，在上海名聲鵲起的沈從文，1933 年返回
北京，出任《大公報‧文藝副刊》主編。北京與上海在三○年代
是兩大文化中心，可謂「半分天下」，而沈從文已然是北方文壇的
領袖。10 月 18 日，他發表評論〈文學者的態度〉，抨擊有些作家
「以放蕩不羈爲灑脫」、「以終日閒談爲高雅」、「單靠宣傳從事漁
利」，這批作家「在上海寄生於書店、報館、官辦的雜誌，在北京

---

45 文章寫於 1928 年 10 月。見《沈從文研究資料》上冊，頁 34。
46 前揭書，頁 29。

則寄生於大學、中學，以及種種教育機關中。」[47]其實沈從文談的是一種不健全的心態、現象，但卻引起了文壇海派京派的激烈論爭。北京相對淡化的政治空氣為一批自由主義知識分子提供了避風港，產生相近的文學趣味，審美風格，溫和、舒緩、雅致的生活態度和文學風格，和上海那尖銳、緊張、變幻的風格明顯不同。沈從文提出文學的永久性與普遍性，抨擊海派文學的消費性與商業性，認為文學不是取巧邀功的工具，而是一種宗教，應該保持純文藝傾向，追求認真、莊嚴的文藝趣味，他說：「偉大作品的產生，不在作家如何聰明，如何驕傲，如何自以為偉大，與如何善於標榜成名；只有一個方法，就是作家『誠實』的去做。」[48]他主張對現實採旁觀態度，不捲入政治漩渦中。以他為中心，逐漸在北京形成了一個「京派」的文學現象。

1946 年，他發表文章反對文學成為政治的附產物和點綴品，把國共雙方都比做「玩火」和「用武力推銷主義」，批評各黨各派的政治人物「說是為人民，事實上在朝在野卻都毫無對人民的愛和同情」，主張「用愛與合作來重新解釋『政治』二字的含義」。[49]1947 年，他接連寫了幾篇文章呼籲和平，反對內戰，主張以「愛

---

47 沈從文：〈文學者的態度〉，《沈從文全集》第 17 卷，頁 52。

48 沈從文：〈文學者的態度〉，前揭書，頁 51。

49 沈從文：〈從現實學習〉，原載天津《大公報》，1946 年 11 月 3 日、10 日。引自凌宇編：《沈從文散文全編》（杭州：浙江文藝出版社，1994 年），頁 408、413。文中寫道：「……在目前局勢中，在政治高於一切的情況下，都說是為人民，事實上在朝在野卻都毫無對人民的愛和同情。在企圖化干戈為玉帛調停聲中，凡為此而奔走的各黨各派，也都說是代表群眾，仔細分析，卻除了知道他們目前在奔走，將來可能作部長、國府委員，有幾個人在近三十年，真正為群眾做了些什麼事。」

與合作精神」,「重建這個破碎國家」[50]，認爲「一個真正有做人良心的作者，他絕不會說這戰爭是必要的。稍有愛和不忍之心，更不會贊成這種大規模集團殘殺是國家人民之福！」[51]只有「用愛與合作來代替仇恨」，這個陷於屠殺悲劇中的國家「才會有個轉機」[52]。如此一來，他開始面臨國共左右夾擊的政治批判，尤其是左翼文壇的猛烈批判。郭沫若 1948 年 3 月的〈斥反動文藝〉最具殺傷力，文中第一個就點名他，指責他作品「存心不良，意在蠱惑讀者，軟化人們的鬥爭情緒」，是「桃紅色作家」,「一直是有意識的作爲反動派而活動著」，對沈從文的「與抗戰無關」、「反對作家從政」等言論，認爲有進行和革命「游離」的企圖；[53]馮乃超對他的散文〈芷江縣的熊公館〉也毫不留情地批判是「清客文丐的傳統」，是「今天中國典型地主階級的文藝，也是最反動的文藝」[54]；1949 年元月，北大校園出現打倒沈從文的標語、大字報；1949 年 7 月召開的第一次文代會，他被排除在外……這些不曾預料的衝擊令他心生恐懼，四顧徬徨，感到大禍即將臨頭。

於是，我們看到一直與時代政治洪流對抗的沈從文，在集體批判、否定的聲浪中敗下陣來。他對群體壓迫的驚恐、個人出路

---

50 沈從文：〈致周定一先生〉,《沈從文全集》第 17 卷，頁 473。本文發表於 1947 年 9 月 28 日北平《平明日報‧星期藝文》第 23 期。原題爲〈窄而霉齋廢郵（新 19）〉。

51 沈從文：〈政治與文學〉,《沈從文全集》第 14 卷，頁 257。本文寫於 1947 年 2 月前後。

52 沈從文：〈五四〉，前揭書，頁 270。本文發表於 1947 年 5 月 4 日天津《益世報‧文學週刊》第 39 期。

53 見《沈從文評說 80 年》，頁 265-266。

54 馮乃超：〈略評沈從文的「熊公館」〉，原載 1948 年 3 月 1 日《大眾文藝叢刊》第 1 輯，引自《沈從文研究資料》上冊，頁 295、297。

的迷茫，甚至生命存在的困惑，透過私密的家書，向他唯一的讀
者 —— 張兆和娓娓訴說。恐怕沒有什麼文字比家書更真實了，他
是如此喜愛寫信的人，在和張兆和的大量書簡中，我們終於勉強
可以認識這個「人」，他的思想和情感，憂傷與痛苦，自信與快樂。
半世紀後，重新閱讀他的家書，囈語狂言的背後，依然能感受到
那風聲鶴唳、草木皆兵的極端混亂、恐懼、痛苦的心理，例如 1949
年 1 月 30 日的片段：「我寫的全是要不得的，這是人家說的。我
寫了些什麼我也就不知道。」；「給我不太痛苦的休息，不用醒，
就好了，我說的全無人明白。」；「完全在孤立中，孤立而絕望，
我本不具生存的幻望。我應當那麼休息了！」；「我能掙扎到什麼
時候，神經不崩毀，只有天知道！我能和命運掙扎？」[55]他陷入
了孤立無援的絕望煎熬中，苦苦掙扎，「個人」在此刻顯得多麼單
薄、無助與渺小。

　　當生命與意識墜入黑暗深淵時，他選擇結束生命，就在自殺
的前兩天，他拿起張兆和二十年前在上海求學時所攝的一張照
片，於背面寫下「十八年兆和在吳淞學校球隊（執球） 從文三
十八年北平」以及「三十八年三月二十六在北平重閱彷彿有杜鵑
在耳邊鳴喚。 從文」。如果我們聯繫起他於 1938 年 4 月 13 日
抗戰期間在沅陵，寫給張兆和信中提到杜鵑：「杜鵑各處叫得很急
促，很悲，清而悲。這鳥也古怪，必半夜黃昏方呼朋喚侶。就其
聲音之大，可知同伴相距之遠，與數量之稀。北方也有，不過叫
聲不同罷了。形體顏色都不怎麼好看，麻麻的，飛時急而亂，如

---

55 《沈從文家書 —— 從文兆和書信選》，頁 144-149。

逃亡，姿勢頂不雅觀。就只聲音清遠悲酸。」[56]這照片題記可能就是他當時心境的真實寫照，急，亂，悲，酸，遠，而且是「逃亡的姿勢」。照片中未滿二十歲的張兆和，臉龐青春秀麗，眼神專注前方，對於未來彷彿有著無限美好的想望，他不知道自己的生命將與中國偉大的小說家緊緊相繫。沈從文小說中美麗女子翠翠、三三、蕭蕭的原型就是張兆和，自殺前夕重閱此照，是否意味著屬於自己美好的記憶、追求、理想，已經一去不返？我們無從得知，但獲救之後，他被送進了精神病院。

　　這真是令人傷感的一齣悲劇，作家微弱的哀嚎終究淹沒在滾滾洪流中。然而，更深沈的悲劇可能還在以後。他開始試圖放下筆，放下個人的姿態，以戒慎恐懼、如履薄冰的心情將自我的聲音匯入到大我的合唱中。曾經他證明了自己在群體中的特殊與傑出，如今他要證明自己只是屬於群體中的一分子，而且是需要重新學習、改造的一個微不足道的個體。家書中記錄了他思索掙扎的軌跡，如 1949 年 9 月寫道：「我樂意學一學羣，明白羣在如何變，如何改造自己，也如何改造社會，再來就個人理解到的敘述出來。我在學做人，從在生長中的社會人羣學習，要跑出午門灰撲撲的倉庫，向人多處走了。」1951 年 10 月，他準備從北京到四川去學習時也安慰妻子說：「到羣裡，會健康起來的，你放心。……這次之行，是我一生重要一回轉變，希望能好好的在領導下完成任務。並希望從這個歷史大變中學習靠攏人民，從工作上，得到一種新的勇氣，來謹謹慎慎老老實實為國家做幾年事情，

---

56 前揭書，頁 110。

再學習，再用筆，寫一兩本新的時代新的人民作品，補一補廿年來關在房中胡寫之失。你放心，我一定要凡事好好做去。」[57]從存心放棄「多數」到「向人多處走」，從自認文章比時下作家「高一籌」到「胡寫」，他迎合了時代，否定了自己。他融入了群體，失去了自己。

　　在 1951 年寫給一青年記者的信中，他談時代、生活、學習與寫作等問題，信中有這樣一段：「你歡喜音樂沒有？寫短篇懂樂曲有好處，有些相通地方，即組織。音樂和小說同樣是從過程產生效果的。政治中講鬥爭，樂曲中重和聲。鬥爭為從矛盾中求同，和聲則知從不同中求諧和發展。」[58]他「睿智」地看出了藝術（包括音樂與文學）與政治的共性，那就是個人的聲音當匯進時代的樂章中，才是真正的政治、藝術。信中多處表達「學習為人民服務」的政治正確性，可以想見他對個人與群體關係的思考已經迥異於過往。1957 年 7 月，他藉著《沈從文小說選集》的〈題記〉作了最直接清楚的表態：

> 在這麼一個偉大光輝歷史時代進展中，我目前還只能把二、三十年前一些過了時的習作，拿來和新的讀者見面，心中實在充滿深深的歉意。希望過些日子，還能重新拿起手中的筆，和大家一道來謳歌人民在覺醒中，在勝利中，為建設祖國、保衛世界和平所貢獻的勞力，和表現的堅固信心及充沛熱情。我的生命和我手中這枝筆，也必然會因

57　前揭書，頁 157、161。
58　沈從文：〈凡事從理解和愛出發〉，《沈從文別集·邊城集》，頁 9。

此重新回復活潑而年青！[59]

　　然而，他是否因此真的「重新回復活潑而年青」呢？顯然沒有。他在時代召喚（也可以說壓迫）下的寫作計畫是否實現了呢？也沒有。六年後，沈從文在長沙寫給妻子的一封家書也許可以解釋這個現象，信中寫道：「人的『共性』容易理解，也易於運用，人的『特性』卻並不易用公式去衡量。人是一個十分複雜的機器，簡化地納入範圍容易，就其所長充分加以利用，卻不容易。利用還得從理解做起！」[60]正是「理解」的不易，讓他的「特性」改變、萎縮、消失，小心翼翼地活在「共性」中。生前的得不到理解，使他至死都還是寂寞的。《人性的治療者 —— 沈從文傳》的作者吳立昌頗能理解地對 1988 年沈從文悄然逝世的現象有一段精準的剖析：

> 其實，只要人們冷靜回顧一下沈從文一生對人性的執著追求，特別是自二〇年代末以來與「政治」，與左翼文學的恩恩怨怨，就不會驚異，也懶得感慨了。沈從文真有自知之明，所以悄然無聲的走了。沈從文以其一生最後一次經驗 —— 身後的寂寞，再次證實，在中國，政治對文學的「關照」是何等的密切！[61]

　　幾年之後，即使是沈從文一生最親近的妻子，在為他編輯全集時也不能不長嘆：「從文同我相處，這一生，究竟是幸福還是不

---

59 收入 1957 年 10 月由人民文學出版社印行的《沈從文小說選集》。引自《沈從文研究資料》上冊，頁 107。
60 寫於 1963 年 11 月 12 日。見《沈從文家書 —— 從文兆和書信選》，頁 332。
61 吳立昌：《人性的治療者 —— 沈從文傳》（台北：業強出版社，1992 年），頁 351。

幸？得不到回答。我不理解他，不完全理解他。後來逐漸有了些理解，但是，真正懂得他的為人，懂得他一生承受的重壓，是在整理編選他遺稿的現在。……太晚了！為什麼在他有生之年，不能發掘他，理解他，從各方面去幫助他，反而有那麼多的矛盾得不到解決！悔之晚矣。」[62]每讀及此，心情都是沈重的。如果連她都不能理解，那些曾經批判過他的人真正能理解他嗎？我想起他在 1946 年所寫的散文〈水雲〉，一場殘酷的民族戰爭剛剛過去，撕裂人心的內戰緊接而來，他用深情的筆致向待了九年的「雲」（雲南）道別，其中有一段回憶美得讓人動容，也讓人傷感：

> 我住在一個鄉下，因為某種工作，得常常離開了一切人，單獨從個寬約八里的廣大田坪通過。若跟隨引水道曲折走去，可見到長年活鮮鮮的潺湲流水中，有無數小魚小蝦，隨流追逐，悠然自得，各盡其性命之理。水流處多生長一處處野生慈菇，三箭形葉片雖比田中培育的較小，開的小白花卻很有生氣。花朵如水仙，白瓣黃蕊連綴成一小串，抽苔從中心挺起。路旁尚有一叢叢刺薊屬野草，開放出脆藍色小花，比毋忘我草顏色形體尚清雅脫俗，使人眼目明爽，如對無雲碧空，花謝後還結成無數小小刺球果子，便於借重野獸和家犬攜帶繁殖到另一處。若從其他幾條較小路上走去，蠶豆麥田溝坎中，照例到處生長淺紫色櫻草，花朵細碎而嫵媚，還塗上許多白粉。採摘來時不過半小時即已枯萎，正因為生命如此美麗而脆弱，更令人感覺生物

---

62 張兆和：《沈從文家書 —— 從文兆和書信選・後記》，頁 367。寫於 1995 年 8 月。

中求生存與繁殖的神性。在那兩面鋪滿彩色絢麗花朵細小
的田塍上，且隨時可看到成對成雙軀體異常清潔的鶺鴒，
羽毛黑白分明，見人時微帶驚詫，一面飛起下面搖顫著小
小長尾，在豆麥田中一起一伏，充滿了生命自得的快樂。[63]

　　這段「使人眼目明爽」的純美描寫，道盡了他在大自然中純
美自在的心思，可以想見，「離開了一切人」的沈從文是如何在山
川大地上「悠然自得」，小魚流水，野草白花，起伏飛翔的鶺鴒，
他凝視「生命如此美麗而脆弱」，卻能從中領悟「神性」，「充滿了
生命自得的快樂」。這一刻的沈從文，皈依自然，生命和諧，情感
單純，近乎宗教的微妙意境，我們相信，這才是最真實的作家自
己，或者說，是他一生所要建造的「希臘小廟」。如水的雲，映照
下的每一個細節、光影，都美得如詩如畫，難怪夏志清要稱許「他
是中國現代文學中最偉大的印象主義者。他能不著痕跡，輕輕的
幾筆就把一個景色的神髓，或者是人類微妙的感情脈絡勾畫出
來。他在這一方面的功夫，直追中國的大詩人和大畫家，現代文
學作家中，沒有一個人及得上他。」[64]如果不是政治意識的粗暴
干涉，如果不是對情勢的天真誤判，這位文學天才當能如他所發
下的豪語：「再寫個一、二十本」！只可惜，天才易毀，在一個不
懂「理解」的時代。

　　當這位一生追求愛與美的「鄉下人」，在「人生」這所學校永
遠畢業以後，他的骨灰一半歸葬故里，一半撒入他最愛的沅水。
告別寂寞與榮耀，他從京城回到邊城，長埋於魂縈夢牽的湘西故

63　沈從文：〈水雲・第5節〉，《沈從文研究資料》上冊，頁93。
64　夏志清：《中國現代小說史》（上海：復旦大學出版社，2005年），頁147。

土，屬於他的「一個傳奇本事」正式結束落幕。然而，對沈從文
其人其作的真正認識與深刻理解，或許才正要開始。

五、張兆和：捕捉生命本色與美的憂傷

　　令沈從文深深著迷、喻爲「奇蹟中的奇蹟」[65]的張兆和，出
生於安徽合肥，1932 年畢業於上海中國公學文史系，翌年與猛烈
追求她的老師沈從文結婚。一位名門望族的大家閨秀與一位沒有
文憑的鄉下人，因緣巧合結爲連理，本身即是一樁佳話，婚後兩
人共同歷經戰火分離、精神崩潰、政治鬥爭的打擊，猶能不離不
棄，相知相惜，則幾乎是一則動人的神話了。

　　張兆和的美，沈從文的愛，交織成現代文學史上一頁浪漫的
篇章。沈從文曾這樣描繪過他一生的摯愛：

> 「一個女子在詩人的詩中，永遠不會老去，但詩人，他自
> 己卻老去了。」我想到這些，我十分憂鬱了。生命都是太
> 脆薄的一種東西，並不比一株花更經得住年月風雨，用對
> 自然傾心的眼，反觀人生，使我不能不覺得熱情的可珍，
> 而看重人與人湊巧的藤葛。在同一人事上，第二次的湊巧
> 是不會有的。我生平只看過一回滿月。我也安慰自己過，
> 我說：「我行過許多地方的橋，看過許多次數的雲，喝過許
> 多種類的酒，卻只愛過一個正當最好年齡的人。我應當爲

65　《沈從文家 —— 從文兆和書信選》，頁 130。沈從文在寫於 1948 年夏天的信
　　中說：「小媽媽，生命本身就是一種奇蹟，而妳卻是奇蹟中的奇蹟。我滿意
　　生命中擁有那麼多溫柔動人的畫像！」

　　自己慶幸。」[66]

　　對沈從文而言，張兆和的出現，是「生命中最高的歡悅」，每當想起這位美麗的妻子，在心中升起的「是一種混同在印象記憶裡品格上的粹美」[67]於是，在他小說代表作《邊城》、散文代表作《湘行散記》中都以這位「粹美」女子為原型，從而使她永遠以溫柔美麗的形象深印在讀者的腦海裡。

　　張兆和沒有沈從文的文學天分與創作才華，抗戰期間曾於昆明幾所中學教英語和國文，1954 年起擔任北京《人民文學》雜誌編輯，直到 1969 年被送往湖北鄉下「幹校」勞動學習。八０年代起，因著沈從文的重返文壇而再度回到公眾視野，晚年編輯《沈從文全集》，並寫些回憶沈從文的文章，2005 年逝世於北京。世人知曉她的名字，總是伴隨著沈從文，和許多女性作家被從事寫作的丈夫或伴侶所遮蔽一樣，鮮少有人知道她曾經出版過短篇小說集《湖畔》。《湖畔》在四〇年代被收入巴金擔任文化生活出版社總編輯時主編的《文學叢刊》中[68]，書很單薄，僅錄 4 篇小說：〈費家的二小〉、〈小還的悲哀〉、〈湖畔〉、〈招弟和她的馬〉。這本驚鴻一瞥的小書在被遺忘了許久之後重新印行問世[69]，讓世人有機會認識這位與沈從文走過半世紀人生風雨的女性作家的風采。

　　張兆和受到家庭開明思想的影響，很早即喜歡閱讀新文學作

---

66 這封情書寫於 1931 年 6 月，見前揭書，頁 36。
67 同註 65。
68 《湖畔》被收入《文學叢刊》第 7 集，署名叔文，於 1941 年 6 月出版。參見李濟生編著：《巴金與文化生活出版社》（上海文藝出版社，2003 年），頁 60。
69 《湖畔》於 1999 年由上海古籍出版社重新編印，孫晶編選，收入《虹影叢書：民國女作家小說經典》。除 4 篇小說外，還附錄張兆和致沈從文的一些書信。

品，但她開始創作應該是受到沈從文的催促，並在老友巴金的邀
稿協助下步入文壇。長期以來，張兆和的文學重心多放在編輯工
作上，創作對他而言只是興起業餘之作，因此數量極少，小說發
表的僅六篇而已[70]，且集中於 1933 年至 1936 年間。

　　張兆和的創作風格，在題材上多從少年（少女）視角出發，
描寫少年（少女）的寂寞心理與天真情態，這應該與他創作時才
二十多歲、生活圈子狹隘有關，女性清純的心思，對孩童成長過
程的寂寞與歡樂有種細膩的體貼，她的六篇小說都圍繞著天真少
年（少女）面對成人世界的困惑、憧憬與碰撞，道出他們被忽視
卻十分真摯感人的心事與心境。在寫作技巧與文字表現上，則明
顯有類似沈從文委婉抒情、詩意審美的藝術傾向，情節淡化，少
有激烈的矛盾衝突，透過散文化的敘事，追求一種心理氛圍或感

---

70 根據德國學者馮鐵的研究，張兆和的小說作品有 5 篇，除了《湖畔》的 4
　篇，還有 1 篇〈男人〉，與沈從文的〈女人〉一起發表在 1933 年 7 月的《現
　代》雜誌上，並第一次使用筆名「叔文」。「叔文」在形式上和「從文」類似，
　這「叔」是指「排行第三」或「列位第三」，相對她的名字「三妹」，是一個
　尊貴化的轉換。至於「從文」並非指「跟隨文學」或「從事文學」，而不過
　是指「排行第二」或「列位第二」。參見【德】馮鐵著、楊書與王文歡合譯：
　〈「尋找女性」：管理沈從文文學遺產的女作家張兆和之評價與欣賞〉，《現代
　中國文化與文學》第 4 輯，2007 年 7 月，頁 14-15。另，根據學者凌宇在《沈
　從文傳》中指出：「有一個不為人知的事實：沈從文小說中的〈玲玲〉，就出
　自張兆和的手筆。後來談到這件事時，張兆和笑著說：『他有點無賴，不知
　怎麼就把我的小說收到他的集子裡。』」見凌宇：《沈從文傳 —— 生命之火長
　明》（北京：十月文藝出版社，1988 年），頁 301。〈玲玲〉最初發表於 1932
　年 6 月 30 日《文藝月刊》第 3 卷第 5、6 號合刊上，當時張兆和署名是「黑
　君」。1934 年沈從文將這篇經他修改過的短篇改題為〈白日〉，收在他自己
　的《如蕤集》，文末並特別註明「改三三稿」，見《沈從文全集》第 7 卷，頁
　417。學者趙慧芳為此特別求證於沈從文之子沈虎雛，確認了此事。見趙慧
　芳：〈論張兆和的小說創作〉，《淮北煤炭師範學院學報》第 27 卷第 4 期，2006
　年 8 月，頁 118。因此，張兆和的小說目前所知應為 6 篇，而非一般論者所
　言為 5 篇。

性情調的純美呈現，這應該與沈從文的影響有關。孫晶在編選《湖畔》新版時寫的導論文章就提到：「或許是由於沈從文及其朋友圈的影響，張兆和小說的風格頗類京派，在自然的純粹與童心的真趣中徜徉，捕捉那生命的本色與美的憂傷。他的四篇小說背景、取材各異，卻共同傳遞出年少之時一種朦朧的悲與喜，青春之際一種莫名的哀與愁。那一份對年少情愁的特殊體驗，那一份對青春愛恨的適意感知，獨具旖旎溫婉的風致與意蘊，猶如荷香一縷，清幽無限。」[71]

　　張兆和筆下的少年（少女），在天真柔順的性格中往往帶有一股倔強與固執，不隨成人世界的潮流而喪失自我，如〈費家的二小〉中，二小的爹與哥哥出於微妙的私心，希望她永遠待在家裡，提親的媒人絡繹不絕，都被一口回絕，但他們卻忽略了十五、六歲的二小，心中對朦朧愛情的渴望以及青春的寂寞，終於在一個大雨之夜，二小離家出走；〈湖畔〉中的海南，不畏其他小孩說他和「老情人」在一起，堅持和那位老外國人學習游泳；〈招弟和她的馬〉中的招弟，為了留住那匹小馬，「她軟言軟語懇求，她用眼淚哀告」，甚至「不惜鬧脾氣放賴」，當哥哥從軍出發時，她說「別忘記幫我搶馬」，一種決絕的稚氣躍然紙上。至於〈小還的悲哀〉中李小還無法勸說有病的母親戒除抽鴉片的癮，掙扎於學校教育「打倒鴉片鬼」的兩難之間，最終「大顆的眼淚從眼角裡流了下來」，這淚不是軟弱或屈服，相反的恰恰是一種源於固執的悲哀。〈玲玲〉的結尾，玲玲鼓起勇氣對姊姊說：「我不怕你是母老虎，我

71　孫晶：〈荷香一縷，清幽無限〉，收入張兆和：《湖畔》，頁4。

願意嫁給你」，童言稚語的背後，也是一股莫名的勇氣。天真卻又帶點野性的固執，這是張兆和小說中幾位孩童共有的形象與性格。

　　張兆和所塑造的青春人物形象：二小、小還、招弟、海南、玲玲，很難不讓人想起沈從文小說中的翠翠、三三、蕭蕭。《從文自傳》中寫盡的寂寞心理，在張兆和作品中彷彿可見。《邊城》裡翠翠的天然、純真與委屈，同樣出現在張兆和筆下的人物世界裡。尤其是這些人物的樸素人性，不正是沈從文試圖要建造的「希臘小廟」中所供奉的「人性」嗎？沒有控訴，沒有仇恨，有的只是發自天性的愛與美的原始情懷。二小的不告而別，或許會給人「娜拉」式出走的聯想，但張兆和並不企圖從啟蒙、反封建的角度切入，而是著重於二小對青春成長的渴望與憂傷；招弟希望當兵的哥哥在前線為他搶回一匹馬，戰爭的殘酷在小說只是模糊的背景，甚至招弟把自己的夢想和希冀與遠方的戰事連接在一起，對戰爭摧殘農村的批判僅僅點到為止；「打倒鴉片鬼」、「亡國奴」、「強國強種」的宏大議題，張兆和只是輕描淡寫，而把書寫重心置於小孩天真童稚心理的無助上，左右為難的還是最基本的人性。海南與洋老頭的感情可以被處理成老少戀、異國戀的聳動題材，但整個故事不以戲劇性為標榜，而是「她心上覺得有一樣什麼東西在生長，但卻說不分明那是什麼。」給人夢幻迷離之感，當老人離開之後，海南剛剛建立的自信與溫暖的愛的世界隨之消逝，終於在七天後死去。作為女作家，張兆和對少年（少女）心理的掌握顯得駕輕就熟，深刻地貼近了孩童純真的心靈，特別是挖掘孩童渴望愛的寂寞情緒，和之後以《呼蘭河傳》同樣描寫成長寂寞的蕭紅有神似之處。

　　五四以來，以兒童、少年（少女）爲題材或寫作對象的作品
不少，「兒童崇拜」、「禮讚童心」甚且蔚爲風氣，但正如學者趙慧
芳所指出的：「周作人、茅盾、郭沫若等人的理論探討，冰心、葉
聖陶、豐子愷諸位作家的出色創作，的確形成了『兒童崇拜』的
熱潮。但是，毋庸諱言的是，兒童世界在被禮讚被謳歌的同時，
更被迫負載了一代知識分子的道德理想、人格理想甚至社會理
想，成爲新文學作家們反封建專制的突破口、反污濁人世的避風
港。」他們的作品很可能偏離了兒童真正的需求，有意無意間也
可能成爲與成人複雜世界對照、拯救成人墮落世界的工具，而張
兆和的這些小說「並不從這種對立中作一種取捨判斷。她的描寫，
基本與所謂『價值』、『倫理』甚至魯迅思想啓蒙意義上的『救救
孩子』無干。但也恰恰是在這一點上，張兆和把握住了真正的『兒
童本位』，在孩子的立場、視角、心態上，對兒童世界作了細膩真
切的描摩。」[72]也正是從這個角度，她的作品有了自成一格的文
學特色。

　　張兆和的小說除了較集中地刻畫孩童世界外，她和沈從文風
格類似的文字表現也使其作品別具韻味，溫婉清朗而耐人咀嚼。
以〈費家的二小〉爲例，其中洋溢的鄉村田園牧歌情調，接近於
《邊城》的清新樸質，對二小性格心思的描繪、情節的安排都讓
人自然想起翠翠，如母親早逝，使她很早「養成一種溫柔持重的
母親品格」，喜歡低聲唱著歌，雷雨夜的出走（一如老祖父在雷雨
夜溘然而逝）等，當賣雜貨的貨郎楊五促使二小情慾模糊萌生，

---

72 趙慧芳：〈論張兆和的小說創作〉，《淮北煤炭師範學院學報》第 27 卷第 4
　　期，2006 年 8 月，頁 120-121。

引起哥哥的不滿，二小滿腹委屈無人傾訴的心理，和翠翠幾乎是一樣的，張兆和用淡筆寫出了極深的悲哀：

> 過一會，二小拎了瓦茶壺走出屋子，五月的暖風吹在她身上臉上，舒服得使人難受，在遠處「得隴隴隴龍隴」的鼓聲還隱約可以聽到，不知為什麼，心上軟軟的，二小只想坐下來哭一會。但她並沒有哭，把茶壺送到田埂上，什麼話不說就走回家了。[73]

一種難言的淒涼與寂寞，使人對二小的遭遇寄予無限的同情。再如招弟，「她的家庭，有意無意間總像在拒絕她到大門以外，可是天地卻接受了她，自然用光明，溫暖，芬芳嬌養著她，像一顆自生自長的小栗樹。她少不了風和雨露，陽光同泥土。」這也和沈從文描寫翠翠的形貌：「翠翠在風日裡長養著，把皮膚變得黑黑的，觸目為青山綠水，一對眸子清明如水晶。自然既長養她且教育她，為人天真活潑，處處儼然如一隻小獸物。」[74]如出一轍。純真的悵惘，對愛與夢的憧憬，使這些小說具有濃郁的清新氣息。除了〈玲玲〉在情節與寫法上略顯稚嫩（即使經過沈從文修改，在我看來仍是失敗之作）外，收在《湖畔》中的作品都成熟耐讀，達到了相當的藝術水準。可惜的是，這些作品的篇幅都不長，只能抓住幾個形象的畫面加以展示，無法對人物的精神狀態、情感波瀾和心理衝突作更完整而深入的描繪。即使如此，張兆和的作品可以毫無愧色地被視為京派文學的一部分，拋開沈從文的身影，她的作品已經風格自成，對孩童生命本色的生動捕捉與抒情

---

73 孫晶編選：《湖畔》，頁 13。
74 沈從文：《邊城》，《沈從文別集・邊城集》，頁 100。

美的不俗表現，我們得說，她的成就不應該繼續被遮蔽，她所發出的屬於個人邊緣抒情的聲音，至今依然值得用心聆聽。

六、廢名：自成一體的詩化小說美學

沈從文以人性之愛和人情之美所構築的「邊城」、「希臘小廟」，明顯不同於魯迅的「未莊」、「S 城」，老舍的「茶館」、「龍鬚溝」，或是丁玲的「桑乾河」，巴金的「家」，趙樹理的「李家莊」，也不同於錢鍾書的「圍城」，它沒有太沈重的現實苦難與政治寓意，沒有尖酸苛刻的諷刺嘲弄，也沒有控訴吶喊的悲痛與指責，更沒有意識型態的概念宣傳，它有的是人性的愛與美，在素樸輕緩的抒情中，娓娓說著許多帶點哀傷與唯美的故事，在我看來，比較接近於廢名筆下《橋》的「史家庄」。

和沈從文一樣被稱為「文體家」的廢名，在京派作家群中也以詩美意境的追求和田園牧歌風味構成自身特殊的文學風貌。對這位京派小說的鼻祖，沈從文以同樣的抒情寫意小說從某種角度表現出由衷的激賞與傳承之意，然而和沈從文相比，廢名顯然寂寞更甚，孤獨更深，晦澀難懂的另類色彩，使他的作品和「名」被文壇主流「廢」了很長時間，能理解他的人終究是少數。批評家李健吾甚至形容他「和海島一樣孤絕」[75]。如果不是八〇年代起的沈從文熱，廢名的「名」恐將持續被掩埋冷落下去。在廢名的作品中，沒有時代現實的宣傳功用，缺乏通俗市場的商業價值，

---

[75] 李健吾（筆名劉西渭）：〈《畫夢錄》── 何其芳先生作〉，《咀華集·咀華二集》（上海：復旦大學出版社，2005 年），頁 83。此文收於《咀華集》，初版由文化生活出版社於 1936 年出版。

有的只是屬於個人抒情審美意識的抒發，這注定了他將走在喧囂
文壇的邊上，被淡忘，被忽視。但從審美藝術的永恆性來說，廢
名的作品卻是經得起時間的考驗、歲月的掏洗，沈從文在〈論馮
文炳〉中把廢名文章的趣味和周作人相提並論，並強調：「因為文
體的美麗，最純粹的散文，時代雖在向前，將仍然不會容易使世
人忘卻，而成為歷史的一種原型，那是無疑的。」[76]事實上，周
作人、廢名、沈從文，都是因為對文學審美的追求與探索，而創
造了屬於自身獨特的文體特色與藝術風格，在中國文學的現代轉
型中，他們獨特的抒情審美意識，決定了他們在文學史冊上無可
替代的意義與價值。

　　和周作人、沈從文相比，廢名的創作個性可能更為鮮明，他
對文學審美的實驗也更為純粹而自我，正如李健吾所評介的：「在
現存的中國文藝作家裡面」，「很少一位像他更是他自己的。他真
正在創造」，因為他「具有強烈的個性，不和時代為伍」，從而有
了屬於自己「永生的角落」，「成為少數人流連忘返的桃源」。[77]這
個「桃源」是由〈竹林的故事〉、〈桃園〉、〈菱蕩〉、〈棗〉、《橋》
等一系列詩化田園小說所組成的。這些小說的開創性、特殊性，
特別是長篇小說《橋》，朱光潛甚至說它是「破天荒」的作品，「它
的體裁和風格都不愧為廢名先生的特創」，因為「它表面似有舊文
章的氣息，而中國以前實未曾有過這種文章；它丟開一切浮面的
事態與粗淺的邏輯而直沒入心靈深處」，「像普魯斯特與吳爾夫夫
人諸人的作品一樣，《橋》撇開浮面動作的平鋪直敘而著重內心生

---

76 沈從文：〈論馮文炳〉，《沈從文全集》第 16 卷，頁 145。
77 李健吾：〈《畫夢錄》—— 何其芳先生作〉，《咀華集·咀華二集》，頁 84。

活的揭露」[78]。這使得廢名的作品給人接近西方現代派小說的聯
想，對於朱光潛點到為止地提到廢名與現代主義的關係，研究者
田廣則有進一步深入的分析：

> 我發現廢名小說與西方現代主義小說有著很多的相似與相
> 通之處，它們的共同點我在這裡可以列舉出一長串的
> 「化」：寫作的個人化與內傾化，文體的詩化與散文化，故
> 事情節的淡化與虛化，人物的符號化與抽象化，美學上的
> 陌生化與晦澀化，結構上的空間化與斷片化，敘事視角的
> 內化，表現方式的意識流化……兩者之間具有如此多的共
> 同點，但是，沒有任何證據表明廢名曾經受到西方現代主
> 義小說的影響，事實上這些作品被介紹到中國的時間要比
> 廢名寫作的時間晚得多。所以說，這種契合是一種平行狀
> 態下的不謀而合，而不是一種交叉狀態下的模仿借鑒。[79]

這個看法是正確的，廢名與西方現代派的契合，只能說是其小說
創作觀念、審美追求與藝術手法的「不謀而合」，而非精神取向的
「認同模仿」。

　　與現代主義風格的「不謀而合」，使他對於帶點唯美、頹廢色
彩的文學顯然較為欣賞，在〈中國文章〉中他直言：「我喜讀莎士
比亞的戲劇，喜讀哈代的小說，喜讀俄國梭羅古勃的小說，他們
的文章裡都有中國文章所沒有的美麗，簡單一句，中國文章裡沒
有外國人的厭世觀。」對於「中國文章裡簡直沒有厭世派的文章」，

---

78 朱光潛：〈《橋》〉，原載 1937 年 7 月《文學雜誌》第 1 卷第 3 期，引自《朱
　　光潛全集》（合肥：安徽教育出版社，1993 年）第 8 卷，頁 552。
79 田廣：《廢名小說研究》（北京：中國社會科學出版社，2009 年），頁 6。

他認為「這是很可惜的事」。至於原因，他分析道：「中國人生在世，確乎是重實際，少理想，更不喜歡思索那『死』，因此不但生活上，就在文藝裡也多是凝滯的空氣。」不重現實而追求玄妙的理想，在他看來是一種「美麗」，只要擁有這種超脫現實的審美創造，即使是應酬文章也能寫得「如此美麗，如此見性情」。[80]在《橋》的〈樹〉這一章中，小林對細竹說：「厭世者作的文章總美麗」，《橋》的基調不是厭世的，但全篇籠罩著一股悲觀的氛圍，彷彿鏡花水月，美麗的形式之外，他希望讀者能從作品中讀出「哀愁」來。美麗與哀愁的悖反共生，不免給人強烈的現代感。

廢名作品的「現代性」是不自覺的存在，但其「傳統性」卻是自覺的存在，二者的微妙結合，使其作品格外有種耐人咀嚼、美學思索的藝術特質。正如許多論者所注意到的，他明顯受到傳統隱逸文化（特別是道家與禪宗思想）的影響，對傳統詩詞文學也有意繼承與借鑑（如以寫絕句的方式寫小說），在修辭上喜用白描、留白等手法，這些都是廢名小說皈依傳統的突出表現。他自己承認：「我最後躲起來寫小說乃很像古代陶潛、李商隱寫詩」，「就表現的手法說，我分明地受了中國詩詞的影響，我寫小說同唐人寫絕句一樣，絕句二十個字，或二十八個字，成功一首詩，我的一篇小說，篇幅當然長得多，實是用寫絕句的方法寫的，不肯浪費語言。」[81]正是古典詩詞的啓發，構成了廢名小說語言的凝鍊、簡潔、跳躍，以及在抒情唯美意境上的刻意營造。周作人曾說：「廢

---

80 廢名：《新詩十二講 —— 廢名的老北大講義》（瀋陽：遼寧教育出版社，2006年），頁 245-246。
81 廢名：《廢名小說選‧序》，《廢名集》（王風編，北京大學出版社，2009 年）第 6 卷，頁 3268。《廢名小說選》由北京人民文學出版社於 1957 年出版。

名君是詩人，雖然是做著小說。」[82]並稱許其作品「在現代中國
小說界有他獨特的價值者，其第一的原因是其文章之美。」[83]沈
從文也有類似的見解：「作者的作品，是充滿了一切農村寂靜的
美。」這種美，是一種「平凡的人性的美」[84]。這只要從他小說
中所寫湖北黃梅家鄉一帶的鄉村生活、風俗與兒女情事，就可以
看出他這種內在的純美意識，以及以美為核心的個人主觀趣味。

　　以《桃園》中的〈菱蕩〉為例：

> 菱葉差池了水面，約半蕩，餘則是白水。太陽當頂時，林
> 茂無鳥聲，過路人不見水的過去。如果是熟客，繞到進口
> 的地方進去玩，一眼要上下閃，天與水。停了腳，水裡唧
> 唧響，── 水彷彿是這一個一個聲音填的！偏頭，或者看
> 見一人釣魚，釣魚的只看他的一根線。一聲不響的你又走
> 出來了。好比是進城去，到了街上你還是菱蕩的過客[85]

一個普通的生活場景，廢名寫來意境空靈，如同幾個片斷畫面的
拼貼，把菱蕩既安靜又熱鬧的美幾筆勾勒就直逼眼前，充滿詩情
畫意，即使進城去，還是忘不了菱蕩的美。這是一首散文詩，也
是一幅清麗的寫意山水畫。讀廢名的小說，不能讀情節，而是必
須換個讀法，讀它的情調、意境，讀其中各種出色細節的描寫，
體會其簡潔文字背後的言外之意，含蓄之美。

　　最能代表廢名詩化田園小說風格的當屬《橋》。《橋》中的史

---

82 周作人：〈《桃園》跋〉，《周作人自編文集・苦雨齋序跋文》（石家庄：河北
　教育出版社，2002 年），頁 103。
83 周作人：〈棗和橋的序〉，前揭書，頁 107。
84 沈從文：〈論馮文炳〉，《沈從文全集》第 16 卷，頁 146。
85 廢名：〈菱蕩〉，《廢名集》第 1 卷，頁 208。

家庄，景美不俗：「三面都是壩，壩腳下竹林這裡一簇，那裡一簇。
樹則沿壩有，屋背後又格外的可以算得是茂林。草更不用說，除
了踏出來的路只見牠在那裡綠。站在史家庄的壩上，史家庄被水
包住了……河岸盡是垂楊。迤西，河漸寬，草地連著沙灘，一架
木橋，到王家灣，到老兒舖，史家庄的女人洗衣都在此。」(〈沙
灘〉)其悠然世外的鄉村情調，很難不讓人和沈從文的湘西邊城聯
想在一起。小林與兩個女孩細竹、琴子間似有若無、一清似水的
情意，如詩如畫的場景描寫，給人一種烏托邦的出世之感，就像
朱光潛所形容的：「《橋》裡充滿的是詩境，是畫境，是禪趣。」[86]
例如其中〈橋〉這段的描寫：

> 「你們兩人先走，我站在這裡看你們過橋。」推讓起來反
> 而不好，琴子笑著首先走上去了。走到中間，細竹掉轉頭
> 來，看他還站在那裡，嚷道：「你這個人真奇怪，還站在那
> 裡看什麼呢？」說著她站住了。實在他自己也不知道站在
> 那裡看什麼。過去的靈魂愈望愈茫，當前的兩幅後影也隨
> 著帶遠了。很像一個夢境。顏色還是橋上的顏色。細竹一
> 回頭，非常之驚異於這一面了，「橋下水流嗚咽」，彷彿立
> 刻聽見水響，望她而一笑。從此這個橋就以中間為彼岸，
> 細竹在那裡站住了，永瞻風采，一空倚傍。這一下的印象
> 真是深。

我想讀者看了這一段也會「印象真是深」，因為人物的感情純
淨，沒有芥蒂，沒有邪念，這樣清純的愛，化於超脫塵俗的山水

---

86 朱光潛：〈《橋》〉，《朱光潛全集》第 8 卷，頁 553。

間，恬靜悠遠的意味，簡直是一支迴盪在空山靈雨中的鄉間小調，讓人神往的牧歌。立在橋上的細竹，「一空倚傍」，彷彿出水蓮花，如夢似幻，小林所看到的是一種近於神聖的美，只存在於彼岸世界。這一段文意自足，充滿禪意，玲瓏可喜。

　　《橋》的結尾，小林對細竹說了一個夢，這夢讓小林「感得悲哀得很」：

> 「……我夢見我同你同琴子坐了船到那裡去玩，簡直一片汪洋，奇怪得很，只看見我們三個人，我們又沒有蕩槳，而船怎麼的還是往前走。」「做夢不是那樣嗎？——你這是因為那一天我們兩人談話，我說打起傘來到湖裡坐船好玩，所以晚上你就做這個夢。」「恐怕是的，——後來不知怎樣一來，只看見你一個人在船上，我把你看得分明極了，白天沒有那樣的明白，宛在水中央。」連忙又說一句，卻不是說夢——「噯呀，我這一下真覺得『宛在水中央』這句詩美。」細竹喜歡著道：「做夢真有趣，自己是一個夢自己也還是一旁觀人，——既然只有我一個人在水中央，你站在那裡看得見呢？」(〈桃林〉)

　　三人世界最終只剩了一個人在船上，而船航行在無止盡的汪洋，說是「宛在水中央」，實是烙印在心坎，如同大夢初醒，忽覺人生世事皆為虛幻，做夢者與觀夢者合而為一，夢與現實沒了界線。最後細竹說：「我們回去罷，時候不早。」但小林仍有所留戀：「索性走到那頭去看一看。」細竹則回答：「那頭不是一樣嗎？」這句話如醍醐灌頂，一語警醒夢中人，於是「小林也就悵望於那頭的樹行，很喜歡她的這一句話。」小說至此戛然而止，留有不

盡的餘味，明心見性，如參禪，如悟道，這三人感情的發展，這
個故事的結局，完全不重要了，彼岸與此岸，這頭與那頭，都是
一樣。禪意十足的設計，可見廢名的用心，但又沒有刻意的痕跡，
淡淡寫來，如話家常。這就是廢名小說的魅力處。研究者查長蓮
對《橋》的意境美有一段精闢的分析：

> 確切地說，《橋》只是由 43 篇獨立成文的山水小品連綴而
> 成。幾乎每一篇都營造了某種「美化的境界」，表達了某些
> 「詩意和內蘊」：或是山林美景的鍾靈毓秀，或是風俗人情
> 的醇郁樸訥，或抒寫對人生命運的感念與超脫，或表達對
> 世間萬物的興會與參悟。它們連貫一氣，又共同營造了一
> 種鏡花水月般令人神往、令人憂傷的如煙似夢的境界。這
> 種將詩詞意境的營造運用到小說整體構架之中的藝術現
> 象，實屬罕見。[87]

鏡花水月，如煙似夢，廢名的厭世觀與唯美風，使他和周作
人的另一得意弟子俞平伯一樣喜歡「逢人說夢」，他的小說中總不
乏各種夢境。廢名是「詩人說夢」，但說得多了，又像是「痴人說
夢」。他有一文〈說夢〉完全可以視為其文學觀、審美觀的自白，
其中兩段文字最具代表性：

> 創作的時候應該是「反芻」。這樣才能成為一個夢。是夢，
> 所以與當初的實生活隔了模糊的界。藝術的成功也就在這
> 裡。……莎士比亞的戲劇多包含可怖的事實，然而我們讀
> 著只覺得他是詩。這正因為他是一個夢。著作者當他動筆

---

87 查長蓮：〈廢名小說《橋》的意境美〉，《安慶師範學院學報》第 20 卷第 4
　期，2001 年 7 月，頁 60。

的時候，是不能料想到他將成功一個什麼。字與字，句與
句，互相生長，有如夢之不可捉摸。然而一個人只能做他
自己的夢，所以雖是無心，卻是有因。結果，我們面著他，
不免是夢夢。但依然是真實。[88]

　　所謂「夢夢」，是指寫作的素材來自虛幻如夢的人世諸相，而
寫作者所運用的想像、虛構與回憶等藝術手法，其實也是一種夢，
而且是神秘不可解、難以捉摸的夢。但雖是夢，也是一種藝術的
真實。廢名強調藝術的成功秘訣是「夢」，夢是詩的，是與現實生
活有距離的，廢名的文學觀因此被概括爲「文學是夢」，是一種「夢
想的詩學」。研究者田廣就認爲：「我們看到，經過『反芻』處理
的廢名小說，幾乎沒有多少人間煙火之氣，其中的人事景物彷彿
都處於畫境當中，而這些人事景物，實際上都是廢名審美理想（夢）
符號化的體現。因此，把握好『模糊的界』，可以說是廢名小說創
作的一條重要的美學原則，自然也是我們認識廢名小說藝術的關
鍵所在。」[89]

　　在夢與現實之間，廢名既是夢者，也是旁觀者。《橋》中細竹
不就說過：「自己是一個夢自己也還是一旁觀人」（〈桃林〉），小林
更是語帶玄機地說：「我的靈魂還永遠是站在這一個地方，—— 看
你們過橋。」（〈橋〉）也許，廢名就是那位站在遠方旁觀世間人們
過橋的「靈魂」，在這些充滿牧歌情調的作品中，他扮演著穿梭於
現實與夢境之間「模糊的界」的心靈使者。夢中的史家庄，夢中

---

88 廢名：〈說夢〉，原載 1927 年 5 月《語絲》第 133 期。引自《廢名集》第 3
　　卷，頁 1154-1155。
89 田廣：《廢名小說研究》，頁 22。

的木橋，都是美的化身，美的象徵。

七、能做夢，就代表有自由

然而，這位夢美的詩人，在政治漩渦的衝擊下，也不得不結束這近於虛幻的「春夢」。寫於 1957 年的《廢名小說選‧序》，讓人驚訝於判若兩人的殘酷現實，他以懺悔的態度寫下自我批判的文字：「從 1932 年《莫須有先生傳》出版以後，我壓根兒沒有再讀一遍我自己的小說，我把它都拋棄了。我那時也說不出所以然來，只感到我寫的東西沒有用。……我所寫的東西主要是個人的主觀，確乎微不足道。不但不足道，而且可羞……。我確實恨我過去五十年躲避了偉大的時代。」共產黨的教育讓他「懂得人民的力量」，「使得我『頑夫廉，懦夫有立志』。」[90]偉大的時代，人民的力量，讓一位在文學藝術道路上特立獨行的作家徹底低頭，「個人」成了罪狀，成了失敗。愛與美，讓位給「有用」與「偉大」，對廢名而言，無異於扼殺他的藝術生命。

我們贊成「詩人說夢」，也不反對「痴人說夢」，因為能做夢，就代表有自由。一旦社會不允許人有做夢的自由，那就是人性毀滅的悲劇的開端。夢是個人的，一旦被迫做起時代大夢，甚且眾人一夢時，所謂文學藝術的純美追求，將只能是鏡花水月，「南柯一夢」了。

在時代的集體悲劇沒有來臨以前，廢名的小說雖然知音寥寥，卻自有其不容抹煞的價值。例如《橋》、〈桃園〉、〈毛兒的爸

---

90 廢名：《廢名小說選‧序》，《廢名集》第 6 卷，頁 3267-3270。

爸〉等小說中大量運用兒童視角，後來的張兆和筆下，也有相似的孩童世界；他的〈竹林的故事〉、〈菱蕩〉、〈初戀〉、〈我的鄰舍〉等小說題材深受生長的自然鄉土影響，後來的沈從文也營造了類似的桃源世界。還有何其芳、汪曾祺等，也都曾經走在和廢名相近的道路上。以孩童純真的眼光看待鄉村平凡的人事物，出之以詩化唯美的文字，建構具有人性美、自然美、意境美的藝術世界，廢名對詩化田園小說的實驗與開拓，對現代文學史的影響，如同一條清幽的河水，靜靜流淌，自成風景。他不是寫小說，而是寫詩；不是寫故事，而是寫意境。他是以詩的心靈，散文的語言，寫小說的故事，其小說是詩與散文的結合，是抒情與哲思的交會，文體形式的種種限制在他的作品中都被他「廢」了。這樣個人化的創作之路，正如周作人所說：「這雖然寂寞一點，卻是最確實的走法，我希望他這樣可以走到比此刻的更是獨殊地他自己的藝術之大道上去。」[91]

　　論者馮欣指出：「抒情小說集中體現了創作主體自由、獨立的創作意識，可以說，沒有創作主體的自由意識，就沒有作品的自由境界。」在 20 世紀的三〇年代，當革命蔚為熱潮、左翼文學成為文壇主流的時候，「自由主義文學作家沈從文、廢名等並沒有追隨大流寫現實、寫革命，而是把目光從泥濘的現實人生上抽離，去建造一個烏托邦的精神世界，是作家們對文學獨立性的堅決維護。」[92]雖則竹林的故事、史家庄的傳說，不免是遠離時代的邊

---

91 周作人：《竹林的故事・序》，《周作人自編文集・苦雨齋序跋文》，頁 102。
92 馮欣：〈20 世紀中國抒情小說與「烏托邦」境界〉，《社科縱橫》第 21 卷第 5
　　期，2006 年 5 月，頁 85。

緣抒情，雖則田園牧歌情調在烽火連天的中國顯得不合時宜，但「廢名」不「廢」，他和沈從文、張兆和一樣，對抒情審美藝術苦心孤詣的追求，對個人聲音與文學獨立性的寂寞堅持，將會「不廢江河萬古流」，永遠流存在讀者的腦海裡。

第八章　寂寞的獨語，畫夢的歌者：
何其芳－卞之琳－李廣田

一、「何其芳現象」／「何其芳們現象」

從廢名、沈從文到何其芳（1912-1977）、卞之琳（1910-2000）、李廣田（1906-1968），他們都曾經摸索過一條藝術純美的小路，留下凌亂的足跡、意味深長的語句，以及一個寂寞清冷卻又讓人想像、激動的抒情背影。黃裳就說過：「我覺得廢名在新文學史的努力與表現是應該受到注意的。他開了一條寂寞的頭，接下去就被人忘記了。但我想他並不是孤獨的。如何其芳，也曾在《畫夢錄》摸索過同樣的道路，何其芳在寫他的美麗的散文時也是非常頑強、艱苦的，也深知語言不是輕易的勞動的甘苦。我相信，在

何其芳身上就有著廢名的影響。」[1]這些人之所以寂寞、艱苦，一方面是因為想以個人的夢想對抗整個時代宏大的理想，是在政治大合唱的轟鳴中，不肯放棄對自性、人性不懈的認知與追求；另一方面是在文學審美藝術的經營上有著自身獨特的思考與取捨，從而疏離於主流文壇，甚至被放逐、孤立、否定，但這些帶有濃厚詩人氣質的獨語歌者，他們創作了許多膾炙人口的作品詩篇，使他們在抖落政治風塵、走出時代風雲中心之後，依然被真正的讀者傳頌著、喜愛著。以何其芳為例，評論者賀仲明有一個說法是值得沈思的，他說：「何其芳的生活時代離我們已越來越遠，在越來越遠的將來，我們也將逐步淡忘他的現實生活，只記住一個《畫夢錄》時期的何其芳，一個純美的何其芳。」[2]這段話可以說言簡意賅地總結了 20 世紀許多文人在文學道路上的曲折命運。特別是何其芳，其轉變與落差之大，甚至被概括為「何其芳現象」。

所謂「何其芳現象」，一般是指何其芳到延安前，思想雖然較為落後，但作品在藝術上是成功的，到延安後，他的作品卻給人「思想進步，藝術退步」的印象。對此，何其芳顯然是有自覺的，他在《何其芳散文選集》的序言中自省道：「當我的生活或我的思想發生了大的變化，而且是一種向前邁進的變化的時候，我寫的所謂散文或雜文卻好像在藝術上並沒有什麼進步，而且有時甚至還有些退步的樣子。」造成這種現象的原因，他認為首先是「當他的生活或他的思想發生了大的變化的時候，他所寫的東西的內

---

1 黃裳：〈廢名（下）〉，原載 1982 年 7 月 1 日香港《大公報》，引自《馮文炳研究資料》（陳振國編，北京：知識產權出版社，2010 年），頁 209。
2 賀仲明：《喑啞的夜鶯 —— 何其芳評傳》（南京：南京師範大學出版社，2004 年），頁 6。

容和形式往往不是他很熟悉的，就自然會反而顯得幼稚和粗糙。」
其次，「由於否定了過去的風格而新的風格又還沒有形成」，加上
「由於沒有從容寫作的時間，常常寫得太快，太容易，這也是一
些原因」[3]。這是詩人的「夫子自道」，呈現出一個曾經醉心於抒
情審美的文學靈魂在時代變動下的選擇與轉變。

　　唯一沒變的是，何其芳的後期現象和他初期投入文學創作一
樣，仍是極其真誠而熱情的。從「我愛那雲，那飄忽的雲」(〈雲〉)
到「我把我當作一個兵士，我準備打一輩子的仗」(〈我把我當作
一個兵士〉)，何其芳以抗戰為界線的風格劇變，是一代知識分子
在特定語境下的艱難選擇與審美追求，在告別舊我、匯入新潮的
過程中，何其芳的轉變絕不是個人的孤立現象，而是群體「共名」
意識下的大勢所趨。換言之，「何其芳現象」應該是「何其芳們現
象」。有論者即指出：

> 　　實現了這種轉變的何其芳，無論是對延安的歌唱，還是對
> 新中國的禮讚，都是內心真情的抒發，而絕非虛假之情的
> 表現。革命文化面對的是工農兵，這種赤熱感情的傾瀉，
> 所需要的當然是與其早期詩文不同的話語與形式。何其芳
> 後期詩文雖然沒有了前期那種引人注目的精緻和別具一格
> 的獨創，而是揚波於主流文學之內，加入到時代合唱之中，
> 但這種特定時代的個體現象實際上也是一代群體現象，畢
> 竟不是一個可以被簡單否定的現象。[4]

3　何其芳：〈《何其芳散文選集》序〉，《何其芳全集》(石家庄：河北人民出版社，
　2000 年) 第 7 卷，頁 29、30。
4　程俊力、尤雪蓮：〈對「何其芳現象」的思考〉，《河北科技大學學報》(社會
　科學版) 第 5 卷第 2 期，2005 年 6 月，頁 80。

　　很少作家像何其芳,「舊我」的作品讓人驚豔、讚嘆,「新我」的作品卻讓人搖頭、感嘆。1937 年抗戰之前,他的作品意象豐盈,語言凝鍊,詩意盎然,作家的主體意識充分發揮;1938 年至 1942 年毛澤東開始延安文藝整風期間,他的作品藝術水準下降,創作主體意識逐漸弱化;1942 年以後,他已經成爲理論家而非詩人,作品淪爲政治宣傳,創作主體意識完全被壓抑。詩人何其芳,成爲黨員何其芳;純美的何其芳,成爲革命的何其芳。「何其芳現象」的背後,是「何其芳悲劇」。

　　「何其芳現象」的說法,有著複雜的概念構成,既有對何其芳放棄早期審美個性的惋惜,也對那一代作家自願遵循政治任務與過份適應時代文風的不滿,同時也對造成此一現象的文學潮流與時代環境有著委婉的批評。和何其芳類似,在抗戰期間放棄自身熟悉的表現形式而投入宣傳寫作,導致藝術個性喪失的現代作家至少就有老舍、戴望舒、田間、馮至、卞之琳、李廣田等人,置身於政治一體化的特殊時代語境,這種悲劇性的結局其實有著相當程度的普遍性。作爲一種文學創作現象,它已經不是一個人的問題,而是一個時期的文學現象。只不過,早期追求唯美主義的何其芳曾經以高度精美的詩文集《預言》、《畫夢錄》,標舉「純粹的柔和,純粹的美麗」[5]的藝術意境,後期卻成爲毛澤東文藝思想熱情的闡釋者與宣傳者,其中內心的矛盾掙扎,新我舊我的鬥爭、否定,其變化轉折的明顯與巨大,在現代文學史上遂成爲一種文人的典型。

---

5 何其芳:〈我和散文〉(代序),《還鄉雜記》,《何其芳全集》第 1 卷,頁 241。

二、青春的預言，寂寞的歡欣

　　何其芳的文學創作有明顯的階段性。第一階段為 1931 年至 1937 年的純美期，源於對愛與美的嚮往，作品洋溢著主觀抒情、唯美浪漫的色彩，思想與感情都帶著強烈的詩人氣質，以詩集《預言》、散文集《畫夢錄》、《刻意集》為代表；第二階段為 1938 年至 1942 年的過渡期，從成都到延安，從夢境到現實，從唯美主義到現實主義，以詩集《夜歌》、散文集《還鄉雜記》為代表；1942 年經過文藝整風的洗禮以後，何其芳進入理論期，放下詩歌創作，理論批評與宣傳的文章多了起來，創作方面則以散文集《星火集》和《星火集續集》為代表。

　　純美浪漫時期的何其芳，詩歌是他創作的中心，即使是散文，他也是以寫詩的態度來寫作，具有濃厚的現代藝術氣息，也是他抒情審美意識最集中的展現。他曾以批判反省的心情寫下〈一個平常的故事〉，對早年的自己加以冷峻的剖析，然而字裡行間仍可窺探其深情、孤獨的一面。四川萬縣偏僻鄉下的封建家庭，使他的少年生活十分刻板和苦悶，他說：「那真是一條太長，太寂寞的道路。」對於「寂寞」，他「太熟悉它所代表的那種意味，那種境界和那些東西了」。[6]寂寞，使他養成愛冥想的習慣，也使他耽溺於自己幻想的夢境，常常在別人不太察覺的地方得到流連的歡欣，也就是他常說的「寂寞的歡欣」。苦悶的青春心靈，使他對於美、愛與死亡、痛苦有種浪漫的渴望與傾慕。直到 22 歲，也就是

---

6 何其芳：〈一個平常的故事〉，《星火集》，《何其芳全集》第 2 卷，頁 73。

進入北大哲學系就讀二年級時,他終於在詩歌創作中找到了屬於
自己的一條「夢中道路」,這條道路上沒有現實人間的醜惡與吶
喊,只有一個寂寞心靈的感傷低吟與微笑獨語。何其芳說:

> 在我參加革命以前,有很長一個時期我的生活裏存在著兩
> 個世界。一個是出現在文學書籍裏和我的幻想裏的世界。
> 那個世界是閃耀著光亮的,是充滿純真的歡樂、高尚的行
> 為和善良可愛的心靈的。另外一個是環繞在我周圍的現實
> 的世界。這個世界卻是灰色的,卻是缺乏同情、理想、而
> 且到處伸張著墮落的道路的。我總是依戀和留連於前一個
> 世界而忽視和逃避後一個世界。我幾乎沒有想到文學的世
> 界正是從現實的世界來的,而且好像愚昧到以為環繞在我
> 周圍的那個異常狹小的世界就等於整個現實的世界。[7]

他開始「用一些柔和的詩和散文」,「用帶著頹廢的色彩」,「用
幻想,用青春」,「給我自己製造了一個美麗的,安靜的,充滿著
寂寞的歡欣的小天地。」[8]他完全是個純粹的藝術家,蠱惑於晚唐
五代時期的冶豔詩詞,服膺著象徵主義等現代派詩風,高喊「對
於人生我動心的不過是它的表現」[9],強調「形象就是一切」,光
影,色彩,意境遠遠重要於目的與意義,可以說,他醉心於純藝
術、超現實的藝術觀,使他這一時期的詩文多為個人內心真實世
界的抒發與投射。他是寂寞的獨語者,也是倔強的獨語者,如其
自述:「溫柔的獨語,悲哀的獨語,或者狂暴的獨語。黑色的門緊

---

7 何其芳:〈寫詩的經過〉,《關於寫詩和讀詩》,《何其芳全集》第 4 卷,頁 325。
8 同註 6,頁 75。
9 何其芳:〈扇上的煙雲〉(代序),《畫夢錄》,《何其芳全集》第 1 卷,頁 72。

閉著：一個永遠期待的靈魂死在門內，一個永遠找尋的靈魂死在
門外。每一個靈魂是一個世界，沒有窗戶。而可愛的靈魂都是倔
強的獨語者。」[10]

　　倔強的獨語者，終日流連於愛與美的光景中，「喜歡在荒涼的
地方徘徊」。蒼白且憂鬱的大學生，現實鬥爭、時代風雲彷彿被放
逐在自己象牙塔的幻夢之外，他「很珍惜著我的夢」，「並且想把
它們細細的描畫出來」[11]，於是有了讓人驚豔的《預言》，以及《畫
夢錄》。

　　《預言》是他的第一部詩集，他後來曾說：「那個集子其實應
該另外取個名字，叫做《雲》。因為那些詩差不多都是飄在空中的
東西，也因為《雲》是那裡面的最後一篇。在那篇詩裡面，曾經
自以為是波德賴爾散文詩中那個說著『我愛雲，我愛那飄忽的雲』
的遠方人。」[12]在抒情審美意識的驅動下，他有了自己的創作觀：
「我寫我那些《雲》的時候，我的見解是文藝什麼也不為，只為
了抒寫自己，抒寫自己的幻想、感覺、情感。」發出個人的聲音，
抒一己孤獨的意緒，是何其芳步上詩壇的原因，也是這些書寫個
人私密情感的篇章，使何其芳成為愛與美的理想主義者。這段充
滿幻想的時期是他一生中最沈醉於詩藝實驗的階段。即使他後來
「由於現實的教訓」，因而「否定了那種為個人而藝術的錯誤見解」
[13]，但他畢竟為自己、為文學留下了這些青春、唯美、可貴的生
命印記，就如他在〈預言〉一詩中的自剖：「讓我燒起每一個秋天

10 何其芳：〈獨語〉，《畫夢錄》，《何其芳全集》第 1 卷，頁 91。
11 何其芳：〈扇上的煙雲〉（代序），前揭書，頁 73。
12 何其芳：〈《夜歌》（初版）後記〉，《夜歌》，《何其芳全集》第 1 卷，頁 516。
13 前揭書，頁 517。

拾來的落葉，／聽我低低地唱起我自己的歌。／那歌聲將火光一
樣沈鬱又高揚，／火光一樣將我的一生訴說。」(《預言》)

　　《預言》分爲三卷，最有特色的是以青春、愛情爲題材的卷
一，寫於 1931 年至 1933 年在北大求學期間，如〈愛情〉：

　　……

　　愛情是很老很老了，但不厭倦，

　　而且會作嬰孩臉渦裡的微笑。

　　它是傳說裡的王子的金冠。

　　它是田野間的少女的藍布衫。

　　你啊，你有了愛情

　　而你又爲它的寒冷哭泣！

　　燒起落葉與斷枝的火來，

　　讓我們坐在火光裡，爆炸聲裡，

　　讓樹林驚醒了而且微顫地

　　來竊聽我們靜靜地談說愛情。

　　詩人正面謳歌了愛情的神聖、高貴與美好，色調明朗，把愛
情或微笑或哭泣的微妙心理氛圍以一種看似平常的畫面予以描
繪，具有流動美感的「驚醒」、「微顫」、「竊聽」等動態文字，很
能表現出詩人細膩的感受與思考，即使是「很老很老」的愛情題
材，何其芳寫來卻仍能富有新的氣息與情緒；又如獲得好評的〈花
環 —— 放在一個小墳上〉：

　　開落在幽谷裡的花最香。

　　無人記憶的朝露最有光。

　　我說你是幸福的，小玲玲，

　　沒有照過影子的小溪最清亮。

　　你夢過綠藤緣進你窗裡，
　　金色的小花墜落到你髮上。
　　你為簷雨說出的故事感動，
　　你愛寂寞，寂寞的星光。

　　你有珍珠似的少女的淚，
　　常流著沒有名字的悲傷。
　　你有美麗得使你憂愁的日子，
　　你有更美麗的夭亡。

　　作者帶著憂傷與美麗的心情，以詩的花環，獻給一位不幸夭
亡的小姑娘，一如未為塵世所玷污的幽谷、朝露、小溪，小玲玲
因為自開自落、遺世獨立而被詩人說成是「幸福」的，詩中流露
出他這段時期沈湎於孤芳自賞、純美意境的隱逸幻想。相對於醜
惡的現實，作者寧可讚美「美麗的夭亡」，其中深埋的是詩人一顆
悲慟的心，是只屬於自己而無人可訴說的深沈寂寞與苦悶。失去
愛情的〈慨嘆〉，詩人以真摯的柔情寫道：「我飲著不幸的愛情給
我的苦淚，／日夜等待熟悉的夢來覆著我睡，／不管外面的呼喚
草一樣青青蔓延，／手指一樣敲到我緊閉的門前。」對愛情的忠
貞，使得詩人即使飲著愛情的「苦淚」，也堅持著空幻的期待。然
而，愛情終究離他而去，使他不得不感嘆：「如今我悼惜我喪失了
的年華，／悼惜它，如死在青條上的未開的花。／愛情雖在痛苦
裡結了紅色的果實，／我知道最易落掉，最難揀拾。」濃熱的情

意與失落的惆悵，讓人陷入深深的哀傷中。

　　卷一的愛情詩寫得纏綿悱惻，美麗且嫵媚，詩人對文字與意象的出色捕捉，顯現出其不俗的才情與過人的天份。〈雨天〉裡的相思華贍濃麗：「紅色的花瓣上顫抖著過成熟的香氣，／這是我日與夜的相思，／而且飄散在這多雨水的夏季裡，／過份地纏綿，更加一點潤濕。」當愛情來臨時，他以〈夏夜〉為題，喁喁道出心中繾綣的柔情：「你柔柔的手臂如繁實的葡萄藤，／圍上我的頸，和著紅熟的甜的私語。／你說你聽見了我胸間的顫跳，／如樹根在熱的夏夜裡震動泥土？」詩人因愛而激動的心情，用浪漫的異想、亢奮的情緒形象化地顯示出來，尤其是接下來的兩句：「是的，一株新的奇樹生長在我心裡了，／且快在我的唇上開出紅色的花。」隱喻青春生命的成熟，戀情如夏日紅花的美好。全詩感情懇切，文字華麗，是何其芳純美時期詩作的特點。其他如〈贈人〉中的「我害著更溫柔的懷念病，／自從你遺下明珠似的聲音，／觸驚到我憂鬱的思想。」〈秋天〉裡的「秋天夢寐在牧羊女的眼裡」等等，都是極其個人私密的獨語，雖然缺少現實人生的反映，但其發自心靈深處的真純音籟，浮動的詩的情緒，還是具有一定的感染力，正如研究者金欽俊所言：「應該承認，這些東西是寫得相當美的，感情也是純真的，是發自一個幻美追求者心靈的歌和哭。」雖然，「它們不能如燭光去照出社會黝黑的面影，揭出人間的不平，在思想的天平上份量是比較輕的。」[14]

　　卷二的詩寫於 1933 年至 1935 年，是大學階段的後半期，苦

---

14 金欽俊：《中國新文學大師名作賞析：何其芳》（台北：海風出版社，1990年），頁 10。

悶悲涼的氣氛比卷一更為濃稠，在〈一個平常的故事〉中他對此
時心境有一段形象化的描述：「我喪失了我的充滿著寂寞的歡欣的
小天地。我的翅膀斷折。我從空中墜落到地上。我晚上的夢也變
了顏色：從前，一片發著柔和的光輝的白色的花，一道從青草間
流著的溪水，或者一個穿著燕子的羽毛一樣顏色的衣衫的少女；
而現在，一座空洞的屋子，一個愁人的雨天，或者一條長長的灰
色的路，我走得非常疲乏而又仍得走著的路。」[15]這些詩中的內
心獨白與幻夢色彩更為明顯，從〈夢後〉、〈病中〉、〈失眠夜〉、〈古
城〉等詩題即可看出其遠離現實的傾向，如〈柏林〉詩中寫道：「我
昔自以為有一片樂土，／藏之記憶裡最幽暗的角隅。／從此始感
到成人的寂寞，／更喜歡夢中道路的迷離。」即是心境的真實寫
照；〈牆〉中以蝸牛自喻，透露著一股無言的悲戚：「朦朧間覺我
是隻蝸牛／爬行在磚隙，迷失了路，／一葉綠蔭和著露涼／使我
睡去，做長長的朝夢。／／醒來輕身一墜，／喳，依然身在牆外。」
還有〈夜景（一）〉中的「帶著柔和的嘆息遠去，／夜風在搖城頭
上的衰草。」也是充滿了自我傷悼的沈鬱感受，就如他兩年後回
憶起寫作此詩時的心情：「我聽著啄木鳥的聲音，聽著更柝，而當
我徘徊在那重門鎖閉的廢宮外，我更彷彿聽見了低咽的哭泣，我
不知發自那些被禁錮的幽靈還是發自我的心裡。」[16]

　　卷一、二的「顧影自憐」式的唯美詩風在卷三時有了些微的
轉變，雖然僅僅五首詩，但這些寫於 1936 年至 1937 年間的作品，
開始從「夢中道路」走向現實坦途，開始願意面對和接受社會人

---

15 何其芳：〈一個平常的故事〉，《星火集》，《何其芳全集》第 2 卷，頁 77。
16 何其芳：〈夢中道路〉，《刻意集》，《何其芳全集》第 1 卷，頁 190。

生的黑暗與冷酷，對詩人而言，這些在創作思想和藝術追求上有
新的轉折的作品，無疑宣告了詩人告別純美、迎向戰鬥時刻的到
來。例如〈送葬〉中高喊：「我再不歌唱愛情／像夏天的蟬歌唱太
陽。」甚至於充滿信心地要葬送舊我，迎接新生：「在長長的送葬
的行列間／我埋葬我自己，／像播種著神話裡的巨蟒的牙齒，／
等它們生長出一群甲士／來互相攻殺，／一直最後剩下最強的。」
這種決戰似的高亢強音，是何其芳前期詩作中不曾有過的。又如
〈醉吧〉以反諷的語氣宣示著：「如其我是蒼蠅，／我期待著鐵絲
的手掌／擊到我頭上的聲音。」以及帶有總結浪漫過往、反抗現
實意味的〈雲〉，詩人從原本「『我愛那雲，那飄忽的雲……』／
我自以為是波德萊爾散文詩中／那個憂鬱地偏起頸子／望著天空
的遠方人。」變成了「從此我要嘰嘰喳喳發議論：／我情願有一
個茅草的屋頂，／不愛雲，不愛月，／也不愛星星。」詩人在此
發出清醒的呼聲，不再沈迷於純美的藝術之宮，而是要以飽滿的
情緒去反抗罪惡的現實，要向黑暗社會下戰帖，就如他自己所說：
「現實的鞭子終於會打來的，而一個人最要緊的是誠實，就是當
無情的鞭子打到背上的時候應當從夢裡驚醒起來，看清它從哪裡
來的，並憤怒地勇敢地開始反抗。」[17]

　　無論如何，《預言》的詩作確實已經實踐了他在〈《燕泥集》
後話〉所標舉的藝術主張：「真正的藝術家的條件在於能夠自覺地
創造」，雖然只是「一些溫柔的白色小花朵」[18]，但已是詩人如燕
子般苦心經營的泥巢，有著瑰麗的光與寧靜的香氣。這部詩集和

17　何其芳：〈《刻意集》序〉，《何其芳全集》第 1 卷，頁 148。
18　何其芳：〈《燕泥集》後話〉，《刻意集》，《何其芳全集》第 1 卷，頁 183-184。

他同時期的散文《畫夢錄》一樣，爲三〇年代的文學開闢了一個嶄新的領域，只可惜他後來卻放棄了這塊新闢的園地。評論者藍隸之對此不無遺憾地指出：「這三卷詩，從內容說一卷比一卷開闊，愈到後來，愈走出了自己的天地，但從藝術上看，一卷比一卷粗糙起來了，後面不如前面。」藍隸之認爲，讓何其芳「在當時詩壇上有自己的特色和位置」的，還是像卷一中那些能體現象徵主義詩風的作品，因爲那些作品感情真實，語言精緻，「較好地表現了一個耽愛藝術與唯美的青年的內心世界」。[19]這確實是一個讓人困擾不已的悖論，何其芳的有意選擇，卻無意間留給了後世一個值得沈思的難題。

三、畫迷離的夢，刻藝術的意

何其芳純美詩歌走過的道路同樣表現在散文創作上。《畫夢錄》是他的第一部散文集，作品多寫於 1933 年至 1935 年間在北大讀書時期，這是他抒情才思在散文領域的一次集中迸發，不論是感受方式、表現手法、語言藝術的獨特性，都和《預言》一樣，表現出作家唯美的藝術追求與抒情個性。並不令人訝異的，這部散文集和曹禺的《日出》、蘆焚的《谷》同時獲得了 1936 年天津《大公報》的文藝獎金。蕭乾代表評選委員會對《畫夢錄》作了這樣的評價：「在過去，混雜於幽默小品中間，散文一向給我們的印象是順手拈來的即景文章而已。在市場上雖曾走過紅運，在文學部門中，卻常爲人輕視。《畫夢錄》是一種獨立的藝術製作，有

---

19 藍隸之：〈前言〉，《何其芳詩全編》（杭州：浙江文藝出版社，1995 年），頁 4。

它超達深淵的情趣。」[20]這段評價說明了這部散文集非市場性，也不同於當時流行的幽默小品，而是具有個人獨立的、藝術的、情趣的特色，蕭乾特別強調其「純文學」的抒情風格，完全吻合這個時期自認為是「拘謹的頹廢者」、「書齋裡的悲觀論者」的年輕何其芳的心境。何其芳對文學純美意境的苦心經營，其實源自於他有些孤僻的氣質，他這樣形容自己當時的處境：「我的生活一直像一個遠離陸地的孤島，與人隔絕。」[21]在這樣的生活裡，他「做著一些美麗的溫柔的夢」，並且「安靜的用心的描畫它們」[22]，於是孤獨的何其芳，有了這部個人色彩鮮明的《畫夢錄》。

　　詩人投入散文的寫作，在藝術自覺的探索上顯現出不小的野心，他對當時散文的現況感到不滿：「覺得在中國新文學的部門中，散文的生長不能說很荒蕪，很孱弱，但除去那些說理的，諷刺的，或者說偏重智慧的之外，抒情的多半流入身邊雜事的敘述和感傷的個人遭遇的告白。」因此，「我願意以微薄的努力來證明每篇散文應該是一種純粹的獨立的創作，不是一段未完篇的小說，也不是一首短詩的放大。」他試圖突破既有散文窠臼，在抒情審美上有自身的實驗：「我企圖以很少的文字製造出一種情調：有時敘述著一個可以引起許多想像的小故事，有時是一陣伴著深思的情感的波動。正如以前我寫詩時一樣入迷，我追求著純粹的

----

20 蕭乾：〈大公報文藝獎金〉，原刊《讀書》1979 年第 2 期「史料重刊」，引自四川萬縣師範專科學校何其芳研究小組編：《何其芳研究資料》第 5 期，1984 年 4 月 30 日，頁 35。
21 何其芳：〈我和散文〉（代序），《還鄉雜記》，《何其芳全集》第 1 卷，頁 238、242。
22 同上註，頁 240。

柔和，純粹的美麗。」總之，他努力地想「爲抒情的散文找出一
個新的方向」。[23]可以說，這是何其芳一生中抒情個性最清晰也最
具魅力的時刻，他以真摯書寫自己的幻想、感覺、情感而在「漢
園三詩人」中顯得獨樹一幟，並以文學美的純度、亮度，打動讀
者的心，而被時人稱爲「何其芳體」。

　　「何其芳體」是「五四」以降美文傳統的一次新的發展，其
內涵、特質與風格都值得進一步探究。它既有魯迅《野草》中的
內心獨語，如〈獨語〉、〈夢後〉、〈雨前〉、〈黃昏〉、〈樓〉等；也
有周作人的娓娓閒話，如〈爐邊夜話〉、〈哀歌〉；以及廢名的飄渺
幻譎，如〈弦〉、〈伐水〉；還有一些是對話體的形式，如〈靜靜的
日午〉、〈扇上的煙雲〉、〈墓〉等。看起來形式多變，其實仍是作
者一個人孤獨聲部的獨語，訴說著如夢境、煙雲般無人感知、無
人分享的寂寞感。正如論者所指出的：「是寂寞促成了獨語，獨語
又進一步強化了寂寞。」[24]何其芳獨語體的散文充分顯露出個人
的「內斂性」，「向內轉到自己的心靈世界裡，自我體驗孤獨、寂
寥和荒涼，不脫幻美色彩」，呈現在讀者面前的是「一個有別於現
實世界的異化空間」。[25]這些另闢新徑的獨語體的散文看來就像是
一篇篇淒美的散文詩，也像是一幅幅黑白的記憶圖片，散發著寂
寞悲哀的情緒。

　　迷戀於意義之外的何其芳，重視的是色彩、圖案、情調的釀
造，追求的是藝術形式的獨到與完美，以〈黃昏〉爲例，一開始

---

23 同上註，頁 238、241。
24 許仲友：〈論《畫夢錄》的寂寞〉，《太原大學教育學院學報》第 27 卷第 3
　　期，2009 年 9 月，頁 57。
25 同上註。

就為我們畫出了一幅落寞寂寥的荒城暝色圖，帶著陰暗的色調，
憂鬱的詩意：

> 馬蹄聲，孤獨又憂鬱的自遠而近，灑落在沈默的街上如白
> 色的小花朵。我立住。一乘古舊的黑色馬車，空無乘人，
> 紆徐地從我身側走過。疑惑是載著黃昏，沿途散下它陰暗
> 的影子，遂又自近至遠的消失了。街上愈荒涼。暮色下垂
> 而合閉，柔和的，如從銀灰的歸翅間墜落一些慵倦於我心
> 上。我傲然，聳聳肩，腳下發出淒異的長嘆。

沒有情節，只有情緒，而且是徐緩、憂鬱孤獨的情緒，描摹出荒
城的黃昏，一切都籠罩在古舊、黯淡的奇幻想像中，充滿疑惑，
使周遭的暮色染上了一層神秘的色彩。「我」是一個路過的人，眼
中所見其實是心中苦悶的冥想，特別是失去愛情歡樂後，遺留的
是無盡的悲哀與沒有答案的悵惘：

> 我曾有一些帶傷感之黃色的歡樂，如同三月的夜晚的微風
> 飄進我夢裡，又飄去了。我醒來，看見第一顆亮著純潔的
> 愛情的朝露無聲地墜地。我又曾有一些寂寞的光陰，在幽
> 暗的窗子下，在長夜的爐火邊，我緊閉著門而它們仍然遁
> 逸了。我能忘掉憂鬱如忘掉歡樂一樣容易嗎？

　　這篇文章實在是一首不分行的詩，設想神奇，無處不是暗示
與象徵，有論者這樣分析道：「描寫的古城殘堞、荒街空車，敘述
的寂寞光陰、惆悵心境，確實造成了一個寥廓、落寞的意境。這
意境似關故都暮色，又更似作者心境的幻畫，在迷離的光影之中，
閃爍著神奇的色彩，吸引人們深入其中，一起躑躅於沈默的長街，

體驗一回心靈的波顫。」²⁶

　　〈黃昏〉如此，整部《畫夢錄》都是如此。〈雨前〉寫出心中的渴念：「在這多塵土的國度裡，我僅只希望聽見一點樹葉上的雨聲。一點雨聲的幽涼滴到我憔悴的夢，也許會長成一樹圓圓的綠蔭來覆蔭我自己。」但這樣的期待最終卻落空：「然而雨還是沒有來」；〈秋海棠〉裡「寂寞的思婦憑倚在階前的石欄杆畔」，面對冰涼的初秋夜空，她「舉起頭」，「更偏起頭仰望」，但最終，「她的頭又無力的垂下了」。安靜的庭院，水霧般的夜，早秋的蟋蟀，黃色的菊花，悄然下墜的梧桐葉，以及思婦「大顆的眼淚從眼裡滑到美麗的睫毛尖」，全文瀰漫的是無盡等待的荒涼情調；還有那讓人動容的農家早夭少女短暫寂寞與歡欣的〈墓〉，也是一闋命運的哀歌，作者滿懷深情地鋪陳出淒美的氛圍：「初秋的薄暮。……黃昏如晚汐一樣淹沒了草蟲的鳴聲，野蜂的翅。」然而，柔和的夕陽卻「落在溪邊一個小墓碑上，摩著那白色的碑石，彷彿讀出上面鎸著的朱字：柳氏小女鈴鈴之墓。」於是，十六歲少女「美麗的夭亡」、夢幻迷離的愛情故事悄然上演，又黯然落幕，最後，愛著女孩的「他」，「獨語著，微笑著。他憔悴了。」

　　至於〈哀歌〉中「我」的三個姑姑不幸的遭遇，更是舊時代女性「紅顏多薄命」的悲劇，就如第三個姑姑，記憶中的她總是「憂鬱的微笑伴著獨語」，而結局則是冷冷的：「嫁了，又死了。死了，又被忘記了。」何其芳用一種感性且帶點悲愁的口吻說：「一切都會消逝的」，當他心中浮現她的剪影時，想到的是：「我們看

---

26 金欽俊：《中國新文學大師名作賞析：何其芳》，頁 159。

見了一個花園，一座鄉村的樹林，和那些蒙著灰塵的小樹，和那掛在被冬天的烈風吹斜了的木柱上的燈。」給人夢境般夐遠飄忽的聯想；年輕的詩人，有時強說愁的想起命運與人生，他說：「當我憂鬱的思索著人的命運時，我想起了弦。」在〈弦〉中，他以歷盡滄桑的語氣說著：「有一天，我們在開始衰老了，偶爾想起了那些遼遠的溫暖的記憶，我們更加憂鬱了，卻還是說並不追悔，把一切都交給命運吧。但什麼是命運呢：在老人或者盲人的手指間顫動著的弦。」翻開《畫夢錄》，憂鬱，寂寞，美麗，幾乎成了何其芳喃喃的囈語。這些囈語，作者都用極其生動、形象的語言賦予飄忽的詩意美感，這就難怪當時的評論者劉西渭會稱讚他「生來具有一雙藝術家的眼睛。會把無色看成有色，無形看成有形，抽象看成具體。」[27]

　　和《畫夢錄》差不多同一時期的《刻意集》，由於是未編入詩集《漢園集》、散文集《畫夢錄》之外的殘留作品，在藝術水準上顯得雜亂參差，小說〈王子猷〉和劇本〈夏夜〉看來都是失敗之作，倒是其中收錄的未完成小說的四個片段：〈蟻〉、〈棕櫚樹〉、〈遲暮的花〉、〈歐陽露〉，可以視為上乘的散文。例如〈遲暮的花〉，藉兩位青春已逝的垂暮者相逢私語，再次閃現出作者在這段時期的某些精神狀態，特別是人生的失落，美的可望而不可即，對愛情消失的痛苦，以及對自己過往怯弱和孤獨的自責，文中採用對話方式，實際上仍是作者心靈的獨語。文末的兩行詩是主題的隱

---

27 劉西渭：〈讀《畫夢錄》〉，原載 1936 年《文季月刊》第 1 卷第 4 期，引自《咀華集》（李健吾著，上海：復旦大學出版社，2005 年），頁 90。劉西渭是李健吾的筆名。

喻：「在你眼睛裡我找到了童年的夢，／如在秋天的園子裡找到了遲暮的花……」給人幽然無窮的餘味，有力地渲染了寒冷、寂寥、迷離的氛圍。正如作者所言：「這些雜亂的東西就是我徘徊的足印」，是他「成天夢著一些美麗的溫柔的東西」[28]下的產物。

　　在何其芳一生寫作生涯中，以這段時期的抒情審美意識最為鮮明，他日夜思索著藝術的精髓，吸取西方現代抒情手法和敘事技巧，刻意在文學意象上精雕細琢，大量採用暗示象徵、直覺幻想、意象堆砌的表現，呈現出濃厚的現代抒情氣息和唯美主義色彩。這些如雕刻、繪畫般的細膩手法，加上鏡花水月的愛戀，繁豔美好的自然，寂寞孤獨的青春童年，美的追尋與失落等主題，共同構成了他文學作品中的審美特質與精神世界。

四、從夢中道路到延安窯洞

　　即使在藝術審美上，《預言》與《畫夢錄》堪稱何其芳在文學上最精緻出色的代表作，就如研究者周良沛所言：「一文一詩，詩文難辨，成了讀者心上文學的何其芳形象。在詩人四十六年的創作生涯中，這六年是不長的一段，然而，持不同論見者，都同樣將它作為研究何其芳的熱點。」[29]但是，詩人自己並不這樣認為。抗戰的爆發改變了他的生活，他走向延安，投入革命熔爐，發現精神上的「新大陸」；抗戰同時也改變了他的文學立場、審美傾向。他對自己走在「夢中道路」的空虛與絕望開始感到不滿，甚至將

28　何其芳：《刻意集・序》，《何其芳全集》第 1 卷，頁 144。

29　周良沛：〈何其芳：為少男少女歌唱者〉，《中國現代詩人評傳》（台北：人間出版社，2009 年），頁 223。

過去寫的詩說成是「壞詩」，他的自我批評／否定看來頗為嚴厲：
「那些詩，既然是脫離時代、脫離當時中國的革命鬥爭的產物，
它們的內容不可能不是貧乏的。如果說那裏面也還有一點點內容
的話，也不過是一個政治上落後的青年的一些幼稚的歡欣，幼稚
的苦悶，即是說也不過是多少還可以從它們感到一點微弱的生命
的脈搏的跳動而已。不久以後我自己也就認識到了。」於是，大
學畢業後，他「堅決地拋棄了我那些錯誤的思想，終於走向進步
了。」[30]對過去六年沈浸於純美歌唱的反省，使他得到一個清醒
的結論：「詩，如同文學中的別的部門，它的根株必須深深的植在
人間，植在這充滿了不幸的黑壓壓的大地上。」[31]

　　其實，《預言》裡寫於抗戰前夕的幾首詩〈送葬〉、〈醉吧〉、〈聲
音〉、〈雲〉已經預告了詩人開始接收現實的呼喚，並且有了初步
的回應。詩集《夜歌》（1945 年）和散文集《還鄉雜記》（1939
年）則可以看出何其芳創作傾向轉變的決心與宣示。翻開《還鄉
雜記》，在〈街〉、〈嗚咽的揚子江〉、〈縣城風光〉、〈私塾師〉等文
章中，我們看到何其芳對故鄉四川萬縣的落後、凋零、頑固、守
舊、陰暗發出了惋惜的哀嘆，深沈的憤怒，以及由此萌生渴望改
變的嚴肅思考。以〈街〉為例，寫他沿著長江一路西上進入萬縣，
勾起兒時從鄉下進城的記憶，在回憶中對照著縣城的現況，不禁
產生淒涼與憤慨交織的複雜感受。文章一開頭寫著：「我淒涼地回
到了我的鄉土」，因為他看到的是：「十分陰暗，十分湫隘，沒有

---

30 何其芳：〈寫詩的經過〉，《關於寫詩和讀詩》，《何其芳全集》第 4 卷，頁
　　324-325。
31 何其芳：《刻意集・序》，《何其芳全集》第 1 卷，頁 147。

聲音顏色的荒涼。」然後他回憶起童年經歷的教育與社會的許多
醜惡行徑，並思索著：「與其責備他們，毋寧責備社會。這由人類
組成的社會實在是一個陰暗的，污穢的，悲慘的地獄。我幾乎要
寫一本書來證明其他動物都比人類有一種合理的生活。」他陷入
何去何從的矛盾中：「夜色和黑暗的思想使我感到自己的迷失。我
現在到底在哪兒？這是我的鄉土？這不是我的鄉土？」最後，作
者來到一所小學的大門前，想要尋找他曾經認識的人，但是從「輕
輕的敲著門環」到「用手重拍」、「大聲叫喊」，回應他的卻是「黑
夜一樣寂靜」，於是，「像擊碎我所有的沈重的思想似的，我盡量
使力的用拳頭捶打著門，並且盡量大聲的叫喊起來。」[32]這富象
徵性的結尾給人魯迅試圖喚醒鐵屋子中沈睡人們的聯想。這時候
的何其芳，對現實不滿的激情已經掩蓋了過往對夢幻的深情。他
早期以美為主導的抒情個性，至此已被對社會人生的責任感與為
真理信仰而犧牲自我的革命思考所逐漸取代了。

　　在這種情緒醞釀下，隨著戰火的日益熾烈，《夜歌》這樣充滿
戰鬥激情，以及抨擊黑暗、尋找光明的革命色彩的作品出現也就
不令人訝異了。除了〈成都，讓我把你搖醒〉作於成都之外，《夜
歌》中的作品都是他在 1938 年至 1942 年於延安所作。在寫於 1944
年的〈《夜歌》（初版）後記〉中，何其芳對自己的轉變有清楚的
交代：「不久抗戰爆發了。我寫著雜文和報告。我差不多放棄了寫
詩。」但在 1940 年，他又開始寫起詩來，「我寫得很容易，很快，
往往是白天忙於一些旁的事情，而在晚上或清晨有所感觸，即揮

---

32 何其芳：〈街〉，《還鄉雜記》，《何其芳全集》第 1 卷，頁 256-263。

筆寫成。這個集子中的大部分詩都是在這種情形下寫的。」至於
書名，他認爲應該是《夜歌和白天的歌》，「這除了表示有些是晚
上寫的，有些是白天寫的而外，還可以說明其中有一個舊我與一
個新我在矛盾著，爭吵著，排擠著。」顯然，革命的「新我」已
經勝過了抒情的「舊我」，他因此而否定了在藝術審美之路上曾經
跋涉過的種種努力：「由於現實的教訓，我才知道人不應該也不可
能那樣盲目地，自私地活著，我就否定了那種爲個人而藝術的錯
誤見解。」[33]同樣寫於 1944 年的另一篇文章〈談寫詩〉對自我的
批判與出路有更直接的表白，他說：「這個時代，這個國家，所發
生過的各種事情，人民，和他們的受難，覺醒，鬥爭，所完成著
的各種英雄主義的業績，保留在我的詩裡面爲什麼這樣少呵。這
是一個轟轟烈烈的可歌可泣的世界。而我的歌聲在這個世界中卻
顯得何等的無力，何等的不和諧！」他做出了堅定的自我抉擇：「廣
闊地生活，深入地生活，到群眾中去，到火熱的鬥爭中去」，「對
於學習寫作的人，這是最重要不過的事情。」[34]

　　從〈成都，讓我把你搖醒〉這首詩即可看出何其芳文學意識
的丕變。蘆溝橋的砲聲震醒了詩人，詩人則想要搖醒成都：「於是
蘆溝橋邊的炮聲響了，／風癱了多年的手膀／也高高地舉起戰旗
反抗，／於是敵人搶去了我們的北平、上海、南京，／無數的城
市在他的蹂躪之下呻吟，／於是誰都忘記了個人的哀樂，／全國
的人民連接成一條鋼的鍊索。／／在長長的鋼的鍊索間／我是極
其渺小的一環，／然而我像最強頑的那樣強頑。／像盲人的眼睛

33 何其芳：〈《夜歌》（初版）後記〉，《何其芳全集》第 1 卷，頁 517。
34 何其芳：〈談寫詩〉，《關於現實主義》，《何其芳全集》第 2 卷，頁 375。

終於睜開，／從黑暗的深處我看見光明，／那巨大的光明啊，／向我走來，／向我的國家走來……」這一小節的詩風充滿奔放的熱情、對民族戰爭勝利的自信，表現出熾烈的愛國情懷，不再是飄在天上的雲的夢幻，而是腳踏土地的現實呼聲，他用接近群眾的口語，明白曉暢地抒發「人民情感」，而不是「個人情感」，這裡的「我」，其實是「我們」。1938 年 8 月，當何其芳踏上前往陝北的道路時，詩人已經（或渴望）成為戰士，畫夢者也成為了吹號者。撰寫何其芳傳記的廖大國就指出：「如果他的第一個詩集《預言》顯示著他的創作從飄在『空中的雲』轉向地上的『茅草屋頂』，那麼，《夜歌》這個詩集中的大部分作品，顯示著他又從『茅草屋頂』轉到了『延安窯洞』以及抗戰前線。這是他的人生道路上的一次跨越，也是他的創作上的又一次轉變。」[35]可以說，他以這首詩向從前的何其芳正式告別。

　　延安的新生活，隨軍的實際戰火洗禮，在魯迅藝術學院的任教，以及和毛澤東、賀龍等人的接觸，他像個新生的人，認真改造自己，全心投入到革命工作的行列裡。現實生活的衝擊，思想產生變化，何其芳的詩歌因此呈現出新的美學特點。從《夜歌》的詩篇題目即可看出何其芳和《預言》階段「判若兩人」的文學形象：〈我們的歷史在奔跑著〉、〈叫喊〉、〈生活是多麼廣闊〉、〈我把我當作一個兵士〉、〈平靜的海埋藏著波浪〉、〈多少次呵當我離開了我日常的生活〉。然而，這兩人其實仍是一體，是詩人突破「舊我」後的「新我」，只是此後詩人始終沿著這條路線發展下去，寫

---

35 廖大國：《一個無題的故事 —— 何其芳》（台北：文史哲出版社，2002 年），頁 97。

出了如〈革命 —— 向舊世界進軍〉、〈讓我們的呼喊更尖銳一些〉、〈新中國的夢想〉、〈我們最偉大的節日〉等作品，因而形成了前後期迥然不同的藝術風格。《夜歌》標誌著何其芳從個人走向集體，從抒發自我到歌頌民族的真正開端。儘管以後何其芳還出版過散文集《星火集》、《星火集續編》，以及許多雜文和評論，但他作為一個文學家的形象已經停格在《夜歌》，個人的聲音逐漸消失在集體洪流的巨響裡，就如他所言：「完全告別了我過去的那種不健康不快樂的思想，而且像一個小齒輪在一個巨大的機械裡和其他無數的齒輪一樣快活地規律地旋轉，旋轉著。我已經消失在它們裡面。」[36]

《夜歌》中幾首以〈夜歌〉為題的詩，完全是詩人真實剴切的自我剖白，可以看出一個詩人在走進革命隊伍後的獨特感受，如〈夜歌（二）〉的結尾：「我是如此快活地愛好我自己，／而又如此痛苦地想突破我自己，／提高我自己！」或是〈夜歌（四）〉寫道：「我要起來，點起我的燈，／坐在我的桌子前，／看同志們的卷子，／回同志們的信，／讀書，／或者計畫明天的工作，／總之／做我應該做的事。」〈夜歌（六）〉也有同樣的心聲：「惟有你們從人民中來／而又堅持地為人民做事的，／才最值得用詩，用歷史／來歌頌，來記下你們的功勞和名字。」〈夜歌（七）〉裡的片段：「堂堂正正地做一個人，／好好地過日子，／而且拼命地做事情。／我們誰也還不晚！一切為了我們的巨大的工作，／一切為了我們的大我。／讓群眾的慾望變為我的慾望，／讓群眾的

---

36 何其芳：〈一個平常的故事〉，《星火集》，《何其芳全集》第 2 卷，頁 83。

力量生長在我身上。」這些詩的情緒與表現都和作者早期沈湎於
虛幻的夢想大不相同了，「同志」、「人民」、「群眾」、「大我」等這
些過去不會出現的字眼，在《夜歌》中隨處可見，完全表現出他
「犧牲小我，完成大我」的「政治領悟」。白天工作的何其芳，和
夜晚寫詩的何其芳，都是同樣的一位革命新戰士，字裡行間都是
對改造自我的急切和熱情的自信，這些毫無矯飾的心情透過《夜
歌》形象地反映出來，所以研究者賀仲明才會說《夜歌》「爲我們
留下了一個真實的知識分子自我改造藍本」。[37]

　　作於 1941 年的〈我把我當作一個兵士〉這首詩明白地表露著
他當時的心跡：

　　　　我把我當作一個兵士，
　　　　我準備打一輩子的仗。

　　　　當我因為碰上了工作中的困難而煩惱，
　　　　當我因為疲乏而感到生活是平凡而且單調，
　　　　我就想我是一個兵士，
　　　　一個簡簡單單的兵士，
　　　　我想我是在攻打著一座城堡，
　　　　我想我是在黑夜裡放哨，
　　　　我想我不應該有片刻的鬆懈，
　　　　因為在我的隊伍中一個兵士有一個兵士的重要。

---

37 賀仲明：《喑啞的夜鶯 —— 何其芳評傳》，頁 146。

　　　　我把我當作一個兵士，

　　　　我準備打一輩子的仗。

　　顯然，詩人的個性意識已被群體意識取代了，從小我走向大我，他認清自己的位置與角色，那就是在大時代中心甘情願地做一個小兵，一輩子獻身於「工作」。追求的不再是個人的未來，而是人民、民族的未來；懷抱的不再是個人的希望，而是國家的希望。這就是何其芳在延安的「生長」。

五、瘖啞的夜鶯：一代知識分子的宿命

　　從《預言》到《夜歌》，從唯美主義到現實主義，從自戀到自覺，從黑夜到白天，從校園到戰場，從詩人到革命，從重慶到延安，從寂寞獨語到尖銳喧囂，從何其芳到「何其芳們」，我們看到了一個自由、夢幻的詩人在歷史語境發生重大變化後的調整。他不再只詠歎個人的感傷，而是從新時代的廣闊人生中去捕捉新題材；他不再呢喃於個人夢囈般的獨語，而是縱情地歌頌延安、新生活與新中國；他丟棄早期的精緻冷豔，也不再執著於格律形式，採用樸素通俗的群眾口語，努力追求質樸明朗的風格；甚至於，他開始投入報告文學、雜文、隨筆的嘗試，只爲了更貼近工農兵大眾的生活與情感。他放棄了精心「畫夢」的小天地，向主流文學虔誠靠攏，邁向「廣闊」與「粗獷」，對他而言，那才是真正「芬芳」的生活。

　　此後，他的詩不但數量少，藝術上也缺少突破，詩味由濃轉淡。據他自述，在 1942 年延安「整風運動以後，我可以說是停止了寫詩」，因爲覺得「當務之急是從學習理論和參加實際鬥爭來徹

底改造自己的思想情感」，於是「寫詩在我的工作日程上就被擠掉了」。[38]他多次強調自己工作的忙碌是導致創作減少的主因，但與其說他是因爲工作緊張忙碌而無法寫詩，不如說是因爲無法寫詩而拼命忙碌工作，似乎只有如此，他才能沖淡內心的鬱悶，才能填補他內心的空虛，擺脫精神上的苦悶與矛盾。他早期詩文中多次出現的「紅沙磧」── 這是在何其芳故鄉長江邊上的一段水岸，鋪滿了五彩顏色的石頭，詩人童年時期曾在此得到許多次撿拾的歡欣，對他而言，「紅沙磧」象徵著美好的意境，如詩如畫，但歷經人事的坎坷、戰事的洗禮及政治的運動之後，那美好的記憶與桃花源般的夢想，詩人從此再也回不去了。這是時代的推動和他主觀選擇的結果，其代表性則反映了現代中國知識分子的某種歷史命運，或者說是一種宿命。

　　耐人尋味的是，即使是 1950 年代，何其芳也沒有完全放棄詩的純美本質，他說：「詩應該是歌中之歌，蜜中之蜜」[39]，詩歌必須是「從生活的泥沙裡淘洗出來的燦爛的金子，是從生活的叢林裡突然發現的奇異的花，是從百花之精華裡醞釀出來的蜜。」他清楚地指出：「文學藝術要求的並不僅僅是正確，尤其不是那種一般化、公式化的正確」，只要是傑出的詩人，都應該有「獨特的創造」，應該具備「形象的優美和豐滿，語言的精鍊、和諧和富於音樂性，作爲一個整體的天衣無縫的有機的構成。」[40]我們從這些

---

38 何其芳：〈《夜歌和白天的歌》重印題記〉，《何其芳全集》第 1 卷，頁 528。
39 何其芳：〈話說新詩〉，《西苑集》，《何其芳全集》第 3 卷，頁 66。此文寫於 1950 年。
40 何其芳：〈寫詩的經過〉，《關於寫詩和讀詩》，《何其芳全集》第 4 卷，頁 327-328。此文寫於 1956 年。

文章中彷彿又見到了年輕的何其芳對文學純粹性、審美性的堅
持。走過重重曲折與矛盾，歷經運動與改造，我們必須得說，何
其芳心靈的角落深處仍然為文學審美保留了一個不是最重要但也
不曾失去的位置。

　　不過，歷史的悲劇還在後頭。何其芳在詩人與黨員的雙重角
色之間，毫不猶豫地選擇了黨員角色作為生命的依歸，甚至於，
他把文學實踐與革命實踐結合在一起，努力讓自己成為「毛澤東
文藝思想的熱情宣傳者和忠誠實踐者」[41]。「文革」前夕，他還寫
了〈我們的革命用什麼來歌頌〉如此赤忱忠心的詩作，高呼：「《東
方紅》最早是農民的歌唱，／如今從東海濱到雅魯藏布江，／從
內蒙古草原到海南島叢林，／都歌唱毛澤東，歌唱共產黨。」對
於個人的定位，他也再一次重申：「我把我的歌加入這集體，／像
一滴水落進大海裡，／再不抱怨它的微弱，／也不疑惑我失掉了
彩筆。」[42]只可惜，「文革」風暴一起，這位「黨性堅強」的文人
也沒能躲過這場劫難。抄家，關牛棚，批鬥，下放五七幹校勞改，
他都一一經受，飽受折磨。何其芳身為中國科學院文學研究所所
長，到了幹校，工作變成「養豬」，即使是養豬，他也盡心盡力，
毫無怨言，甚至還把自己的養豬經驗編寫成〈養豬「五字憲法」
歌訣〉：「主席指示：養豬重要。品種要好，圈乾食飽。粗料發酵，
採集野草。小豬肥豬，多加精料。強弱分圈，隔離病號。夏天太
熱，河裡洗澡。新生小豬，防止壓倒。注意衛生，防疫宜早。豬

---

41 引自孟憲爽：〈「何其芳現象」探究〉，《文教資料》2006 年 5 月號，頁 137。
42 何其芳：〈我們的革命用什麼來歌頌〉，《何其芳詩稿》，《何其芳全集》第 6
　　卷，頁 46。此詩寫於 1965 年 10 月。

瘟難治，預防爲妙。其他疾病，努力治療。」[43]讀到這首「養豬之歌」，我們如何能將它和詩人曾將寫過的《預言》聯繫在一起呢？思之令人憮然。賀仲明對何其芳當時心理的分析很值得參考：

> 何其芳虔誠地改造自己。在改造中，何其芳忘記了原來的自己，也很少想到從前的自己。他以一種慣性的方式適應著現實，逆來順受，匍匐於政治強力之下，甚至不再以之爲苦。這種習慣開始於延安整風時期，卻源於他性格的脆弱和詩人的單純。他期盼的是，通過自己無所抗爭的改造，獲得政治的認可，回復到原來的環境中去，殊不知，在這種漫長的改造中，他詩人的心性被逐漸消磨殆盡，即使他的改造得到認可，能夠回到原來的生活當中，卻已經帶去了永遠都無法彌補的傷害。他已經不再是原來的自己了。[44]

在「革命」眾聲喧嘩的集體話語中，何其芳輕柔抒情的個人獨語被（自我選擇性）遮蔽掉了；當詩性感悟蕩然無存，當抒情審美意識不再成爲創作主體的精神信仰時，何其芳真正意義上的詩歌生命其實已經結束。不能再唱出動人的夜歌，何其芳只能是一隻瘖啞的夜鶯，黯然且孤寂地消失在巨大黑暗的叢林裡。

六、卞之琳：寂寞的人，站在橋上看風景

從何其芳，我們自然想起了卞之琳。這樣的聯想是很自然的，因爲他們兩人有太多相似之處：同在北大求學；以詩歌進入文壇；

---

43 見何其芳於 1971 年 6 月 14 日致妻子牟決鳴的信，收於《何其芳全集》第 8 卷，頁 298。所謂「五字憲法」是指：種、料、圈、管、醫，即品種、飼料、豬圈、管理、醫藥衛生。
44 賀仲明：《瘖啞的夜鶯 —— 何其芳評傳》，頁 239。

和李廣田三人合出詩集《漢園集》而被稱爲「漢園三傑」；一起在成都創辦小型半月刊《工作》，又基於相近的理念於 1938 年同赴延安，且都曾在魯迅藝術學院授課；1966 年「文革」開始，兩人都遭遇了批鬥勞改，只不過，何其芳在文革結束不久後病逝，而卞之琳則活到 2000 年。在文學創作歷程上，兩人也共同走過了從追求唯美純詩到歌頌政治的詩風轉變，三〇年代譯介現代主義詩歌的文藝先鋒，到五〇年代成了政治先鋒，僅二十多天就以一腔熱忱寫出抗美援朝詩 23 首而出版了詩集《翻一個浪頭》。於是，卞之琳也成了「何其芳們」中的一人。

　　回顧《漢園集》這部青春時期的少作，相信三位詩人都將會百感交集。有人說《漢園集》是「中國舊社會在淪亡崩潰前夕知識青年的一個典型夢幻」[45]，其中的寂寞靈魂與哀愁字眼，對於後來忙碌於政治任務與革命鬥爭的詩人來說，恐怕是極其遙遠的記憶了。然而，恰恰是寂寞，讓年輕的詩人因此接觸到了文學最純粹的本質，並寫出了足以傳世的作品。何其芳耽溺於寂寞的況味已如前述，詩風相對較晦澀的卞之琳也有不遑多讓的表現，且看他的〈西長安街〉：

> 長的是斜斜的淡淡的影子，
> 枯樹的，樹下走著的老人的
> 和老人撐著的手杖的影子，
> 都在牆上，晚照裡的紅牆上，
> 紅牆也很長，牆外的藍天，

---

45 陳芳明：〈美麗的夭亡 —— 淺論握可盈手的《漢園集》〉，《典範的追求》（台北：聯合文學出版社，1994 年），頁 49。

　　北方的藍天也很長，很長。

　　啊！老人，這道兒你一定

　　覺得是長的，這冬天的日子

　　也覺得長吧？是的，我相信。

　　看，我也走近來了，真不妨

　　一路談談話兒，談談話兒呢。

　　可是我們卻一聲不響，

　　只是跟著各人的影子

　　走著，走著……

　　形象化的畫面，視覺上由大到小到大，由遠而近而遠，淒冷冬天裡北京古城的孤寂和老人的遲暮，共構出一種衰老寂寞的氛圍，而跟著虛幻的影子無止盡地走下去，更給人揮不去的淡淡悲涼之感。卞之琳顯然陷入了咀嚼孤獨、沈浸哀傷的浪漫抒情意境中，這只要看看他寫的詩題即可窺知：〈一塊破船片〉、〈寂寞〉、〈奈何〉、〈遠行〉、〈寒夜〉、〈夜風〉、〈落〉、〈倦〉，在低吟淺唱中，呈現出的是個人最真實的失落黯然的愁緒。對於青春時期的心境，他的自我剖析有清楚地說明：「當時由於方向不明，小處敏感，大處茫然，面對歷史事件、時代風雲，我總不知要表達或如何表達自己的悲喜反應。這時期寫詩，總像是身在幽谷，雖然心在巔峰。」[46]

　　他的詩歌創作一開始受到以浪漫抒情為特色的新月派極大的影響，有意地學習聞一多、徐志摩詩歌的技巧與觀念，包括對格律的自覺遵守、採取小說戲劇手法以入詩等，尤其是徐志摩對他

---

46 卞之琳：《雕蟲紀歷・自序》，《人與詩：憶舊說新》，見《卞之琳文集》（合肥：安徽教育出版社，2002 年）中卷，頁 446。

的「知遇之恩」，深深影響了他早期的詩風。廢名在《談新詩》講義中曾說：「在我的講新詩裡頭雖然沒有講徐志摩，並沒有損失，卞之琳的文體完全發展了徐志摩的文體，這個文體是真新鮮真有力量了。」[47]這當然是廢名個人的偏見，但可以看出徐志摩對卞之琳的巨大影響。在 1941 年編寫《十年詩草》時，卞之琳還特別將它題獻給徐志摩，算是對逝世十周年的恩師「交了卷」[48]。除了新月派唯美詩風的啓蒙，在北大就讀期間，他學習法文，開始翻譯少量波特萊爾（Baudelaire，1821-1867）、瑪拉美（Mallarme，1842-1898）等人的象徵主義詩歌，深受啓發，據其自述：「我則在學了一年法文以後，寫詩興趣已轉到結合中國傳統詩的一個路數，正好借鑑以法國爲主的象徵派詩了。」[49]從新月派轉向象徵派，再加上葉公超指引邀約他翻譯艾略特（T.S.Eliot，1888-1965）的著名論文〈傳統與個人的才能〉，從而接納了艾略特「玄學派」的詩風，這對他的視野又是一次嶄新的開放，他說：「這些不僅多少影響了我自己在三〇年代的詩風，而且對三、四〇年代一部分較能經得起時間考驗的新詩篇的產生起過一定的作用。」[50]透過不斷的探索發展，取眾家之長，卞之琳終於形成自己獨樹一幟的風格，在 1935 年至 1937 年間達到個人詩歌創作的高峰，並在詩壇大放異彩。

47　廢名：〈《十年詩草》〉，原載 1948 年 3 月 21 日北平《華北日報・文學》第 12 期，原爲其《新詩講義》的第 13 章。《新詩講義》後來以《談新詩》之名由藝文社印行。引自《談新詩》，收於《廢名集》第 4 卷，頁 1770。
48　卞之琳：〈初版題記〉，《十年詩草》，見《卞之琳文集》上卷，頁 9。
49　卞之琳：〈赤子心與自我戲劇化：追念葉公超〉，《人與詩：憶舊說新》，見《卞之琳文集》中卷，頁 187。
50　同上註，頁 188。

　　卞之琳的詩帶有強烈的個人色彩，特別是三〇年代的青年階段，既沒有左翼文學的歷史使命感，也沒有早期新月詩派那樣有程度不同的政治意識。面對醜惡且無力改變的社會現實，他以詩歌尋找精神上的出路。藝術對於他，並不是實現某種政治主張、改變社會的工具，而是屬於自己心靈的美好家園。在帶有總結意味的《雕蟲紀歷・自序》中，他說：「我寫詩，而且一直是寫的抒情詩，也總在不能自已的時候，卻總傾向於克制，彷彿故意要做『冷血動物』。規格本來不大，我偏又喜愛淘洗，喜愛提煉，期待結晶，期待昇華，結果當然只能出產一些小玩藝兒。」[51]恰恰是這些淘洗、提煉過後結晶似的精品，使卞之琳有自己鮮明的創作個性。「卞之琳風格」最典型的表現正是在三〇年代前期，細膩的抒情，隱曲的象徵，融合知性與感性的語言，有寄託的審美意境，劉西渭寫於 1936 年的評論對此有精要的描述：「從正面來看，詩人好像雕繪一個故事的片段；然而從各面來看，光影那樣勻稱，卻喚起你一個完美的想像的世界，在字句以外，在比喻以內，需要細心的體會，經過迷藏一樣的捉摸，然後盡你聯想的可能，啟發你一種永久的詩的情緒。這不僅僅是『言近而旨遠』；這更是餘音繞樑。言語在這裡的功效，初看是陳述，再看是暗示，暗示而且象徵。」[52]至今看來，這段評論文字仍是對「卞之琳風格」最生動的註解。

　　〈斷章〉就是這樣「暗示而且象徵」的代表之作，是既現代

51　卞之琳：《雕蟲紀歷・自序》，《人與詩：憶舊說新》，見《卞之琳文集》中卷，
　　頁 444。

52　劉西渭（李健吾）：〈《魚目集》——卞之琳先生作〉，寫於 1936 年 2 月 2 日，
　　引自《咀華集》（上海：復旦大學出版社，2005 年），頁 67。

又古典的中西合璧小品：

> 你站在橋上看風景，
>
> 看風景人在樓上看你。

> 明月裝飾了你的窗子，
>
> 你裝飾了別人的夢。

　　詩中運用了橋、樓、月、窗、夢五個傳統意象，寫一刹那的意境，呈現出悠長且深邃的古典韻味。現代派詩歌以追求藝術的純美為旨趣，〈斷章〉的朦朧美、意象美，以及詩中體現的主客體相對轉換的關係，沈靜從容中帶有人生的智慧，讓人回味不已。余光中對這首「耐人尋味的哲理妙品」曾分析道：「表面上，這首詩前二行在寫景，後二行由實入虛，寫景兼而抒情。就擺在這層次上來看，這首詩已經夠妙、夠美，不但簡潔而生動地呈現出畫面，更有一種勻稱的感覺。」除了美感的觀照，這首詩還有「一種交相反射、層層更進的情趣」，並且「闡明了世間的關係有主有客，但主客之勢變易不居，是相對而非絕對。」[53]或許就是詩中「新的時空觀念與詩人的情感體驗結合得相當完美」[54]，所以這首詩才會如此耐讀。

　　從 1933 年秋天起，卞之琳愛上並追求張充和（即沈從文妻子張兆和的妹妹），這份戀情（或許應該說是單相思）一直伴隨著他

53　余光中：〈詩與哲學〉，原載台北《中央日報》1987 年 12 月 11 日，引自《中國現代作家選集・卞之琳》（張曼儀編，台北：書林出版公司，1992 年），頁 255。

54　楊萬翔：〈卞之琳的《斷章》為何耐讀？〉，原載《現代人報》第 68 期，1987年 7 月 7 日。引自《中國現代作家選集・卞之琳》，頁 252。

十四年，直到 1947 年夏天，張充和結識並在次年嫁給在中國留學
的美國人傅漢思（Hans H. Frankel，1916-2003）為止。這段情感
上的漫漫波瀾，被詩人婉轉地寫進許多充滿愛與美的詩篇中，如
〈舊元夜遐思〉、〈魚化石〉、〈淚〉、〈半島〉、〈燈蟲〉、〈白螺殼〉、
〈無題〉等，甚至連〈斷章〉都有人當作情詩解讀[55]。其中最精
美的是寫於 1937 年的〈無題〉五首，悲喜交織的年輕情感在其中
波濤起伏，真摯而動人，如〈無題一〉：

> 三日前山中的一道小水，
>
> 掠過你一絲笑影而去的，
>
> 今朝你重見了，揉揉眼睛看
>
> 屋前屋後好一片春潮
>
>
> 百轉千迴都不跟你講
>
> 水有愁，水自哀，水願意載你。
>
> 你的船呢？船呢？下樓去！
>
> 南村外一夜裡開齊了杏花。

將內心對她的想念九曲十八彎地表達出來，「一片春潮」和「開
齊了杏花」都是詩人滿腔情意的柔性宣言，從「一道小水」漲成
「一片春潮」，可見這次的愛戀對他而言是如何巨大的衝擊。〈無

---

[55] 如奚密：〈卞之琳：創新的繼承〉一文，在解讀這首詩時就認為：「〈斷章〉
中所有的名詞都是具體的事物（橋、風景、樓、明月、窗子），除了全詩的
最後一個字：『夢』。與此相呼應的是時間的轉換：第一節是白天，第二節是
夜晚。至此，詩的主題呼之欲出，它應該是一首情詩，這點也和〈無題四〉
一樣。白天，詩人的目光追隨著意中人；夜裡，他做夢也夢見她。」見《江
蘇大學學報》（社會科學版）第 10 卷第 3 期，2008 年 5 月，頁 43-44。

題五〉也是寫得意境高遠，淡語中寄寓作者的深情：

> 我在散步中感謝
>
> 襟眼是有用的，
>
> 因為是空的，
>
> 因為可以簪一朵小花。
>
>
> 我在簪花中恍然，
>
> 世界是空的，
>
> 因為是有用的，
>
> 因為他容了你的款步。

　　詩中以空間大小的變化，寄託情感的虛實轉換，寫得自然而有韻味，甚至帶有哲學的意涵，因為「這首詩中有著濃厚的色空觀念，這世界，或者說，我的世界本來是空無一物的；因為你的到來，我才感覺到了它的存在和意義，而你，包括你的襟眼、你的款步以及我順手送給你的、作為你的象徵的小花，都是色的表象。在色與空之間，也許僅僅是我對你的愛的執著。我的『無』因為有了你而成了『有』，而有了些微的喜悅，但『即便在喜悅裡還包含惆悵、無可奈何的命定感。』」[56]詩中的空靈與禪悟，是在悲喜交集的愛情波折中深切的體會。詩人對這段感情似乎早有失落的預感，他說：「我開始做起了好夢，開始私下深切感受這方面的悲歡。隱隱中我又在希望中預感到無望，預感到這還是不會開花結果。彷彿作為雪泥鴻爪，留個紀念，就寫了〈無題〉等這種

---

56 姚峰、邢超、徐國源：《低吟淺唱的歌者 —— 卞之琳》（台北：文史哲出版社，2003 年），頁 83。

詩。」[57]

　　寫〈無題〉的詩人很快地將這份感情放在心中，因爲不久爆發的「七七事變」，使他的生活、寫作都產生了急遽的改變，民族的災難與時代的風暴把所有的詩人都推向了血與火、刀與劍的現實面前，卞之琳也不例外。從北京到延安，他接受了前線戰火的洗禮，詩集《慰勞信集》、報告文學《晉東南麥色青青》、《第七七二團在太行山一帶》，就是他爲時代所唱出的歌聲。特別是《慰勞信集》，從〈給前方的神槍手〉、〈給修築飛機場的工人〉到〈給一位集團軍總司令〉、〈給一切勞苦者〉，十八首充滿時代共識精神的詩歌，獻給了戰火下在不同崗位上抗日的勇者，而詩人個性的光亮也掩蓋在這些群體的光芒裡，我們聽到了他高亢的吶喊：「無限的面孔，無限的花樣！／破路與修路，拆橋與造橋……／不同的方向裡同一個方向！……一切勞苦者。爲你們的辛苦／我捧出意義連帶著感情。」[58]這部詩集，其實是另一種形式的報告文學，即使他試圖跳脫當時現實主義詩潮下偏重政治要求的寫作窠臼，按照自己的詩藝技巧和創作個性來發揮，但仍不免於僵硬抒情與單一聲調的通病。正如研究者所指出：「時代的需要和歷史的使命有力地改變著詩歌界的創作觀點和審美趣味」，「一旦走出了個人世界，面向大眾，便沒有退回書齋去的理由了。」[59]從此，卞之琳的寫作成爲一種「承擔」，一種「使命」，尤其是 1949 年以後，他的詩歌題材圍繞著抗美援朝、農業合作化與社會主義建設等一

57　卞之琳：《雕蟲紀歷・自序》，《人與詩：憶舊說新》，見《卞之琳文集》中卷，頁 450。

58　卞之琳：〈給一切勞苦者〉，《慰勞信集》，《卞之琳文集》上卷，頁 109。

59　姚峰、邢超、徐國源：《低吟淺唱的歌者 —— 卞之琳》，頁 119、140。

系列政治社會的主旋律，結集二十三首抗美援朝詩的《翻一個浪頭》可爲代表，卞之琳對這些詩的評價是：「大多數激越而失之粗鄙，通俗而失之庸俗，易懂而不耐人尋味。時過境遷，它們也算完成了任務，煙消雲散。」[60]

看來，詩人對自己的寫作主張與原則還是堅持的，他很清楚知道這些「應時之作」只是一種「任務」，一旦完成也就「煙消雲散」。他以這些詩「裝飾」了時代的夢，讓自己成爲時代「風景」的「斷章」。不管是看與被看，詩人在三〇年代的純美意識與孤獨聲音，已經成爲一個經典；他獨特的抒情氣質與個性特徵，以及融情緒、思想、形象於一體的詩意空間，已經構成「貌似清水實爲深潭的冷凝幽秘的詩風」[61]，看似寂寞，卻是足以讓人凝視再三，流連而忘返的風景。

七、李廣田：夢是這樣迷離

也許還應該談談李廣田。同爲漢園三詩人之一的李廣田，詩作不多，只有《漢園集》中的《行雲集》和 1958 年出版的《春城集》，在漢園三詩人中不論數量或藝術成就都相對較小。《行雲集》中的十七首詩，以質樸的詩風寫生活的現實，和何其芳、卞之琳詩的純粹性與現代性有明顯的不同；《春城集》中的政治意味大過文學，離純文學的審美就更遠了。卞之琳就曾經指出：「當時廣田自己編《行雲集》，把 1933 年到 1934 年寫的幾首放在上頭作爲一

---

60 同註 57，頁 453。
61 羅振亞：《中國現代主義詩歌史論》（北京：社會科學文獻出版社，2002 年），
　　頁 331。

輯，想來是他自己比較滿意的一輯。事實上，我今天讀起來也覺得這一輯在廣田的早期詩作裡最爲圓熟，一般說來，就韻味論，後來未必居上。」[62]〈地之子〉是他早期詩中的代表作，寫得深沈蘊藉，反映出他的現實主義人生觀：「我是生自土中，／來自田間的，／這大地，我的母親，／我對她有著作爲人子的深情。／我愛著這地面上的沙壤，濕軟軟的，／我的襁褓；／更愛著綠絨絨的田禾，野草，／保姆的懷抱。／我願安息在這土地上，／在這人類的田野裡生長，／生長又死亡。」[63]渾然淳樸的語言，對祖國土地血肉相連的深情，流露出一股厚重的生命力量，可以看出迥異於何其芳早期如空中之雲飄渺的風格。

　　當然，年輕的詩人也有浪漫抒情的一面，也曾經流連在「自己的小天地」，而「忘了外面的大天地」，那是北大求學階段，他說：「爲了從事創作，在大學裡我入的是外文系，因之頗受了西方的尤其是浪漫派、頹廢派、象徵派的影響，又因爲自己在思想方面找不到道路，對於現實世界是越來越脫節了，只是過著一種小圈子主義的生活」，於是他寫了一些自認「空虛的哀傷」[64]的詩歌以發抒孤獨的心情，例如〈寂寞〉就寫得悒郁憂傷：「我常常捧起心兒，／輕輕地問著自己：／『你究竟爲了什麼，／奔著這寂寞的長途？』／／我靜靜地期待回答：／只聽到幾聲嘆息。／我緊

62　卞之琳：〈《李廣田詩選》序〉，《人與詩：憶舊說新》，見《卞之琳文集》中卷，頁 373。

63　見李岫編：《中國現代作家選集・李廣田》（香港三聯書店、人民文學出版社，1983 年），頁 125。以下所引李廣田詩作均引自本書，不再加註。

64　本段所引文字見李廣田：〈自己的事情〉，《李廣田研究資料》（李岫編，北京：知識產權出版社，2010 年），頁 12。

緊地把心兒抱起，／它在我懷裡飲泣。」還有〈旅途〉、〈窗〉、〈歸
的夢〉等詩，也都帶著空虛、感傷的色彩。他在〈秋的味〉一詩
中喃喃自語道：「誰曾嗅到了秋的味，／坐在破幔子的窗下，／從
遠方的池沼裡，／水濱腐了的落葉的 —— ／從深深的森林裡，／
枯枝上熟了的木莓的 —— ／被涼風送來了／秋的氣息。／這氣息
／把我的舊夢醺醒了，／夢是這樣迷離的，／像此刻的秋雲似
—— ／從窗上望出，／被西風吹來，／又被風吹去。」這樣的抒
情腔調在何其芳、卞之琳同時期的詩作中都似曾相識，可以說，
漢園三詩人在大學時期的心境與詩風還是比較接近的，雖然在其
中要找到彼此的差異也並非難事。和何、卞兩人相比，李廣田的
文學審美意識較淡，因此在詩風的轉變上沒有太多的掙扎，抗戰
一來，他就快速且堅定地讓自己融進時代大我的洪流中。

　　李廣田在青年時代曾經被軍閥逮捕入獄，甚至被判死刑，特
殊的經歷使他在抗戰開始後投入革命行列，思想態度自然地轉向
馬列主義的文藝理論，表現在文學創作上，則以刻畫人民的疾苦
與吶喊為主，正如研究者對他詩歌發展路線所歸納的五個轉變：
「一、從個人的，到群眾的；二、從主觀的，到客觀的；三、從
溫柔的，到強烈的；四、從細緻的，到粗獷的；五、從低吟的，
到朗誦的。」[65]李廣田也因此成了眾多「何其芳們」中的一人了。
如〈給愛星的人們〉中的自我表白：「是的，我們卻更要發下誓願，
／把人群間的雲霧完全掃開，／使人的星空更亮、更光彩，／更
能夠連接一起，更相愛。」可以看出他亟欲拋開個人的夢囈，追

---

65 潘頌德：〈李廣田的詩論〉，《中國現代詩論四十家》（重慶出版社，1991 年），
　　頁 381。

求集體主義的精神，這種「政治覺悟」在《春城集》中多所表現，
如〈一棵樹〉中先說：「我忽然感到自己是一棵樹，／是一棵枝葉
扶疏的大樹。」以樹喻己，強調「還是要把根扎下去，扎到最深
處，／也要把枝葉伸出去，伸向太陽去。」而詩的結尾充滿了昂
然的鬥志：「我不知道我什麼時候可以休止，／因為我自己並不屬
於我自己。」沒有自己，放棄個人，這幾乎是「何其芳們」共同
的訴求。

　　〈入浴〉一詩的「集體感」與因此而萌生的「新生感」表露
得更是直接：「幾千年的階級社會，／幾千年的階級鬥爭，／儘管
我們身上傷痕累累，／一個真正的春天確已形成。／／我們大家
一齊入浴，／我們笑哈哈無所牽掛，／泉水的溫暖使我們心裡開
花，／我們彷彿在一個母胎裡重新長大。」最後四句出現四個「我
們」，詩人渴望融入新生活、新社會、新角色的心理於此可見。小
我微不足道，大我才是生存之道，《春城集》的李廣田已經不是當
年《行雲集》的天真詩人了。對詩人而言，這是義無反顧的抉擇
（而且也不能苛責），但是令後人感到不無遺憾的是，當政治現實
的春天形成之際，從詩歌藝術審美的角度而言，李廣田詩歌生命
的春天卻是已經消逝了。

八、詩人付出的代價終究還是詩

　　《漢園集》之名取自三位詩人在北大讀書的校園「漢花園」，
卞之琳在出版〈題記〉說：「記得自己在南方的時候，在這名字上
著實做過一些夢，哪知道日後來此一訪，有名無園，獨上高樓，

不勝惆悵。」[66]三位愛作夢的年輕詩人在北大校園中寫下了他們最稚嫩、最自我也最純美的詩作，最能理解這批年輕詩人的批評家劉西渭曾熱情地肯定了他們的先鋒精神，認爲「他們的生命具有火熱的情緒，他們的靈魂具有清醒的理智；而想像做成詩的純粹。他們不求共同，回到各自的內在，諦聽人生諧和的旋律。」[67]在沒有成爲「何其芳們」前，三位詩人曾經以文學的純美爲創作的信仰，沈醉於文字與藝術的光影中，苦心孤詣地想發出個人內在的聲音，用真情畫出屬於自己的夢，然而這「詩的純粹」與時代要求之間出現了不可調和的尖銳矛盾，於是，他們的人生軌跡不得不做出相應的改變。卞之琳說：「砲火翻動了整個天地，抖動了人群的組合，也在離散中打破了我私人的一時好夢。」[68]戰爭與鬥爭，詩人付出的代價終究還是詩。

　　在不該、不能作夢的年代，翻看著這些詩人「著實做過一些夢」的痕跡，也真會讓人有「獨上高樓，不勝惆悵」之感。

---

66 卞之琳：〈《李廣田詩選》序〉，《人與詩：憶舊說新》，見《卞之琳文集》中卷，頁 372。

67 同註 52，頁 63。

68 卞之琳：《雕蟲紀歷·自序》，《人與詩：憶舊說新》，見《卞之琳文集》中卷，頁 446。

第九章　海上才女，如虹麗影：

施濟美－程育眞－楊琇珍
邢禾麗－鄭家瑗－湯雪華

一、瞬間輝煌：從「東吳女作家群」說起

　　回顧 20 世紀的中國歷史，四〇年代可說是最激烈動盪的十年，中國大地無一日不處於硝煙烽火中，也無一日不面臨生死存亡的危急關頭。戰爭，成爲這一時期人們最習慣也最恐懼的生存狀態。肩負反映社會現實使命的文學，遂充滿了苦亂流離的血淚控訴和戰鬥宣傳的救亡氣息。在那個濃厚戰爭氛圍的特殊時代，宏大敘事、悲壯色彩無疑是文學的主調，歷史的主潮。

　　以戰爭形勢的發展變化來觀察，四〇年代的上海文學可以分成三個階段：一、後孤島時期（1940-1941.12）；二、淪陷時期

（1941.12-1945）；三、國共內戰時期（1945-1949），這三個時期是互相銜接，彼此影響的。當 1941 年底太平洋戰爭爆發，上海全部淪陷，「孤島」時期結束，許多作家被捕，刊物也被查禁，但上海文壇並未因此沉寂蕭條。根據統計，淪陷時期的上海，先後共出版了二十多種以文學為主或專載文學作品的刊物，如《萬象》、《春秋》、《紫羅蘭》、《幸福》、《小說月報》等，他們以作品迂迴曲折地流露出對侵略者的不滿、追求自由的渴望和期待光明的到來。施濟美（1920-1968）、程育真（1921-）、湯雪華（1915-1992）、俞昭明（1920-1989）、楊琇珍（本名楊依芙，1920-？）、鄭家瓔、邢禾麗（1923-？）等一批年輕女作家有不少作品就發表在以上這些刊物，因而在那淪陷、戰亂的黑暗時期躍上文壇，嶄露頭角，並受到讀者的歡迎。由於這群女作家都出身於東吳大學或東吳附中，有論者便視之為一作家群體，而以「東吳系」、「東吳女作家」稱之[1]。於是，這些原本被散點透視的個體遂逐漸聚攏成一個女作家群體，從文學史觀點來看，她們已經超越了純粹時間意義上的

---

1 對於 1940 年代以施濟美為代表的一批出身東吳的女大學生創作群體，其名稱尚未完全統一。作家胡山源在《文壇管窺 —— 和我有過往來的文人》（上海古籍出版社，2000 年）一書中曾提到四〇年代上海有「東吳派女作家群」的存在，其中又以施濟美最受青年學生歡迎。此外，大陸作家、學者左懷建、張曦、梁永、王琳、陳青生、湯哲聲、王羽等人在其文章、書籍中也曾提到此一女作家群，或稱「東吳派女作家群」，或稱「東吳女作家」，或稱「東吳系」、「東吳系女作家」。由柯靈主編的《民國女作家小說經典》（上海古籍出版社，1997 年）中收列施濟美小說集《鳳儀園》，則明確指出施濟美是當時人們稱為「東吳女作家」中的首要成員。筆者以為稱「派」與「系」會讓人誤以為這一群體的存在是有計畫、有組織的行為，其實不然，因此筆者以「東吳女作家群」一詞指涉這群女作家。關於東吳女作家群的詳細介紹可參看筆者：〈尋找施濟美 —— 鉤沈現代文學史上的「東吳女作家群」〉，收入《2005 海峽兩岸華文文學學術研討會論文集》（中國現代文學學會、南亞技術學院出版，2005 年），頁 351-378。

集合（四〇年代），也不僅是純粹空間意義的集合（東吳大學），
而是一個具有內在精神傾向與審美關聯的整體群像。

　　這幾位女作家都出身書香門第，家境富裕，曾有「小姐作家」
的稱號。《紫羅蘭》、《萬象》刊出〈小姐作家〉、〈女作家書簡〉等
文字，陶嵐影在《春秋》1944 年 2 月號裡更直接以〈閒話小姐作
家〉爲題大談這批女作家的日常生活，譚正璧在編《當代女作家
小說選》（1944 年）時也稱她們爲「上帝的兒女」和「象牙塔」
裡的一群[2]。這些稱呼給人一種夢幻、唯美、單純、理想的詩意聯
想，對市民讀者產生了一種吸引力，加上她們的作品和當時專寫
感官追逐、世俗欲望的市民通俗文學大相逕庭，因而迎合了許多
在戰爭陰影下渴望自由、嚮往美好的市民心理，一時蔚成風潮。

　　雖然表現民族危機和戰爭主題是時代賦予作家的責任，應該
「義不容辭」，但這批女作家的文學恰恰因爲遠離「民族救亡」的
政治主題而在某種程度上更好地表現出自身的特質。研究者張中
良對當時女作家的文學表現就有高度的評價：「她們在侵略者的高
壓統治與妝點門面的夾縫中，以女性纖細的藝術敏感咀嚼著人生
苦澀，訴說著包括兩性之間的不平等在內的人間不公，進行著『純
文學』的吟味，創造出別有風致的文學景觀，對現代文學的發展
做出了獨特的貢獻。」[3]王羽從性別話語權轉移角度的觀察更令人

---

2 陶嵐影此文發表於《春秋》第 1 卷第 8 期；譚正璧所編《當代女作家小說選》
　（上海：太平書局，1944 年）中入選的女作家有「東吳女作家群」中的施濟
　美、程育真、楊琇珍、湯雪華、俞昭明、邢禾麗，以及張愛玲、蘇青、曾文
　強、汪麗玲、嚴文娟、陳以淡、吳克勤、周煉霞、張憬、燕雪曼等 16 人（另
　有一說，燕雪雯是男性化名，嚴文娟與陳以淡是同一人，應爲 14 人）。
3 張中良：《20 世紀三四十年代中國小說敘事》（台北：秀威資訊科技公司，2004
　年），頁 259。

玩味：

> 隨著大片領土淪喪，原本作為主流文藝力量的大批男性作
> 家內遷，即使少部分留在上海，也不願意點綴日偽統治下
> 的文壇，或擱筆明志或構思新作，無不靜待時機，客觀上
> 倒呼喚著文學新人橫空出世，來填補這段特殊時期的文壇
> 空白。於是，女性作家被推至前台。人生歷練和文學經驗
> 都相對局限的一批女性作者，其創作並不體現民族意識，
> 而更忠實於自己的文學趣味和創作理想，文學主流的中斷
> 反給她們提供天馬行空、遊走文壇的大好機會。因此，正
> 當男性作家幾乎集體失語之際，她們得以接過話語權，以
> 集體的姿態光彩亮相。[4]

　　東吳女作家群就是以集體姿態光彩在上海亮相的一批作家。
她們初登文壇時均為涉世不深卻有文學興趣和創作衝動的時代新
女性，由於她們的寫作題材多為描繪淒婉悱惻的愛情故事，在當
時也被視為是上海市民通俗文學隊伍中的一支「閨秀派」作家。
周瘦鵑曾在〈寫在《紫羅蘭》前頭〉中得意地說：「近來女作家人
才輩出，正不輸於男作家，她們的一枝妙筆，真會生一朵朵花朵
兒來，自大可不必再去描龍繡鳳了。」[5]可惜的是，時代與政權的
更迭翻轉，這群女作家的文學活動只維持到 1949 年為止，五〇年
代以後就未見作品發表，彷彿美麗的虹影乍現於人們的驚呼聲
中，瞬間的輝煌之後，從此成為絕響。

---

4 王羽：〈後記〉，《太太集 ── 20 世紀四十年代上海女作家小說》（陳學勇、王
　羽編，上海遠東出版社，2008 年），頁 296-297。
5 周瘦鵑：〈寫在紫羅蘭前頭〉，《紫羅蘭》第 3 期，1943 年 6 月 10 日。

　　從東吳女作家群的代表人物施濟美於 1938 年 6 月 18 日在《青年週報》第 15 期發表短文〈死的滋味〉開始，到 1949 年逐漸銷聲匿跡，她們的文學創作恰好貫穿了中國現代文學史上的「第三個十年」。置身於抗戰與內戰共構的「第三個十年」，這批女作家以個人化、女性化、言情化的抒情審美之作，軟化了戰爭烽火的粗礪與無情，淡化了戰爭的殘酷與創傷，以不同於主流的視角，寫下了她們對那個時代生活的所見所感。雖然她們的作品很少正面描寫戰爭，但並非表示女作家完全沒有對戰爭的表現，事實上，在那烽火連天的年代，誰都無法完全避開戰爭的影響，只不過，她們往往將戰爭作爲故事背景，而將筆力放在揭示戰爭狀態下人們（特別是女性）的切身感受與真實體驗。

　　這群女作家中的鄭家瑗，在她的小說〈號角聲裡〉有一段寫道：「你曾否知道：從前，在遙遠的天際，雄勁的號角聲裡，曾藏著一縷青春的情絲？」[6]這句話用來說明四〇年代大部分上海女作家的創作心理與審美追求，應該說是恰如其份的。號角聲裡的情絲，沒有脫離時代現實，但又與時代風雲保持了距離，儘管她們因此而被遺忘在文學歷史的角落，但也因此，她們微弱的聲音成爲後人全面審視那個逝去時代面貌時不能忽視的動人材料。

二、園林中的尋夢人：施濟美

　　在這群女作家中，施濟美的作品最多，成就與影響也最大，有「滬上才女」、「東吳才女」之稱。施濟美在上海讀培明女中時

---

6 鄭家瑗：〈號角聲裡〉，原載《春秋》第 1 年第 2 期，1943 年 9 月 15 日。引自陳子善、王羽編：《小姐集》（北京：人民文學出版社，2007 年），頁 241。

開始習作，1939 年入上海東吳大學經濟系就讀，課餘從事小說創作。當時資深作家胡山源（1897-1988）在東吳任教，經他指導開始發表作品，從此踏上文壇。

在四○年代活躍於上海文壇的女作家中，施濟美與張愛玲、蘇青齊名，並稱三大才女，如今，張、蘇二人都已大紅大紫，只有施濟美至今依然少為人知。事實上，施濟美在四○年代後期上海文壇擁有廣大讀者，作品每一發表都能引起讀者共鳴和讚賞，刊物也會因刊登其作品而銷路大增。1946 年初，上海一家刊物向青年學生調查「我最愛的一位作家」，施濟美的得票緊隨巴金、鄭振鐸、茅盾之後，名列第四，可見當時上海青年對她的喜愛[7]。1947 年出版第一本小說集《鳳儀園》，收 12 篇作品；第二年再出版《鬼月》，收中短篇小說 4 篇，同時也在《幸福》連載中篇小說《莫愁巷》。

身為女性作家，施濟美擅長以哀婉的筆觸描寫女性的愛情悲劇，尤其在展示人物經歷坎坷愛情的痛苦與反抗的心路歷程方面，她筆端總能投注極大的同情。這些平凡而動人的故事，結局往往都充滿揮之不去的無奈與悵惘，但並不令人感到絕望，反而更顯出主人公的承擔、反抗或執著，就如四○年代的作家、《幸福》雜誌的主編沈寂所說：「所描寫的人物，只有淡淡的哀愁，沒有媚俗和頹廢，有對世俗的感嘆卻不消沉和絕望。……使讀者在窒息的黑暗環境裡眺望即將來臨的曙光。」[8]例如〈悲劇與喜劇〉、〈紫

---

7 見陳青生：《年輪 —— 四十年代後半期的上海文學》（上海人民出版社，2002
　年），頁 103。
8 沈寂：〈身世淒楚的女作家〉，《新民晚報》，1999 年 1 月 24 日。

色的罌粟花〉、〈鬼月〉、〈三年〉、〈鳳儀園〉等篇都是施濟美這類
愛情故事的代表之作[9]。

〈悲劇與喜劇〉中的藍婷為了成全多病的表姐黛華，而和心
愛的范爾和分手，不料九年後兩人重逢，黛華已逝，藍婷也嫁給
了篤實的周醫生，面對舊情人的百般誘惑，藍婷終能看清其真面
目而毅然割捨這段感情，選擇不一定浪漫但卻真實的婚姻，同時，
她並沒有因此而失去對感情的信仰和生活的勇氣；〈紫色的罌粟
花〉描寫 22 歲的年輕姑娘趙思佳對愛情和友誼的忠貞，她在 17
歲時愛上有婦之夫的中學英文老師，引起對方太太的不滿與羞
辱，後來這英文老師因從事抗日工作被日本人殺害，她從此生活
在對那段愛情永遠的追憶中，拒絕了其他人的追求；又如〈三年〉
中的女主人公藍蝶，當年為反抗家庭的包辦婚姻而離家出走，與
心愛的人在一起，但不幸愛人戰死沙場，她迫於生活無奈淪為交
際花，後來偶遇酷似初戀情人的柳翔，但在得知柳翔的前戀人黎
蕚病重時，善良的她決定離開柳翔，把愛情還給黎蕚，自己重新
踏上坎坷的漂泊旅程，徒留下一個美麗而憂傷的回憶，但小說結
尾，柳翔在漂泊三年尋找不到她的行蹤後又回到舊地，彷彿又有
一個未完的可能性在悄悄蘊釀著。衝突與矛盾，痛苦與反抗，犧
牲與承擔，出走與回憶，施濟美筆下的女性時而柔弱，時而堅強，
周旋在男性與命運的漩渦中，形象鮮明且血肉飽滿，令人留下深

---

9 這些作品都收入在于潤琦主編之《海派作家作品精選》的《鳳儀園》一書，
　共收 20 篇小說。這一新版由黑龍江人民出版社、北方文藝出版社共同出版，
　1998 年 4 月。施濟美的《鳳儀園》還有盛曉峰編選之《施濟美小說 —— 鳳儀
　園》，列入《虹影叢書：民國女作家小說經典》，上海古籍出版社，1997 年 10
　月，內收 6 篇小說。

刻印象，而這些想像豐富、意境幽遠、情真意切的愛情悲劇，也深深打動了當年上海廣大的讀者。

在施濟美創作的愛情悲劇中，最具代表性的應該是中篇小說〈鳳儀園〉。孀居了 13 年的馮太太，氣質出眾，年輕而美麗，住在充滿荒敗神秘氣息的鳳儀園中，原本平靜絕望的心，在遇到了應聘做家庭教師的大學生康平之後，重新燃起了對愛情的渴望，而已有未婚妻的康平也愛上了她，在一次堅決求愛之後，兩人都成了背叛者：馮太太背叛了死去的丈夫、13 年的孤獨自守、原來的自我，而康平背叛了她的未婚妻，但馮太太很快就選擇了退出與犧牲，因為她明白康平愛上的不是真正的她，而是在神祕的園林氣息烘托下風華絕代的外表，而且他能對未婚妻不忠，將來也可能會拋棄她這個幾近中年的女人，於是在短暫的希望之後，她又選擇回到「荒蕪的庭院和雜生的青草」、「淒迷而又哀婉」的鳳儀園，從此「留得殘荷聽雨聲」。因道德壓抑了情欲，因成全放棄了幸福，馮太太這個放逐愛情的悲劇女性人物典型，在施濟美充滿詩意的筆觸下顯得寂寞、痛苦，就如康平眼中初見的馮太太，「有一種難以比擬的孤清，清涼的華貴」。鳳儀園的場景寫的是蘇州，但不妨看作是施濟美和她筆下人物精神家園的象徵。不是沒有欲望，而是不隨欲望墮落，寧願痛苦也守住自己的心靈園林，做一個不向世俗情趣靠攏的尋夢人，或許有人會認為她是男性中心主義下的犧牲者，但實際上她堅持的恰恰是女性獨立的主體立場。

《莫愁巷》是施濟美另一部代表性的中篇小說，在「沈埋」

半世紀後終於在香港意外發現，得以「重見天日」[10]。這部寫於
1949 年 6 月的小說，人物近三十，頭緒紛繁，圍繞著莫愁巷這一
特定空間，以豪門王家爲背景，李玉鳳與張三的戀情爲主線，穿
插各行各業下層人物，上演一齣錯綜複雜的人性戲碼。名爲「莫
愁」，實則每個人物都陷入了生活或情感的困境中，就如小說尾聲
所寫的：「莫愁巷不再是神仙的故鄉，從前那一角好土，已經染上
了人的氣息，紅塵的味道，所以故事也就平庸和可憐了。你知道？
人的故事多半就是這樣平庸，這樣可憐的。」[11]面對人生的真相，
年近三十的施濟美，似乎想以這部寫實風格鮮明、頗具反抗意識
的作品，告別青春時期唯美抒情的創作傾向。少女時代的「強說
愁」，青春時代的「莫愁」，她體認到，最終都只是「平庸和可憐」。
坦白說，我們看到了作家令人期待的蛻變。然而，這期待終於落
空。且不說這部小說的迅速「消失」，現實中的施濟美在 1949 年
後，淡出文壇，投身於中學教育，又在 1968 年受到文革迫害而以
自縊告別人間。於是，人們印象中的施濟美終究還是停格在「小
姐作家」的浪漫與純美。這一點，從和她同時期的作家謝紫的評
論即可看出：

　　施濟美的作品中，充滿了青春的光華和綺麗，她作品最明

---

10 這部近七萬字的小說，因爲《幸福》雜誌的停刊而在第 9 章後中斷連載。據
　《幸福》主編沈寂表示，五〇年代初期，由他介紹在香港印行過完整的單行
　本，但已不易覓得，因此長久以來一直未見「出土」。直到 2010 年春，陳子
　善教授在香港意外發現香港大眾出版社印行的 18 章本《莫愁巷》，雖易名爲
　《後窗》，但作者署名仍是「施濟美」。陳子善將這部「流失」半世紀之久的
　完整版中篇小說，連同其他新發掘的 19 篇作品合編爲《莫愁巷》一書，由
　上海文匯出版社於 2010 年 7 月出版。
11 施濟美：《莫愁巷》（陳子善編，上海：文匯出版社，2010 年），頁 129。

　　顯的特徵就是美，她創作的態度是唯美的。所謂唯美，不
　　是指狹義的唯美派，而是說她極力追求美麗，極力避免醜
　　惡。她所追求的美麗，也只是她私心以為美麗的事物，此
　　外一切莊森宏大的美，複雜深沈的美，在她的作品中都不
　　大容易看到。⋯⋯讀她的作品好像聽一支美麗的歌，歌聲
　　永遠縈繞在記憶中，使人覺得這世界依舊是美麗的，至少
　　有一部分美麗。[12]

　　施濟美的小說語調溫柔而纏綿，不刻意講求形式的奇特，而
是以一種非常女性化的敘事方式在進行，抒情細膩而強烈，有時
整篇小說洋溢著詩的美感，寫得好的能體現出（女性）生命內在
的深刻體驗，寫得不好的則容易流於感傷的濫情。例如〈井裡的
故事〉中描寫克莊回到父親當年住過的老家：「她明知自己只是初
來，但是朦朧的心境卻有一番重遊的愁緒，徘徊又徘徊，惆悵又
惆悵。那萬紫千紅，那花團錦簇，那鶯的清歌，燕的軟語，那玉
笑珠香的華筵，吟詩弄畫的雅集，釵光鬢影的春宴，呼童喚婢的
嬉戲，對酒高歌的豪情，那昔日的美景，良辰，盛況，歡心⋯⋯」
[13]過度的文字修飾反給人做作之感。此外，人物刻畫有時稍嫌平
面，題旨也因過於理想化而顯得蒼白，和張愛玲、蘇青小說的高
度、深度比起來，確實顯得稚澀不足，但她充滿浪漫情調的抒情
韻味，女性特有的細膩觀察與柔美文字，使她的作品具有美和純

12　謝紫：〈施濟美的作品〉，原載《幸福》第 1 年第 6 期，1947 年 2 月 25 日。
　　引自陳子善編：《莫愁巷》，頁 399、401。
13　這篇小說原載《生活月刊》1947 年第 2 期。見柯靈主編：《上海四十年代文
　　學作品系列・中篇小說集之一・投機家》（上海書店出版社，2002 年），頁
　　293。

真的清幽華麗風格。

三、宗教的愛，純真的美

除了施濟美之外，這群東吳女作家中，較受到矚目的還有程育真。程育真是民初偵探小說名家程小青（1893-1976）之女。1945年東吳大學經濟系畢業，曾有一段積極寫作的時期，1948年赴美留學，與華僑吳某結婚，從此定居美國，專業寫作。她是虔誠的天主教徒，同時又受過良好的音樂薰陶，這使她的作品體現了「宗教的信仰，音樂的愛好」（譚正璧語）此一創作特色。1947年出版了唯一的一本短篇小說集《天籟》，收有〈白衣天使〉、〈隱情〉、〈音樂家的悲歌〉、〈星星之火〉等。

她的作品題材多為和樂的家庭生活、愉悅的學校生活和真誠美好的人間情愛，肯定人性的善和對純潔愛情的追求。例如〈白衣天使〉，描寫一位有愛心的護士，不顧眾人勸阻，進入鼠疫隔離區救護病人，最後卻染疫而犧牲了年輕的生命，在小說中，她宣揚了自己的理念：「這世界就是由相互間的愛心與犧牲同情幫助建造起來的」；小說〈笑〉裡也有類似的句子：「世界缺少愛，那麼你應該把你的愛獻給世界……因為黑夜已深白晝將至。」體現出一種自我犧牲的道德情操，強調以「愛」來對抗黑暗。她常以教徒為小說中的主人公，藉此歌頌宗教的美好並宣揚博愛的教義，有時也以音樂家為主人公，或以音樂的描寫來渲染故事場景的氣氛。最典型的作品是發表於1943年4月《紫羅蘭》第2期上的〈遺憾〉，描寫一位溫藹富愛心的老教授，因思念死去的女兒而對女主人公幽蘭特別疼愛和提攜，引導她信教，教她提琴演奏，並為她

安排一場音樂會，但就在音樂會成功進行後，她才獲知老教授中風去世的噩耗，老教授臨終時吩咐轉言：「親戚朋友都要離開，唯有耶穌永不遠離。」而她凝視遠天，也獻上祈禱：「主啊！老教授長眠了，求你叫我把一顆專一愛老教授的心去愛著大眾，也叫我能更愛著您。」全篇引用多處聖經的文字，表現出對宗教信仰的虔誠，但以小說技巧而言卻是失敗的。

　　發表於 1943 年 3 月《小說月報》第 30 期的〈聖歌〉，也是程育真結合音樂、宗教、愛情三元素的代表作品，故事敘述一位 25 歲的青年崇宣，不幸得了瘋癱病，在醫院治療，偶然間聽了女傳道音樂家夏靜雲的歌曲〈耶穌於我〉，深深喜愛，因而想要見見這位在他心目中美麗的女音樂家，遂寫了一封仰慕的信託人送去，但夏靜雲其實是年逾四十的中年婦人，她猶豫後仍決定給他寫封鼓勵的信，表示願意為他唱一曲聖歌，並附了一張二十多歲女兒的照片寄去。崇宣終究不敵病魔死去，但「死得很平安」，夏靜雲也依約為死者唱了最後一曲。故事是浪漫的，有愛與美的情境，結尾寫道：「神聖的詩歌像是一條淺紫的綢帶繫住了人們的心送到遠遠的碧空，溫存在和平安詳寧靜的空氣中。他們暫時忘懷了世界的殘酷，不平，欺詐和死別的痛苦……」[14] 這種對宗教、音樂的偏愛與描繪成了程育真小說的特色之一。從某個意義來說，這群女作家浪漫愛與抒情美的作品也正是「繫住了人們的心」，使讀者「暫時忘懷了世界的殘酷」。

　　作品與程育真有相近思想傾向的是楊琇珍。她是 1943 年東吳

---

14 程育真：〈聖歌〉，見《小姐集》，頁 301。

大學經濟系畢業，不久便離開上海，作品不多，從 1941 年至 1947
年的創作期，目前所見不到十篇小說，主要發表在《萬象》、《生
活》與《申報‧春秋》。她常藉作品來宣揚自己的宗教信仰，最典
型的是〈聖保羅教堂的晨鐘〉，故事的開展籠罩在宗教聖潔、莊嚴
與贖罪色彩的氛圍中。蘇妮與罪犯柯琪在雨夜偶遇，彼此相知，
但教堂晨鐘、十字架，在在預示著罪惡的終須面對審判。當教堂
鐘聲響起，柯琪「走近床前，那雙濃深而晶亮的黑眼睛，像是在
找尋著鐘聲的來處，嘴唇在顫抖著像是低聲的祈禱。」而蘇妮也
有著同樣的心理震動：「我也走到床前，聆聽這悠揚而冗長的鐘
聲，使我感到了自己的渺小。我的靈魂，像是離開了我的軀殼，
追隨那鐘聲的消逝處，深深的去懺悔我的罪惡。」當柯琪最終被
捕時，蘇妮在響起的鐘聲中流淚禱告：「願聖靈的上帝赦免我們一
切的罪孽……」[15]將情感與宗教融合，以人生的真與善為皈依，
楊琇珍的小說流露出一種虔誠信仰下潔白、單純的情思；還有〈玫
瑰念珠〉中的女主人公依芙（不知為何楊琇珍竟用本名來命名），
因為思念在戰場上失蹤的心上人，便戴著心上人臨別時送她的玫
瑰念珠以示等待的決心，小說寫到為她治病、對她有好感的葉醫
生請她吃飯時，有以下的對話：

> 「我想妳一定是一個虔誠的教徒，」他說：「這串玫瑰念珠
> 是不是用來記錄唸誦玫瑰經的遍數的？」「是的，不過我不
> 是教徒，更不會唸誦玫瑰經，」我輕聲地：「那串玫瑰念珠
> 是我的一個朋友的。」「那麼，這是紀念品了。」「不，我

---

15 楊琇珍：〈聖保羅教堂的晨鐘〉，《萬象》第 2 年第 1 期，1942 年 7 月。

不希望它是紀念品，」我堅決地說：「總有一天我要還給他
的」[16]

　　小說以人物內心意識的流動爲主線，襯以淒涼哀傷的場景，
描繪出一股無盡守候的悲愴之美。由於缺乏現實人生的洗鍊，她
的作品往往充滿了脫離現實的少女夢幻式的憧憬，如〈廬山之霧〉
寫年輕護士藍薇在濃霧瀰漫的廬山上照顧病人唐瑋，不久兩人間
產生了似有若無的情愫，最後黯然分手，全篇如夢似幻，虛無飄
渺，對話十足的文藝腔，完全是典型的言情小說風格，例如以下
這一段：

> 我向窗外凝望時，只見對過的山峰，已被濃霧截去了半截。
> 他頹然的坐在椅上，溫柔地：「薇，我除了感激之外，我也
> 不知道應該向妳說些什麼了！不過，薇，將來有一天，或
> 許妳會忘記了我，忘記了我們的友誼，忘記了我們在山上
> 度過的日子；但是，我可以告訴妳，我是永遠不會忘懷的。
> 將來雖然我還不知道漂泊在人間的哪一角，可是，我將永
> 遠為妳祝福。」「瑋先生，請您別這樣說，您不是早就說過
> 我們是朋友嗎？我們永遠是好朋友。」他親切地凝住著我，
> 柔聲地：「薇，讓我們一塊兒隱居起來吧！」「是的，讓我
> 們隱居起來吧！」我忘情地緊緊的握住他的雙手。[17]

　　不容否認，這樣生澀且近乎濫情的作品，呈現的是一位涉世
不深、閨秀小姐的愛情想像，浪漫得近似不食人間煙火。她的言

---

16 楊琇珍：〈玫瑰念珠〉，《生活》第 3 期，1947 年 9 月 20 日。
17 楊琇珍：〈廬山之霧〉，原載《萬象》1942 年 6 月號。見柯靈主編：《上海四
　　十年代文學作品系列‧短篇小說集之一‧喜事》（上海書店出版社，2002 年），
　　頁 301。

情之作，擁有女大學生編織美好愛情的純淨美感，缺乏的是深刻複雜的人性刻畫與藝術審美的豐富性、多元性。

　　另一位同樣具有宗教情懷的東吳女作家邢禾麗，先後就讀於東吳大學和聖約翰大學國文系，寫作時間約在 1942 年至 1944 年左右，作品數量有限，目前能找到的也不到十篇。她的小說多以校園生活、自由戀愛及婚姻生活為題材，短篇〈上帝的信徒〉曾入選 1944 年譚正璧編選的《當代女作家小說選》。〈上帝的信徒〉帶有強烈的諷刺性，表面上受洗、做禮拜、唱聖詩的季大娘，心裡想的全是信教後的種種好處，甚至一邊做禮拜，一邊心裡計畫將戒指賣掉做為本錢去做「黑貨買賣」，雖有風險，但「油水很足」，小說結尾簡潔有力，顯現出作者在題材安排上的匠心：

> 她是那麼虔誠地低下了頭，輕輕的在默禱著：「主啊！求您
> 保佑我這次成功。以後若發了財，一定不忘記您老人家的
> 恩典。決計來替您裝金，不，捐錢給教會造禮拜堂。主啊，
> 賜福我吧！亞 —— 門。」有人已在陸續地立起來，季大娘
> 也連忙立起身來。接著用輕快而適意的步伐，滿意地和余
> 小姐向堂大門走去，她預備回去要「殺手鐧」的幹一下。[18]

對於宗教信仰表面化、功利化的現象，以及西方宗教與中國傳統文化的衝突，小說的諷刺直接而犀利。

　　不過，對邢禾麗來說，擅長的可能還是在戀愛婚姻中徬徨掙扎的女性心理，〈出走〉就是代表之作，描寫了一個妻子想要「娜拉」式離家出走的婚姻故事。煥英原本和俊民相戀，因誤會而衝

---

18 邢禾麗：〈上帝的信徒〉，《萬歲》第 1 卷第 3 期，1943 年 2 月 20 日。

動地嫁給了當時也在追求她的培其。婚後丈夫因忙於工作，對她不免有所冷淡忽視，她開始感到「重重的寂寞之霧，包圍得透不過一絲氣來」，就在此時，功成名就的俊民再度出現，兩人舊情復燃，俊民要求她拋棄丈夫，和自己遠走高飛，幾經掙扎，她下定決心，在一個雨夜留書出走，不料驚醒了丈夫，兩人經過一番懇談，終於重歸於好，煥英像一個「做錯了事的孩子」，體悟到：「建築在物質上的愛情，才是真正失去了本質的『愛』」。[19]對於自由戀愛、婚姻家庭的矛盾等普遍存在的時代議題，邢禾麗顯然是有著較大的興趣與較多的思索，在這一點上，她和東吳女作家們沒有太大不同，加上作品不多，置身於這批女作家之間，其創作面目不免有些模糊，未能形成自己較鮮明的創作個性與藝術審美特性。

四、「愛情」為主／「愛國」為輔的雙愛模式

這群女作家以個人主觀審美抒情的筆調，在政治巨手的翻雲覆雨下，自覺經營一篇篇充滿「小我情懷」的愛情故事，日常世俗生活成為其主要場景，戰爭因素與愛國理念雖然經常在小說中出現，但並不構成故事的主軸，而是以背景襯托或人物悲劇的衝突點為主要功能，「愛情」為主、「愛國」為輔的「雙愛」模式，遂成為這批女作家習見的創作手法與藝術特徵。或許，正因為有了這些女性獨具的情感心理與抒情話語，四〇年代文壇才不致陷入戰爭年代意識型態宏大敘事的單調與狹隘之中。研究女性文學

---

19 邢禾麗：〈出走〉，《萬歲》第 2 卷第 1 期，1943 年 5 月 1 日。

的學者閻純德在評論四〇年代女性文學時就曾指出：「她們不是不會寫更文學的作品，而是為了責任。與其說是政治『扭曲』了文學，不如說是時代『扭曲』了文學。在非常的歷史時期，多數作家身上都會自然而然地存在藝術與政治的衝突、文學與責任的衝突。但是這種衝突是一種歷史。」[20]他指的主要是丁玲、謝冰瑩、蕭紅、關露、白朗、楊沫、楊絳等一批女作家，自覺以筆為武器，參與偉大歷史的進程。但是他也同時指出在上海出現的「張愛玲現象」，包括以寫「自己」生活為主的蘇青以及潘柳黛等人，認為她們刻意「逃避現實」，在書寫「舊事」中以其才華找到了屬於自己的文學舞台：「她們的作品，描寫社會世態和人性、人情，是社會史、人性史的昭示，文學語境豐富多彩，風格細膩，真切而純淨。」包括東吳女作家群在內，這些上海女作家在創作上的獨異表現，「填補了戰爭歲月裡中國文學比較單一的狀況」。[21]

　　從表面上看，戰爭與愛情，戰場與情場，在這批女作家筆下，似乎永遠處在二元對立矛盾的情境，不能兩全，而且總是為了大我「愛國」而犧牲小我「愛情」。例如施濟美的〈晚霞的餘韻〉，描述秦淮河畔天香閣的歌女黎晚霞，雖然與每晚來聽唱的韓文淵互有好感，但蘆溝橋事變爆發，黎決定加入看護隊到前線去，臨走時送了一張照片給韓，背面寫著：「還依戀秦淮河的清唱麼，且聽一聽時代的怒吼吧！不能讓六朝金粉麻醉了年青的心，—— 我們要記住祖國，永久地。」從此，「秦淮河畔，再也聽不到晚霞的

---

20 閻純德：《20世紀中國女作家研究》（北京語言文化大學出版社，2000年），頁16。

21 同上註。

聲音了」。[22]這樣的情節與主題，當然是四〇年代戰火燎原、家破
人亡的真實寫照，也是一種民族主義情緒、戰爭文化思維投射下
的自然反映。不能否認，這是攸關民族危亡、個人生存的時代大
潮，這群女作家受過大學高等教育的洗禮，家國意識難免成為她
們許多小說中主要的女性敘事視角。

　　但是，深入分析這些女作家們的作品後，我們卻可以發現一
個饒富興味的現象，那就是在這些「愛國」作品中，「前線」往往
只是遙遠的「他方」，「戰場」只是故事上演的背景，甚至於遠在
戰場上的「愛人」在小說中經常是面目模糊，或者是「缺席的存
在」，小說家真正致力刻畫的是這些女性的「兒女情長」，也是這
些細膩生動的情感波瀾讓讀者為之感動而落淚。以楊琇珍的〈玫
瑰念珠〉為例，小說以第一人稱方式敘寫一位痴戀戰場上失蹤情
人的女子，即使愛人下落不明，她仍然表現出對愛情的忠貞與純
潔，雖然是無望的等待，但「我情不自禁地雙手緊握住那串掛在
我的胸前的玫瑰念珠，低下頭，我默默地在祈禱，默默地為我所
盼望的那一天而祝福。」小說一開始，女主人公依芙就對著鏡子
說：「告訴我，萬能的魔術鏡，告訴我吧，華華究竟失落在什麼地
方？」然而從頭至尾，「華華」都只是一個象徵符號，未多作描繪，
作者將心力主要放在依芙對「華華」的相思、痛苦，以及拒絕他
人追求的忠貞上。施濟美寫於 1945 年的〈尋夢人〉，描述小城藍
園中的林湄因與英傳表哥相戀，沒想到後來因為戰爭而分離，她
不得不嫁給南洋華僑並隨之遠走他鄉，藍園也因此易主，頹敗殘

22　施濟美：〈晚霞的餘韻〉，原載《小說月報》第 12 期，1941 年 9 月 1 日。引
　　自《莫愁巷》，頁 208。

破，直到二十年後，林湄因再度返國買回這座園子，並在藍園中
追思往事，惆悵不已。愛情仍是故事的主軸，至於拆散他們的「戰
爭」則只是如同所有的「事件」一般，扮演著造成悲劇的角色，
雖然林湄因在園中回憶往事而發出「她詛咒那頻年的戰亂，她詛
咒那遍地的烽烟」的感喟，畢竟也只是「悲聲低唱」，「飛逝了，
流去了」。

鄭家瑗的〈號角聲裡〉也是如此。裘莉是一所女中的初三學
生，在一次全縣童軍露營大會上結識了南強吹號手秦歐文，短暫
相處六天，兩人初萌愛意，相約以後「可以從號角聲裡傳遞彼此
的音訊」。然而幾個月之後戰爭爆發，「學校不得已在緊張中解散。
因為離家遷移的匆忙，我們始終未得晤面，因此彼此間音訊杳然。」
數年後，他才得知秦歐文已在戰爭中受傷去世，於是，「第一次我
為了愛而流淚！」小說集中描寫兩人相識的細節，至於戰爭，僅
僅幾句話就交代過去。這其實是女作家們寫作上不得不採取的策
略，畢竟真實的戰爭軍事場面不是她們所瞭解和親歷的，她們多
半只能從側面描寫戰爭氛圍的感受、對戰爭苦難的焦慮、控訴與
承擔。以愛情為主要題材的審美書寫，將戰爭的無情與殘酷壓縮
在一定的情感限度中，使她們作品中的戰爭雖然「無所不在」，但
也僅能「如影隨形」而已。

1949 年出版《號角聲裡》的鄭家瑗，童年時代在上海度過，
後遷居浙江湖州，抗戰爆發後重回上海，1941 年入東吳大學，先
後修讀過英文系、社會系，最後在教育系畢業，此後長期在中、
小學教書。她的主要創作活動集中在抗戰勝利後的幾年間。除一
些散文和書評外，主要以小說創作為主。她的文辭平實暢達，描

寫也還細膩，部分作品對戰亂的影響有所反映，但題材上相對狹隘，大多偏重於表現男女青年的情感糾葛和戀愛故事，如〈號角聲裡〉、〈陰暗之窗〉、〈霏微園的來賓〉等。由於長期任教的經驗，筆下小說大多以校園為背景，如〈她和她的學生們〉（出書時改題為〈曹老師〉）描寫離婚的曹月清老師為了生活不得不嫁給一個駝背的醬園店老闆，引起學生的非議與嘲弄，特別是她最疼愛的學生李湘表現出強烈的不諒解，但在課堂上一番自我剖白後，學生們終於明白曹老師無奈選擇的心境，當她對學生感嘆地說：「一個女人，為了生活去結婚，那原是最平凡的悲劇，也就是現在中國職業婦女最末的一條出路！你們覺得好笑麼？」在一定程度上揭露了知識女性深沉多舛的命運。啟蒙與救亡，固然在這些作品中有所反映，但真正打動人心的還是主人公們在愛情、婚姻漩渦中打轉掙扎的複雜心理。

東吳女作家群中還有湯雪華值得一提。她的作品大多寫於淪陷時期，抗戰結束後，曾在松江等地執教。她的小說後來結集為《劫難》、《轉變》二書。大體而言，湯雪華的小說已走出了寧靜的校園和溫馨的家庭，沒有太多的夢幻囈語，在這群女作家中顯得獨樹一格。雖然在表現手法和對題材的深刻掌握上仍不夠純熟，但正如有論者指出的：「儘管這類作品因為缺乏實感，多借新聞素材寫作，情感稍嫌不夠節制，但，一位象牙塔中的人，能夠有這樣一種情懷，卻是難能可貴的。」[23]她的作品也帶有宗教色彩，例如〈南丁格蘭的像前〉，描寫放棄進大學和出洋雄心的年輕

---

23 張曦：〈古典的餘韻：「東吳系」女作家〉，《書屋》，2002 年第 9 期，頁 65。

女孩以愛，來到規模不大的「基督醫院」擔任護士，在工作中愛
上猶太人醫生其尼斯，從起初的抗拒、逐漸接受到協助他逃亡，
寫出了一段戰火下超越國界的愛情，最後以愛被日本憲兵逮捕、
用刑，在醫院離開世界的那一夜，其尼斯醫生和他奧國的未婚妻
回來了，以愛就這樣「永遠帶著那個未曾破滅的夢」長眠於掛在
牆上的南丁格蘭（爾）的像前[24]。小說反映了孤島時期的特殊背
景，對女主人公癡情等待的心理也有不錯的刻畫，「雙愛」模式的
運用尚稱成功。

　　但湯雪華真正駕輕就熟的還是她所熟悉的都會女性生活與心
理。從日常瑣事出發，她擅長以詼諧的筆調，寫出女性對婚姻的
複雜感受以及浪費生命的悲劇，例如〈一朵純白的蓮花〉中寫道：
「女子嫁人，等於斷送了上帝苦心創造的一件美術品，這是人世
間的悲劇。」〈薔薇的悲劇〉裡寫道：「高貴的小姐啊！你有滿房
漂亮的東西裝扮身體，竟不夠奢侈，還要撕碎了別人的靈魂來裝
飾你自己的靈魂！」又如〈煩惱絲〉中的莫太太，一生豐衣足食，
無憂無慮，卻為了一頭細細的髮絲，「到現在，還常在惱著，哭著，
笑著，嘆著，操心著，忙碌著。」類此「世俗」、「現實」之作，
迎合了上海市民群體的閱讀心理，並從而顯現出湯雪華超越校園
單純、狹隘創作範疇，掌握深刻複雜人性的藝術才思。

---

24 湯雪華：〈南丁格蘭的像前〉，原載《春秋》1947 年 4 月號。見柯靈主編：《上
　海四十年代文學作品系列‧短篇小說集之三‧迷樓》（上海書店出版社，2002
　年），頁 342。

五、逐漸清晰的美麗身影

　　四〇年代的上海文壇，一方面因為政治、戰爭的複雜對立與鬥爭，一方面因為商業性娛樂化導致的讀者通俗化傾向，呈現出多元、豐富與複雜的文學樣貌。作為一個繁榮、喧囂、主流的文學中心，每一個上海作家，對都市的漩流與政治的風暴都無法置身事外或全身而退，即使是正在大學就讀或初出校門的年輕女作家也不例外。我們可以看到，在她們的小說中，有對孤島生活、日軍侵略、國共內戰的反映，也有對黑暗現實的不滿和對受屈辱人民的同情。然而，在戰爭年代，審美藝術追求趨於一致，控訴吶喊成為時代的最高音時，這群女作家的作品提供了另一種詩意的美感，清新的氣息，使因連年戰亂而對時局失望、無奈、痛苦的人們，有了另一種選擇，可能是逃避，也可能是嚮往。

　　在她們擅長編織的愛情故事裡，或許有蒼白的囈語，不食人間煙火的夢幻，但也有對純潔之愛的勇敢追求，對親情、友誼的謳歌。和當時主流的現實主義作品相比，她們的作品沒有赤裸裸的戰爭殘酷描寫，也沒有宣傳呼籲的八股教條，而和上海大量充斥的描繪感官肉欲的作品相比，她們的作品又顯得清雅脫俗，靈秀純真，給人心靈的撫慰，宛如一座清幽雅緻的園林，讓許許多多尋夢的人有休憩、作夢的角落。這也許就是她們的作品在當時廣受歡迎的原因。在短暫的十年裡，她們的青春才華有了一次光亮的展現，但在主流的文學史論述裡，她們的身影顯得渺小而孤單，不過，她們優雅的存在姿態與純淨的文學美聲，已經為她們佔有了一個小小的位置，雖然也只能在邊緣。

　　研究者李奇志曾經撰文舉了張愛玲、蘇青，以及施濟美、湯雪華的作品，指出她們的創作特色與特殊的文學史意義：「她們以細密的生活質地來填充文學文本，以一種個人化的、非主流的方式體現了理解、詮釋戰爭和世界的新的可能，最重要的是，她們在戰爭的廢墟中，仍然傳達出了被歷史壓抑的女性群體的聲音。」[25] 從這個角度看，四〇年代女性書寫確實不能也不應被同時期諸如端木蕻良、路翎、丘東平等男性作家的宏大敘述給淹沒、遮蔽。也許，她們的創作還談不上是嚴格意義上的女性主義文學，但是她們以女性獨具的藝術氣質、思維方式去感受生活、觀察世界、刻畫人物、描寫心理、運用語言，創造出有別於男性視角的女性個體經驗的文本，突破了男性主導下戰爭文學的話語禁區，擴大了「五四」以來女性「小我」敘事的藝術傾向，反映了戰時及戰後女性特殊的精神狀態與生存心理，在中國現代文學發展上，可以說是一段以濃厚抒情話語所譜寫而成的華彩樂章，它和高亢雄壯的號角聲、刀光劍影的衝鋒聲，同樣令人難忘，並最終與男性寫作共同建構成四〇年代文學的多元局面。

　　這批女作家美麗而渺遠的身影，近幾年來開始逐漸清晰，陳子善、陳學勇、王羽等學者對相關史料的勤力挖掘與用心整編，陸續出版了《小姐集》、《太太集》、《閨秀集》、《莫愁巷》等幾近絕版的作品集，使我們得以看到四〇年代與張愛玲、蘇青們不同的另一種女作家的文學風情。由於複雜的歷史原因，這批女作家在文學史上消失了那麼多年，陳子善因此感嘆道：「歷史並不總是

25　李奇志：〈戰爭與 20 世紀四 0 年代女性文學〉，《湖北師範學院學報》（哲學社會科學版）2004 年第 4 期，頁 63。

公正的，至少在某一階段是如此。」但在 21 世紀的今天，看著這些被遮蔽一甲子的作品再度陸續問世，我們還是得同意：「歷史畢竟還是公正的」[26]。

---

26 陳子善：《小姐集・序》，頁 1、3。

第十章　塔裡風情，未央之歌：
無名氏－鹿橋

一、戰爭文學裡的審美藝術／異數

　　抗戰爆發以來，「救亡圖存」的迫切現實需求成爲壓倒一切的時代主軸，即使是堅持藝術純美的創作者，也不可能漠視或拒絕現實，在嚴峻殘酷的現實面前，他們同樣無可避免地會受到時代中心風暴的席捲，從而對戰爭進行審視與書寫，以自己的創作對歷史進行積極的參與。這是知識分子的使命感和責任意識。然而，也有一些作家始終堅持著自己的立場，堅守著文學的崗位，並未因戰爭而改變自己一貫的人生追求與藝術理念。沈從文、無名氏、鹿橋、張愛玲、徐訏、梁實秋等人在抗戰時期的寫作，就是四〇

年代戰爭文學中的「異數」[1]。

以沈從文寫於抗戰時期昆明的小說《長河》為例，雖然從潛在的創作動因和實踐看來，《長河》應該屬於「抗戰文學」的範疇，但是它「沒有像一般抗戰文學那樣，直奔愛國宣傳主題。而是將抗戰這一充滿激情和焦慮的事件推向遠方，使其成為一個若有若無的遠景，於不經意之間，顯示出它巨大的震撼力。」[2]這應該是上述幾位作家這一時期創作上「不約而同」的藝術傾向。不過，這樣的說法並非表示他們的作品有刻意抗拒或排斥戰爭現實的強烈動機，事實上，「抗戰」這一攸關民族生死存亡的重大課題，根本是無法迴避的，沈從文寫作《長河》時，雖然一如既往地維持一貫的敘事風格、湘西素材，以及鮮明的牧歌情調，但是「《長河》畢竟是在抗戰這一背景上展開的，它仍然帶上了抗戰的印記。……與沈從文以前的作品相比，還是多了些政治性，這可能就是抗戰這一特殊年代給作品留下的烙印吧。」[3]

然而，文學的藝術價值終究不同於宣傳價值，滾滾烽煙遠離之後，這些作家的作品最動人的質素可能不是那些現實戰火的描寫，而是無情戰火下顯現出的絢爛多姿的生命深情與可貴人性。在戰爭的年代，他們特立獨行的個性化姿態，顯得邊緣而渺小，

---

1 研究無名氏的李偉曾提到，在四〇年代抗戰後期，錢鍾書、徐訏、張愛玲、無名氏等四位作家有共同之處：「在他們蜚聲文壇的時候，正是戰爭年代，但在他們的作品裡不見金戈鐵馬、砲火硝煙」，而且，「現代文壇的主流派都容不得他們，這四位作家都不見於國內的中國現代文學史。」當然，後來的情況已經有所改變。見李偉：《神秘的無名氏》（上海書店出版社，1998 年），頁 1-2。

2 張全之：《火與歌 —— 中國現代文學、文人與戰爭》（北京：新星出版社，2006 年），頁 71。

3 同前註。

但就像「將對藝術本位立場的堅守看作是另一場戰爭」[4]的沈從文一樣，他們仍然是「深情的愛國者」，只是以藝術審美在「另一個戰場」，為民族進行一場沒有硝煙的戰爭罷了。

二、神秘無名氏，文壇零餘者

無名氏（1917-2002）[5]就是這樣一位處於戰爭環境中卻將文學的筆觸伸向動人愛情世界，同時又以愛情故事烘托戰火下真實人性的出色作家。

無名氏的寫作生涯始於抗戰初起的 1937 年，20 歲的他在南京完成散文〈崩頹〉，此後筆耕長達一甲子，積累近八百萬字，至死方休，展現了堅韌的毅力與過人的才華。對他而言，1946 年 12 月出版的小說《野獸·野獸·野獸》是創作的分水嶺，在此之前是「習作」，此後才是「創作」。在「習作」階段，他寫了一些未完成的長篇片斷，以及兩部完整的長篇愛情小說《北極風情畫》、《塔裡的女人》，與短篇小說集《露西亞之戀》。從 1937 年至 1949 年，正是中國危難之秋，「五四」以來感時憂國的傳統有了更大更直接的發揮空間，無名氏並沒有置身於抗戰之外，他在 1940 年就寫了〈薤露〉、〈火燒的都門〉等氣壯山河的抗戰散文。然而，他也沒有受到時局政治的干擾與限制，能以冷靜清晰的眼光，穿透群魔亂舞的政治紛爭，寫出《北極風情畫》等動人的愛情故事，又創作《無名書》的第 1 卷《野獸·野獸·野獸》、第 2 卷《海豔》、

---

4 同註 1，頁 75。
5 無名氏原名卜寶南，又名卜寧，後改名卜乃夫，無名氏是其筆名。因生於南京，卜寧的「寧」即是對南京的紀念。

第 3 卷《金色的蛇夜》上冊，試圖探索人生的真諦，呈現一種普遍永恆的人性真實。可以說，他的文學作品是在特殊背景下，以生命與血淚交織而成的時代之書，也是以智慧和心血凝煉而成的壯闊詩篇。

　　《北極風情畫》與《塔裡的女人》是無名氏在四〇年代最被大家熟悉且深深著迷的小說代表作，儘管作者本身並不滿意，稱這兩部書只是「小玩意」，他真正的創作理想是宏偉「大書」《無名書》。但直到今天，人們談起無名氏，印象最深的仍是這兩部轟動大後方文壇的小說[6]。他曾分析這兩部小說成功的原因，是因為「那些矯揉造作的政治小說，那些刻板的公式化作品，青年人似乎早已厭倦了，開始想呼吸一些新鮮空氣，渴望從人類心靈自然流露出的藝術品，那些確能表現生命內在情感的小說。」[7]現在年輕讀者可能無法想像當年這兩部小說的盛況，真如風潮狂捲，在西安、重慶、上海、南京、北京等各大城市，凡是喜愛小說的青年男女，幾乎人手一冊，可謂「滿城爭說無名氏」。一位杭州小學女教師甚至能從頭至尾背誦近十萬字的《塔裡的女人》，更可以看出此二書的獨特魅力。無名氏對這種「如痴如狂」的現象曾剖析道：「推究萬千青年所以如此『狂』，大約由於我寫言情小說的藝術手法、表現技巧，以及我所挖掘的悲劇主角的靈魂深度、情感

---

6 無名氏於 2002 年 10 月 11 日凌晨病逝後，相關媒體報導幾乎都使用「以《北極風情畫》、《塔裡的女人》等長篇小說享有盛名的作家」來稱呼他，足見其在讀者心中的印象主要建立在這兩部小說的基礎上。這兩部小說受到讀者熱烈歡迎，自問世以來，數十年間，已在海內外印行次數各超過 500 版，一百萬冊以上。參見文史哲編委會編：〈哀榮新聞剪影〉，《無名氏的文學作品探索與紀懷》（台北：文史哲出版社，2004 年），頁 229-248。
7 無名氏：《綠色的迴聲》（廣州：花城出版社，1995 年），頁 207。

深度、與愛情境界，和其他作家迥異。這種『異』能否淋漓酣暢
的發揮文學奇效，或許可決定讀者是否會『狂』。」[8]情感，技巧，
文字，無名氏在這三方面的獨特表現使他有別於當時的作家，爲
自己爭得了一席之地。

司馬長風在分析《野獸・野獸・野獸》時曾讚賞地說：「突破
了古今中外一切小說的框框，開創了不大像小說的小說，以詩、
散文詩，散文和類小說的敘事，混成的新文學品種。叫它小說也
可以，叫它散文詩也可以，叫它詩和散文的編織也可以，叫它散
文詩風的小說也可以。他打破了傳統文學品種的疆界，蹂躪了小
說的故壘殘闕；這個人真野，真狂，在藝術天地裡簡直有我無人。」
[9]這種具有突破性的獨創風格，其實在《北極風情畫》、《塔裡的女
人》中已見端倪。不以情節結構的緊密設計爲主，而是運用多種
抒情手法，語言極盡鋪陳、激情描寫，以感覺、獨白、臆想、夢
囈、情調、氛圍爲主的小說寫法，從他一開始創作就已經定型，
成了他的拿手絕活，甚至不妨稱之爲「無名氏體」。小說從頭到尾
往往一氣呵成，情意飽滿，急切、激烈、坦白、狂熱、形象化的
文筆，使他的作品給人「野」、「狂」的直接感受，甚至有時達到
「瘋」的臨界點，這是因爲他的作品彷彿是人在生命盡頭的吶喊，
是情感的迸發跳躍，是力量的復活放射，才會給人閃電雷鳴、暴
風驟雨般的強烈撞擊，從而陷入情感深沈的震撼中難以自拔。他
的小說不僅是文學作品，更是他全副靈魂的傾瀉，是他內心最強
烈的信念、愛與渴望。

8　無名氏：〈自序〉，《北極風情畫・塔裡的女人》，廣州：花城出版社，1995年。
9　司馬長風：《中國新文學史》（台北：傳記文學出版社，1991年）下冊，頁106。

　　不論思想、個性或人生經歷都十分奇特的無名氏，長久以來一直和現代主流文壇處於一種疏離狀態。當他以《北極風情畫》、《塔裡的女人》走紅文壇、炙手可熱之際，他卻不再寫同類型的第三本小說，其孤傲、叛逆、自信的性格由此可知。他主動遠離文壇，自甘於社會邊緣，隱居杭州一座尼庵中，全身心地投入不合時宜的《無名書》的艱難寫作。超越文壇派系、群體之爭，他嘔心瀝血，上下求索，只為發出個人的聲音，只想從宗教的沈思、人性的挖掘、理想的追尋、真理的探索中，撥開心靈的迷霧，宇宙的謎團。小說家趙淑俠對無名氏飄然孤立於自己的「精神烏托邦」，有一段準確的評述：「也許由於現實世界中的苦難和醜惡太多，無名氏便將自己關閉在一個幻象世界裡，並且要從那裡面探索出人生真諦，宇宙根源。總之，無名氏作品給我的感覺是：他是一個追求唯美的人，有意的把目光從這不太美的現實世界上移開，因而他的作品內容離開實際生活如此遙遠。」[10]與其說是「離開」實際生活，不如說是「超越」來得準確。在這些表面上顯得唯美浪漫的文字背後，站立的是一個孤獨的沈思者，是一個願意將自己的生命奉獻在理想祭壇上的殉道者。

　　260 萬字的《無名書》是無名氏一生心血鎔鑄的文學結晶，六卷如江河浩瀚的曠世之作，使無名氏在現代文學史上不再籍籍無名，獲得的好評恐怕連作者自己都有些意外。例如香港名作家崑南說：「當有人問我中國五四以後的偉大作品是哪一部時，我毫

---

10 趙淑俠：〈童年‧無名氏‧張恨水〉，原載《台灣日報》，引自香港：新聞天地社編印：《44 位評論家對無名氏代表作——《無名書》評論摘要》（未署出版時間），頁 43。

不猶疑回答說，是三卷的《無名書初稿》，而決不是什麼茅盾、巴金的『三部曲』，什麼魯迅或老舍等。」[11]趙江濱則評論說：「在文藝創作的自由已被控制得非常有限的歲月裡，《無名書》的完成堪稱一個奇蹟。它表明，對思想文化的專制是很難根絕精神對自由的嚮往之情的。《無名書》為那個文藝凋零的時期提供了一份理性、良知和個性的不熄的供狀。」[12]自由與個性，本是作家寫作的基本條件與狀態，無名氏卻只能透過「地下」、「潛在」寫作的方式去冥思、追想與創造。陳思和對無名氏的寫作精神深表推崇，他說：「從 1946 年出版《野獸‧野獸‧野獸》起，整整十五年過去，經歷了歷史性巨變而能不改宗旨完成一部大書的，無名氏是絕無僅有的例子。」[13]他進一步指出：「我們可以把《無名書》看作是一部中國知識分子的『烏托邦』和大同書，它只能在潛隱狀態下完成，也可以說代表了中國 20 世紀五〇年代潛在創作的最高成就。」[14]

　　這些推崇、讚譽與肯定，對《無名書》而言是恰如其份的。這是一部兼具歷史性、哲學性與文學性的大河小說，以主人公印蒂的成長變化、證道悟道為核心宗旨，寫出他在生命歷程中的六個階段與境界，大陸學者汪應果對此的精要說明可供參考：第 1

11　崑南：〈淺談《無名氏初稿》三卷〉，《中國學生周報》第 627 期，1964 年 7月 24 日。前揭書，頁 3。

12　趙江濱：《從邊緣到超越 —— 現代文學史「零餘者」無名氏學術肖像》（上海：學林出版社，2005 年），頁 29。

13　陳思和：〈試論《無名書》〉，《談虎談兔》（桂林：廣西師範大學出版社，2001年），頁 100。

14　陳思和：〈代序：試論《無名書》〉，收入陳思和主編、無名氏著：《無名書精粹》（武漢出版社，2006 年），頁 26。此文原寫於 1998 年，收入《談虎談兔》；後於 2004 年又有所修改，收入《無名書精粹》。

卷《野獸·野獸·野獸》是寫追求革命的紅色狂熱；第 2 卷《海
豔》是寫追求愛情與肉體的歡樂；第 3 卷《金色的蛇夜》是寫靈
魂墮落慾望深淵的黑色狂歡；第 4 卷《死的巖層》是寫對神與宗
教的思考；第 5 卷《開花在星雲以外》是寫儒、釋、耶在禪的基
礎上渾成一體，形成新的世界觀；第 6 卷《創世紀大菩提》是寫
在新信仰指導下的社會實踐及人生追求。[15]書中呈現了人的追
尋、徬徨、挫敗、痛苦、沈淪、掙扎，以及由此而來的探索、反
省、覺醒、頓悟與超然，從愛情、友情、親情到個人與群體、時
代的交織網羅，構成了《無名書》的主要內容與藝術構思。假如
《北極風情畫》與《塔裡的女人》給人浪漫、通俗文學的印象，
那麼《無名書》給人的是智慧的啓蒙與宗教的開示，兩者有著截
然不同的主題表現與訴求，但仔細觀察，二者在藝術創造能力與
浪漫想像空間上則有著相近的風格與趣味。

　　無名氏以不群不黨的個人風格，爲倉皇失措的時代寫下了浪
漫的史詩，也紀錄了一個特定時空下知識青年的心靈史。他那大
膽瑰麗的文字，狂熱傾瀉的情感，以及對生命人性的追求，不論
深度或廣度，至今仍有無限的魅力。然而，這畢竟是一部難以被
時代接受的書，它的獨特性、獨創性，使它有著與眾不同的獨立
性。它是邊緣之書，也是超越時代之書，它的意義與價值，注定
要在歷史的解讀中完成。因此，《無名書》的寫作過程是寂寞而痛
苦的，他受到了時代不公平的對待，不論現實生活或文學評價，
長期以來的文學史都對他視若無睹，這當然和他長期隱居遁世有

---

15 汪應果、趙江濱：《無名氏傳奇》（上海文藝出版社，1998 年），頁 9-10。

關，但更直接的原因是這些「潛在寫作」的不合時宜，或者說與現實政治之間遙遠的距離，使他的人與作品消失在讀者的公共視閾中。

　　1949 年以後，無名氏為照顧老母，隱居杭州，但他內心對文學、對理想的信仰，使他以《無名書》的秘密書寫，讓人驚訝地以一個人的力量在和整個時代社會對抗，這種對抗帶有悲劇性與浪漫性，但他最終獲得了勝利。在 1950 年至 1960 年的十年時間，他給自己立下了不可思議且具有危險性的寫作信條：一、不與中共合作；二、不任公職；三、不拿中共一文錢；四、不寫文章捧中共；五、繼續忠於藝術原則，自由創作；六、繼續忠於真理與正義，凡有所寫作，一定要對抗、反叛馬、列、史、毛思想體系／精神體系；七、繼續用巧妙手法，相機寫直接反共作品；八、絕不寫任何反對或傷害自由世界的文章。[16]這個極其個人的秘密信仰，雖有消極的明哲保身態度，但更有著積極排除意識型態干擾的審美藝術精神。當他名揚西安文壇時，謝冰瑩主編《黃河》文藝月刊，曾向他邀稿，他一口拒絕。丁玲在八路軍開茶會招待作家時，他也不願出席。在意識型態當道的時代，他以純粹孤立的「自言自語」與獨立的人格良知，棲身於「地下」，寄情於文學，這種堅持作家純粹性的勇氣與獨立姿態，看來也可以說是奇蹟了。

　　奇蹟的完成是以寂寞為代價的。在寂寞的歷史夾縫中，他成了文壇的零餘者、獨行俠，因而蒙上了一層神秘的色彩。正如學者趙江濱所描述的：

16　這八個信條見彭正雄編：〈無名氏文學創作年表〉，收於《無名氏的文學作品探索與紀懷》，頁 349。

建國以後，無名氏悄然從文壇淡出，變為無人知曉的存在，無名氏也像他的名字一樣從此在文壇上消失了。很多人都以為他死在戰亂中了，也有的人以為他去了遙遠的海外，而台灣和香港許多愛好他作品的讀者和作家以為他被大陸遣送到了遙遠的新疆或是被關在精神病醫院裡。種種猜疑給無名氏這個名字蒙上了一層神秘的面紗。更為嚴重的是，與此同時，無名氏也被一部部文學史著作無情「遺忘」。[17]

消失，遺忘，塵封，終究是一時的，地下傳閱與手抄在文革期間達到的規模，使無名氏的藝術生命被頑強地延伸著。八0年代以後，無名氏重返文壇，重回讀者視閾，如「出土文物」浮出文學史的地平線。人們再度在《北極風情畫》、《塔裡的女人》及《無名書》中領略他激情狂放、文采炫麗、語言繁複的詩意追求，而研究者們也終於同意，他不是一般的通俗作家，作品更不是「才子佳人」式的言情之作，他是「集通俗、先鋒於一身，兩種寫作前後並舉，而本質上他是一個用文學來探索生命意義的純文學作家。」[18]從愛與美切入，無名氏作為一位以精神探索與藝術創新為文學理想的創作者，其「純文學」的本質與定位應該說是不容抹煞的。

三、北極風情與塔裡女人的愛與美

從四〇年代開始創作起，無名氏就將「自由」與「自我」高

---

17 趙江濱：《從邊緣到超越 —— 現代文學史「零餘者」無名氏學術肖像》，頁 2。
18 錢理群等：《中國現代文學三十年》（修訂本。北京大學出版社，1998 年），頁 520。

懸爲生命追求的圭臬，由此出發，他對中國現實政治一直抱著帶點潔癖的輕蔑與排斥，而對文學寫作則有著抒情審美的藝術傾向。他在《海豔》中借印蒂之口說道：「在生命裡，我只愛兩樣東西：『自我』和『自由』，沒有前者，我等於一個走動的軀殼，比死更可怕的死者。沒有後者，活著只是一種刑罰，生命只是個嚴懲。我寶貴這兩樣，勝似珍貴兩個王國。」[19]唯有抒情審美的藝術，才能符合「自由」與「自我」的本質。對於美，他近乎等同於生命般地崇拜與嚮往，他說：「只有美，才是靈魂基點，通過這一基點，一切精神建築才能圓全矗立。凡不以美爲支柱的情感，不是純淨的情感。」對於生命，他強調唯一的酬報就是美，「除了它，再沒什麼是我們百咀不厭的糧食。」如果失足落海，他甚至認爲「美是我所能抓住的最後一根繩子、一塊木片。我非抓住它不可。」[20]凡此都表現出他對美的虔誠信仰與決心。

　　對無名氏來說，美與政治是截然對立的兩種生命價值。《海豔》中印蒂對他父親印修靜說了許多慷慨激昂的話，其中就提到：「世界上，懂得殺人，並且專愛殺人的，是政治家和軍人，不是詩人。這個齷齪世界，只有詩人與藝術家是清白的。」[21]類似的言論在《無名書》中經常出現，如「我所追求的是生命的美麗、生命的愛、生命的智慧、生命的信仰，但在現實政治中，只有醜惡、仇恨、愚蠢、猜疑。」「千言萬語一句話：現實政治（特別是中國現實政治，）只是一片污水缸，任何潔白身子跳進去，出來時，也

---

19 無名氏：《海豔》（台北：文史哲出版社，2000 年），頁 299。
20 這幾句對美的看法均出自《海豔》，頁 151-153。
21 前揭書，頁 68。

是一身髒和一身臭。污水缸內絕不會有生命和理想，這裡面只有兩樣貨物：欺騙與無恥。」[22]對政治的藏污納垢、扭曲人性，無名氏表達了強烈的憎恨與不滿；對滿口「革命」、「鬥爭」、「前進」者，他直言痛恨與厭倦：「我對街頭上響徹雲霄的什麼『光明』、『時代』、『前進』、『鬥爭』……一類名詞，已經厭倦了。我不再需要粗糲事物，我只需要一點和平、精緻、夢幻。」[23]他認爲政治「有損靈性和美」，「生命夠短了，再分一部分給口號標語，是一種愚蠢。我厭惡那些台上的喊聲，台下的掌聲。亞理士多德是錯的，人不是政治的動物，人只是人！或者，一定要加飾詞，應該說：人是一個愛美的動物。」[24]回到人的本身，以「美」爲生命存在的本體，厭惡政治的無名氏反覆言說的只是一種個人的價值，審美的意義。

　　也許我們可以說，正因爲對現實政治的強烈不滿，他躲進了小說審美的烏托邦裡，苦苦維持著自己精神的高潔與清白，透過充滿愛與美的言情故事，他提供給讀者（特別是青年讀者）一些美的感動與愛的體悟，一種不受政治現實束縛的自由理想。《北極風情畫》與《塔裡的女人》，就是他以文字精心堆疊打造的理想國度與幻美世界。在這個世界裡，他關注的不是理性，而是情感；不是時代，而是個體；不是社會，而是愛與美。

　　約 13 萬字的《北極風情畫》是無名氏於 1943 年 11 月 9 日至 29 日，以 20 天的時間完成的。故事場景在俄羅斯西伯利亞的一

---

22 無名氏：《野獸‧野獸‧野獸》（台北：文史哲出版社，2002 年），頁 524-525。
23 無名氏：《海豔》，頁 44。
24 前揭書，頁 297。

個邊陲小城托木斯克，來自朝鮮的上校參謀林，和在一所女子中
學教文學的奧蕾利亞在雪夜中偶遇，進而相戀，直到林接獲軍令
必須離開托木斯克返回中國，兩人這段沒有結果的愛戀被硬生扼
殺，女主角選擇了殉情自殺，男主角則在悔恨中度過餘生。淒美
的故事有著真實的原型。1941 年底，無名氏結識韓國光復軍參謀
長李範奭將軍，兩人共居一室，成為好友，每晚與李範奭長談，《北
極風情畫》就是取材於李範奭的親身愛情傳奇。[25]約 10 萬字的《塔
裡的女人》也是無名氏在 1944 年只花了 17 天就完成的暢銷小說，
故事主角覺空的原型是他的好友周善同。周善同外貌出眾，曾任
南京鼓樓醫院化驗室主任，醫術高超，又善拉小提琴，兼任中央
大學音樂系的提琴教師。在一次音樂晚會上，周善同與中央大學
中文系的女學生瞿儂相識，瞿儂貌美多情，兩人相戀，但周善同
是有婦之夫，最終瞿儂負氣嫁給自己不愛的人，釀成愛情悲劇。
這兩部小說是無名氏走進文壇的敲門磚，四〇年代的文壇也因此
引起一波震動。

　　無名氏在 1942 年時受李範奭之邀前往西安。在西安期間，他
曾到華山短暫造訪，與高僧談佛論道。這次的華山經驗對他影響
深遠，「華山」此後成為他生命追求的象徵，幾乎成了聖山。《無
名書》的主角印蒂每次遇到生命的糾結困惑時都會登上華山，在

---

25 抗戰期間，韓國抗日革命志士在重慶組成韓國臨時政府。臨時政府主席是金
　九，光復軍總司令是李青天，李範奭是參謀長。1941 年，無名氏由李青天、
　李範奭推薦擔任光復軍上校宣傳科長，雖然因非黃埔軍校出身，而未獲軍委
　會同意，但他因此成了臨時政府的客卿，並得以和李範奭有深入的交往。抗
　戰勝利後，李範奭返國擔任大韓民國第一任內閣總理兼國防部長，1950 年
　底出任韓國駐華大使，1972 年逝世。

極端的孤獨中自省或追悔。《北極風情畫》與《塔裡的女人》也是
如此。小說中的男主角林、覺空都在華山追憶逝去的戀情。華山
空靈極致的美，在無名氏筆下令人陶醉，特別是《北極風情畫》，
為故事清新脫俗的風格作了最佳的鋪墊，以下這段對華山之美的
描寫，堪稱典型的無名氏體：

> 有誰佇立華山最高峰頂看過雪景麼？啊，太美麗了！太神
> 聖了！太偉大了！那不是凡人所能享受的。只有在神話裡
> 生活的人，才有這樣眼福。那並不是雪景，而是一座座用
> 萬千羚羊角堆砌的建築，通體透明，潔白芳香。整個華岳
> 又像數不清的北極冰山，化宇宙為銀色。這裡，人只有一
> 種感覺：白色。這白色充滿你的眼睛、你的思想、你的心
> 靈、你的血液。你會覺得思想是白的，聲音是白的，你的
> 情感你的一切都是白色的。這裡，白色就是上帝，是最高
> 主宰，祂把華山一草一木全染成白色，再不容許第二種色
> 彩。望著望著，自己似乎整個融化了。我彷彿覺得，自己
> 每一個細胞全變成白色。變成雪。我身前身後，是白色的
> 酒之海，使我從頭到腳沈醉在裡面[26]

這段文字介於詩與散文之間，大膽新鮮的語言，充滿了想像
力與獨特的文采風致，天馬行空，浪漫奔放，給人盪氣迴腸的情
感撞擊，直接而強烈。在無名氏汪洋恣肆、飽滿清新的筆下，女
主角奧蕾利亞如女神般的形象栩栩如生，如夢似幻：

> 她披著金黃色長長鬈髮，彷彿春天太陽下一田麥浪，光閃

---

26 無名氏：《北極風情畫》（台北：文史哲出版社，1998 年），頁 8。以下引用
　　此書不再加註，直接於引文後標明頁數。

閃的。她的眼睛是兩顆藍寶石，比印度藍天還藍，帶夢幻
色彩。她的鵝蛋臉白白的，眉毛黑黑的，鼻子高高的，沒
有一樣，不富於雕刻的均勻、和諧，幾乎就是一尊古代女
神的面部浮雕。她的身材苗條而修長，像一個有訓練的舞
蹈家，每一波姿態、動作全表現一派溫柔、調協，散溢音
樂的旋律與節奏。她靜坐在淡藍色燈光下，又天真又莊重
的向我凝睇，真似希臘古瓷皿上的一幅畫像。（頁56）

以色彩、音樂、大自然的生動、飄渺、優雅，作者將奧蕾利
亞驚人的、超凡脫俗的美毫無掩飾地描繪出來，風華四射，既貼
切又傳神。這種美在《塔裡的女人》中的黎薇身上也可以找到：

她的靈魂正和她的裝束一樣，紅極了，也強烈極了。她整
個人似乎不是一片血肉，而是一蓬紅毒毒的火，走到那裡，
燒到那裡。她的每一個動作，震顫，都是火的飛翔，火的
舞蹈。從她身上，人可以呼吸到地腹熔岩的氣味。我望完
了，不禁在心裡道：「啊，好一個美人！簡直是火焰的化身！
任何接觸她的人，全會給燒死的！」[27]

在主角羅聖提眼中，黎薇的美是絕世無雙、完美無瑕的，他
忍不住讚美道：「她是那樣美，像一幅活動的迷人幻景，給我以狂
熱的鼓舞，我從頭到腳，沈浸於她的美，像麋鹿嘴部赤裸裸的沈
浸於泉水。煩惱的是：她太美了。這種美不是常人所能忍受的。
我即使把她看成一幅畫、一尊浮雕、一片風景，也抑制不住想匍
匐下來，禮讚它們。」（頁 48）黎薇的形象正是他心目中理想的

---

[27] 無名氏：《塔裡的女人》（台北：文史哲出版社，1998 年），頁 21。以下引用
此書不再加註，直接於引文後標明頁數。

美的體現，他說：「我欣賞她，只因為她的性靈、風度、形相，接近我的美的理想。我理想中美的典型、美的規律，現在似乎借她實現了。」（頁 49）無名氏力鑄新詞，精雕細刻，塑造了奧蕾利亞、黎薇兩個一靜一動的女性形象，一個溫柔莊重，一個天真野性，但內心同樣對愛情有著如火燃燒的熱烈與狂放，最終也都是因為對真愛、純愛的執著，而賠上了自己的生命與青春。

《北極風情畫》中的林，雖然是一名軍人，但他的氣質更接近於詩人，「他的語言、細膩的感悟能力、對愛情特有的審美理想、強烈的情感生命狀態等使其表現出一種脫俗的氣質。」[28]正是這種詩人氣質，讓他和奧蕾利亞很快地相互理解、欣賞，進而相戀。小說中有一段奧蕾利亞與林的對話：

> 「真奇怪，您的談吐，一點不像軍人，倒像詩人哪！」她用神秘的眼色瞪瞪我。
> 「一個軍人難道不能兼一個詩人麼？」
> 「軍人與詩人似乎是相反的存在。」
> 「一個好軍人，也是個好詩人。所謂詩人，是指那些對生命最具有深刻理解力的人。軍人在火線上，幾乎每一秒都在生與死之間徘徊，對於生命他天然的具有深刻理解力。」
> （頁 74）

林的詩人氣質，加上奧蕾利亞善於彈吉他的音樂才華，兩人在藝術所編織的夢幻空間中拉近了距離，也產生了愛情的情境。這種人物特質與情境設計在《塔裡的女人》中再次出現，女主角

---

28 武文剛：〈論無名氏早期愛情寫作的精神向度〉，《天水師範學院學報》第 28 卷第 3 期，2008 年 5 月，頁 58。

黎薇就是以向羅聖提學拉提琴而產生進一步的情愫，正如羅聖提的分析：「我愛音樂，薇也愛。我愛文學，薇也愛。我愛泛舟，她也愛。我愛閒靜，她也愛。我們的許多愛好相同，彷彿前生早安排好。在相同的愛好之下，我們的幻想與趣味，自然就和諧一致。」（頁84）這兩個愛情故事，都是在遠離世俗、藝術意味氤氳的浪漫環境中開始、發展，也因此，一旦現實的問題迎面而至時，這種近乎空靈的愛情就顯得不堪一擊，《北極風情畫》的民族戰爭，《塔裡的女人》的已有家室，讓個人的情感最終灰飛煙滅。這種漂泊的愛情注定是一場悲劇。無名氏的想像才華，使這兩個奇詭哀豔的悲劇故事帶有濃重的悲愴氛圍，悲情的意味瀰漫於字裡行間，過程令人懸念，結局則讓人動容，誠如論者所指出的：「一個原本可以成為『始亂終棄』的傳統故事，在無名氏手中卻演繹為如此奇幻美艷、酣暢淋漓的情愛幻想，確實表現了作家獨特的浪漫才情與藝術天賦。」[29]這種才情與天賦，帶領讀者進入了動人的故事中，一同領略其中至情至性、敢愛敢恨的愛情滋味。

　　在愛與美的兩人世界裡，現實、戰爭、禮教、過去與未來種種，都被暫時擱置、遺忘，他們一心沈迷於赤裸裸的情欲與生命的酣醉中，這裡頭只有原始的愛，自然的美，無名氏使盡全力地將故事中的愛情極大化、唯美化，給人強烈的感官刺激，又在刺激中得到靈魂昇華。研究者黃科安對此分析道：「無名氏在描繪青年男女情愛時，秉持唯美主義的審美觀念。人們閱讀他的作品，看到無名氏那種全力以赴地在寫美，形象的美、氣質的美、環境

29　沈慶利：〈無名氏《北極風情畫》細讀〉，《中國現代文學研究叢刊》，2008年第5期，頁85。

氛圍的美，以及心理體驗的美，有時會覺得與其說他在編造故事，毋寧稱他在耽溺於美的體驗和美的創造。」[30]無名氏筆下的愛情結局總是遺憾中帶點淒厲殘酷，甚至有些恐怖，與相遇相戀時的唯美浪漫形成巨大的反差，這使得他的唯美書寫特別令人震撼。《北極風情畫》的奧蕾利亞，自殺前寫給林的信是如此悲慟，又如此冷靜，毀滅與幸福就在一線之間，簡直令人難以承受：

> 生命不過是一把火，火燒完了，剩下來的，當然是黑暗。
> 這裡是四十七根白頭髮。在你走後的十天中，它們像花樣
> 的開在我頭上。你要玩味它們的白色，最深最深的玩味。
> 啊，我的親丈夫！我已經把一切交給你了，除了這點殘骸。
> 它的存在，是我對你的愛的唯一缺陷。現在，我必須殺死
> 這個缺陷，讓我的每一滴血每一寸骨每一個細胞都變成你
> 的血、你的骨、你的細胞。讓我的名字永恆活在你的名字
> 裡！我的自我毀滅絕不是悲劇，是我生命中的最後幸福！
>
> （頁 216）

從美麗絕倫的天使，變為黑暗沈淪的魔鬼，這種近乎瘋狂的愛情，在《塔裡的女人》黎薇身上有更讓人感到「驚悚」的發展。當羅聖提在大雪紛飛中千里跋涉到西康小縣的小學，找到被他深深傷害過的黎薇時，他所見到的已是散發著死亡氣息的「活死屍」：

> 這女人穿著厚厚棉袍，外罩一件粗藍布旗袍，頸上裹著厚
> 厚深灰色羊毛圍巾，全身現得臃腫，笨重，脊背也有點駝。
> 她的瘦削臉孔，不敷一點脂粉，皮膚倒還白淨，卻充滿了

---

30 黃科安：〈無名氏：以媚俗手法寫現代的言情故事〉，《東南大學學報》（哲學社會科學版）第 8 卷第 3 期，2006 年 5 月，頁 83。

皺紋。她的眼睛黯淡無光，散發一股死沈沈的陰氣，彷彿
剛從墓窟底棺材中拖出來，仍在展覽死亡。她的頭髮梳成
小圓髻，簡單的懸在腦後，頂部薄薄的一層髮絲，一半已
經花白。從外表看來，這女子至少已有五十左右，顯得蒼
老了。（頁160）

　　生命之火只剩餘燼，冰冷與黑暗佔據了黎薇的身體與靈魂，
陰鬱的壓迫感讓人窒息，不敢置信，也不忍卒睹。冰冷的北極身
影，幽閉的塔裡迴聲，無名氏為現代文學史刻畫了兩個（其實是
一個）多麼特殊且令人同情的女性形象。在小說的結尾，「我」看
完了覺空（即羅聖提）的原稿，徒增惆悵淒傷，作者愈是用美的
文字來描寫，就讓人愈感到來自背脊的寒意與冷冷的悲哀：

這是一個月光的世界，白色的世界，銀色的世界。仲夏夜
真幽，真深，風颼涼涼的。我獨自徘徊於月色中，微風裡，
樹蔭下，說不出的涼颸，也說不出的黯然。我又想起剛才
那個故事，那些琴聲，那些流水，它們像四周月光一樣，
滲透我的靈魂，浸透我的意識。月色是這樣美，夜是這樣
美，樹是這樣美，可我卻覺得說不出的哀涼。（頁174）

楚楚有致的抒情描寫，將人物內心的滄桑、悲涼，與環境的冷清、
寂靜相互結合，主角纏綿悱惻、欲說還休的複雜心情，隨之躍然
紙上，一股絕望的美感也漂浮在字裡行間，揮之不散。

　　小說的愛與美，感動了無數人，但同時也引來一些見仁見智
的非議[31]。有人將這兩部小說稱作「洋鴛鴦蝴蝶派」，或是「新才

---

31 傅頌愉發表於1980年8月10日的香港《明報》上的文章〈令人爭辯的小說〉
　提到：「有人認為《塔裡的女人》寫得失敗，悲劇憑空亂造，因素太不充足，

子佳人派」，多少帶有鄙視之意味。實際上，愛情是人類的本能，
也是人類的夢與理想，在當時封閉的社會，這些小說喚醒大家追
尋純潔的愛情，給青年帶來內心愛情的春天，既不引人墮落，也
非純粹肉欲感官的滿足，所以這樣的批評實在有些偏頗失當。無
名氏深諳通俗小說的題材處理與表現技巧，但這並不表示他的作
品就是一般印象中的通俗、媚俗、煽情之作。他的小說具有曲折
離奇的故事情節，生離死別的悲劇結局，在敘述方式上也懂得製
造懸念與神秘效果，使情節波瀾起伏，跌宕多姿，從而刺激和滿
足讀者的好奇心與閱讀興趣，但同時，他也善於運用富有詩意的
筆觸，哲理的思考與闡發，使表面通俗的言情小說具有深刻的生
命意識而顯得厚實，在情與理兩個層面都有極致的探索，加上故
事中人物的情感深度和靈魂意境，遂形成特殊的藝術張力，超越
了一般浮泛的言情小說。

　　無名氏對此顯然有著清楚的認識與自信，他說：「今天看來，
不管此二書有多少缺點，但當年能衝破巨大政治思潮的控制，赤
裸裸傾洩青少年的某種火山情愫，展繪青春期的純粹愛情，渴望
人性的夢境之落實，這些總是歷史事實。特別要提出來的是：當
時所謂社會『革命』思潮洶湧，不少激進青年投入，此兩書卻強
烈暗示，在人的生命中，合乎人性的愛情生活，有時似乎不比政

情節波動十分牽強，全書從頭到尾，只是一連串無謂浪漫的賣弄，音樂被拉
來作為風雅的點綴，博取的僅是一些做作的感動與廉價的眼淚，談不上有什
麼正確的思想與意識。」但傅頌愉對這些負面的說法並不贊同，認為這是「盲
目詆毀」，他的結論是：「要真正品嘗一本精彩的小說，要從文學上著眼才對，
所以我對它抱著極高的評價。」見《塔裡的女人》附錄，頁 178。

治與革命生活更不重要。」[32]只不過，在政治力量強勢主宰文壇的時代，這樣的體認與聲音只能是空谷足音，單薄，微弱，輕易便被宏大的主流聲音淹沒，甚至銷聲匿跡。

無名氏的小說以情感熾烈、意象濃麗、筆法狂放的藝術特徵，在四○年代文壇獨樹一幟，透過文學，他試圖為自己、為世人探索愛情的純美世界。因為他作品中的個人追求與時代的離亂烽火有一定的距離，很長一段時間，這位才華洋溢的作家最終只能悄悄地被拒絕於主流文學之外，成了名副其實的孤獨的「無名氏」。無名而有名，有名也無名，無名氏的人與作品已然成為一則饒負深意的文學傳奇。

四、戰地鐘聲裡的桃花源：西南聯大

鹿橋（1919-2002）的《未央歌》，是另一個以愛與美為戰亂人世留下生動印記的文學傳奇。香港文學史家司馬長風說他「在研讀了近百部小說之後」，認為在戰時戰後時期，「長篇小說有四大巨峰：一是巴金的《人間三部曲》，二是沈從文的《長河》，三是無名氏的《無名書》，四便是鹿橋的《未央歌》了。」而以西南聯大為背景的《未央歌》「尤使人神往」。[33]

詩人聞一多曾經寫過許多膾炙人口的詩句，也曾經發表過許多精闢見解的神話學論文，然而，我認為人們更應該記得的是他在西南聯大前身 —— 長沙臨時大學上課時對學生說過的這句話：「同學們！中國，不是法蘭西，因為，中國永遠沒有最後一課！」

---

32 無名氏：《塔裡的女人・跋》，頁 181。
33 司馬長風：《中國新文學史》下冊，頁 112。

[34]1938 年 2 月 19 日，一千多名臨大師生，走在泥濘的紅土地上，告別長沙，向著陌生卻充滿希望的昆明出發。他們堅持的，是在日寇遍地烽火下仍然要辦學、讀書的文化薪火，那一刻，他們個人以及整個國家的命運都走到了歷史的轉折點，因為他們知道，在戰地裡要聽到校園鐘聲是多麼遙遠，多麼艱難，卻又是多麼必要。

西南聯大，一個充滿傳奇與意義的大學，就這樣在雲南昆明這個中國偏遠後方的小城，在抗戰初期戰火方興未艾的患難時刻誕生了。

包括前身長沙臨時大學，西南聯大成立於 1937 年 8 月，歷經八年抗戰，在勝利後一年（1946 年）宣告結束，三校於是年秋季各自返回平津復校。就如抗戰永遠成為中國歷史的一部分，存在九年的西南聯大也已經成為抗戰歷史中傳奇的一頁。雖然，它的實體已經不復存在，但是它的名字已經載入史冊，它的事蹟也值得人們永遠紀念。歷史的紀念多半使人沈重、感傷，鹿橋的《未央歌》則以文學的美好筆觸，讓這所已經消失的學府長存於人們充滿情感的記憶與想像中，就如論者所指出：

> 誠然小說不是歷史，但它反映的校園生活大多有真實的依據，有許多西南聯大畢業生的回憶錄為證。鹿橋通過《未央歌》把他「一向珍視」的，「那真的、曾經有過的生活」留給了讀者。可以說，20 世紀上半葉沒有哪個文本可以提供比它更為豐富的關於抗戰時期大學生及其生活的想像，

---

34 李洪濤：《精神的雕像 —— 西南聯大紀實》（昆明：雲南人民出版社，2001 年），頁 27。

尤其是關於西南聯大學生生活的想像。[35]

聯大的學生生活和抗戰緊密相聯。戰時的一切都是克難的，聯大在倉促中成立，校舍、教室等自不免因陋就簡，當時任教於聯大商學系的陳岱孫就提到：「除了勉籌資金自蓋了幾十棟磚土牆、茅草頂的平條房外，聯大的其餘校舍都是或租或借自各地在省會的會館和城內外的各級學校。」可以說那是一所「被剝奪了辦學物質條件的大學」。[36]但在鹿橋筆下，這些物質上的落後一點也沒有影響師生們的求知願望與敬業態度，反而激發出年輕人逆境向上的鬥志。像小童，沒有手錶，有約會時就提早前往，絕不誤時；領到抄書費，卻苦於口袋破了，無法安放。窮困但認真向學的朱石樵，連長衫都賣了，好友們捐助蠟燭，讓他可以讀書寫文章。還有大余和蘭燕梅夜訪散民村莊去採集歌謠，學生物、地質的學生在雲南運用所學進行研究等等。在那個艱難的環境裡，最讓人感動的就是學生們能夠擁有一張平靜的書桌，學習與寫作，這是戰爭年代多大的幸福！這種弦歌不輟的精神成就了西南聯大的輝煌歷史，也鼓舞和感動了無數的讀者。

更讓人感動的是，學生們主動為國奉獻的無私精神。有的編劇本、演話劇，募捐抗戰基金；有的隨軍入緬，像外文系學生就擔任軍中的翻譯官；有的直奔戰地，救護傷患，安頓難民。小說中的范寬湖報考了空軍飛行官，凌希慧做了戰地女記者，小童甚至差點放棄學業，準備潛回東北做地下工作。學生們取消春季晚

---

35 田正平、陳桃蘭：〈抗戰時期大學生生活的另類書寫 —— 《未央歌》中的西南聯大記事〉，《高等教育研究》第 30 卷第 7 期，2009 年 7 月，頁 88。

36 陳岱孫：〈序〉，《國立西南聯合大學校史》（修訂版），西南聯合大學北京校友會編：北京大學出版社，2006 年。

會，藺燕梅的舞都搬到校外募款的遊藝會上去了。「寒假中學生都拋了書去作戰地服務工作」。[37]也就是說，學生們並沒有把這裡真當成「世外桃源」，而是以年輕人極真極大的熱情，盡著自己的本分，愛著這個被戰火蹂躪的國家。

雖然《未央歌》中的地理環境多半具有象徵性質，難以用寫實小說的眼光去一一覆核昆明的確實位置，但是昆明小城的人情、景致、氛圍、民風，都被鹿橋生動地保存在小說精心設計的許多細節描寫中[38]。例如茶館林立的特殊風情，小說的第 2 章就有所描述：「出了校門順了公路往西走已到了鳳翥街北口。這裡一路都是茶館。小童早看見一家沈氏茶館裡坐了幾個熟朋友喊了一聲就往裡跑。在茶館裡高談闊論的很少。這幾乎成為一種風氣。」學生們泡茶館主要是看書做功課，因為宿舍「飲水不便，燈少床多，又無桌椅」，圖書館則是「地方少，時間限制」，於是，「他們都願意用一點點錢買一點時間，在這裡唸書，或休息。這一帶茶館原來都是走沙朗、富民一帶販夫，馬夫，趕集的小商人坐的，現在已被學生們侵略出一片地土來，把他們擠到有限的幾家小茶館去了。」這些細節的描寫，比嚴肅的校史記錄更真實也更生動。

還有離學校不遠、生意鼎盛的「米線大王」，在大年三十夜，以豐盛的晚餐款待這群離家在外的大孩子們，只因為知道這群大

---

37 鹿橋：《未央歌》（台北：台灣商務印書館，1988 年第 42 版）第 10 章，頁332。以下引用《未央歌》的文字僅標明章數，不再詳註頁數。

38 不過，鹿橋也曾經表示，《未央歌》「不是臨時瞎編的」，「甚至小說中的地方，在我原先的稿件中都曾經素描過」。見楚戈：〈未央歌未央 —— 鹿橋訪問記〉，原載《幼獅文藝》第 220 期，1972 年 4 月。此文收錄於樸月編著：《鹿橋歌未央》（台北：台灣商務印書館，2006 年），上述引文見頁 102。

學生囊中羞澀，甚至有人每晚省一根蠟燭來湊飯錢，於是，米線大王的老闆夫婦、母親等一家人，特地精心安排，請了大余、小童、朱石樵等九人吃一頓豐盛的年夜飯：「酒菜，都上來了。雲南風俗下養成的殷勤敬客手段是不能抗拒的。每人碟裡都是吃不完的菜。盞裡喝不完的酒。」（第 4 章）雲南百姓以實際的行動表現出人性的善良與溫暖，特別是戰爭年代難得的患難與共之情，這和利用戰爭發國難財的奸商們相比，實在有天壤之別。小童遂忍不住說：「這地方人情自來多麼厚道！」

　　「愛」是《未央歌》最鮮明的特色，而這份愛就奠基於西南聯大淳厚篤實的校風與昆明直率古樸的鄉土民風。從同學彼此之間的小愛，到國與校與家一體的大愛，共構出一個有情有義的美好世界，也為那個家仇國難的戰爭年代添抹上一片人性的美善。

五、歌詠愛與美的青春詩篇：《未央歌》

　　《未央歌》在抗戰勝利的 1945 年寫完，卻遲至 14 年後的 1959 年才在香港出版，22 年後的 1967 年才由台灣商務印書館出版，但書一出版，就立刻風靡了台港兩地的校園，成為青年人編織美好理想的一方夢土[39]。「未央」取自出土漢磚上的文字「千秋萬世，長樂未央」，也許我們可以由此聯想到，作者透過這部 60 萬字的小說想表達的是一種快樂未央、青春未央、友情未央的一闋愛與美的永恆讚歌。

39　如周芬伶說：「在戒嚴時期，復興中華文化的口號下，《未央歌》糾結著五四、知識分子、世界民、神州中國等種種情結與遐想，成為青年學子尋求的烏托邦與大學夢。多少學子一面讀著《未央歌》一面鞭策自己考進大學。」見周芬伶：〈未央的童歌〉，《中國時報》第 39 版，2002 年 4 月 1 日。

　　對學生來說，大學生活往往是一生中最美好的時光。如果不
是因爲對那段校園歲月的回憶懷有極大的留戀與感傷，剛從大學
畢業的鹿橋不會寫出這部充滿浪漫情調與淡淡哀愁的作品。在美
麗的雲南風情、聯大校園中，鹿橋以美麗的心情，講述了一個愛
與美的青春故事，他說《未央歌》是「只有愛沒有恨，只有美沒
有醜的」，這是因爲「從一個地方學會了整個的愛；愛自然環境、
愛動植物、愛人、愛他們的心境，然後才知道怎樣去愛別的地方，
去愛整個世界。」[40]這是一本「以情調風格來談人生理想的書」，
在這個特殊的風格及理想裡，「《未央歌》裡的地方、情節、人物
就分外美。盡情地美，不羞不懼地美，又歡樂地美。」[41]

　　全書的開頭〈緣起〉就是一篇「盡情地美」的文字，描寫校
園池塘中半島上「生滿了野玫瑰的多刺的枝條」，「這一叢亞熱帶
氣候育養之下的雲南特產的野生玫瑰，因爲被圈在校園裡了，便
分外地爲年青的學生們眷愛著。」學生們是如何愛護著這嬌豔美
麗的玫瑰花呢？鹿橋寫道：

　　　　每年花開的時候，不論晨晚，雨晴，總有些痴心的人旁若
　　　　無人地對了這美景呆呆地想他自己心上一些美麗而虛幻的
　　　　情事。只要這些花兒不謝，他們的夢便有所寄託。這些花
　　　　與這些夢一樣是他們生活中不可少的一部分，是他們所愛
　　　　護的。因此他們不用禁止，而人人自禁不去折花。這習俗
　　　　既經建立，便在學生們心裡生了根。……花開的日子不長，
　　　　六月底，學校將舉行大考時，在大家忙碌中便不爲人察覺

<hr>

40　鹿橋：〈六版再致未央歌讀者〉，《未央歌》，頁5、8。
41　鹿橋：〈再版致未央歌讀者〉，《未央歌》，頁5。

地那麼靜悄悄地，水面上就慢慢為落紅鋪滿。雨水漲了，
小河們把花瓣帶走，送到插了秧的水田裡去，送到金汁河
裡去，送到盤龍江裡去，也許還流到紅河裡去罷？她們就
走得遠遠地，穿過那熱帶的峽谷，帶著窒息的叢艸的熱味，
流到遠遠的地方去了，再也看不見，再也看不見了！小池
塘上又是一片澄清，池塘上只剩了灰色枝葉的影子。一片
空虛就留在大家心頭，直到明年花開的時候。

　　這篇〈緣起〉其實是一個隱喻，營造了一個與世無爭、美好
如夢的環境。玫瑰花貫串全書首尾，既是美的化身，也是青春、
愛情的象徵，在這美好的夢境、情境中，小說女主角蘭燕梅如玫
瑰花神般出場，並得到眾人的關注與呵護。同時，〈緣起〉也暗示
了所有的燦爛終將歸於平淡，即使是美麗的玫瑰也有「落紅鋪滿」
的一刻，為這群學生來日星散離別預下了伏筆。不過，等到「明
年花開的時候」，又會有新的一季耀眼的絢麗，如同傳唱不歇的
歌，代代相承。至於柔美卻有刺的玫瑰，讓人因採擷而受傷，不
也透露出成長必須付出代價的訊息嗎？

　　在美中成長的鹿橋，寫作此書時用心經營的是「那些年裡特
有的一種又活潑、又自信、又企望、又矜持的樂觀情調」，這種情
調「在故事情節人物之外，充沛於光線、聲音、節奏、動靜之中」，
他把這種情調揮灑在對這些青年學生生活的敘述與友情、愛情的
刻劃上，譜寫出一首戰爭年代的青春之歌。全書可以說沒有黑暗
面，洋溢著美的色調與善的光譜。鹿橋對此有所解釋（帶著他一
貫的敘述腔調）：「有人說世上哪有這麼美的？可是懂得《未央歌》

的人抽不出時間來回答，因為他們忙著愛美忙不過來。」[42]過於浪漫的完美，過於主觀的抒情，也許是這部「青春校園小說」的缺點，就如研究者姚丹的分析：

> 《未央歌》的成功在它的抒情，不足也在它的抒情。鹿橋當時剛剛從聯大畢業，他的寫作是校園寫作的延續，具有全部「青春寫作」的優勢與局限。青春寫作的最大來源是他個人的經歷和體驗，由於急於要將自己的體驗以文字加以定型，情感上的奔放宣洩就特別強烈。因為他追求的就是「情調」，這樣的抒情氛圍倒容易建立了。但其主觀色彩過強，價值判斷過於明顯。[43]

然而，也正因為鹿橋寫作此書時的年輕、單純與強烈的抒情動因，才使得這部小說沒有太多社會複雜因素的干擾，而以個人的聲音為主旋律，不摻和在時代主潮的共性中而顯得自成一格。學者彭建也注意到了這一點：

> 鹿橋所追尋的「美」與「善」，或許本不存在，一切都是作者對於理想在想像中的敘事，或許這種存在只會存活於那個充滿青春和夢想的大學年代，隨著時間的前行，一切都將消失而不留任何可以待人追憶的痕跡。正因為如此，鹿橋及時以此文字留下那個青春年代的特殊存在。[44]

有人說，這部小說「純淨得像只有小紅帽而沒有大灰狼的童

---

42 同上註。

43 姚丹：《西南聯大歷史情境中的文學活動》（桂林：廣西師範大學出版社，2000年），頁289。

44 彭建：〈「美」與「善」：對抗存在的被遺忘 —— 論鹿橋《未央歌》的蘭燕梅形象及精神追尋〉，《綿陽師範學院學報》第28卷第7期，2009年7月，頁46。

話世界」[45]，事實不然，且不說日軍的空襲轟炸，還有學生節衣縮食、忍飢挨餓的生活，以及後來投入戰時軍隊服務與勞軍活動，可見不是不食人間煙火的仙境童話。但它確實和四〇年代另一部也以校園為背景的小說《圍城》是兩個不同的人性世界，不同的文學風格，也有各自不同的藝術成就。陳平原教授將這兩部小說稱為「兩部現代史上影響深遠的描寫大學生活的長篇小說」，認為錢鍾書所虛構的三閭大學與鹿橋寫實的西南聯大共同構成了「現代中國大學的最為鮮活的記憶」[46]。但其實它們給人的記憶還是有很大的區別：《圍城》以嘲諷諧謔手法，嬉笑怒罵地挑戰人性惡的本質；《未央歌》則是以思無邪的純淨筆調，歌詠愛與美的少年情懷。《圍城》展示的是知識分子的精神危機與人格缺陷，而《未央歌》則是描繪知識分子追求真善美的人格理想與價值取向。

依陳平原的說法，這兩部小說分別代表了「大學敘事」的兩個側面：「現實的以及批判的，理想的以及詩意的」[47]。在這詩意理想的小說世界裡，鹿橋刻意遠離現實塵囂，營造一個冰清玉潔的「精神圍城」與「心靈烏托邦」，誠如作者所言，如果這樣的小說竟然「為通貨膨脹記起流水帳來」，那麼「文字還乾淨得了麼？人物性情還能明爽麼？昆明的陽光還會耀眼麼？雲南的風雨還能洗脫心上無名的憂傷麼？」[48]它擺脫了抗戰文學宣傳的教條，也

---

45 張青：〈青春未央，快樂未央 —— 讀鹿橋長篇名著《未央歌》〉，廣西：《出版廣角》2008 年 4 月號，頁 65。
46 陳平原：〈文學史視野中的「大學敘事」〉，《北京大學學報》（哲學社會科學版）第 43 卷第 2 期，2006 年 3 月，頁 69。
47 同上註。
48 鹿橋：〈再版致未央歌讀者〉，《未央歌》，頁 5。

不以情節敘事爲主要的訴求模式，這種迥異於四〇年代主流敘事聲音的風貌，使《未央歌》成了四〇年代大後方文學中的一道亮麗風景。

有人把《未央歌》和《滾滾遼河》、《藍與黑》、《蓮漪表妹》並列爲抗戰文學，但鹿橋說，《未央歌》不是寫實、寫戀愛或抗戰，而是寫「願望」，寫「友情」，是一本重情調和風格的書。許多人批評太烏托邦，與抗戰脫節，他卻認爲，苦難是大家都知道的，不用再強調。何況，他們當時確實是在艱困的物質生活中，彼此激勵，維持樂觀進取的精神，不被現實擊倒。故事中伍寶笙的原型祝宗嶺女士在多年後接受訪問時即說道：「當時我們並沒有覺得那麼苦！日子中也還是有很多快樂的。」[49]以校園「情調」爲主的《未央歌》，和上述以戰場「情節」爲主的抗戰小說確實有著很大的差距。畢竟，鹿橋寫完此書時才 26 歲，還正是青年——一個涉世不深、初出校門，並未真正直面戰爭的文藝青年。

以情調和情懷爲主軸，鹿橋最讓人折服的是寫活了幾位小說中的人物形象。小童的原型其實就是作者自己，待人真誠，坦率自然，人格純淨可愛，最後留校擔任助教，與鹿橋一樣。從小說開始的天真無愁，歷經歲月風雨的洗煉，到了小說後半部，他的思想逐漸成熟，但卻能保持未泯的天真之心。藺燕梅嬌嫩艷麗，多才多藝，得到眾人的呵護，但她在大余的影響下也曾向上要強，甚至緬甸戰事爆發，旅緬僑胞流亡到雲南，他和大余在暑期參加了救助難胞的工作，柔美與堅強兼具，最後在大自然、宗教、小

---

49 樸月：〈未央歌人物寫真〉，《鹿橋歌未央》，頁 306。

童那裡找到屬於她自己的思想和力量；余孟勤是研究生，辯才無礙，勤學用功，有「聖人」的綽號，曾代表學校到滇南去慰勞駐防國軍，在昆明流行霍亂疫情時，也負責西車站的急救事務，指揮服務的同學，是學生中的領袖人物。伍寶笙是善解人意的學姊，心如明鏡，在這群學生中是一股安穩的力量，「伍寶笙的美麗是天生的，她自己從未感覺到它。」（第 2 章）和藺燕梅的豔光四射相比，她的美不全在外型，而在聰慧體貼的內心，是她促成了小童與藺燕梅的戀情，也是他點醒了大余的「錯愛」，最終給自己成就美好的姻緣。

　　這四位主角各自代表了生命追求的四個面向：小童是真，伍寶笙是善，大余是知，藺燕梅是美。這四種形象合在一起，建構出鹿橋心目中的完善人格。鹿橋就說過：「這四個人合起來才是主角。這主角就是『人』。是你，是我，是讀者，也是作者。」說得更清楚點，「書中這個『我』小的時候就是『小童』，長大了就是『大余』。伍寶笙是『吾』、藺燕梅是『另外』一個我。」[50]這許多的「我」，說明了全書的精神其實是「無我」，也就是沒有個別的「我」，而是那個戰時歲月中無數的「我們」年輕人的縮影。

　　鹿橋有敏銳易感的文人性格，細膩的感受力使他毫不費力地能以多情渲染的文筆寫下他心動的人、事、景、物，以年輕人充沛的愛去體驗現實人生，去思考生命的價值和意義，感受世間萬象的流動衍變，例如第 1 章對聯大開學、昆明夏天的描述就很能看出鹿橋文字修辭、意象經營的巧妙傳神：

---

50 鹿橋：〈再版致未央歌讀者〉，《未央歌》，頁 6。

昆明的九月正是雨季的尾巴，雨季的尾巴就是孔雀的尾
巴，是最富於色彩的美麗的。新校舍背後，向北邊看，五
里開外就是長蟲峰，山色便是墨綠的。山脊上那一條條的
黑岩，最使地質系學生感到興趣的石灰岩，是清清楚楚地
層層嵌在這大塊綠寶石裡。山上鐵峰庵潔白的外垣和絳紅
的廟宇拼成方方正正的一個圖形，就成為岩石標本上的一
個紅紙白邊的標籤。四望晴空，淨藍深遠白雲朵朵直如舞
台上精緻的佈景受了水銀燈的強光，發出眩目的色澤。一
泓水，一棵樹，偶然飛過的一隻鳥，一雙蝴蝶，皆在這明
亮、華麗的景色裡竭盡本份地增上一分靈活動人的秀氣。
甚至田野一條小徑，農舍草棚的姿勢，及田場上東西散著
的家禽，犬馬，也都將將合適地配上了一點顏色。一切色
彩原本皆是因光而來。而光在昆明的九月又是特別盡心地
工作了。

校園生活中每一個印象深刻的畫面，在鹿橋富於光線、顏色、
氣味等多重變化的情感映射下，幻化成一幅幅情景交融、觸動人
心的圖景。作者年輕的心靈顫動的歷史，透過小說的細節描繪集
中地表現出來，我們看到了一個沒有世俗污染、生命本真本色的
年輕人，對愛與美盡情的歌詠與追尋。以下一段對昆明氣候、校
園夜景的描寫可說是上乘的美文，抒情寫景都讓人陶醉：

夜當真來了。她踏著丘陵起伏的曠野，越過農田水舍，從
金馬山那邊來，從穿心鼓樓那邊來，從容地踱著寬大的步
子，飄然掠過這片校園，飛渡了昆明湖，翻過碧雞山脊，
向安寧，祥雲，大理，保山那邊去佈她的黑紗幕去了。夜

　　當真來了，一陣冷風，枝上遲歸的小鳥凍得：「吱──」的一聲。抖了一下柔輭的小羽毛，飛回家了。到處都是黑的。牧豬人趕了豬群回來，前面的牧豬人嘴裡「囉，囉，囉，」的喚著。後面的用細竹枝「刷，刷，刷，」地打著。一群黑影子滾滾翻翻地從公路邊，成行的樹幹旁擦過去了。公路上還有車輛，還有人馬，也都看不見了。只聽得「索索」聲音，大概全想快點走玩一天的路罷？這夜景是一個夢開始的情形呢？還是一個夢結束的尾聲？這是才落下的一幕呢？還是將開的一幕？那些走動的聲音就是舞台幕後倉忙佈景人的腳步罷？這無時間可計算的一段黑暗就是幕前的一刻沈默罷？喏！燈光亮了！校園中的總電門開了！圖書館，各系辦公室，各專門期刊閱覽室，讀書室，各盥洗室，及一排一排如長列火車似的宿舍整齊的窗口，全亮了！所有的路燈也都亮了！窗口門口，能直接看到燈的地方，更是光明耀眼！曲折的小河溝也有了流動的影子。校園內各建築物也都有了向光，和背光的陰陽面。走動著的人物也都可以查覺了，黑色的幕是揭去了。（第1章）

　　鹿橋用清新秀麗、層次分明的筆調，賦予九月甫開學的聯大校園以鮮明的形象和色彩，青春氣息撲面而來，放在小說的首章，呈現的是新學期開始的新鮮氣象與雀躍心情，從夜的黑到「光明耀眼」，預告著一齣動人的戲劇即將登場，彷彿是靜默的畫面突然動了起來，「黑色的幕是揭去了」，給人一種無窮的期待與愉快的想望。這段五百餘字的描寫，在整部60萬字的篇幅中極其渺小，但類似這樣生動的寫真，不誇張地說，在小說中俯拾即是。這是

鹿橋的才華，也是《未央歌》的獨特美感，一個個意境悠遠的畫面，一句句帶點哲思的對話，一件件趣味盎然的小事，一次次情感的波瀾起伏，爲全書渲染出一種寧謐的基調和淡淡的氛圍，充分顯現出鹿橋所追求的美的感受與愛的理解。

整部《未央歌》，既是成長的童話，也是生命的寓言。這則童話說的是「美」，這則寓言說的是「愛」，愛與美交織的生命之歌，名曰「未央」。雖然故事始於 1940 年的開學，寫到 1943 年幾位主角畢業離校爲止，然而，這首歌終將傳唱下去，一如小說結尾第 17 章寫道：「正和校園中的玫瑰一樣，每年呈顯及時花朵，又何用我們來發什麼閒愁！」故事的終了，鹿橋刻意安排西山華亭寺的履善和尙下山來找學校附近火化院的幻蓮師父，兩位出世人物的一番閒談，可謂饒負深意：

> 兩人烹起一壺上好的十里香名茶，坐在柏樹蔭下，橫論這幾年校中風雲變幻。二人談到會心處，便相顧笑樂一陣。幻蓮因爲身離學校近了，又常和學生們往來，眼光便全在學校之中。履善遠居山上，看法自有不同。他說：「這個看來竟像個起頭，不像個結束。不見這些學生漸漸都畢業，分散到社會上去了麼？他們今日愛校，明日愛人，今日是盡心爲校風，明日協力爲國譽。我們只消靜觀就是了。」幻蓮聽了點頭。眼見庭院寂靜，日暖生煙，手掌大的厚樹葉，偶而團團轉著落下一兩片，階前的花，鮮紅艷紫迎了陽光，欣欣向榮，不覺心上怡悅，坐在那裡，竟睡著了。

這真是一幅雲淡風清、禪意深遠的畫面。結束是另一個故事的開始。在結束與開始之間，生命成長，成熟；情感開花，結果。

我們無須想像這群年輕人離開校園後的發展與經歷如何，只要感動於他們在校園期間曾經有過的友情、愛戀、求學與生活故事中的真善美即可，就如履善和尚說的：「只消靜觀就是了」。四〇年代的抗戰烽火在天外燃燒著，這個發生在戰火邊緣的校園青春故事，因爲鹿橋，因爲愛與美，終於成爲一則文學上的傳奇。

六、未央的心願：尋找一種永遠

　　鹿橋與無名氏都是帶點傳奇色彩的作家，巧合的是，鹿橋寫完《未央歌》是 1945 年，無名氏完成《北極風情畫》是 1943 年，兩人同爲 26 歲，寫作時間又如此接近。《未央歌》的問世頗經一番周折，而《無名書》的出版過程更是史無前例的奇蹟。1950 年代，無名氏在恐怖、死亡的包圍中續寫《無名書》後三卷半，約170 萬字，這「潛在寫作」的成果，文革時被抄沒，他也入獄一年多，直到文革結束後平反，於 1979 年發還這批書稿，於是，他以複寫、分批方式，陸續秘密寄往香港給他的二哥卜少夫，花了一年九個月時間，以兩千九百封信走私寄出，直到 1981 年卜少夫收到第 6 卷《創世紀大菩提》的最後一頁，此一巨大工程才告完成[51]。也因爲這些書籍在海外的出版，無名氏才迅速走紅。鹿橋靜水流深式的安靜作風，與無名氏急如星火的冒險性格，二者有

---

51 這段特殊的「秘密行動」，詳細過程可參看無名氏：〈搏——八十自述〉，《抒情煙雲》（台北：文史哲出版社，1998 年）下冊，頁 577-579。李偉的說法略有出入，他說：「從 1979 年到 1982 年 10 月，三年零九個月中，他向香港寄出大約四千封信。平均每年發信約千餘封，堪稱人世奇觀。」見李偉：《神秘的無名氏》，頁 225。有所出入的原因應該是：無名氏說的是《無名書》的後半部分，而李偉指的是《無名書》全部 6 冊書稿。

強烈的對比，但其作品的暢銷與撼動人心卻無二致，共同為四〇年代文學史譜下傳奇一章的貢獻，也同樣讓人讚嘆。

鹿橋和無名氏都是有個性、有風格的作家，對他們而言，「一切成規的形式都攔不住個性和創意」[52]。司馬長風曾評論無名氏說：「他不遵守任何規格，要怎麼寫就怎麼寫；他也不睬任何教條，要說什麼就說什麼。活潑潑的一個人，整個的呈露在你面前，不但色彩鮮明，甚至連氣味都可聞到，這真是難以抗拒的魅力。」[53]這段描述放在鹿橋身上也同樣適用。不過，司馬長風也指出：「鹿橋不像無名氏那麼『野』和『狂』，結構雖然離奇，並沒有拋離軌道，因為小說中仍流露了幾個故事。故事只是蜻蜓點水，重要的是人物，那風概和情懷。」[54]可以說，無名氏的情節美較為突出，鹿橋的情調美則較為鮮明。

只要是美的作品，人們都會發自真心的感動與喜愛。無名氏的作品《塔裡的女人》在文革期間，竟然以手抄本形式風行於各大城市之間，保守估計達幾十萬冊；台灣中國電視公司將它拍成電視連續劇，又再度掀起暢銷熱潮。因為這本書，無名氏走進暢銷作家之林，但也因為這本書，他走完了 86 年的人生。2002 年 7 月，他為了趕寫 20 集《塔裡的女人》電視連續劇腳本，患貧血病而住院十天，出院後仍埋頭疾書，於 10 月時吐血而死，臨死前手書「不要死」三字，真令人百感交集。

---

52 司馬長風：《中國新文學史》下冊，頁 113。
53 司馬長風：〈無名氏的散文〉，原載《香港快報》，1977 年 9 月 14 日；引自無名氏：《塔裡・塔外・女人》（台北：風雲時代出版社，1990 年）附錄，頁 241。
54 司馬長風：《中國新文學史》下冊，頁 113。

　　鹿橋的《未央歌》則是被譜成了歌曲，至今仍在傳唱。黃舒
駿填詞譜曲的〈未央歌〉發表於 1988 年，不同的世代，卻有著同
樣的心情[55]：

> 當大余吻上寶笙的唇邊　我總算了了一樁心願
> 只是不知道小童的那個秘密　是否就是藺燕梅
> 在未央歌的催眠聲中　多少人為它魂縈夢牽
> 在寂寞苦悶的十七歲　經營一點小小的甜美
>
> 我的朋友我的同學　在不同時候流下同樣的眼淚
> 心中想著朋友和書中人物之間　究竟是誰比較像誰
> 那朵校園中的玫瑰　是否可能種在我眼前
> 在平凡無奇的人世間　給我一點溫柔和喜悅
>
> 你知道你在尋找你的藺燕梅　你知道你在尋找你的童孝賢
> 你知道你在　你知道你在　你知道你在尋找一種永遠
>
> 經過這幾年的歲月　我幾乎忘了曾有這樣的甜美
> 突然聽說小童在台灣的消息　我想起從前的一切

---

55 黃舒駿 16 歲考入台中一中後，花了三天時間把六百多頁的《未央歌》讀完，
　從此這本書成了他的精神食糧，書裡的主要人物在他腦海裡揮之不去。他不
　僅想把這部小說寫成歌，還想拍成電影。這首歌曲是他 1988 年首張專輯的
　第一首歌。1995 年的某天，黃舒駿接到鹿橋友人的電話，希望可以聯絡，
　並留下美國的地址和電話。黃舒駿激動不已，立刻打越洋電話給鹿橋，並於
　兩周後，抱著吉他飛到鹿橋美國的家中。鹿橋親切招呼他，兩人聊著有關《未
　央歌》的往事。不同世代的人卻有著同樣激動的心情，黃舒駿說，這是他人
　生中最美妙的一天。參見趙雅芬：〈未央歌結緣黃舒駿美夢成真〉，《中國時
　報》，2006 年 9 月 1 日。

為何現在同樣的詩篇　已無法觸動我的心弦

也許那位永恆的女子　永遠不會出現在我面前

我的弟弟我的妹妹　你們又再度流下同樣的眼淚

喔！多麼美好的感覺　告訴我你心愛的人是誰

多麼盼望你們有一天　真的見到你的蘭燕梅　伍寶笙和童

孝賢

為我唱完這未央的心願

　　歲月過去，留下了愛與美的記憶；永恆不會消逝，它在一代代讀者的心裡。在人的一生中，總有一些階段，需要這種愛與美的滋潤與追想。《未央歌》刻意遠離戰爭、動亂、失序的現實，留戀著黃金般的美好歲月，正如論者所分析的：「《未央歌》的世界，有如一個美麗的花園，一個人的一生中，總要有一個時候 —— 大學也好，現在也許要提早到高中或初中 —— 讓他進到這個花園裡，欣賞它的美，他的心中就永遠珍藏了這個花園，以及因此對美的記憶。在以後人生顛躓的路上，有一天他還可以想起這個花園，記起人間的情和美。」[56]正是這樣的心理，即使是在無情戰火威脅下，浪漫的玫瑰花依然會在戰場的一角悄悄盛開著。無名氏與鹿橋在四〇年代的小說創作，就是那如詩般甜美的玫瑰，開在時代邊緣、主流之外，但她的香氣與丰姿，卻使沈重、單調、殘酷的戰爭文學史，有了盎然的生機與動人的風華。

---

56 劉毓玲：〈且從歌聲話未央〉，《中央日報》第 8 版，1999 年 5 月 10 日。

結論：「一個人」的文學史
—— 中國現代作家個人化寫作的自覺追求與歷史經驗

一、不盡是文學的世紀

　　在新舊世紀之交的 2000 年獲得諾貝爾文學獎的高行健，回顧 20 世紀的中國文學發展，對政治干預文學的現象曾多次表示深沈的遺憾和不滿，他說：「中國五四以來的新文學運動，西方現代思潮的引入，文學革命導致革命文學。文學介入政治，又蛻變爲政治干預文學，甚至把文學變成宣傳工具。而政黨政治的政治正確則把文學變成政治的點綴。政治對文學的干預至今仍影響當代文學。」[1] 正因爲如此，人們在描繪 20 世紀文學史時，經常不自覺

1　高行健：〈走出 20 世紀的陰影〉，《明報月刊》2010 年 7 月號，頁 102。

地將它與政治思潮、意識型態、時代鬥爭結合在一起，於是文學
史成了政治史、社會史或鬥爭史，文學成了時代的點綴、政治的
工具、宣傳的利器。這是 20 世紀文學總結的教訓，也是中國文學
揮之不去的陰影。從這個角度看，有學者就以「非文學的世紀」
來概括 20 世紀中國文學的歷史進程，如朱曉進在《非文學的世紀
—— 20 世紀中國文學與政治文化關係史論》中就提到：「20 世紀
各種政治的、經濟的、文化的需求，尤其是包括戰爭、國共政治
鬥爭和黨內鬥爭在內的政治原因，使 20 世紀成為一個非文學的世
紀。」至於中國的 20 世紀為何是一個非文學的世紀，他進一步解
釋道：「20 世紀的中國文學從來就沒有被作為一個獨立的領域得
到自足性的發展。在 20 世紀文學的發展過程中，文學自身的本體
性要求未能得到充分的張揚，文學的審美特性未受到足夠的重
視。」[2]對文學藝術而言，這個現象是一個不幸的悲劇，但對民族
家國的存亡而言，卻是一個必要的「犧牲」。

　　20 世紀中國文學的犧牲與不幸，源自於一開始就是在一種特
殊背景下產生和開展的，救亡、啟蒙、政治等特殊的時代任務，
使這個時期的文學不利於抒情審美純文學的發展。柯靈對 20 世紀
上半葉的看法就指出了這種特殊的時代特點：

> 不知是歷史偶然的巧合，還是有意的考驗，中國新文學運
> 動發難以後的三十年，竟和戰爭結下不解之緣。開場既和
> 第一次世界大戰首尾相銜，臨末又經歷了第二次世界大戰
> 的全程。莽莽神州大地，備受帝國主義列強侵陵魚肉的同

2　朱曉進：《非文學的世紀 —— 20 世紀中國文學與政治文化關係史論‧導論》(南
　　京師範大學出版社，2004 年)，頁 3。

時，軍閥混戰連綿不斷，革命戰爭重疊交錯，內憂外患，天災人禍，輪番襲擊。到抗日戰爭的砲聲一響，國家已經走到存亡絕續的邊緣。新文學運動的風雨陰晴，都和這動盪的時代息息相關。[3]

特殊時代召喚特殊的文學，不可否認的，戰爭與政治文化的語境和氛圍，始終制約著 20 世紀大多數年代的基本走向，也支配著作家的創作心理和審美定勢。政治與文學，國家與個人，「強國夢」與「抒情美」，在現代文學史上從來就不曾處於平衡的局面，「去政治化」的追求基本上是「痴人說夢」，所以 20 世紀特殊的文學場域使文學自主性的實踐顯得步履艱難。正如皮埃爾・布迪厄（Pierre Bourdieu，1930-2002）所指出的：「處於文化生產場存在中的自主要求，應該考慮到不斷翻新的阻礙和權力，比如教會、國家或大經濟機構的權力，還是內部權力，特別是那些特定的生產和傳播工具的控制者（報紙、出版社、電台、電視）。」[4]正是一些「不斷翻新」的種種意識型態「權力」的阻礙與控制，使 20 世紀的文學自主性受到嚴重的侵害與擠壓，在很長一段時期，文學成了政治服務的工具或機器。自由與個性，本是文學自身具有的品格，然而這種出自人性、審美情感的追求，在 20 世紀上半葉幾乎成了一種奢求。

有鑑於此，作為一名努力維護精神獨立的知識分子，高行健強烈主張文學應該超越政治，擺脫意識型態，拒絕限制性的寫作，

---

3 柯靈：〈第三個十年 ── 《中國新文學大系》（1937-1949）散文卷序〉，《隔海拜年》（台北：業強出版社，1992 年），頁 244。

4 【法】皮埃爾・布迪厄：《藝術的法則 ── 文學場的生成和結構》（北京：中央編譯出版社，2001 年），頁 399。

「恢復文學本來具有的認知和審美的功能」。真正的文學應該「不以社會批判爲前提，不企圖改造世界，也不去設置烏托邦，不提出救世的藥方，也不作道德的審判，只見證人類的生存困境和人性的複雜。」身爲作家，應該「回到個人的聲音，冷靜觀察社會，同樣也觀審自我，寫出來的作品才更貼近眞實」。也就是說，文學不要受政黨政治的操縱，不要投合市場趣味，不要追求時尙潮流，他認爲，只有這樣的文學「才留下了一部部文學的經典，構成了文學的歷史」[5]。政權會更迭，潮流會起伏，中心會轉移，但眞正的文學作品卻能經久不衰，具有永恆的價值。

　　對於「非文學的世記」的說法，我不完全贊同，也許，「不盡是文學的世紀」會是更爲符合文學史實的說法。救亡、啓蒙、政黨、革命、主義、集團、階級等主要思潮與主流話語，確實曾經將文學審美、抒情、自主性、自由、個性、趣味、人性、心靈等創作初衷與核心價值，加以利用、摧殘、迫害、限制，造成 20世紀上半葉抒情審美的文學千瘡百孔，慘不忍睹。不過，這不是全部，而是局部；不是「一網打盡」，而是「夾泥沙以俱下」。在苦難重重的時代，抒情審美意識不會、不能、也不允許成爲作家創作思想、生命存在的全部，但是，在他們心靈的皈依、精神的寄託與藝術的嚮往、文學的追求過程中，抒情審美意識也不會、不曾、不可能從他們的思想、生命中完全消失。文學，特別是抒情審美藝術的文學，就像是連天烽火中，崩塌牆邊一朵在風中瑟瑟抖動的青嫩小花，散發著微弱卻清芳的香氣，因爲這朵小花，

---

5 這一段對高行健說法的引用，均出自〈走出 20 世紀的陰影〉，《明報月刊》2010年 7 月號，頁 103-104。

20 世紀的文學才沒有淪為一致的蒼白與單調，而有了一絲的美好與想望，一抹清麗動人的色彩。

　　也就是說，任何排他性的單一思想體系或狀態，都應該受到質疑和挑戰。統一、單一、一體、一元等許多「一」，背後都代表著極端的權威和不可撼動的教條，不能挑戰，不能更改。我們希望打破這樣決絕的「一」，或是盲目、集體向「一」走去的趨勢。非此即彼，一錘定音，很容易讓我們的美學思維方式流於片面化、簡單化、絕對化。所有定於一尊的綱領、路線、政策、紀律，對文學來說，都將會窒息其生機、壓制其發展、葬送其生存的空間與進步的可能性。這個認知，歷史已經有過充分的證明。回顧「五四」以來 30 年新文學運動的發展，歷史也可以證明，作家並沒有辜負他所處的時代，然而，這並不意味作家可以成為馴服的政治工具，就如柯靈所言：「世界文學史，包括中國文學史在內，似乎還沒有提供一個實例，證明有一部公認的文學名著，是因為闡述某種具體政策而獲得成功的。要求文學從屬於政治，結果是買櫝還珠，得不償失，這已經有足夠的經驗教訓了。」[6]

　　20 世紀特殊的政治語境，使得抒情審美的寫作無法成為「重要」，但誰也不能否認，它又是一種「必要」。它不會是時代的中心焦點，但誰也不能抹煞它在邊緣存在的位置。堅持抒情、堅持審美，不僅需要才氣，有時候更需要勇氣，即使只是一個姿態，都會讓人覺得彌足珍貴。

---

6 同註 3，頁 255。

二、抒情之必要，審美之必要

以研究文藝心理學、美學著稱的學者童慶炳，在其《文學審美特徵論》一書中指出：「誠然，文學作為一種意識型態包括了巨大的認識因素，但構成文學之所以為文學的充分而必要的條件，則不是認識而是審美。文學作品中的認識因素是重要的，但它只有溶入審美因素，化為審美因素，才有存在的權力。」[7]他特別舉了俄國著名文學評論家別林斯基（1811-1848）的說法來強調這個論點，別林斯基對文學的思想作用和認識作用一向非常重視，但是他說：「無疑地，藝術首先必須是藝術，然後才能是一定時期的社會精神和傾向的表現。不管一首詩充滿著怎樣美好的思想，不管它是多麼強烈地反映著當代問題，可是如果裡面沒有詩，那麼，它也就不能表現美好的思想和任何問題，我們所能看到的，不過是體現得很壞的美好的企圖而已。」[8]也就是說，真正的文學作品與非文學之間的區別關鍵在於審美特質。沒有審美，即使有再好的思想，它依然不是文學。

至於抒情，它是作家審美把握的關鍵。所謂「審美把握」，是指「創作主體的感知、表象、想象、理解和情感的自由融合的心理過程」，這其中「情感」是使審美得以產生、進行與完成的重要元素，因為對於一切美的創造，「感知、表象是出發點，想像是基本途徑，理解是透視力，而情感作為一種自由的元素與上述各種

---

7 童慶炳：〈文學與審美〉，《文學審美特徵論》（武昌：華中師範大學出版社，2000 年），頁 44。

8 【俄】別列金娜編、梁真譯：《別林斯基論文學》（上海：新文藝出版社，1958 年），頁 16。

心理功能的融合，是美的發現力。」因此，「情感的介入與否和介入的程度，是創作主體審美把握的關鍵。從一定意義上看，我們簡直可以這樣說，創作主體的審美把握，就是情感把握。」[9]沒有情感的介入，就沒有藝術想像，也就不能發現生活的美，進而創造出藝術的美。抒情審美意識是作家追求文學表現與藝術效果的基礎，特別是以「美」為特徵的文學作品，幾乎可以說是作家抒情審美意識的反映、投射下的產物。創造社的發起人之一張資平，儘管其作品在文學史上的評價頗有爭議，但我們同意他說的一句話：「凡是足稱為文藝的作品必然是抒情的，同時是審美的藝術的創作。」[10]也正是如此，文學創作才能顯現出不同創作主體個人化的諸多差異性與特殊性，從而形成文學表現風格的千姿百態。因為抒情審美意識是在作家自我表現的自由狀態下產生，因此它往往帶有主觀的、個性的、自由的、精神的、自覺的等特質。

　　文學創作是一種審美的感覺、體驗與認識，是一種極具個人化的感情活動。由於審美活動的特徵是個人的，同時也是獨創的，所以即使作家關心人類、社會，但一旦進入創作，他感興趣的仍是個人獨特的命運與際遇。這種獨創性與個體性，特別在以作家的內心世界為主要審美對象的抒情寫作中表現得最為直接與鮮明。或許可以這樣說，越是個性自覺的時代，越容易出現一個抒情審美文學繁榮的局面。中國現代文學 30 年發展的歷史，抒情審美文學始終位居邊緣，正好說明了這個時期不適合個性寫作的特

9　這一段對「審美把握」的說明，參見童慶炳：〈文學與審美〉，《文學審美特徵論》，頁 43。

10　張資平：〈新紅 A 字自序〉，收於《張資平自傳》（南京：江蘇文藝出版社，1998 年）此文寫於 1944 年。

殊環境。

　　對於有些作家願意用文學去干預社會生活，去擁抱社會群眾，去實踐社會理想，這樣的「用心」與「付出」，坦白說是無可非議的。畢竟，作家離不開這個時代，如果作家所關心、思考的問題僅僅是「私人的」，不能代表一種普遍性，作品中所表達的思想感情也不能與他人的思想感情相呼應的話，那麼這種作品自然是不會有多大價值的。只不過，擁抱社會群體的公共性寫作不能成為普遍性的定律，常態性的規範，更不能成為文學創作上的「政治正確」。沒有權威，沒有禁忌，沒有對不對，只有好不好、美不美，只有文學與非文學的區分。唯有確認這一點，文學才能真正得到自由。

　　從「五四」的救亡、啟蒙，再到抗戰、內戰時的救亡，30 年的歷史經過了一個迴圈，救亡被賦予不同的時代意義，同時散發出更為強大的現實力量。1931 年「九一八」事件後的救亡思潮，唯恐亡國滅種的民族危機感，導致很多激進的自由主義者紛紛左傾，接受社會主義，林語堂是少數不向左轉的人之一。他在三〇年代提倡性靈、幽默、小品文的寫作，其深層的意義是要爭「不得體」的自由、言論的自由、「不政治正確」的自由。在國家壓制個人的三〇年代，提倡小品文其實就是提倡個人自由。且看他出版於 1937 年的《生活的藝術》中的這段話：

> 「為藝術而從事藝術」的口號，常受旁人的貶責，但我以
> 為這不是一個可容政治家參加議論的問題，而不過是一個
> 關於一切藝術創作的心理起源的無可爭論的事實。……商
> 業式的藝術不過是妨礙藝術創作的精神，而政治式的藝術

則竟毀滅了它。因為藝術的靈魂是自由。現代獨裁者擬想
產生一種政治式的藝術，實在是做一件絕不可能的企圖。
他們似乎還沒有覺得藝術不能藉刺刀強迫而產生，正如我
們不能用金錢向妓女買到真正的愛情。[11]

　　對大多數堅持文學審美理想的作家而言，這應該是一個「無
可爭論的事實」，然而，文人的自由心靈與強硬的政治話語仍然產
生了牴牾。林語堂以寬容、同情、理解為本質的「幽默」主張，
為他個人帶來了許多的批判、攻擊與誤解。在「集體」的歷史感、
權威感、崇高感、使命感、秩序感的重重網羅下，像林語堂這樣
「個人」的審美性、自由感竟讓人有「無地自容」之感。

　　整個 30 年的現代文學史，深受國家權力、革命意識操控的「集
體書寫」獲得前所未有的滋長，怎麼說都是一種失衡的遺憾。在
那個特殊的年代，戰爭是必要的，革命是必要的，但抒情與審美
對人心的撫慰、情緒的昇華又何嘗不是同樣重要呢？即使是遭受
亡國之痛的蕭邦，他創作的樂曲、演奏的音樂也並不全是吶喊與
咆哮的。相反的，人們是透過他抒情婉轉的小夜曲才認識波蘭的。
就如謝有順所說：「像周作人、沈從文、張愛玲這樣一些作家，他
們可能都沒有著力去書寫所謂的時代轉折和社會變化，但是，他
們那些遠離時代喧囂的文字，因為忠誠於自己的內心，留下了很
多私人化的生活細節，反而為我們保存了那個時代最基本的經驗
和事實，成為那個時代最為真實的記憶之一。」[12]也許，「一個人」

11　林語堂：〈以藝術為遊戲和個性〉，《生活的藝術》（台北：遠景出版公司，1976
　　年），頁 352-353。

12　于堅、謝有順：《于堅謝有順對話錄》（蘇州大學出版社，2003 年），頁 19。

的歷史，要比「一群人」的歷史更爲貼近生活的真實、人性的本質與歷史的真相吧。

在戰火連天的四〇年代，文壇不缺乏集體救亡與政治意識下的創作，丁玲、巴金、茅盾、郭沫若、蕭軍、老舍、丘東平、馮雪峰、艾青、田間、彭燕郊、阿壠、夏衍、田漢、巴人……等等只是較具代表性的名字，其他知名或不知名的作家還可以寫成一長串的名單。他們作品中所燃燒的抗日激情確實令人「激動」，有的作家甚至直接走上硝煙瀰漫的戰場，慷慨悲壯的身影同樣令人「震動」，只是，他們許多主題先行、政治優先的作品能否穿越時空，具有長久「感動」人心的力量，可能就見仁見智了。錢理群對西南聯大詩人的描述很可以給我們一些啓發：

> 這或許也算是戰爭中的奇蹟：當戰爭進入相持階段，在遍地硝煙之中，在由於物質匱乏而出現的經商狂潮中，竟然出現了相對寧靜的校園裡對精神的堅守，成為園內人極為珍惜、園外人十分嚮往的戰爭中的精神家園（聖地），就在這樣的特殊氛圍中，培養出了一批戰亂中的校園詩人，並以其特殊的風貌，給這一時期的詩歌打上了不可磨滅的烙印，並對以後的新詩發展產生深遠的影響。人們首先注意到的，是遙遠的西南一角昆明，大後方最高學府西南聯大。[13]

他特別舉了詩人馮至對詩的思維、形式、語言、抒情寫作的突破爲例，認爲他的《十四行集》「吐露內心感」，「是屬於個人的詩」，是「從身邊的日常生活與自然中發現內在的哲理」，「並自覺

---

13 錢理群等著：《中國現代文學三十年》（修訂本，北京大學出版社，1998 年），頁 578。

上升到生命哲學的層次」,「它使中國現代詩歌第一次具有了『形而上的品格』」。[14]顯然這和當時許多寫階級感、民族感的詩有著完全不同的思考與表現。當我們今天捧讀《十四行集》時,依然會為其中莊嚴的瞬間體驗,例如生命的孤獨、自我與萬物的對話、自然流動的意象等所深深感動。我們還可以聯想到鹿橋的《未央歌》,這樣一部以抗戰為背景、西南聯大學生生活與感情為主的作品,和主流文學思潮作品相比,自然顯得「不合時宜」,然而,它卻以抒情審美的情調、文字,為「抗戰文學」譜下一闋唯美動人的樂章,並且在衝鋒吶喊的戰歌鼓聲遠去之後,被人們驚喜地、永恆地傳唱著。

海德格爾（Heidegger,1889-1976）在《人,詩意地安居》中提到,「美是無蔽性真理的一種呈現方式」,「澄明之光在作品中閃耀,它就是美。」[15]在我看來,自由與個性是美的前提,以抒情審美意識為出發點的個人化寫作,不管在何種特殊、嚴峻的條件下,都應該是讓作品發出「澄明之光」的主要來源之一。

三、在歷史漩流中艱難前進的身影

晚清時以梁啟超為代表的知識分子,強調的是「群」的重要,〈論小說與群治之關係〉一文可為代表。到了「五四」時期,強調的則是「個人」,是「己」,郁達夫在《中國新文學大系‧散文二集‧導言》中的說法可為代表,他說:「五四運動的最大的成功,

---

14 前揭書,頁 581。
15 【德】海德格爾著、郜元寶譯:《人,詩意地安居》（桂林:廣西師範大學出版社,2000 年）,頁 87。

第一要算『個人』的發見。」談到散文，他也強調：「現代的散文之最大特徵，是每一個作家的每一篇散文裡所表現的個性，比從前的任何散文都來得強。」[16]此外，周作人也將「五四」新文學的本質界定爲「人的文學」：「一，這文學是人性的；不是獸性的，也不是神性的。二，這文學是人類的，也是個人的；卻不是種族的，國家的，鄉土及家族的。」他說這是從「文學的主位的人的本性」以及「文學的本質」所定下的兩個要求[17]；茅盾同樣強調在文學創作時「發展個性」的重要：「人的發見，即發展個性，即個人主義，成爲『五四』時期新文學運動的主要目標；當時的文學批評和創作都是有意識的或下意識的向著這個目標。……個人主義成爲文藝創作的主要態度和過程，正是理所必然。而『五四』新文學運動的歷史的意義，亦即在此。」[18]可以說，「五四」是發現個人、個性解放的時代，也是現代文學主體性、審美性誕生的時代。

　　然而，二〇年代中期開始風起雲湧的革命潮流，又將文學發展帶回到「群」的軌道，和梁啓超一樣，文學再一次被視爲救國救民的工具，爲某些「主義」、「黨派」、「運動」服務，變爲革命的傳聲筒。作家主體「我」逐漸消失，取而代之的是階級、黨派、集團的「我們」。就如研究個人主義的學者李今對「五四」新文學

---

16 郁達夫：《中國新文學大系・散文二集・導言》（台北：業強出版社，1990年重印版），頁 5。
17 周作人：〈新文學的要求 —— 1920 年 1 月 6 日在北平少年學會講演〉，《周作人自編文集・藝術與生活》（石家庄：河北教育出版社，2002 年），頁 19-20。
18 茅盾：〈關於「創作」〉，《茅盾文藝雜論集》（上海文藝出版社，1981 年）上冊，頁 298。

的分析：「在五四文學這短短的十年中，由於自我意識的覺醒，……
爲壓抑了幾十年的人類的尊嚴、個體的尊嚴提供了揚眉吐氣的機
會，爲中國精神界的發展提供了喘息活躍的時間，使在文化上從
未獲得合法權的自我無顧忌地理直氣壯地體驗到了自己的情感、
創造能力和智慧的威力。」然而，「中國人的個體精神負累太多太
重，難以超越現實，在精神的空間中自由地無拘無束地放鬆和遨
翔。」[19]於是，自我意識在短暫抬頭後，重新又受到壓抑。這樣
的壓抑隨著時局的動盪與戰火的加劇，日趨嚴峻、沈重，等到抗
戰砲火響起，「人不分男女老幼，地不分東南西北」，「一切爲抗戰」
的政治動員，使得宣傳性、功利性、戰鬥性的文學成爲時代的必
須。那個時代是不允許文學做個人的自我表達，個人化的心靈景
觀很快被淹沒在集體呼喊與群眾鬥爭的歷史大潮下，奄奄一息。
抒情審美寫作 —— 這個充滿個體精神與自我意識的藝術表現，在
20 世紀上半葉的文學歷史中，在啓蒙民眾、救亡國族爲主要職責
的文學主流下，只能蜿蜒在現實與藝術的夾縫之中，艱難地生存。

　　抗戰期間出版《向太陽》、《他死在第二次》、《曠野》、《火把》
等詩集的詩人艾青（1910-1996），不管是在藝術道路還是人生道
路上，都是滿含深情地謳歌民族戰鬥，煥發著同仇敵愾、爲國獻
身的精神力量，因而被聞一多稱爲「時代的號角」、「鼓手」。他曾
經真誠地自剖道：「我將學習謙虛，使自己能進步；我將更努力工
作，使自己能不慚愧生存在這偉大的時代。我沒有一天不希望自
己的作品更充實，使我的聲音更廣地進入人民的心裡；因此，我

---

19 李今：《個人主義與五四新文學》（哈爾濱：北方文藝出版社，1992 年），頁
　　173-174。

願意人家批評，嚴正的批評，我一定會歡喜而且感激，只要他們的出發點，是爲了抗戰，爲了勝利。」[20]對於詩人與時代的關係，他更明確地指出：「最偉大的詩人，永遠是他所生活的時代的最忠實的代言人；最高的藝術品，永遠是產生它的時代的情感、風尚、趣味等等之最真實的紀錄。抗戰在今天的中國，在今天的世界，都是最大的事件，不論詩人對於這事件的態度如何，假如詩人尚有感官的話，他總不能隱瞞這事件之怵目驚心的存在。」[21]於是，他奔赴延安，接受新思想的鍛鍊，積極投身革命工作，希望能救民族於水火之中，和時代同流的渴望成爲他創作的動因與藝術傾向。在〈我愛這土地〉一詩中他痛切地說：「爲什麼我的眼裡常含淚水？／因爲我對這土地愛得深沈……」[22]對土地、民族、政治的信仰，使艾青成爲了時代的旗手。

然而，這樣「政治正確」、力求「與時代同拍」的戰士詩人，在抗戰期間還是受到了批評。他寫於 1939 年的敘事長詩〈他死在第二次〉，虛構了一個身負重傷的士兵，傷癒後重返戰場，最終戰死的情節與人物形象。這個戰士在艾青筆下帶有悲壯的色彩，也有怵目驚心的死亡恐懼：「我們的槍哪兒去了呢／還有我們的塗滿血漬的衣服呢／另外的弟兄戴上我們的鋼盔／我們穿上了繡有紅十字的棉衣／我們躺著又躺著／看著無數的被金屬的溶液／和瓦斯的毒氣所嚙蝕過的肉體／每個都以疑懼的深黑的眼／和連續不止的呻吟／迎送著無數的日子／像迎送著黑色棺材的行列」。這樣

20　艾青：〈爲了勝利〉，《艾青全集》（石家庄：花山文藝出版社，1994 年）卷 3，頁 127。
21　艾青：〈詩與時代〉，《艾青全集》卷 3，頁 71。
22　艾青：〈我愛這土地〉，《艾青全集》卷 1，頁 229。

的心理描寫無疑是真實而生動的。最後，士兵「在燃燒著的子彈
／第二次 ── 也是最後一次呵 ── ／穿過他的身體的時候」，他
「終於像一株／被大斧所砍伐的樹似的倒下了」。詩人悲慟的聯想
給人無盡的淒涼感：「在那夾著春草的泥土／覆蓋了他的屍體之後
／他所遺留給世界的／是無數的星布在荒原上的／可憐的土堆中
的一個／在那些土堆上／人們是從來不標出死者的名字的／ ──
即使標出了／又有什麼用呢？」[23] 詩中傳達的是對無名英雄、英
勇戰士的歌頌與哀悼，怎麼看都是大時代一個側面的真實投影。
出乎艾青預料的，這首詩竟受到嚴厲的批評，最有代表性的是呂
熒的長文〈人的花朵 ── 艾青與田間合論〉，其中寫道：

> 〈他死在第二次〉的「他」是一個兵士，而我們在他的情
> 感與生命裡，幾乎看不見一點兵士的痕跡；「他」在實質上
> 是一個詩化了的知識分子的情感與生命的化身。……詩人
> 把「他」的生命局限在感觸與憧憬的世界裡，而詩人把他
> 自己的歌聲寄附在他的身上。但是，由於人物缺乏諸本質
> 的生活面與感情面的體現，「他」的形象沒有具現在讀者的
> 面前，他的生活的氣息是那麼淡薄，幾乎像是一個飄浮在
> 雲霧中的人物。他的歌聲失去了感動人的生命與力量。[24]

　　顯然，艾青筆下有些悲觀、感傷的戰士形象，不符合批評者
（或多數人）所認為應有的勇敢樂觀、昂揚向上的精神，與抗戰
時期人們所需要或崇拜的英雄形象有所落差，就如研究者何清的

---

23 艾青：〈他死在第二次〉，《艾青全集》卷 1，頁 266-282。
24 原載《七月》第 6 集第 3 期，引自海濤、金漢編：《艾青專集》（南京：江蘇
　　人民出版社，1982 年），頁 442-443。

分析：「國家需要英雄，需要犧牲；人們崇拜英雄，漠視犧牲；文學作品歌頌英雄也就在情理之中了。艾青的〈他死在第二次〉與當時文學的整體氛圍是不太協調的，主人公的心理現實與英雄的崇高感出入甚多。寫了戰士的焦慮、恐懼，寫了『他』慘黃的臉色，也寫了『他』對生活的留戀，這怎麼能是我們的英雄呢？更何況作者還表達了一種悲觀情調。這首詩說起來是有點不合時宜。」[25]這正是問題所在。呂熒的指責很明顯，問題不在戰士，而在詩人。當然，理解與支持的聲音也有，如孟辛、端木蕻良等都撰文參與了這場風波。最終，詩人做了這樣的申辯：「批評家們說我的詩知識分子的氣味太濃，他們的話所含的暗示我知道。事實上，沒有一個作者不被他的教養和出身的環境所限制了的，而每個作者的進步過程就是他逐漸擺脫他的限制的過程。我是一個從來也不敢停止努力的人。我在繼續不斷地擺脫我出身的環境所加給我的限制。」[26]這與其說是申辯，不如說是反省與檢討。

我想，如果連艾青都不免於被批判，我們就不難理解，在政治掛帥的時代，梁實秋、林語堂、沈從文、張愛玲等人力圖超脫於政治漩渦之外，堅守自己獨立的藝術追求與人格追求是多麼艱難了。似乎在某些時代、某些人的觀念裡，只有意識型態主導一切的文學才是「純文學」 —— 它甚至於容不下一點情感的雜質、審美的介入。現代文學 30 年的歷史經驗已經昭然若揭：個人面對集體主流龐大、無形的制約與影響，很難不被淹沒、牽制，如果一味「拒絕合唱」，「堅持己見」，「與眾不同」，不是被孤立排擠，

25 何清：《憂鬱的注視 —— 艾青》（台北：文史哲出版社，2004 年），頁 125。
26 艾青：〈我怎樣寫詩的〉，《艾青全集》卷 3，頁 133。

形單影隻，就是徹底沒頂，放逐噤聲 —— 除非，你加入集體，讓「我」消失，成爲「我們」中的一分子。

　　四〇年代在上海活躍的一批校園女作家就是這樣消失在後來文學史家的視閾中。這個以施濟美爲代表的「東吳女作家群」，她們的小說作品多從青春與愛的熱情出發，透過一篇篇生澀卻真摯、狹隘卻美善的文字，向目的地出發，這目的地便是創造一種精神的、浪漫的美的存在。在這批年輕女作家的作品中，不乏這樣的關鍵詞：詩、青春、夢、惆悵、月光、夜、黃昏、藍星、愛與美、回憶等等，大量傷情傷己、纏綿悱惻的情緒在故事中氤氳著，情愛的失落，人生的迷茫，精神的困境，青春的敏感，或隱或顯地吟唱低訴。在現實的洪流面前，這樣的作品不免顯露出其不合時宜的脆弱性，當「時代精神」與「救亡意識」成爲評判文學的單一價值之際，她們的「兒女私情」必然成爲「家國之思」底下難以承受的「生命之輕」。

　　和這群女作家同時崛起於上海的張愛玲，同樣感受到時代的崩解、戰爭的災難，她筆下的空襲、封鎖、扔炸彈、刺殺漢奸等許多情節，不能說不是受到戰爭的影響，然而，「她是以一種帶幾分冷漠的超然對待抗戰的」[27]。她對此有過解釋：「我們對於戰爭所抱的態度，可以打個比喻，是像一個人坐在硬板凳上打瞌睡，雖然不舒服，而且沒完沒了地抱怨著，到底還是睡著了，能夠不理會的，我們一概不理會。出生入死，沈浮於最富色彩的經驗中，

27　楊守森主編：《20世紀中國作家心態史》（北京：中央編譯出版社，1998年），頁276。

我們還是我們，一塵不染，維持著素日的生活典型。」[28]在她看來，
戰爭和其他不可抗拒的自然災害一樣，既然無力回天，也就只能
聽天由命，漠然處之。源於特殊的家庭環境與成長歷程，以及她
深刻的精神創傷和孤僻的性格，她對寫作也有屬於自己不隨流俗
的見解，她曾說：「像一切潮流一樣，我永遠是在外面的」[29]，這
句話準確地道出她依憑感覺、心靈、個性創作的審美理念。時代
社會的風雲變幻，驚心動魄的政治鬥爭，顯然都不是她追求的核
心。1944 年，抗戰最後的階段，她「依然故我」地多次表達不與
時代主流合拍的信念，如〈自己的文章〉中提到：

> 我寫作的題材便是這麼一個時代，我以為用參差的對照的
> 手法是比較適宜的。我用這手法描寫人類在一切時代之中
> 生活下來的記憶。而以此給予周圍的現實一個啓示。我存
> 著這個心，可不知道做得好做不好。一般所說「時代的紀
> 念碑」那樣的作品，我是寫不出來的，也不打算嘗試，因
> 為現在似乎還沒有這樣集中的客觀題材。我甚至只是寫些
> 男女間的小事情，我的作品裏沒有戰爭，也沒有革命。[30]

以「小事情」取代「大時代」，她不歌頌戰鬥，不描寫英雄，
不抒發人民群眾的心聲，而只是面向個人小我心靈，咀嚼屬於個
人的悲歡滄桑；在〈寫什麼〉中她甚至帶點嘲諷地說：「有個朋友
問我：『無產階級的故事你會寫麼？』我想了一想，說：『不會。
要麼只有阿媽她們的事，我稍微知道一點。』後來從別處打聽到，

---

28 張愛玲：〈爐餘錄〉，《流言》（台北：皇冠出版社，1968 年），頁 43。《流言》
　　最早於 1944 年由上海五洲書報社出版。
29 張愛玲：〈憶胡適之〉，《張看》（台北：皇冠出版社，1976 年），頁 172。
30 張愛玲：〈自己的文章〉，《流言》，頁 22。

原來阿媽不能算無產階級。幸而我並沒有改變作風的計劃,否則要大爲失望了。」[31]她依然寫她最有興趣也最擅長的題材 —— 普通人日常生活、戀愛婚姻的種種糾葛等。然而,她自己也意識到,這樣的堅持是「不合時宜」的,她說:「文人討論今後的寫作路徑,在我看來是不能想像的自由 —— 彷彿有充分的選擇的餘地似的。……我認爲文人該是園裏的一棵樹,天生在那裏的,根深柢固,越往上長,眼界越寬,看得更遠,要往別處發展,也未嘗不可以,風吹了種子,播送到遠方,另生出一棵樹,可是那到底是很艱難的事。」[32]張愛玲和其他許多堅持抒情審美的作家一樣,都面臨了艱難的處境與無情的批判、孤立。曾經在四〇年代與張愛玲多所交往的作家柯靈,對張愛玲傳奇的文學生涯有過一段發人深省的評價:

> 中國新文學運動從來就和政治浪潮配合在一起,因果難分。五四時代的文學革命 —— 反帝反封建;三〇年代的革命文學 —— 階級鬥爭;抗戰時期 —— 同仇敵愾,抗日救亡,理所當然是主流。……我扳著指頭算來算去,偌大的文壇,哪個階段都安放不下一個張愛玲,上海淪陷,才給了她機會。日本侵略者和汪精衛政權把新文學傳統一刀切斷了,只要不反對他們,有點文學藝術粉飾太平,求之不得,給他們什麼,當然是毫不計較的。天高皇帝遠,這就給張愛玲提供了大顯身手的舞台。抗戰勝利以後,兵荒馬亂,劍拔弩張,文學本身已經成為可有可無,更沒有曹七巧、流

---

31 張愛玲:〈寫什麼〉,《流言》,頁 124。
32 同上註

蘇一流人物的立足之地了。張愛玲的文學生涯，輝煌鼎盛
的時期只有兩年（1943-1945），是命中注定：千載一時，「過
了這村，沒有那店」。幸與不幸，難說得很。[33]

看來，張愛玲堅持個人化的寫作，締造的傳奇背後其實是無
盡的蒼涼。她後來在文學史冊上消失，柯靈認為「毫不足怪」，因
為「國內卓有成就的作家，文學史家視而不見的，比比皆是。」[34]
如果一個時代剝奪了作家自由創作的可能性，僅僅留下眾口一聲
的主流話語，幸與不幸，應該是非常清楚的。

三〇年代上海新感覺派小說代表人物之一的施蟄存
（1905-2003），從 1929 年開始，陸續發表〈鳩摩羅什〉、〈將軍底
頭〉等小說，以「挖掘和表現人物的潛意識、隱意識和深層心理
變化，強化心理分析的深刻度和細密度，豐富和發展心理小說的
表現技巧」[35]，成為中國「現代派」的重要推手。新感覺派在審
美意識追求上的非現實化、個人化、私密化風格非常強烈，李歐
梵就認為他在三〇年代作家普遍感時憂國的大環境下，卻「自願
躲在城市的『象牙塔』裡作藝術創新嘗試」，與整個時代的主潮流
「反其道而行」[36]，然而，這樣一位個人意識鮮明的作家仍然無
法掙脫政治意識型態的羅網，他寫於 1933 年的一篇文章就表露了
心中的猶疑與不安：

---

33 柯靈：〈遙寄張愛玲〉，原發表於《讀書》雜誌 1985 年第 4 期，引自《柯靈
文集》（上海：文匯出版社，2001 年）第 1 卷，頁 361。
34 同上註。
35 劉增杰等著：《中國現代文學思潮研究》（開封：河南大學出版社，1996 年），
頁 207。
36 李歐梵：〈中國現代小說的先驅者 ── 施蟄存、穆時英、劉吶鷗〉，《現代性
的追求：李歐梵文化評論精選集》（台北：麥田出版公司，1996 年），頁 164。

　　而這時候，普羅文學運動的巨潮震撼了中國文壇，大多數
的作家，大概都是爲了不甘落伍的緣故，都「轉變」了。《新
文藝》月刊也轉變了。於是我 —— 我不好說是不是，轉
變了。我寫了〈石秀〉，〈花〉這兩個短篇。但是，在這兩
個短篇之後，我沒有寫過一篇所謂普羅小說。這並不是我
不同情於普羅文學運動，而實在是我自覺到自己沒有向這
方面發展的可能。甚至，有一個時候我曾想，我的生活，
我的筆，恐怕連寫實的小說都不容易作出來，倘若全中國
的文藝讀者只要求著一種文藝，那時我唯有擱筆不寫，否
則，我只能寫我的。[37]

　　施蟄存最終還是堅持「我只能寫我的」，否則只好「擱筆不
寫」，這個艱難的選擇使他不致於淪爲眾多「普羅文學」作家的一
分子，而維持著自己獨立的藝術人格與文學風貌。

　　當施蟄存於 1929 年埋首創作富實驗性的心理小說之際，劇作
家夏衍（1900-1995）則於 1929 年與鄭伯奇、馮乃超等人組織成
立了「上海藝術劇社」，提出「普羅列塔利亞戲劇」（即無產階級
戲劇）的口號。三〇年代時，夏衍的歷史劇《賽金花》被稱爲「國
防戲劇之力作」。抗戰時期，他寫了《心防》、《法西斯細菌》、《芳
草天涯》等符合時代主潮、「政治正確」的劇作。然而，多年以後，
他對自己「配合政治」、「爲政治服務」的寫作心態有了沈重的反省：

　　　　從抗日戰爭前後起，我寫了一些不合格的劇本和相當數量
　　　　的雜文隨筆，現在看來，我寫的東西極大部分是為了配合

---

37 施蟄存：〈我的創作生活之歷程〉，《施蟄存散文》（杭州：浙江文藝出版社，
　　1999 年），頁 124。

　　政治，為政治服務的。文藝為政治服務這個口號，經過多
年的實踐檢驗，證明它不僅不很完善，而且很明顯地帶有
左傾思潮的烙印，但是我重讀這些文章，卻並沒有後悔的
心情，也不想加以修改，因為任何一個人，在一個特定的
時代和環境中，不可能不受到歷史、社會條件的影響和制
約，而當時，正是革命和戰爭最劇烈的時候。因此，去年
出版了兩冊作品選集和一本雜文隨筆集，我都讓它留下歷
史的斑痕，而沒有加以裝飾和掩蓋。[38]

　　雖說並不感到「後悔」，但這番自白還是充滿遺憾的。當然，
這裡並無苛責之意，正如他所言，那畢竟是「一個特定的時代和
環境」，任何「一個人」都可能捲入「一群人」的時代洪流中，這是
時代的影響和制約，個人要與時代對抗，除了「自覺」，很難「強求」。

　　從晚清、五四、抗戰到 1949 年，作家們經歷了一個劇變的時
代，也各自走在不同的道路上，或前進，或退縮，或堅定，或徬
徨，或一致，或凌亂，縱橫交錯出一段複雜的文學歷史。章詒和
在《往事並不如煙》中說過一句感慨良深的話：「不是中國人，不
是知識分子，就很難估量中國知識分子在現代史上承受過的壓力
和份量。」[39]正是這種壓力和份量，使 20 世紀中國作家走過的每
一個印記都格外沈重，艱辛，同時也格外令人感動、尊敬。

---

38 夏衍：《夏衍論創作・自序》（上海文藝出版社，1982 年）。引自巫嶺芬編：
　《夏衍研究專集》（杭州：浙江文藝出版社，1990 年）上冊，頁 515。
39 章詒和：《往事並不如煙》（台北：時報出版公司，2004 年），頁 441。

四、個人的聲音，文學的永恆

　　儘管所謂「個人化寫作」作為一個頗有影響的創作概念並廣泛被使用是在 1990 年代[40]，但符合其實質概念精神的寫作卻要早得很多。根據呂永林的研究，「個人化寫作」概念的界定，最具代表性的是 1995 年 12 月，由王幹、戴錦華於北京的一次關於「女性文學與個人化寫作」的對話：

> 戴錦華曾從三個層面界定「個人化寫作」的涵義：一是指個性、風格意義上的創作個人化；二是指只從個人的視點、角度切入歷史，構成對權威話語和主流敘事的消解；三是就女作家而言，個人化寫作有著私密化的自傳意義。這一界定後來受到了評論者們的廣泛認可，此後諸多研究或評論，無論是將個人化寫作理解為與「公共化」相對的「私人化」，還是與「宏大敘事」相對的「小敘事」，或者與「共名」相對的「無名」，乃至「非歷史化」、「慾望化」、「消費主義」等等，都大致不出戴錦華的這一界定。[41]

　　本文使用「個人化寫作」，比較接近於第一、二個層面，但也

---

40 根據呂永林的研究，「1990 年代中後期以來，一些女性作家、『晚生代』作家、『70 後』作家才公開認同或使用個人化寫作這個詞語，包括他們的創作在內的更多文學創作也才被一些研究者和評論者網羅在『個人化寫作』的名下予以討論。也只有在 1990 年代以後出版的一些文學史（如洪子誠主編的《中國當代文學史》，朱棟霖、丁帆、朱曉進主編的《中國現代文學史》，陳思和主編的《中國當代文學史教程》等）中才正式使用了『個人化寫作』這一術語。」見呂永林著：《個人化及其反動 —— 穿刺「個人化寫作」與 1990 年代》（上海：東方出版中心，2010 年），頁 13。

41 前揭書，頁 22。王幹、戴錦華的對話〈女性文學與個人化寫作〉，發表於《大家》1996 年第 1 期，頁 193-203。戴錦華的說法見 196-197 頁。

不完全吻合。對這個詞語的釐清非本文討論的重心，事實上這個語詞本身的範疇與性質界定也還未能統一，例如陳曉明對「個人化寫作」的闡釋就更接近我的理解，他的解釋是：一、「遠離社會的中心價值體系」，個人經驗成爲「文學寫作的全部根本」；二、「無法建立，也無法認同任何一種明確的『集體想像』關係」，「寫作者不再有充當歷史主體的慾望」，「文學寫作不再追逐意識型態實踐。」[42]對於這個詞語，我想強調的是回歸創作主體的審美意識，不受集體、政治、意識型態箝制的個人書寫。它是個人的獨語、私語，是言志、抒情、詩意的追求，是自覺的、大寫的「我」，是自由的、向內轉的美的寫作。它相對於政治文化、時代話語、公共話語，不偏向載道、功能、使命，反對宣傳的、共名的一體化寫作。個人化寫作不是個人主義，而是強調創作主體的個性、自由與獨立，以發出個人的聲音爲鵠的，它只對自己真實的內心負責。

　　美國「國家書卷獎」得主哈金（Ha Jin，1956-）在 2001 年訪台座談會「荒唐人生 VS.真實小說」中發言提到：「我不相信人群，我不相信集體，我只相信個人，因爲文學是個人創造的，這一點是非常重要的，就是說你要成爲一個作家，你必須緊緊地站在你自己的中心，不圍著別人轉。」[43]這裡傳達的正是「個人化寫作」最重要的本質。類似的看法其實早在 1937 年的林語堂就曾表述過，他以堅定直接的語氣說：「凡在寫作中不敢用『我』字的人，

---

42 陳曉明：〈反抗危機：論「新寫實」〉，《文學評論》1993 年第 2 期，頁 88-100。這裡主要引用呂永林的歸納，見《個人化及其反動 —— 穿刺「個人化寫作」與 1990 年代》，頁 80。

43 丁文玲紀錄：〈荒唐人生 vs.真實小說〉，《中國時報・開卷週報》，2001 年 9 月 30 日。哈金爲華裔小說家，本名金雪飛，哈金爲其英文筆名。

決不能成為一個好作家」「寫作不過是發揮一己的性情，或表演一己的心靈。」[44]高行健的說法更為接近而完整，他說：

> 文學，也只有文學，才能說出政治說不出，而意識型態不可能說出的這種個人的聲音和真切的感受。每一個時代的作家從各自的經驗出發，去摸索人生終極的意義，這是一條無止境的路。這種追求出於人對自身確認的需要，文學才發出這永恆的扣問。又因人而異，各有各的解答，也無所謂過時與否，並不在乎是否貼上時代的標記。這也就是為什麼文學的歷史不可能寫成一部進化史，也不受政治權力的更替和時間的磨損，可以一讀再讀，人類的經驗和由此得來的認知才世代相傳。[45]

作家劉再復的許多看法也表達了相同的理念與立場，他再三強調，文學應該堅守自身的獨立品格，保持對文學的忠誠信仰。他認為文學的自救之道就是不要當「風氣中人」（錢鍾書語）與潮流中人，而是應該選擇「局外人」的角色，也就是要從政治文化語境中跳出來，從商業市場大潮中跳出來，建構屬於自己的精神家園，象牙之塔。只有在象牙塔裡，作家才能進入「深邃精神生活的自由」。[46]

容許我引一段詩人宗白華（1897-1986）談自我寫詩的心境與體驗，因為那獨特的、個人的、抒情的創作經驗簡直美得像一首

---

44 林語堂：〈寫作的藝術〉，《生活的藝術》，頁 378、374。

45 高行健：〈環境與文學 —— 國際筆會東京大會 2010 文學論壇開幕式演講〉，《明報月刊》2010 年 11 月號，頁 49-50。

46 劉再復：〈文學的自救 —— 文學自性的毀滅與再生〉，《明報月刊》2010 年 7 月號，頁 109。

詩：

> 民國十年的冬天，在一位景慕東方文明的教授夫婦的家
> 裡，過了一個羅曼蒂克的夜晚；舞闌人散，踏著雪裡的藍
> 光走回的時候，因著某一種柔情的縈繞，我開始了寫詩的
> 衝動。從那時以後，橫亙約摸一年的時光，我常常被一種
> 創造的情調佔有著。黃昏的微步，星夜的默坐，大庭廣眾
> 中的孤寂，時常彷彿聽見耳邊有一些無名的音調，把捉不
> 住而呼之欲出。往往是夜裡躺在床上熄了燈，大都會千萬
> 人聲歸於休息的時候，一顆戰慄不寐的心興奮著。靜寂中
> 感覺到窗外橫躺著的大城在喘息，在一種停勻的節奏中喘
> 息，彷彿一座平波微動的大海，一輪冷月俯臨這動極而靜
> 的世界，不禁有許多遙遠的思想來襲我的心，似惆悵，又
> 似喜悅；似覺悟，又似恍惚。無限淒涼之感裡，夾著無限
> 熱愛之感。似乎這微渺的心和那遙遠的自然，和那茫茫的
> 廣大的人類，打通了一道地下的深沈的神秘的暗道，在絕
> 對的靜寂裡獲得自然人生最親密的接觸。我的《流雲小
> 詩》，多半是在這樣的心情中寫出的。往往在半夜的黑影裡
> 爬起來，扶著床欄尋找火柴，在燭光搖晃中寫下那些現在
> 人不感興趣而我自己卻藉以慰藉寂寞的詩句。[47]

一種神秘的、形而上的美的經驗，無遮蔽地表現出自己靈魂
的深度，但同時也展現了人類靈魂與世界靈魂的深度。我認為最

---

[47] 宗白華：〈我和詩〉，《流雲小詩》（合肥：安徽教育出版社，2000 年），頁 7。
此文寫於 1923 年，初刊於《文學》第 8 卷第 1 期「新詩專號」，1937 年 1
月 1 日出版。

動人的個人化寫作無非如此。

正是在這樣的經驗理解與審美認識基礎上，我梳理了王國維、魯迅、周作人、廢名、朱自清、冰心、湖畔詩人、徐志摩、林徽因、聞一多、沈從文、何其芳、卞之琳、東吳女作家群、鹿橋、無名氏等近 30 位現代作家以抒情審美意識爲底蘊、出發點的個人化寫作，並試圖依時間的先後，將這些個人的聲音匯聚成「一個人」的文學史。研究 20 世紀中國新詩的學者楊四平指出：「文學是非常強調個性的東西。張揚文學個性並保持其原貌才是文學史寫作的真正使命。」因爲，「文學史是由一個個文學英雄共同創造出來的」，所以應該「以個人來呈現主流，而非以主流來附帶個人」[48]。這確實是令人深思的卓見。不過，本書的寫作雖然也是從個別作家切入，但這批作家並不指望成爲「文學英雄」，更不願在時代主流意識指導下從事創作。即使是在槍桿子當道的年代，他們仍始終相信筆桿的力量，絕不犧牲文學審美的「本色」，來扮演政治上的「角色」，這是這些作家對輝煌時代、宏大命題的反叛與消解。

他們堅持抒情審美，堅持著那樣一種聲音，有自我的、有感情的聲音，並以這種聲音面向淹沒我們的宏大轟鳴，以獨立之姿，接受淬煉和考驗。在歷史起伏的漩流衝擊下，他們在艱難中踽踽獨行的身影，看來是那麼渺小、單薄，但時間畢竟是公正的，那原本渺小的、「一意孤行」的文學身影，已經越來越巨大。

文學史已經證明，個人的聲音，微小，但堅不可摧。

48　楊四平：《20 世紀中國新詩主流・導言》（合肥：安徽教育出版社，2004 年），頁 1-2。

徵引文獻
（以作者姓氏筆畫為序）

一、專　書

3 劃

于堅、謝有順，《于堅謝有順對話錄》，蘇州大學出版社，2003 年。

于潤琦主編，《海派作家作品精選・鳳儀園》，哈爾濱：黑龍江人
　　民出版社、北方文藝出版社共同出版，1998 年。

4 劃

王風編，《廢名集》，北京大學出版社，2009 年。

王珞編，《沈從文評說 80 年》，北京：中國華僑出版社，2004 年。

王訓昭編，《湖畔詩社評論資料選》，上海：華東師範大學出版社，
　　1986 年。

王家新等編，《中國現代愛情詩選》，武昌：長江文藝出版社，1981

年。

王　瑤，《中國新文學史稿》，上海文藝出版社，1982 年修訂重版。

卞之琳，《人與詩：憶舊說新》，上海：三聯書店，1984 年。

───，《卞之琳文集》，合肥：安徽教育出版社，2002 年。

孔慶東，《1921：誰主沉浮》，濟南：山東教育出版社，1998 年。

止庵編，《廢名文集》，北京：東方出版社，2000 年。

文史哲編委會，《無名氏的文學作品探索與紀懷》，台北：文史哲
　　出版社，2004 年。

5 劃

司馬長風，《中國新文學史》，台北：傳記文學出版社，1991 年。

田　廣，《廢名小說研究》，北京：中國社會科學出版社，2009 年。

6 劃

朱自清編，《中國新文學大系·詩集》，台北：業強出版社，1990
　　年重印版。

朱光潛，《朱光潛全集》，合肥：安徽教育出版社，1987 年。

朱金順編，《朱自清研究資料》，北京師範大學出版社，1981 年。

朱　湘，《中書集》，上海：生活書店，1937 年。

朱喬森編，《朱自清全集》，南京：江蘇教育出版社，1996 年。

朱壽桐，《新月派的紳士風情》，南京：江蘇文藝出版社，1995 年。

朱曉進等，《非文學的世紀 —— 20 世紀中國文學與政治文化關係
　　史論》，南京師範大學出版社，2004 年。

朱　徽，《中西比較詩藝》，成都：四川大學出版社，1996 年。

江弱水，《中西同步與位移 —— 現代詩人叢論》，合肥：安徽教育
　　出版社，2003 年。

江湧、卞永清，《秋實滿園 —— 梁實秋》，台北：文史哲出版社，
　　2002 年。

艾　青，《艾青全集》，石家庄：花山文藝出版社，1994 年。

西南聯合大學北京校友會編，《國立西南聯合大學校史》（修訂
　　版），北京大學出版社，2006 年。

7 劃

沈從文、張兆和著，《沈從文家書 —— 從文兆和書信選》，台北：
　　台灣商務印書館，1998 年。

沈從文，《沈從文別集》，長沙：岳麓書社，1992 年。

———，《沈從文全集》，太原：北岳文藝出版社，2002 年。

吳立昌，《中國新文學大師名作賞析：沈從文》，台北：海風出版
　　社，1992 年。

———，《人性的治療者 —— 沈從文傳》，台北：業強出版社，1992
　　　年。

吳投文，《沈從文的生命詩學》，北京：東方出版社，2007 年。

汪曾祺，《晚翠文談新編》，北京：三聯書店，2002 年。

汪應果、趙江濱，《無名氏傳奇》，上海文藝出版社，1998 年。

李　今，《個人主義與五四新文學》，哈爾濱：北方文藝出版社，
　　1992 年。

李洪濤，《精神的雕像 —— 西南聯大紀實》，昆明：雲南人民出版
　　社，2001 年。

李岫編，《李廣田研究資料》，北京：知識產權出版社，2010 年。

李素伯，《小品文研究》，石家庄：新中國書局，1932 年。

李　偉，《神秘的無名氏》，上海書店出版社，1998 年。

李健吾，《咀華集‧咀華二集》，上海：復旦大學出版社，2005 年。

李寧編，《小品文藝術談》，北京：中國廣播電視出版社，1990 年。

李歐梵，《中西文學的徊想》，香港：三聯書店，1986 年。

───，《現代性的追求：李歐梵文化評論精選集》，台北：麥田
　　　　出版公司，1996 年。

李澤厚，《中國近代思想史論》，北京：人民文學出版社，1979 年。

───，《中國現代思想史論》，台北：三民書局，2002 年。

李濟生編，《巴金與文化生活出版社》，上海文藝出版社，2003 年。

余光中，《青青邊愁》，台北：純文學出版社，1977 年。

宋炳輝，《夜鶯與新月 ── 徐志摩傳》，台北：業強出版社，1993
　　　　年。

杜　衛，《走出審美城》，北京：東方出版社，1999 年。

何其芳，《何其芳全集》，石家庄：河北人民出版社，2000 年。

何清，《憂鬱的注視 ── 艾青》，台北：文史哲出版社，2004 年。

呂永林，《個人化及其反動 ── 穿刺「個人化寫作」與 1990 年代》，
　　　上海：東方出版中心，2010 年。

巫嶺芬編，《夏衍研究專集》，杭州：浙江文藝出版社，1990 年。

8 劃

孟慶樞編，《日本近代文藝思潮與中國現代文學》，長春：時代文
　　　藝出版社，1992 年。

阿　英，《現代十六家小品》，上海：光明書店，1935 年。

———，《夜航集》，北京：中國文聯出版公司，1993 年。

周作人編，《中國新文學大系・散文一集》，台北：業強出版社，
　　1990 年。

———著，止庵校訂，《周作人自編文集》，石家庄：河北教育出
　　版社，2002 年。

周良沛，《中國現代詩人評傳》，台北：人間出版社，2009 年。

周錫山編，《王國維文學美學論著集》，山西：北岳文藝出版社，
　　1987 年。

卓如編，《冰心全集》，福州：海峽文藝出版社，1994 年。

金尙浩，《中國早期三大新詩人研究》，台北：文史哲出版社，2000
　　年。

金欽俊，《中國新文學大師名作賞析：何其芳》，台北：海風出版
　　社，1990 年。

林語堂，《生活的藝術》，台北：遠景出版公司，1976 年。

宗白華，《流雲小詩》，合肥：安徽教育出版社，2000 年。

9 劃

俞元桂、姚春樹、汪文頂，《中國現代散文十六家綜論》，上海：
　　華東師大出版社，1989 年。

俞平伯，《燕知草》，上海：開明書店，1928 年。

郁達夫編，《中國新文學大系・散文二集》，台北：業強出版社，
　　1990 年。

茅　盾，《茅盾全集》，北京：人民文學出版社，1990 年。

———，《茅盾文藝雜論集》，上海文藝出版社，1981 年。

胡山源，《文壇管窺 —— 和我有過往來的文人》，上海古籍出版社，
　　2000 年。

胡　適，《胡適文存》，合肥：黃山書社，1996 年。

范伯群，《灑向人間皆是愛 —— 冰心》，台北：文史哲出版社，2001
　　年。

———，《多元共生的中國文學的現代化歷程》，上海：復旦大學
　　出版社，2009 年。

范培松，《中國散文批評史》，南京：江蘇教育出版社，2000 年。

———，《冰心研究資料》，北京：知識產權出版社，2009 年。

柯　靈，《柯靈文集》，上海：文匯出版社，2001 年。

———，《隔海拜年》，台北：業強出版社，1992 年。

———主編，《民國女作家小說經典》，上海古籍出版社，1997 年。

———主編，《上海四十年代文學作品系列‧中篇小說集之一‧投
　　機家》，上海書店出版社，2002 年。

———主編，《上海四十年代文學作品系列‧短篇小說集之一‧喜
　　事》，上海書店出版社，2002 年。

———主編，《上海四十年代文學作品系列‧短篇小說集之三‧迷
　　樓》，上海書店出版社，2002 年。

南帆編：《文學理論》，杭州：浙江文藝出版社，2002 年。

姚　丹，《西南聯大歷史情境中的文學活動》，桂林：廣西師範大
　　學出版社，2000 年。

姚峰、邢超、徐國源，《低吟淺唱的歌者 —— 卞之琳》，台北：文
　　史哲出版社，2003 年。

飛白、方素平編,《汪靜之文集》,杭州：西泠印社出版社,2006
　　年。

施蟄存,《施蟄存散文》,杭州：浙江文藝出版社,1999 年。

10 劃

唐　弢,《西方影響與民族風格》,北京：人民文學出版社,1989
　　年。

馬　睿,《未完成的審美烏托邦 —— 現代中國文學自治思潮研
　　究》,成都：巴蜀書社,2006 年。

高行健,《沒有主義》,台北：聯經出版公司,2001 年。

徐志摩,《輪盤》,上海：中華書局,1930 年。

———,《徐志摩全集》,上海書店,1995 年。

凌　宇,《沈從文傳 —— 生命之火長明》,北京：十月文藝出版社,
　　1988 年。

凌宇編,《沈從文散文全編》,杭州：浙江文藝出版社,1994 年。

夏志清,《中國現代小說史》,上海：復旦大學出版社,2005 年。

夏曉虹,《追憶梁啓超》,北京：中國廣播電視出版社,1997 年。

秦賢次編：《雲遊 —— 徐志摩懷念集》,台北：蘭亭書店,1986 年。

孫黨伯、袁謇正主編,《聞一多全集》,武漢：湖北人民出版社,
　　1993 年。

海濤、金漢編,《艾青專集》,南京：江蘇人民出版社,1982 年。

11 劃

許道明編,《中國文論選・現代卷（中）》,南京：江蘇文藝出版社,

1996 年。

梁啓超，《飲冰室文集》，台北：中華書局，1960 年。

———，《清代學術概論》，台北：中華書局，1963 年。

梁從誡，《林徽音文集》，台北：天下文化公司，2000 年。

梁實秋，《談聞一多》，台北：傳記文學出版社，1967 年。

陳子善、王羽編，《小姐集》，北京：人民文學出版社，2007 年。

陳子善編，《莫愁巷》，上海：文匯出版社，2010 年。

陳青生，《年輪 —— 四十年代後半期的上海文學》，上海人民出版社，2002 年。

陳芳明，《典範的追求》，台北：聯合文學出版社，1994 年。

陳思和，《中國新文學整體觀》，台北：業強出版社，1990 年。

———，《筆走龍蛇》，台北：業強出版社，1991 年。

———，《寫在子夜》，上海人民出版社，1996 年。

———，《還原民間 —— 文學的省思》，台北：東大圖書公司，1997 年。

———，《談虎談兔》，桂林：廣西師範大學出版社，2001 年。

陳新華，《百年家族 —— 林長民・林徽因》，台北：立緒出版公司，2002 年。

陳憲年，《創作個性論》，合肥：安徽教育出版社，1997 年。

陳學勇、王羽編，《太太集 —— 20 世紀四十年代上海女作家小說》，上海遠東出版社，2008 年。

陳鍾英、陳宇編，《中國現代作家選集・林徽因》，香港：三聯書店，1990 年。

陳鎮國編，《馮文炳研究資料》，福州：海峽文藝出版社，1991 年；

北京：知識產權出版社，2010 年。

張中良，《20 世紀三四十年代中國小說敘事》，台北：秀威資訊科技公司，2004 年。

張全之，《火與歌 —— 中國現代文學、文人與戰爭》，北京：新星出版社，2006 年。

張兆和，《湖畔》，上海古籍出版社重新編印，1999 年。

張俊才、李揚，《20 世紀中國文學主潮》，石家庄：河北教育出版社，2002 年。張恩和編，《中國新文學大師名作賞析：周作人》，台北：海風出版社，1991 年。

張淑萍，《一個純美主義者的激情 —— 林徽因畫傳》，江西：21 世紀出版社，2005 年。

張曼儀編，《中國現代作家選集‧卞之琳》，台北：書林出版公司，1992 年。

張資平，《張資平自傳》，南京：江蘇文藝出版社，1998 年。

張愛玲，《流言》，台北：皇冠出版社，1968 年。

───，《張看》，台北：皇冠出版社，1976 年。

張新穎，《20 世紀上半期中國文學的現代意識》，北京：三聯書店，2001 年。

張德厚、張福貴、章亞昕，《中國現代詩歌史論》，長春：吉林教育出版社，1995 年。

紹衡編，《曹聚仁文選》，北京：中國廣播電視出版社，1995 年。

郭沫若，《郭沫若作品經典》，北京：中國華僑出版社，1997 年。

───，《歷史人物》，北京：中國人民大學出版社，2005 年。

鹿　橋，《未央歌》，台北：台灣商務印書館，1988 年。

盛曉峰編選，《施濟美小說 —— 鳳儀園》，上海古籍出版社，1997年。

章詒和，《往事並不如煙》，台北：時報出版公司，2004 年。

12 劃

馮雪峰，《馮雪峰論文集》，北京：人民文學出版社，1981 年。

曾小逸編，《走向世界文學》，長沙：湖南人民出版社，1985 年。

賀仲明，《喑啞的夜鶯 —— 何其芳評傳》，南京師範大學出版社，2004 年。

賀聖謨，《論湖畔詩社》，杭州大學出版社，1998 年。

無名氏，《塔裡・塔外・女人》，台北：風雲時代出版社，1990 年。

———，《綠色的迴聲》，廣州：花城出版社，1995 年。

———，《北極風情畫》，台北：文史哲出版社，1998 年。

———，《塔裡的女人》，台北：文史哲出版社，1998 年。

———，《抒情煙雲》，台北：文史哲出版社，1998 年。

———，《海艷》，台北：文史哲出版社，2000 年。

———，《野獸・野獸・野獸》，台北：文史哲出版社，2002 年。

———，《無名書精粹》，武漢出版社，2006 年。

童慶炳，《文學審美特徵論》，武昌：華中師範大學出版社，2000年。

13 劃

葉至善等編，《葉聖陶集》，南京：江蘇教育出版社，1992 年。

葉嘉瑩，《王國維及其文學批評》，台北：源流出版社，1982 年。

《新文學史料》編輯部編,《舊時月色中的文人們》,北京:人民文學出版社,2009 年。

新聞天地社編,《44 位評論家對無名氏代表作 ── 《無名書》評論摘要》,香港:新聞天地社,未署出版時間。

楊四平,《20 世紀中國新詩主流》,合肥:安徽教育出版社,2004 年。

楊守森主編,《20 世紀中國作家心態史》,北京:中央編譯出版社,1998 年。

楊牧編,《周作人文選》,台北:洪範書店,1983 年。

───,《徐志摩詩選》,台北:洪範書店,1987 年。

楊聯芬,《晚清至五四:中國文學現代性的發生》,北京大學出版社,2003 年。

虞坤林整理,《徐志摩未刊日記》,北京圖書館出版社,2003 年。

解志熙,《美的偏至:中國現代唯美 ── 頹廢主義文學思潮研究》,上海文藝出版社,1997 年。

14 劃

廖大國,《一個無題的故事 ── 何其芳》,台北:文史哲出版社,2002 年。

趙江濱,《從邊緣到超越 ── 現代文學史「零餘者」無名氏學術肖像》,上海:學林出版社,2005 年。

趙澧、徐京安編,《外國文學流派研究資料叢書‧唯美主義》,北京:中國人民大學出版社,1988 年。

15 劃

魯　迅，《魯迅全集》，北京：人民文學出版社，1981 年。

魯非、凡尼編，《中國新文學大師名作賞析：聞一多》，台北：海風出版社，1989 年。

劉川鄂，《中國自由主義文學論稿》，武漢出版社，2000 年。

劉洪濤，《〈邊城〉：牧歌與中國形象》，南寧：廣西教育出版社，2003 年。

劉洪濤、楊瑞仁編，《沈從文研究資料》，天津人民出版社，2006 年。

劉增杰等著，《中國現代文學思潮研究》，開封：河南大學出版社，1996 年。

鄭明娳，《現代散文現象論》，台北：大安出版社，1992 年。

蔡元培，《蔡元培文集》，台北：錦繡出版公司，1995 年。

蔡登山，《人間四月天 ── 名人的愛情故事》，台北：翰音文化公司，2000 年。

樂齊、范橋編，《俞平伯散文》，北京：中國廣播電視出版社，1997 年。

潘頌德，《中國現代詩論四十家》，重慶出版社，1991 年。

廢　名，《新詩十二講 ── 廢名的老北大講義》，瀋陽：遼寧教育出版社，2006 年。

───，《廢名小說選》，北京：人民文學出版社，1957 年。

龍泉明，《中國現代作家審美意識論》，武漢出版社，1993 年。

16 劃

樸　月，《鹿橋歌未央》，台北：台灣商務印書館，2006 年。

蕭　艾，《王國維評傳》，台北：駱駝出版社，1987 年。

盧啓元編，《中國新文學大師名作賞析：冰心》，台北：海風出版社，1990 年。

錢理群，《精神的煉獄 —— 中國現代文學從「五四」到抗戰的歷程》，南寧：廣西教育出版社，1996 年。

錢理群、溫儒敏、吳福輝編著，《中國現代文學三十年》，北京大學出版社，1998 年。

閻純德，《20 世紀中國女作家研究》，北京語言文化大學出版社，2000 年。

17 劃

鍾敬文，《荔枝小品・西湖漫拾》，石家庄：河北教育出版社，1994 年。

———，《鍾敬文文集・詩學及文藝論卷》，合肥：安徽教育出版社，2002 年。

謝冕編，《百年中國文學總系》，濟南：山東教育出版社，1998 年。

18 劃

藍隸之編，《聞一多詩全編》，杭州：浙江文藝出版社，1995 年。

———編，《何其芳詩全編》，杭州：浙江文藝出版社，1995 年。

19 劃以上

譚正璧編，《當代女作家小說選》，上海：太平書局，1944 年。

羅振亞，《中國現代主義詩歌史論》，北京：社會科學文獻出版社，
　　2002 年。

羅榮渠，《現代化新論》，北京大學出版社，1993 年。

二、單篇文章

丁文玲紀錄，〈荒唐人生 vs 真實小說〉，《中國時報‧開卷週報》，
　　2001 年 9 月 30 日。

王幹、戴錦華，〈女性文學與個人化寫作〉，《大家》1996 年第 1
　　期。

尹　萍，〈人世無常，天才易毀〉，《聯合報》47 版《讀書人周報》
　　第 304 號，1998 年 3 月 16 日。

田正平、陳桃蘭，〈抗戰時期大學生生活的另類書寫 ——《未央歌》
　　中的西南聯大記事〉，《高等教育研究》第 30 卷第 7 期，2009
　　年 7 月。

朱忠元、劉朝霞，〈王國維美學思想略論〉，《洛陽師範學院學報》
　　2002 年第 6 期。

邢禾麗，〈上帝的信徒〉，《萬歲》第 1 卷第 3 期，1943 年 2 月 20
　　日。

———，〈出走〉，《萬歲》第 2 卷第 1 期，1943 年 5 月 1 日。

李奇志，〈戰爭與 20 世紀四〇年代女性文學〉，《湖北師範學院學
　　報》（哲學社會科學版）2004 年第 4 期。

李佳意、張能泉，〈聞一多與唯美主義〉，《湘潭師範學院學報》（社

會科學版）第 28 卷第 4 期，2006 年 7 月。

沈　寂，〈身世淒楚的女作家〉，《新民晚報》，1999 年 1 月 24 日。

沈慶利，〈無名氏《北極風情畫》細讀〉，《中國現代文學研究叢刊》
　　2008 年第 5 期。

杜寒風，〈王國維美學與 20 世紀中國美學〉，《雲南大學人文社會
　　科學學報》2000 年第 1 期。

武文剛，〈論無名氏早期愛情寫作的精神向度〉，《天水師範學院學
　　報》第 28 卷第 3 期，2008 年 5 月。

周作人，〈發刊詞〉，《駱駝草》周刊第 1 期，1930 年 5 月 12 日。

周芬伶，〈未央的童歌〉，《中國時報》第 39 版，2002 年 4 月 1 日。

周瘦鵑，〈寫在紫羅蘭前頭〉，《紫羅蘭》第 3 期，1943 年 6 月 10
　　日。

林懷民，〈溫柔敦厚的至情〉，《聯合文學》1987 年 2 月號。

金　雅，〈體系性・變異性・功利性 —— 梁啓超美學思想研究中的
　　三個問題〉，《杭州師範學院學報》2003 年第 4 期。

孟憲爽，〈「何其芳現象」探究〉，《文教資料》2006 年 5 月號。

南　帆，〈空洞的理念 —— 「純文學」之辯〉，《上海文學》2001
　　年第 6 期。

胡有清，〈夾縫中生存的現代文論支脈〉，《江蘇社會科學》1998
　　年第 3 期。

胡炳光，〈徐志摩 —— 一個資產階級自由主義詩人〉，《天津師大學
　　報》1985 年第 1 期。

查長蓮，〈廢名小說《橋》的意境美〉，《安慶師範學院學報》第
　　20 卷第 4 期，2001 年 7 月。

侯迎華,〈傳統輝照下的朱自清散文〉,《河南師範大學學報》第
　　30 卷第 1 期,2003 年。

浦江清,〈朱自清先生傳略〉,《國文月刊》第 37 期,1945 年。

袁　進,〈周作人美學思想的形成、特點與矛盾〉,《上海社會科
　　學院學術季刊》1995 年第 2 期。

高行健,〈環境與文學 ── 國際筆會東京大會 2010 文學論壇開幕
　　式演講〉,《明報月刊》2010 年 11 月號。

───,〈走出 20 世紀的陰影〉,《明報月刊》2010 年 7 月號。

宮承波,〈蔡元培美育思想的基本內容〉,《山東大學學報》2000
　　年第 1 期。

奚　密,〈卞之琳:創新的繼承〉,《江蘇大學學報》(社會科學版)
　　第 10 卷第 3 期,2008 年 5 月。

許仲友,〈論《畫夢錄》的寂寞〉,《太原大學教育學院學報》第
　　27 卷第 3 期,2009 年 9 月。

梁實秋,〈讀志摩的散文〉,《新月月刊:志摩紀念號》第 4 卷第 1
　　期,1932 年。

曹毓生,〈朱自清的散文理論批評〉,《湖北師範學院學報》第 15
　　卷第 4 期,1995 年。

陳平原,〈文學史視野中的「大學敘事」〉,《北京大學學報》(哲學
　　社會科學版)第 43 卷第 2 期,2006 年 3 月。

陳曉明,〈反抗危機:論「新寫實」〉,《文學評論》1993 年第 2 期。

章海陵,〈魯迅為何是世紀冠軍〉,《亞洲周刊》第 13 卷第 24 期,
　　1999 年 6 月。

彭　建,〈「美」與「善」:對抗存在的被遺忘 ── 論鹿橋《未央歌》

的藺燕梅形象及精神追尋〉,《綿陽師範學院學報》第 28 卷第 7 期,2009 年 7 月。

賀智利,〈魯迅美學觀的現代性〉,《寧波大學學報》(人文科學版) 第 12 卷第 1 期,1999 年 3 月。

程俊力、尤雪蓮,〈對「何其芳現象」的思考〉,《河北科技大學學報》(社會科學版) 第 5 卷第 2 期,2005 年 6 月。

程國君,〈藝術至上,生命最美 —— 徐志摩的唯美藝術觀和愛情詩創作〉,《甘肅教育學院學報》(社會科學版) 2000 年第 1 期。

馮　欣,〈20 世紀中國抒情小說與「烏托邦」境界〉,《社科縱橫》第 21 卷第 5 期,2006 年 5 月。

覃　倩,〈建築人性神廟,珍視個體生命 —— 談沈從文《邊城》中的人性美與生命意識〉,《現代語文》2007 年第 8 期。

張　青,〈青春未央,快樂未央 —— 讀鹿橋長篇名著《未央歌》〉,廣西:《出版廣角》2008 年 4 月號。

張堂錡,〈湖畔詩社研究若干問題考辨〉,《文藝爭鳴》第 172 期,2010 年 3 月。

———,〈尋找施濟美 —— 鉤沈現代文學史上的「東吳女作家群」〉,《2005 海峽兩岸華文文學學術研討會論文集》(中國現代文學學會、南亞技術學院出版),2005 年 12 月。

張　曦,〈古典的餘韻:「東吳系」女作家〉,《書屋》2002 年第 9 期。

黃科安,〈無名氏:以媚俗手法寫現代的言情故事〉,《東南大學學報》(哲學社會科學版) 第 8 卷第 3 期,2006 年 5 月。

黃艷琴,〈林徽因散文藝術魅力探尋〉,《邵陽學院學報》(社會科

學版）2002 年第 4 期。

楊琇珍,〈聖保羅教堂的晨鐘〉,《萬象》第 2 年第 1 期,1942 年 7
　　月。

───,〈玫瑰念珠〉,《生活》第 3 期,1947 年 9 月 20 日。

楊萬翔,〈卞之琳的《斷章》為何耐讀?〉,《現代人報》第 68 期,
　　1987 年 7 月 7 日。

趙雅芬,〈未央歌結緣　黃舒駿美夢成真〉,《中國時報》,2006 年
　　9 月 1 日。

趙慧芳,〈論張兆和的小說創作〉,《淮北煤炭師範學院學報》第
　　27 卷第 4 期,2006 年 8 月。

劉再復,〈世紀泥石流中的一片淨土〉,《明報月刊》1999 年 4 月
　　號。

───,〈文學的自救 ── 文學自性的毀滅與再生〉,《明報月刊》
　　2010 年 7 月號。

劉毓玲,〈且從歌聲話未央〉,《中央日報》第 8 版,1999 年 5 月
　　10 日。

錢理群,〈「價值」的大小與「白心」的有無〉,《中國現代文學研
　　究叢刊》2004 年第 1 期。

應修人,〈修人書簡〉第 15 封,《新文學史料》1981 年第 2 期。

藍棣之,〈作為修辭的抒情 ── 林徽因的文學成就與文學史地
　　位〉,《清華大學學報》(哲學社會科學版) 2005 年第 2 期。

三、譯　作

【法】皮埃爾‧布迪厄，《藝術的法則 —— 文學場的生成和結構》，
　　北京：中央編譯出版社，2001 年。

【法】路易斯‧阿爾都塞，《列寧與哲學》，杜章智譯，台北：遠
　　流出版公司，1990 年。

【俄】別列金娜編、梁真譯，《別林斯基論文學》，上海：新文藝
　　出版社，1958 年。

【德】叔本華，《作為意志和表象的世界》，北京：商務印書館，
　　1982 年。

【德】海德格爾著、郜元寶譯，《人，詩意地安居》，桂林：廣西
　　師範大學出版社，2000 年。

【德】康德，《判斷力批判‧上卷》，宗白華譯，北京：商務印書
　　館，1964 年。

【德】馮鐵著，楊書、王文歡合譯，〈「尋找女性」：管理沈從文文
　　學遺產的女作家張兆和之評價與欣賞〉，《現代中國文化與文
　　學》第 4 輯，2007 年 7 月。

後　記

一

　　每次拿到學術書籍，除了翻看內容提要及目次外，我特別喜歡閱讀前序和後記，尤其是後記。前序因為置於書前，總不免兼負起說明全書旨要、內容精華、學術創見與價值等嚴肅的話題和使命，但後記就不同了，它既不需要解釋或說明撰寫的立場或前提，也無須再重複書中偏重於枯燥論述、理性思維的內容，因此，它相對顯得感性而輕鬆，特別是在歷經長時間學術跋涉的艱辛與痛苦之後，面對書稿的完成，所有的作者應該都有一種如釋重負的感受，這種感受在後記中娓娓道來，特別能打動人心。

　　我每次在看一些後記時，總能感同身受，心領神會，因為我們都曾經歷過同樣的過程，當一本書稿開始定題書寫，真不知何時能完成，一旦寫到最後一個字，那種快樂、激動、欣慰的箇中滋味，實在難以言傳。在後記中，往往會寫出撰寫過程的焦慮、

徬徨、困難，也道出柳暗花明的欣喜、成就感，而且總不忘感謝
恩師、學友、家人的支持與鼓勵，並提到書寫歲月裡難忘的轉折
與記憶 ── 我覺得，只有在寫到這些時，作者才會卸下嚴肅的學
者面孔，從而讓讀者感受到他溫暖、真誠的性情。有時看到作者
寫了一長串感謝的名字，外人可能略而不讀，但我深深知道，那
每一個名字背後的意義與重量。

　　我終於寫完這本書稿了。我希望自己能擁有一點點特權，拋
開嚴肅的學術話題，懷抱著激動感恩的心，真實地寫下自己和這
部書稿奮戰多年的後記。但願也有後來者能從我的後記中，感受
到每一字句背後的複雜心境與誠實態度。

二

　　這本書的完成只是對中國現代作家抒情審美意識探討的初步
成果。由於涉及的時空、作家、作品、思潮繁多而且複雜，其內
容的不夠完備，結構系統的不夠緊湊，許多歷史隙縫的難以一一
填補，都是可以想見並已存在的缺漏。但它多少在一定層面上梳
理並揭示出了中國現代作家抒情審美意識的基本特徵、主要線索
與各種互動關聯，尤其是一些課題對象的重要性與典型性，也許
能夠引起進一步深入研究相關議題的興趣。

　　我認為，文學藝術不是形式問題，而應該是情感問題。審美
意識是作者透過作品的情感性顯現。我所理解的抒情審美意識並
不是純粹的形式主義的表現方式與態度，而是與作家的生命主體
意識相關的內在表達方式與態度。我相信，透過對一個一個作家
及其代表作品的歷時性線索的探求與掌握，我們將可以進行多維

視野的考察、透視與追蹤，將現代文學的現象事實、作家的審美心理、文化性格、精神狀態的不同層面、特點和規律，作整體宏觀又具體而微的分析闡釋，從而更深刻地洞察中國現代文學的風貌和底蘊。

　　我希望能透過一些深具意義的現象和事實的探究，來試圖接近歷史的整體，並且在敘述這些歷史細節與傳遞訊息的過程中，不要犧牲其具體性、生動性與豐富性。我也相信，只有盡可能地回到具體的歷史語境，在文本與史料中進行討論，才能獲得相對接近真實的解釋。我無意（也無此能力）寫一部專門的文學發展史，我只能從不同的「點」切入，做比較深入的開掘，或許稍加連綴，也可以看出中國現代作家抒情審美意識發展的史的輪廓。但也僅僅是輪廓而已。審美意識有其歷史的、社會的、文化的共性，也有其因個人條件不同所形成的差異性，這些差異性在透過作家作品的具體剖析中可以清楚看到。我認為，瞭解他們的差異性要比瞭解其共同性更為重要。從某個角度看，我對中國現代作家抒情審美意識的具體分析，正是試圖從個性與共性、特殊性與普遍性的關係中，去把握一個時代的審美趣味與審美理想。

　　嫻熟於近現代文學史發展規律的錢理群教授，他對魯迅、周作人等文人心靈的探索，以及對文學史在「對話與漫遊」、「返觀與重構」中的研究與寫作，打開了我對文學史研究的視野，也激發了我對文學史研究的熱情。他有許多卓越的見解對我啟發甚多，例如他對文學研究過於偏向時代社會，輕忽個人內心的現象感到憂慮：

　　　　文學反應時代的基礎和目的，是每個人自己內心的內容以

及內心的變化，這在一般「反應論」中是被忽視的，我們
研究文學對時代的反應，向來所用的標準，是外在物質社
會的變化，而非人的內心的自覺，是群體的變化，而非個
人的變化。現在，情況好像變得越來越是如此了，文學研
究似乎已經可以乃至應該不必指向內心，有些優秀的文學
研究者甚至以今是而昨非的懺悔的口氣說以往的文學研究
過分糾纏於人的內心、心理和精神乃是一種迷誤，如今，
我們只要翻開任何一本稍稍前衛一點的文學研究雜誌，滿
目都是「權力」、「意識型態」、「分配」、「公正」、「制度」、
「正義」、「跨國資本」之類的字眼在旋轉，在跳動，真讓
人恍然感覺人生在世，只需和凱撒周旋，而不必與上帝對
話了。[1]

面對這種失衡、偏至的研究現況，錢理群強調必須「從現代
政治學、社會學和文化學的絕對統治的話語縫隙中追問文學的根
據，並通過文學追問靈魂的根據，『心』的根據」[2]，只有這樣，
中國現代文學的研究才能完整、全面。有了他具體的「示範」，讓
我多年來對作家個別的精神與複雜的心靈，始終抱持著高度的興
趣與探索的勇氣。

在寫作這部書稿的過程中，我一方面盡可能理性、系統地整
理並討論每一位作家的創作歷程、風格、得失與定位，另一方面，
我堅守文學本位的理解，試圖挖掘這些作家真實、感性的內心世

---

1 錢理群：〈「價值」的大小與「白心」的有無〉，《中國現代文學研究叢刊》2004
　年第 1 期，頁 28。
2 前揭文，頁 29。

界，嘗試以我的體悟寫出這些 20 世紀知識分子複雜的精神史、靈魂史。讀者也許可以從我下筆的力度與角度，看出我心中的塊壘、情感的波折與思想的軌跡。我用感情寫這些作家，因爲他們正是以感情的真摯與豐沛感動著無數人，捨棄此途，我將無法掌握他們生命的真正本質與言語背後的真相。事實上，這樣的寫作方式與精神，我在錢理群、陳思和、李澤厚、劉再復等許多我所敬佩的學者著作中感受尤深。不倚賴玄虛的術語、冰冷的理論、空洞的修辭，而是以誠實真切的熱情與體會，去體貼，去投入，去接近這些優美純真的藝術心靈。坦白說，我所做的、能做的，僅僅如此。

三

復旦大學陳思和教授的現當代文學研究思路與堅持寫作的毅力，長久以來對我是一種無形的啓發和嚮往。從《中國新文學整體觀》到《腳步集》，我看到的是一位卓有成就的學者，在學術領域與教育工作上孜孜不倦的動人身影。從交往的第一年開始，每回遇見他，總是承他贈送新作，質與量都是沈甸甸的，捧讀之餘，對其治學的用功與待人的謙禮，深感一種典範的存在，足以令人仰望。

他在爲另一位我很景仰的學者范伯群教授新作《多元共生的中國文學的現代化歷程》寫的序言中，有一段話特別觸動了我：

> 記得我在讀大學的時候，中文系主任是朱東潤先生。老人家當時八十多歲了，身體還是非常健朗，常常拿了手電筒一個人跑到學生宿舍裡與學生談話。有一次，說到編寫文

學史的問題，朱先生說，有兩種編寫文學史的方法，一種
是書桌上先放著六本別人寫的文學史著作，然後你就編寫
第七本，意思是說，你可以東抄西抄，觀點全是別人的。
還有一種方法是你要一個朝代一個朝代地研究，寫出自己
的心得，那就沒有這麼容易了。老先生說到這裡，輕輕地
搖搖頭。我到現在還記得他說話的神情。編寫文學史要有
自己獨特的體會，用魯迅的話說，關鍵就是要有史識，而
不僅僅做一個文學史料長編。這話說起來容易，做起來是
何等的困難。我本人就有很深的體會。

要「寫出自己的心得」，要有「史識」，這簡單的「過來人語」，
對我卻是當頭棒喝。現在我也終於能夠體會，「做起來是何等的困
難」。

從 2004 年在《杭州師範學院學報》發表〈純美的凝望 ── 中
國現代作家精神探索的一個面向〉開始，我對本書討論的議題就
不曾停歇地思考、閱讀，六年的時間，教書的繁忙與能力的有限，
進度極其緩慢。我其實意不在寫一部為了「升等大業」的專書，
而是希望透過這個議題的寫作，讓自己對晚清、五四至 1949 年這
一段現代文學的歷程有深入的認識與掌握，特別是對這段文學史
中代表性的作家作品重新或開始仔細全面閱讀，以求不「人云亦
云」，或者明白何以「人云亦云」。這才是我真正的企圖。我刻意
放慢腳步，蒐購一個個作家的《全集》，然後逐一閱讀，筆記心得。
從《魯迅全集》開始，周作人、朱自清、冰心、徐志摩、何其芳、
卞之琳、沈從文、廢名、胡適、郁達夫、葉聖陶、夏丏尊、豐子
愷，一直到郭沫若、丁玲、艾青、梁實秋、林語堂、張愛玲等等，

我都設法買到全集，加上許多社團流派如湖畔詩社、新月社、東吳女作家群等材料的蒐集，《文學週報》、《創造日》、《淺草》、《夜鶯》、《新月》、《魯迅風》等期刊的添購，我沈浸其中，按圖索驥，終日流連於這些文學光景，日子過得充實而自得。我要特別提到我的同事陳芳明教授，他和我的研究室同在百年樓三樓，幾乎天天碰面，但我們從不「串門子」，只是偶爾在走廊遇見閒聊幾句，他治學的認真與寫作的勤奮也總是激勵著我。記得有一次，他提到應該提倡「全集式閱讀」，我聽了真有知音之感，也就更加堅定這樣的治學步驟與閱讀方式。只不過，如此一來，我的升等之路也就顯得漫長無期了。

此外，我也捨棄了傳統逐篇發表論文，然後集結成書的方式，讓自己再度回到「博士論文」的寫作型態，也就是命題、架構、閱讀、書寫，有計畫地撰寫一本相對系統完備的專書。這讓我也吃足了苦頭。因為各種評鑑的需要，我參加學術會議或投稿學術期刊，所寫的論文都與這本書的主題盡量無涉，加上這些論文的「有效期限」，進度緩慢的我，只好不斷寫作「不在計畫中」的論文。就這樣，在政大十年的時光轉眼過去。

這十年的時間，我其實不曾怠惰，出版了十本書，發表了二十幾篇論文，暫且不論耗費多少時間心力在各種繁雜的公共事務與教學服務，僅以研究而言，我對自己是無愧於心的。

四

在歷史長河中，十年只是一瞬，但對我個人而言，卻是一段漫長的生命旅程。面對工作，我無愧；但面對生活，我卻有悔。

如果不是家人的體諒和犧牲，我不可能在學術道路上前進一點點。歲月神偷十年間，我的兩個孩子長大，從國小到大學，從國中到研究所，對他們成長的歷程，我確實疏忽了很多；我的內人，總是默默地支持著我，放棄許多家庭生活該有的歡樂，甚至也原諒我多次忘記一些應該紀念的節日，除了感激與抱歉，我不知該如何表達內心對她的虧欠與不安。我一度懷疑自己對工作的付出是否值得，原因來自家庭，但我對工作的熱情與堅持，動力還是來自家庭。十年的時間，我已經兩鬢斑白，滿面塵霜，面對未來，我確實應該調整生活的重心與方式，畢竟時不我予。

1999 年，剛進政大任教的第一學期，我的母親過世；十年之後，我遭逢喪父之慟。母親的離開，完全在我意料之外，我至今每每想起，總有椎心之痛。有時清晨醒來，淚流滿面，只因為夢見了母親。我記得，當我拿到博士學位時，她感到極大的欣慰與喜悅，但不識字的母親，自然不能理解我寫的博士論文，也無法閱讀我寫的一本又一本的書。這實在是我生命中一個難以彌補的遺憾。母親走後，孤獨的父親日漸衰老，我知道他需要家人的陪伴，即使我有空就南下湖口探視，依然遠遠不夠。「忙」是每一次自我安慰的藉口，他最終也在三個孩子都忙的情況下，消瘦，厭世，以致撒手離去。不是不知道，我在忙碌中失去的遠遠要比得到的多，但就是身不由己地在江湖中打轉，奔波，茫然，疲憊。對於父母，我實在有愧有憾，尤其是自己身為人父後，更知他們對我的付出是永遠無法回報萬一的。如果可以，我願意將這本小書獻給在天上的父母親，告訴他們，如果不是他們的養育之恩，書中的每一個字，都將無法成形，誕生。

　　生活總是忙碌而又不能盡如人意的。除了家人的支持，我必須要特別感謝十年來許多師友對我的關心、鼓勵與協助，他們對我曾經「有厚望焉」，但我讓他們失望了。已經離開的沈謙老師，如果知道我的進度如此緩慢，肯定是會嚴加督促的；許多師友或直接、或委婉地提醒，在我心中積累了極其沈重的負荷。這兩年來，我終於大量減少外務，比較專心地撰寫這本書稿，但也因此，許多朋友疏遠了，師長們疏於請安了，一些邀約也橫下心來婉拒了，心中的惴惴不安，實在難以向外人道。

　　我要特別感謝李瑞騰老師，我的學術啟蒙與成長都有他用心提攜的點撥；文史哲出版社彭正雄先生，許多書籍的出版都是因為他寬容的提拔；退休同事唐翼明老師、董金裕老師等，從「不斷提醒」到「不好意思提醒」再到「不敢提醒」，他們內心的「煎熬」我完全可以理解；我的研究生助理們，從順文、名妤到家儀、千綾，不斷幫我去圖書館借書或複印資料，卻總是等不到我在研究所開一門現代文學的課程。對於他們，我除了感激，抱歉，實在無言以對。

　　關切的「壓力」還有一部分來自大陸的朋友。特別是蘇州大學的「兄弟們」。由於以前在《中央日報》編副刊，很早就結識了蘇大的欒梅健、王堯、馬亞中、徐國源、季進等志同道合的朋友，十幾年深厚的交往，我看著他們「事業」蒸蒸日上，真是打從心底替他們高興，每回去大陸旅行或開會，蘇州已然成為不能迴避的「景點」。他們對我的熱情照顧，和兄弟的感情沒有兩樣。和我同齡的欒梅健，交往尤其密切，合作尤其頻繁，情誼尤其深遠。我經常在這些兄弟們身上找到努力上進的力量，一如他們送我怎

麼喝都喝不完的茶葉，香氣四溢的時刻，我總是想起他們。他們
多次相邀開會或旅遊，我總是婉拒的多，原因多半出在這本怎麼
寫也寫不完的書。

　　我再一次深刻體會到「如釋重負」的感覺。在《未央歌》的
〈尾聲〉中，作者鹿橋說：「我的歌唱完了，我的心也閒了。」現
在，我終於把屬於自己的歌唱完了，然而在為這本書寫後記的此
刻，我卻深深地感覺到，這幾年來壓在心頭的負荷雖然減輕了許
多，但要到「閒」的境界只怕還早。不過沒關係，這幾年學會了
「忙裡偷閒」，現在的年紀能這樣已是幸福。

　　謝謝家人、師長、朋友、兄弟、學生們，不一一具名，因為
你們的名字已經牢牢在我心中。

五

　　山上百年樓的研究室，是我閱讀、寫作的「象牙之塔」，我在
這裡度過無數個晨昏，喝過無數的茶，寫了無數的字，看過幾度
花開花落，迎送過一屆又一屆年輕學子。白天時，只要將窗簾輕
輕拉開，我就可以看到學生上課的情景。下課鐘響，嘈雜的嬉鬧
聲也會傳入耳際，對面的系圖總有學生來看書、借資料，熱鬧而
有活力。但是到了晚上，人聲渺遠，燈火亮起，整棟建築沐浴在
幽黑的光影裡，悄無聲息的安靜下來。這時候，只有隱藏在叢林
裡的夜鷺，每五秒鐘一聲的鳴啼，打破山中的寂靜，規律清晰地
陪伴著我的孤獨，以及我的閱讀。有人告訴我那就是暗光鳥，總
在夜裡清醒著。只要天氣好的夜晚，夜鷺總是準時地出現，直到
我開車離去，牠依然沒有閒著地迭聲叫喚。我好奇這種鳥的習性，

幾次在暗黑的停車場，見到牠緩慢小心地來回踱步。我會停下來，和牠相對注視許久，像是打招呼，更像是道別。我結束一天的工作，將百年樓交給牠。日復一日。

終於結束這本書的寫作，心中感慨萬千。百年樓的夜鷺不會知曉，牠還是不間斷地啼喚著。我也不知道學術的盡頭在哪裡，只能繼續埋首，在解釋的路途上，試著發出自己的聲音。日復一日。

張堂錡　2011 年一個初春的夜晚，百年樓